KB188471

이동휘 연구

김 방 지음

국학자료원

책을 내면서

　1980년대 이후 일제시대에 관한 연구는 양과 질적으로 비약적인 발전을 거듭해 오고 있다. 이 가운데 일제하 조선 사회주의운동은 민족해방운동의 중요한 일환으로서 우리 나라 근현대사의 전체상을 이해하는데 빼놓을 수 없는 연구대상이다. 그럼에도 불구하고 해방후 남북한의 분단과 냉전 전개로 인한 이데올로기적 편견때문에 사회주의운동 및 사회주의계열 민족운동가들이 민족해방운동선상에서 평가절하되어 있는 것이 사실이다.

　이 중 사회주의계열 민족운동가를 대표하는 이동휘가 다른 저명한 항일혁명가들에 비해 일방적으로 과소평가되거나 왜곡되게 평가되어 왔다. 그것은 첫째, 이데올로기적 편견의 문제이다. 남북한 사이에 전개된 냉전은 역사인식에서도 서로 적대하는 풍토를 조성하였으며, 이는 곧바로 적대적인 역사상을 만들어 연구환경을 극도로 불구화시켜 놓았다. 이에 따라 이동휘와 같은 이른바 '좌익' 혁명가는 남한에서 언급조차 하기 힘든 인물로 기피되었고, 북한 역시 김일성의 우상화작업 속에서 초기 사회주의운동에 대한 부정적 인식('종파성'·'분파주의')에 근거하여 이동휘와 같은 초기 인물에 대해서는 거의 의미를 부여하지 않았다.

　둘째, 이러한 정치적 상황이 연구자 및 연구내용에 미친 것으로서 1차 자료 확보에 어려움을 가져왔으며, 이동휘에 대한 올바른 연구와 평가가 심하게 왜곡되는 결과를 초래하였다. 전자의 1차 자료 확보의 어려움은 비단 이동휘에게만 해당되는 것은 아니며 사회주의에 관계했던 모든 인사들에게 공통되는 것이라 할 수 있다. 더욱 큰 문제는 후자에서

발견된다. 즉, 그동안 이동휘에 대한 연구는 그를 정치적 입장에서 반대
했던 인물들의 회고와 평가에 기초를 두고 있었으며, 그리고 이를 충분
한 사실 검토없이 그대로 수용했던 연구자들의 태도로 인하여 크게 왜
곡되었던 것이다.

그러나 일제강점기에 있어서 사회주의계열의 민족해방운동은 이데올
로기적 이념운동이 아니라 일제의 타도라는 항일독립운동적 성격을 가
지므로 이 시기 사회주의운동 및 사회주의계열 민족운동가들의 항일행
적은 마땅히 재평가 되어야 한다고 생각한다. 필자는 이 점에 주목하여
1920년대 사회주의계열의 대표적 항일독립운동가인 이동휘의 항일행적
을 일찍부터 추적해 왔다.

그 결과 이동휘는 국권피탈 직전 국권회복을 위한 계몽운동에 혼신의
힘을 기울였고 일제강점 이후에는 만주·노령지역으로 망명하여 항일투
쟁을 전개하였으며, 러시아혁명 이후에는 볼셰비키와 손을 잡고 사회주
의 사상도 수용한 급진적인 항일독립운동가 중의 한사람이었다는 것이
조명되었다.

그는 또 조선후기 지방 하급관리로부터 시작하여 대한제국 무관이 된
후, 직업군인으로 계몽운동을 전개하였고 기독교도를 거쳐 정치가로서
독립운동의 한 방편으로 사회주의운동에도 투신한 다채로운 생애를 보
낸 사람으로 1920년대 민족해방운동에 있어서 사회주의계열을 대표하는
인물로 평가되었다.

본 연구에서는 이동휘가 한말 이래 전개된 민족해방운동 과정에서 항
상 당대의 시대적 과제해결을 위해 자신을 변화시키면서 전 생애를 민
족독립운동에 바쳤던 보기 드문 실천적 항일독립운동가였음을 조망하고
자 하였다. 동시에 이동휘의 일생을 체계적으로 재조명하고 그가 걸어간
사상과 활동의 궤적을 추적하였으며, 그의 인간상과 독립운동방략이 가
지는 의의를 지적하였다. 이 작업은 각단계의 항일민족운동이 갖는 성과
와 한계를 살펴보는 계기가 될 수 있으며, 이는 전반적인 항일민족운동

의 체계화에 기여하는 하나의 좋은 방도가 될 것이다.

여러가지로 부족한 필자가 이 정도의 책이나마 간행할 수 있었던 것은 여러 선생님의 은혜와 가르침이 있었기 때문이다. 먼저 은사이신 朴永錫·李柱邱·崔茂藏·林熙完·梁必承 선생님께 감사드린다. 필자는 인간으로서 갖추어야할 기본덕목과 학문하는 자세를 은사들로부터 제시받았다. 아울러 학문의 연구방향을 일깨워주시며 박사학위 논문을 심사하고 질책해 주신 金昌洙·金昌順·李範稷·金基興 선생님께도 감사드린다. 또한 사학과 선배님과 최영묵을 비롯한 후배들도 연약한 필자에게 큰 힘이 되었다.

막상 꾸며 놓고 보니 허술함과 미비점이 너무많아 부족함에 자괴하고 불완전한 이 책의 보완을 다짐하며 여러분께 감사드린다. 동시에 동학들의 엄정한 비판을 기다리며 이 책이 한국독립운동사에 있어서 사회주의 계열 항일독립운동가들을 이해하는데 조금이나마 보탬이 되었으면 하는 것이 필자의 바램이다.

끝으로 사랑하는 부모님과 아내 이선옥에게 이 책을 바친다. 이들을 여러 가지로 어려운 가운데에서도 끝까지 인내하며 말없이 나를 지켜주었고, 특히 새벽기도로 남편에게 힘과 용기를 준 사랑하는 아내에게 감사한다. 또 여러 가지 제약을 받아야 했던 나의 3자녀 진경·대영·태진이 에게도 미안한 마음과 함께 감사의 뜻을 전하고자 한다. 그리고 어려운 출판업계 사정에도 불구하고 부족한 이 글을 기꺼이 출판해 주신 국학자료원 정찬용 사장님과 원고를 교정해 준 편집실 여러분께 감사드린다.

1999. 3.

필 자

차 례

제1장 서 론

  1876년 문호개방 이후 한민족의 중심과제는 반제·반봉건의 문제로 일관되어 왔다. 그러나 1905년 「을사늑약」에 의하여 국권이 박탈되고 반식민지화 되어가자, 한민족의 주요 과제는 일제로부터의 국권회복으로 집중되었다. 이 시기에 전개된 국권회복운동은 계몽운동과 의병투쟁의 양면에서 전개되었다. 더우기 1910년 일제에 의해 국토가 강점되고 국권회복운동이 철저한 탄압을 받게되자, 국내에서의 항일투쟁에 한계를 느낀 독립운동가들은 만주·노령 등지로 망명하였다.

  이후 이들은 재만·재러한인사회를 기반으로 독립운동 근거지를 조성함과 동시에 무관학교를 설립하여 독립군을 양성한 후, 일제가 중일전쟁 내지 러일전쟁 혹은 미일전쟁을 감행할 때 그 시기를 노려 일제와 전면적인 독립전쟁을 일으키려 하였다. 그러나 1917년 러시아혁명의 영향으로 1920년대 이후 민족해방운동은 민족주의계열과 사회주의계열로 나뉘게 되었다.

  본 연구에서 살피고자 하는 李東輝(1873~1935)는 국권피탈 직전 국권회복을 위한 계몽운동에 혼신의 힘을 기울이는 한편 의병투쟁에

도 관여하였으며, 일제강점 이후에는 만주·노령지역으로 망명하여 '독립전쟁론'에 바탕을 둔 항일투쟁을 전개하였다. 그는 또 러시아혁명 이후 볼셰비키와 손을 잡고 독립운동의 한 방략으로 사회주의사상도 수용한 급진적인 항일독립운동가 중의 한사람이었다.

그는 조선후기 寒微한 집안 출신으로 지방 하급관리로부터 시작하여 대한제국 무관이 된 후, 중앙의 고위무관직에 올라 직업적인 군인으로 활동했으며, 기독교도 및 정치가로서 교육·종교활동을 통하여 활발한 구국운동을 전개하였다. 그는 또 1917년 러시아 볼셰비키혁명 후 최초의 한인 사회주의 조직이었던 한인사회당을 조직하였고, 이후 상해 임시정부의 초대 국무총리로서, 상해파 고려공산당의 지도자로 민족운동을 이끌었던, "민족운동의 거성인 동시에 공산당 조직의 선구자"[1]였다. 그는 말년에 국제혁명자후원회 활동에 주력하기도 하였다.

이렇게 다채로운 생애를 보낸 이동휘는 한말 이래 전개된 민족운동 과정에서 항상 당대의 시대적 과제해결을 위해 자신을 변화시키면서 전 생애를 민족독립운동에 바쳤던 보기 드문 실천적 민족혁명가였다. 따라서 이동휘의 일생을 체계적으로 재조명하고 그가 걸어간 사상과 활동의 궤적을 추적하는 작업은 각단계의 민족운동이 갖는 성과와 한계를 살펴보는 계기가 될 수 있으며, 이는 전반적인 민족운동의 체계화에 기여하는 하나의 좋은 방도가 되는 것이다.

그러나 지금까지 이동휘는 다른 저명한 항일혁명가들에 비해 일방적으로 과소평가되거나 왜곡되게 평가되어 왔다. 이는 주로 두 가지의 원인에 의해 발생되었다. 그것은 첫째, 남북한의 분단과 냉전의 전개로 인한 이데올로기적 편견의 문제이다. 주지하듯이 남북한 사이에

---

1) 李錫台 編, 『社會科學大辭典』(文友印書館, 1948) p. 493.

전개된 냉전은 역사인식에서도 서로 적대하는 풍토를 조성하였으며,
이는 곧바로 적대적인 역사상을 만들어 연구환경을 극도로 불구화시
켜 놓았다. 이에 따라 이동휘와 같은 이른바 '좌익' 혁명가는 남한에
서 언급조차 하기 힘든 인물로 기피되었고, 북한 역시 김일성의 우상
화작업 속에서 초기 사회주의운동에 대한 부정적 인식('종파성'·'분
파주의')에 근거하여 이동휘와 같은 초기 인물에 대해서는 거의 의미
를 부여하지 않았다. 냉전 해체전 소련학계 역시 북한의 이러한 인식
을 벗어나지 않는 것이었다.[2]

둘째, 이러한 정치적 상황이 연구자 및 연구내용에 미친 것으로서
1차 자료 확보에 어려움을 가져왔으며, 이동휘에 대한 올바른 연구와
평가가 심하게 왜곡되는 결과를 초래하였다. 전자의 1차 자료 확보의
어려움은 비단 이동휘에게만 해당되는 것은 아니며 사회주의에 관계
했던 모든 인사에게 공통되는 것이라고 할 수 있다. 더욱 큰 문제는
후자에서 발견된다. 즉, 그동안 이동휘에 대한 연구는 그를 정치적 입
장에서 반대했던 인물들의 회고와 평가에 기초를 두고 있었으며, 그
리고 이를 충분한 사실 검토없이 그대로 수용했던 연구자들의 태도로
인하여 크게 왜곡되었던 것이다.

이는 주로 좌파적 항일투쟁 노선을 반대했던 인물이나, 이동휘에
적대적이었던 일크츠크파 공산주의자들에 의한 왜곡된 소문과 기록들
에 의해 조장된 측면이 강하다.[3] 이에 따라 이동휘는 공산주의의 기

2) 소련학계에서 스탈린시대에 가해졌던 이데올로기적·물리적 제한과 김일성
개인숭배를 조장할 목적으로 1950년대 후반기부터 소련의 한국학자에게 가해
졌던 연구작업의 어려움에 대해서는, 현재 러시아에서 한국사회주의운동사
및 한국학 연구를 주도하고 있는 권위자 중의 하나인 샵쉬나의 다음 글이 참
조된다. 화니 이사꼬브나 샵쉬나, 「한국 공산주의운동과 민족해방운동(1918~
1945)에 대한 러시아 한국학자들의 견해」『한국독립운동사연구』 제9집 (1995.
12) ; 파냐 이사악꼬브나 샤브시나, 『식민지 조선에서』 (한울, 1996).
3) 이에 대해서는 潘炳律에 의해 최근 체계적으로 지적된 바 있는데(「李東輝와

본도 이해하지 못한 인물, 또는 러시아 공산주의자들에게 이용당한 인물로 이해되거나, 나아가서는 상해 임시정부의 활동을 부진하게 한 당사자로서, 자금 횡령자로서, 상해·일크츠크파 파쟁의 장본인으로서 인식되는 측면이 있어 왔던 것이다.

지금까지 이동휘와 관련된 연구를 경향별·시기별 그리고 연구자별로 살펴보면 다음과 같다. 먼저 이동휘에 대한 1980년대 전반까지의 연구는 분절적·단편적으로 진행되어 왔다. 즉 초기에는 주로 공산주의운동사 연구의 일환으로서 초기 사회주의운동에 한정하여 초기 사회주의자들이 갖는 한계성과 분파성을 주로 지적하였다.[4] 이에 따라 초기 사회주의자들의 다양한 성향이 충분히 논급되지 못하였으며, 연구대상 시기를 초기 사회주의운동에만 한정함으로써 사상적 맥락과 활동방식 및 노선의 변화가 가지는 성격상의 차이가 명확히 분석될 수 없었다.

반면에 1980년대 전반까지 이동휘에 대해 논급한 것으로는 전기류가 있다.[5] 이들 전기류는 이동휘의 사상과 활동을 체계적으로 분석한

韓末 民族運動」『韓國史硏究』 87 (韓國史硏究會, 1994) pp.148~149), 이동휘에 우호적인 그동안의 전기물이나 회고류에서는 주로 이 점을 염두에 두고 집필된 것으로 보인다(劉錫仁, 『愛國의 별들』 (敎文社, 1965) ; 김철수, 「김철수 친필유고」 『역사비평』 (1989년 여름호)).

4) 스칼라피노·李庭植, 『韓國共産主義運動의 起源』 (韓國硏究圖書館, 1961) ; 金俊燁·金昌順, 『韓國共産主義運動史』 第一卷 (高麗大 亞細亞問題硏究所, 1967) ; DAE-SOOK SHU, THE KOREAN NATIONALIST MOVEMENT(1918~1948), PRINCETON UNIVERSITY PRESS, 1967 ; 서대숙 저, 현대사연구회 역, 『한국공산주의운동사연구』 (화다출판사, 1985) ; 스칼라피노·이정식 공저, 한홍구 옮김, 『한국공산주의운동사1』 (돌베개, 1986).

5) 劉錫仁, 『愛國의 별들』 (敎文社, 1965) pp.176~208 ; 洪相杓, 『北間島獨立運動略史』 (手稿本, 1965) ; 金德亨 編著, 『韓國의 名家』 (一志社, 1976) pp.277~282 ; 李一善, 「李東輝」 『韓國近代人物百人選』 (東亞日報社, 1979) pp.163~166 ; 李浩哲, 「海外 抗日運動의 줄기 李東輝」 『韓國人物全集』 第7卷 (三潮社, 1977) pp.297~306.

위에서 서술된 것이 아니라 단편적인 사실에 기초한 것으로서, 기본
적으로 연구성과의 부진에서 오는 한계를 벗어날 수 없었다. 이들 전
기류에서는 기본적인 사실 인식과 연대기에서의 오류를 계속적으로
반복하고 있는 것이 특징이다. 단편적인 사실 인식에 기초한 이러한
전기류 내지 평전류의 글들은 1980년대 후반 이후에도 계속적으로 나
오고 있다.6) 그러나 이들 역시 앞에서 언급한 한계를 동일하게 안고
있다.

한편 1980년대 후반부터는 초기 사회주의운동에 대한 본격적인 분
석이 등장하여 이동휘 연구에 대한 지평을 넓혀주는 한편, 이동휘에
대한 연구의 범위도 전생애를 포괄하게 되면서 본격적인 논의가 이루
어지고 있다. 潘炳律은 초기 사회주의운동 발전의 체계화라는 관점에
서 일련의 논고7)를 통해 주목되는 연구를 발표하고 있다. 그는 특히
李東輝의 韓末 民族運動에 대한 논문8)에서 기존의 연구가 가지는 연
대기적인 사실·오류 가운데 많은 것을 지적·수정하고, 이동휘의 초

---

6) 김창석, 「조선 공산주의운동의 선구자, 이동휘」『역사의 진실』(도서출판 녹
   두, 1990) ; 마뜨베이 찌모피예비치 김 지음, 이준형 옮김, 「이동휘」『일제하
   극동시베리아의 한인 사회주의자들』(역사비평사, 1990) ; 한규무, 「李東輝와
   基督敎社會主義」김흥수 엮음,『일제하 한국기독교와 사회주의』(한국기독교
   역사연구소, 1992) ; 李泰俊, 「성재 리동휘선생」徐紘一·東嚴 편저,『間島史
   新論』상 (우리들의편지 社, 1993) ; 洪相杓,『간도독립운동비화 : 역사의 소
   용돌이 속에서』(선경도서출판사, 1990).
7) 潘炳律, 「大韓國民議會의 성립과 조직」『韓國學報』46 (一志社, 1987) ; 「大韓
   國民議會와 上海臨時政府의 統合政府 수립운동」『한국민족운동사연구』2 (지
   식산업사, 1988) ; 「김알렉산드라 페트로브나(스탄케비치)의 생애와 활동 : 조
   선인 최초의 공산주의자 약전」『尹炳奭敎授華甲紀念韓國近代史論叢』(知識産
   業社, 1990) ; 「露領地域 韓人政黨의 結成과 變遷 : 한인사회당과 상해파·일
   크츠크파 고려공산당을 중심으로」『獨立運動의 理念과 政黨』(독립기념관 개
   관4주년 기념 제5회 독립운동사 학술심포지움 발표문) (독립기념관 부설 한
   국독립운동사연구소, 1991) ; 「한인사회당의 조직과 활동(1918~1920)」『한국
   학연구』5 (仁荷大 韓國學研究所, 1993).
8) 潘炳律, 「李東輝와 韓末 民族運動」『韓國史研究』87 (韓國史研究會, 1994).

기 사상에 대한 분석을 통하여 이동휘 개인연구를 한단계 진전시켰
다. 이와 동시에 초기 연구에 속하는 것이지만 姜德相의 연구9)는 이
동휘의 계몽운동기 활동이 가지는 현실주의적 입장에 대해 유용한 분
석틀을 제시하고 있다. 한편, 權熙英의 일련의 연구10)와 林京錫의 연
구11)는 초기 한인 사회주의운동을 이해하는데 유용하다.

그러나 이들 연구, 그 중에서 특히 이동휘를 직접적으로 다루고 있
는 반병률의 연구는 주목할 만한 사실에서의 오류·수정에도 불구하
고 초기 이동휘의 사상에 대한 해석에서는 검토의 여지를 남기고 있
다.12) 한편 필자는 1980년대 후반 이래 이동휘 개인연구를 진척시켜
왔는 바,13) 이는 이동휘 개인연구를 통하여 민족운동의 변화 양상을
살펴보려는 의도에서 였다.

이상의 연구는 이동휘의 전생애를 포괄하지 못함으로써 각각의 단
계에서의 특징을 지적하였을 뿐 그의 전체 사상체계와 활동을 입체적
으로 밝히지는 못하였다. 또한 전체 민족운동의 흐름 속에서 이동휘

---

9) 姜德相,「啓蒙運動のリ-ダ·李東輝」『朝鮮獨立運動の群像』(靑木書店, 1984).
10) 權熙英,「코민테른의 민족·식민지논쟁과 한국의 민족해방운동」『역사비
    평』(1988년 가을호) ;「고려공산당 이론가 박진순의 생애와 사상」『역사
    비평』(1989년 봄호) ;「제1차 극동노력자대회 및 극동혁명청년대회에서
    의 한국혁명의 문제」『정신문화연구』13권 3호 (통권 40호) (한국정신문
    화연구원, 1990) ;「한인사회당 연구(1918~1921)」『韓國史學』11 (韓國精
    神文化硏究院, 1990) ;「조선공산당의 성립과 코민테른」『韓國史學』13
    (韓國精神文化硏究院, 1993) ;「고려공산당연구(1921~1922)」『韓國史學』
    13 (韓國精神文化硏究院, 1993).
11) 林京錫,『高麗共産黨硏究』(成均館大 博士學位論文, 1993).
12) 이에 대해서는 본문에서 언급하기로 한다.
13) 金 邦,「李東輝의 愛國啓蒙運動에 관한 一考察」(建國大 碩士學位論文,
    1986) ;「李東輝硏究」『國史館論叢』第18輯 (國史編纂委員會, 1990) ;「李
    東輝의 國權恢復運動(1905~1910)에 관한 一考察」『水邨朴永錫敎授華甲
    紀念韓民族獨立運動史論叢』(探求堂, 1992) ;「李東輝의 國外에서의 抗日
    鬪爭(1911~1916)에 관한 一考察」『建大史學』제8집 (1993).

의 사상과 노선이 변화해 가는 원인과 계기를 유기적으로 분석하지 못하는 한계를 갖는 것 이었다.

이상에서 살펴본 것처럼 이동휘에 대한 연구는 1980년대 후반 이후 본격화될 만큼 一淺하고, 아직 이동휘의 전생애 즉 계몽운동기와 사회주의운동 전시기를 포괄하는 연구성과는 전무한 실정이다. 따라서 본 연구는 기존 연구의 한계를 인식하면서 이동휘의 전생애사를 포괄하여 그의 사상과 활동을 살펴봄으로써 기존 연구의 공백을 메움과 동시에 전체 민족운동사의 체계화에 일조하고자 한다.

물론 어느 개인에 대한 연구는 그것이 지나친 개인사로 흐를 수 있는 위험성이 常存하고 있다. 그러나 민족운동사·독립운동사 연구에 있어서 개인 인물연구는 반드시 필요하다.[14] 왜냐하면 생애사나 생애사 자료는 개인이나 집단의 삶의 모습을 총체적으로 그려주며 이들의 세계가 가진 주관적인 의미[15]를 생생히 전달해 줄 수 있기 때문이다. 특히 그동안 사회적으로나 정치적으로 소외되고 소홀히 취급되어 왔거나 왜곡된 삶의 모습이나 주체의 의도를 전해주는 유용성이 있다. 생애사 자료는 그동안 삶과 사회와 역사에 대한 "객관적"이고 "보편적인" 지식으로 지배적인 지위를 누려온 이론이나 인식들이 부분적 진실이었음을 지적하고, 삶과 사회와 역사에 대한 지배적인 관점을 해체하는 이론적·방법론적 대안을 제시한다.[16] 따라서 인간의 경험은 도식적 설명의 방법이 아닌 감정이입과 해석을 통한 이해의 방법

---

14) 민족독립운동사 개개인에 대한 인물 연구가 부족하다는 지적은 朴永錫의 다음 글이 참조된다. 朴永錫,「序說」『再發掘 韓國獨立運動史Ⅳ:獨立運動家列傳』(한국일보사, 1989).

15) 이 때의 주관적 의미는 생활세계를 공유하며 다양한 사회관계를 맺고 사는 사람들과 상호작용하는 과정에서 나타나는 상호주관적(inter-subjective) 의미이다. 윤형숙,「생애사연구의 발달과 방법론적 쟁점들」『배종무총장 퇴임기념사학논총』(1994) p.520.

16) 윤형숙, 앞의 글, p.516.

으로 접근할 필요가 있다.[17] 본 연구의 목표는 바로 이와 같은 시각
에 입각하여 이동휘의 전생애를 재구성하면서 그의 사상과 활동의 전
체적인 성격을 분석해 보고자 하는 것이다.

이 때 이동휘라는 인물을 어떤 기준을 가지고 평가할 것인가 하는
문제가 제기된다. 그동안의 연구에서는 당대의 시대적 요구와 주체적
인 조건을 면밀히 검토하지 못하고, 어느 일면만을 부각시키든가 아
니면 전생애를 일관된 맥락에서 파악하지는 못한 것으로 보인다. 필
자는 이동휘가 활동한 시대, 즉 독립운동기의 조선의 사상적인 흐름
은 바로 자주적인 독립국가의 건설을 위한 민족주의의 전개과정이 된
다고 본다.[18] 이 시기에 어떤 사조나 정치 이데올로기가 도입되거나
운동단체들에 의해 어떤 사상과 이념이 채용되었던지 간에 그 공통적
인 운동목표가 국권회복과 독립국가의 쟁취에 있었다면, 그 기본적인
역사적 성격은 민족주의의 큰 틀을 벗어나지 못하며, 따라서 사회주
의·공산주의운동의 형태를 띤 민족운동도 크게는 독립운동의 테두리
안에서 이해되어야 할 것이다.[19]

이와 같은 연구는 최근 이동휘 개인에 대한 새로운 전기가 공개되
면서 한층 접근할 수 있는 토대가 넓어졌다. 본 연구에는 다음의 자
료들을 이용할 수 있었다.

이동휘는 실천활동가이었기 때문에 남겨 놓은 저술이나 기록이 거
의 없는 실정이다.[20] 그런데 국권피탈직전 발행한 신문[21]이나 잡지[22]

---

17) 윤형숙, 앞의 글, p.519 참조.
18) 李泰俊, 앞의 글, p.241.
19) 李泰俊, 앞의 글, p.241. 필자 역시 그동안의 일련의 작업을 통해서 그의
    항일독립운동 전체상을 민족독립운동이라는 일관된 맥락에서 살펴보고자
    하였다.
20) 李東輝가 남긴 기록은 1925년 1월 18일부터 22일까지 5회에 걸쳐서 『東
    亞日報』에 연재된 「사랑하는 內地同胞에게(一)~(五)」라는 글과, 북간도
    로 망명하여 항일독립운동을 전개하던 시절인 1913년 9월 22일과 1914년

등에 그의 이름이 빈번히 등장하여 이 시기 그의 국권회복운동에 대
한 기초 사실들을 파악할 수 있게 해준다. 일제강점 후 만주·노령지
역에서의 이동휘에 대한 항일행적은 제한적이기는 하지만 공개되고
있는 중국측 자료23)와 연해주에서 발행한 신문,24) 그리고 재검증하
고 비판되어야 할 한계성을 내포하고 있는 일본측 관헌자료25)가 있는
데 이동휘의 항일투쟁을 파악하는 유용한 단서를 제공해 주고 있다.
특히 이동휘의 사회주의운동에 관한 사항은 선학들의 연구성과26)에

2월 23일에 미주에서 국민회와 흥사단을 조직하여 활동하던 안창호에게
보낸 편지 2통이 유일하게 전해지고 있다(獨立紀念館 韓國獨立運動史硏
究所,『島山安昌浩資料集(2)』 韓國獨立運動史資料叢書 第5輯 (1991)).
21)『皇城新聞』;『大韓每日申報』;『帝國新聞』
22)『西友』;『西北學會月報』;『大韓自强會月報』;『大韓協會會報』
23) 현룡순·리정문·허룡구 편저,『조선족백년사화』 1~3 (료녕인민출판사,
1985) ; 정협연변조선족자치위원회 문사자료연구위원회 편,『연변문사자
료』 1~6 (1981~1988) ; 김철수·김동화·리창혁·오기송 편저,『연변당
사 사건과 인물』 (연변인민출판사, 1988) ; 황룡국 주편,『조선혁명투쟁
사』(료녕민족출판사, 1988) ; 박창욱 주편,『조선족혁명렬사전』 1~2 (료
녕인민출판사, 1983~1986) ; 조선족략사 편찬조,『조선족략사』 (연변인민
출판사, 1986).
24)『勸業新聞』;『大東共報』
25) 慶尙北道警察部,『高等警察要史』 (1934) ; 朝鮮總督府,『朝鮮獨立運動ニ關
スル調査報告』 (1924) ; 朝鮮總督府 法務局,『朝鮮獨立運動思想の變遷』
(1931) ; 朝鮮總督府 庶務部 調査課,『朝鮮の獨立思想及運動』 (1924) ; 朝
鮮總督府 警務局,『朝鮮の治安狀況』 昭和 25年版 (靑丘文庫, 1984) ;『最
近における朝鮮治安狀況』 昭和 8年 (巖南堂書店, 1982) ;『最近における
朝鮮治安狀況』 昭和 11年 (1936) ;『最近における朝鮮治安狀況』 昭和 13
年 (巖南堂書店, 1966) ;『共産主義運動に關する文獻集』 (1936) ; 朝鮮總督
府 高等法院 檢事局 思想部,『思想彙報』 제1호~25호 (1934~1940) ;『思
想月報』 제1권 1호~제4권 6호 (1931~1934) ;『朝鮮重大思想事件經過表』
(1936) ; 朝鮮總督府 警務局 保安課,『高等警察報』 제1호~제6호 (1933) ;
『高等外事月報』 제1호~제14호 (1939~1940) ; 『思想犯罪搜査實話集』
(1934) ; 滿洲軍事顧問部,『滿洲共産匪の硏究』 (極東硏究所出版會, 1937) ;
『國內治安對策の硏究』 (極東硏究所出版會, 1937).
26) 金俊燁·金昌順,『韓國共産主義運動史』 第一卷 (高麗大 亞細亞問題硏究

힘입은 바 크며 소련 및 코민테른과의 관계자료27)가 당시의 상황을
재구성하는데 큰 도움을 주었다.

또한 최근에는 이동휘에 관한 새로운 전기와 자료가 발견됨으로써
연구에 활력을 불어넣고 있다. 이동휘에 관한 새로운 전기는 두 종류
가 있다. 하나는 이동휘의 아들 李英一이 작성한 것으로서 「上海臨政
국무총리 李東輝 傳記」와 『리동휘 성재선생』이 그것이다.28) 다른 하

所, 1967) ; 스칼라피노 · 李庭植,『韓國共産主義運動의 起源』(韓國研究圖
書館, 1961) ; 스칼라피노 · 이정식 공저, 한홍구 옮김,『한국공산주의운동
사1』(돌베개, 1986) ; 이정식 지음, 김성환 옮김,『조선노동당약사』(이론
과 실천, 1986) ; 이정식 지음, 허원 옮김,『만주혁명운동과 통일전선』(사
계절, 1989) ; 이정식,『한국민족주의운동사』(미래사, 1982) ; 서대숙 저,
현대사연구회 역,『한국공산주의운동사연구』(화다출판사, 1985) ; 李命
英,『在滿韓人共産主義運動研究』(成均館大 出版部, 1975) ; 李起夏,『韓國
共産主義運動史』1 (國土統一院, 1976) ;『韓國共産主義人物系譜圖 : 解放
前 政黨 · 社會團體 研究參考資料』(1980).

27) 日本共産黨中央委員會レ-ニン選集編集委員會 編,『レ-ニン10卷選集』1～
10 (大月書店, 1970～1971) ; 村田陽一 編譯,『コミンテルン資料集』1～6
(大月書店, 1978～1983) ; B.ラシツチ · M.M トラチコウイチ 著, 勝部 元
· 飛田勘식譯,『コミンテルン人名事典』(至誠堂, 1980).

28) 「上海臨政 국무총리 李東輝 傳記」는 『東亞日報』에 1991년 6월 13부터～6
월 29일까지 연재된 것으로 李英一이 쓴 전기이다. 이는 타슈겐트 제19중
학교 金 빅토르 교장과 金 웨아체슬라브 교사가 서울 방문시 가져온 것
이다. 이 학교에는 1985년에 이영일이 학교에 와서 강연한 뒤로 李東輝班
을 두고 있다고 한다(『東亞日報』 1991년 6월 9일자).『리동휘 성재선생』
역시 1981년 이영일이 작성한 것으로, 중앙아시아 카작크스탄 과학원 동
방학연구센타 한국학부에 근무하는 고송무 교수가 모스크바에서 이동휘
의 셋째딸 李敬樺의 후손인 김따냐(이동휘의 외손녀딸로, 이경순의 딸인
김시순의 딸)家에서 발굴, 인하대 한국학연구소에 제공한 것이다(『한국학
연구』 5 별집 (仁荷大 韓國學研究所, 1993) pp.167～334에 수록됨). 위 두
전기는 일부분(예를 들어 전자에서는 이동휘의 아버지 이름을 이능교와
이승교로 혼용하고 있는데 반해, 후자에서는 이승교로 일관됨)을 제외하
고는 편제와 내용에서 거의 대소이 하다. 이 이외에 이영일이 작성하여
유전시키고 있는 약전은 현재까지 다음의 4종류에 이르는 것으로 파악되
고 있다(「리동휘 성재선생, 출생 일백십주년을 기념하면서」 (84면, 1983.
1. 1) ; 「리동휘 성재선생, 서거 50주년을 기념하면서」 (21면, 1985. 1. 31)

나는 이동휘의 동지였던 白秋 金奎冕[29]이 작성한 「誠齋 略傳에 관한 回想記」[30]이다. 전자는 아들에 의해 서술된 다소 주관적 입장, 그리고 '당연하게도' 이동휘가 이끌던 상해파의 입장에서 기술되었다는 당파적 성격에 유의해야 하며,[31] 후자는 회상기가 갖기 쉬운 사실적인 오류와 소급적인 과대평가를 염두에 두어야 할 것이다.[32] 또 내용에 있어서 상당히 논쟁적인 주제를 다루고 있어 객관적인 근거에 입각하여 세밀한 분석이 절실하다. 그렇지만 이러한 점을 염두에 둔다면 이들 자료는 이동휘의 사상과 행동을 분석하는데 이전의 어떠한 자료보다도 유용하게 이용될 수 있다.

더불어 필자가 발굴한 이동휘의 「乙巳勒約 抗辯運動」자료[33)가 있

; 「리동휘 선생약력」 (38면, 1985. 1. 31) ; 「김승화선생이 저작한 쏘베뜨 국내의 거주하는 조선민족력사록을 읽어본 후 나의 참고와 비판」(18면, 1981. ?. 18). 윤병석, 「<리동휘 성재선생> 해제」『한국학연구』 5 별집 (仁荷大 韓國學研究所, 1993) p.335 참조).

29) 金奎冕(1881~?)은 이동휘와 유사하게 한말 무관출신의 계몽운동가로 기독교 목사에서 사회주의운동가로 전환한 인물이다. 따라서 이동휘의 입장과 활동을 가장 잘 이해할 수 있는 위치에 서 있었던 몇 안되는 사람이다.

30) 『문화일보』에 1995년 8월 17일부터~ 8월 21일까지 3회에 걸쳐 연재됨 이 전기는 金奎冕이 '1963년 6월 20일 誠齋 선생의 탄생 90주년 기념에 즈음하여 초필'한 것으로 동지들과 여러 차례 검증작업을 한 흔적도 보여 그가 말년에 필생의 작업으로 이를 집필했음을 보여준다. 이 전기는 1994년 우즈베크공화국의 수도 타슈겐트에서 40km 떨어져 있는 폴리타젤 콜호스의 제19 중학교 교장 金 빅토르씨와 교사였던 金 웨아체슬라브씨가 이동휘에 관한 자료를 찾던 중, 우즈베크공화국 우르겐츠시에 거주하는 이동휘의 손자 이 미하일씨와 이 꼰스탄진씨를 통해 입수한 것이다.

31) 윤병석, 앞의 글, p.346. 이 이외에도 이 전기는 이영일이 기존의 연구서를 가급적 참고하려고 했기 때문에 연대기나 사실 인식에 있어 많은 오류를 범하고 있다. 즉 자신이 확실히 알지 못하는 부분은 기존의 연구서에서 그대로 취하고 있기 때문에 기존의 연구서가 안고 있는 문제점을 그대로 반복하고 있는 것이다. 이는 전기 곳곳에서 散見된다.

32) 『문화일보』 1995년 8월 22일자.

33) 이 자료는 필자가 부산 정부기록보존소에서 발견하여 1993년 12월 21일

다. 이 자료는 1905년 전후 이동휘의 사상을 파악할 수 있는 것으로
그의 생애와 사상을 구성하는데 매우 중요한 것이다. 그리고 이 이외
에도 이동휘와 밀접한 관계를 가졌던 김철수의 「친필유고」[34]도 유용
하게 참조된다.

　본 연구의 대상은 이동휘의 전생애(1873~1935)에 걸치는 것으로서
그의 성장과정과 계몽운동기로부터 사회주의운동을 통한 독립운동기
까지이다. 이는 크게 세 단계로 나눌 수 있다. 첫단계는 1873년에서
1913년에 이르는 시기로, 그가 함경도 단천군의 하급관리인 通人을
거쳐 무관학교를 졸업하고 직업군인으로서, 또 교육과 종교활동을 통
한 계몽운동가로 활동하는 시기이다. 이 시기를 통해 그의 사상이 형
성되며 이 때 그의 기본적인 독립운동 방략이 마련된다. 이 첫 단계
는 다시 세 시기로 나눌 수 있는데 ① 1873~1896년까지의 시기로 그
가 중인계급으로서 자신의 처지를 자각해가는 한편 사회모순을 인식
하기 시작하는 단계이다. ② 1896년부터 1905년까지의 시기로 직업군
인으로서 계몽운동에 눈을 떠가는 사상적 과도기이다. ③ 1906년부터
1913년까지의 시기로 교육과 종교를 통해 본격적인 계몽운동을 벌이
는 시기이다. 두번째 단계는 1913년에서 1916년에 이르는 시기로, 만
주·노령지역에서 계몽운동을 벌이는 한편 독립전쟁론에 바탕한 무장
투쟁을 전개하는 시기이다. 세번째 단계는 1917년 러시아혁명 이후
1935년까지의 시기로 독립운동의 한 방략으로 사회주의를 수용하고,
사회주의를 통한 항일독립운동을 전개한 시기이다. 이는 대체로 1920

자『中央日報』를 통하여 처음으로 공개하였다. 이 자료는 『機密書類綴』
　　(政府記錄保存所 소장, 문서번호 警務 88-1, 필름번호 88-598(1906~1907
　　년))에 실린 「이동휘문서」로 ①「遺疏」, ②「斬賣國公賊聲罪文」, ③「遺告二
　　千萬同胞兄弟書」, ④「遺告縉紳疏廳書」, ⑤「遺告法官書」, ⑥「遺告各公館使
　　節書」, ⑦「遺告林公使書」, ⑧「遺告長谷川大將書」 등으로 되어 있다.
34) 김철수, 「김철수 친필유고」『역사비평』(1989년 여름호).

년대 중반을 기점으로 전후 두 시기로 나눌 수 있다.

　본 연구의 공간적 범위는 국내를 비롯하여 중국령 만주의 북간도지방과 상해, 그리고 노령의 연해주지방과 소비에트 러시아의 모스크바 및 하바로브스크에서 전개된 이동휘의 항일독립운동이 주된 검토 대상이 된다.

　본 논문의 구성은 다음과 같다. 먼저 제2장에서는 이동휘의 초기사상 형성과정(1873~1905)을 살펴본다. 여기에서는 이동휘가 중인신분으로서 단천군의 통인이 된 후 봉건체제의 모순을 자각해가는 과정과 무관학교 시기를 통하여 구체적으로 근대적 합리주의를 익히는 과정을 밝히고자 한다. 이어서 이동휘가 고위무관직에 오르기까지의 과정과 무관신분으로 改革黨 및 大韓協同會에 참여하여 활동한 상황을 살펴본다. 또한 1905년 「을사늑약」의 체결을 계기로 이동휘가 「을사늑약 항변운동」을 통하여 어떻게 반봉건 · 반제국주의의 사상을 정립해가는 가 일련의 흐름을 살펴본다.

　제3장에서는 1906년부터 1913년에 이르는 시기로 이동휘가 반제 · 반봉건 사상의 실현을 기독교의 수용 및 계몽운동의 실천에서 찾고, 이를 통해 국권회복운동에 매진하는 실상을 탐색하는 것을 목적으로 삼는다. 여기에서는 이동휘가 기독교를 수용하고, 普昌學校 설립을 통하여 어떻게 교육구국운동을 전개하는 가를 살펴본다. 이어서 이동휘가 서우학회 · 국민교육회 · 한북흥학회 · 서북학회 등 계몽운동단체 활동을 통해 어떻게 계몽운동을 전개하는 가 탐색한다. 그리고 1907년 강화도 진위대의 봉기와 新民會의 참여를 통해 그의 구국운동방략이 獨立戰爭論으로 전환되어 가는 과정을 분석해 보고자 한다.

　제4장에서는 이동휘가 만주 · 노령지역으로 망명 후, 독립전쟁론이란 구국운동방략을 그가 어떻게 구체적으로 실천에 옮겼는 가를 탐색한다. 여기에서는 이동휘가 북간도 · 연해주 독립운동 단체인 간민회

·권업회 등과 어떠한 연관을 가지며 활동하였는 가를 살펴본다. 그
리고 무관학교 설립을 통하여 어떻게 독립전쟁론을 실천하려고 했는
지를 살펴보고자 한다.

제5장에서는 이동휘가 1917년 러시아 10월혁명 이후 자신의 사상과
구국운동방략을 어떻게 재설정하면서 임시정부의 초대 국무총리에 취
임하고 또 韓人社會黨·高麗共産黨을 위시한 일련의 사회주의활동을
주도해 갔는 가를 분석한다. 여기에서는 먼저 이동휘가 러시아혁명
후 사회주의운동을 통한 독립운동에 왜 전념하게 되는 가를 분석한
다. 이어서 한인 최초의 사회주의 단체인 한인사회당을 창당하고 상
해 임시정부에 참여한 배경을 살펴본다. 임시정부 참여 후 이동휘는
친러외교노선을 견지하고 재만독립운동단체와 연계를 갖으면서 어떻
게 항일독립운동을 추진해 갔는 가를 탐색한다. 또한 레닌정부로부터
자금을 지원받아 상해파 고려공산당을 창당하고 중국·일본 공산당에
도 자금을 지원하는 등 어떻게 사회주의운동을 주도해 갔는 가를 살
펴보고자 한다. 그리고 고려공산당의 통합운동 및 赤旗團의 활동 분
석에서 이동휘가 추구했던 독립운동방략의 실제적 성격을 논구해 보
고자 한다. 이 장은 그동안 이동휘가 추구하고 정립했던 자신의 사상
과 독립운동방략을 가장 적실성 있게 분석할 수 있는 공간이다.

마지막으로 결론에서는 이상의 내용을 정리하면서 그의 인간상과
사상 및 독립운동방략이 가지는 의의를 지적하고, 본 논문의 한계와
앞으로의 과제를 설정해 두고자 한다.

제2장 이동휘의 초기사상 형성과정
(1873~1905)

　한 인물의 사상과 행동에 대한 전체적인 검토에서 빠뜨릴 수 없는
것은 그 인물의 사상이 형성되는 과정이다. 사상형성에 영향을 미치
는 중요한 요소 중의 하나는 그 개인이 가지고 있는 성격적인 특성이
다. 특히 그 개인의 성격적인 특성이 사상의 성격에 중대한 영향을
미친 경우에는 그 중요성이 배가된다. 이동휘의 경우는 바로 개인적
인 특성이 사상의 형성과정 및 실제 행동에 매우 중요한 영향을 미친
경우에 해당된다. 따라서 이동휘의 초기사상 형성과정에서 그 성격적
인 특성을 검출하는 것은 적지 않은 의미가 있다.

　이동휘에 관계된 모든 자료는 거의 빠짐없이 그의 성격적 특성과
행동방식의 연관성을 지적하고 있다. 이것은 이동휘의 성격적 특성이
그의 사상과 가지는 상관성을 지적하는 것인 바, 이하에서는 그의 성
장과정과 사상의 형성과정을 검토하고자 한다.

　이동휘에 대한 평가는 다양하게 나타나고 있다. 여기에서는 그에
대한 다양한 평가 중에서 공통되는 측면과 논자에 따라 다르게 나타

나는 측면을 구별하여 그의 성격적 특성을 추출하고자 한다.

먼저 논자들은 이동휘가 "熱과 情의 인물"로서 "대중을 앞에 놓고 연설할 때에는 혈루가 방타하여 방성대곡하던 때가 많았"으며, "웃을 곳에 웃지 않고 울 곳에 울지 아니하는 사람을 볼 때에 冷血의 동물이라 唾罵"[1]한, "열성덩어리"[2]의 인물로서 공통적으로 평가하고 있다. 이는 대부분의 논자들이 그의 외모를 두고 "성재의 부릅뜬 눈에는 금시 분노의 불길이 일어날 것 같았"고, "목소리가 웅장하고 손이 크고 악수할 때에는 남의 손을 으스러지게 힘있게"[3] 쥔다는 묘사와 일치한다. 이동휘는 한마디로 "熱과 誠을 주로"[4] 하는 인물이었으며, 이 "열과 성은 동지들에게 위안을 주었으며 일반대중에게 비상한 감화력을 주었"[5]던 것이다.

그러나 한편으로 이동휘의 성격에 대해서는 서로 다른 평가도 나타난다. 추정 이 갑은 "성재는 열성 덩어리이기는 하지만 사람에게 속는 흠이 있다"[6]고 말하고 있다. 정치적으로 이동휘와 대립하게 되는 여운형은 "이동휘는 어학 및 한문에 소양이 없고, 군인 출신의 극히 단순한 사람이며 사람에게 잘 속아 넘어가는 인물이다"라고 하였으며, 이동휘의 공산주의 사상에 대하여도 그는 "공산주의가 뭔지, 맑스 유물론이 뭔지도 모를 정도의 인물로 단지 노농러시아와 같은 정부를 창립하는 정도"[7]에 불과하다고 말하였다. 김철수의 경우에는 이동휘가 "漢學은 있어도 新學은 넉넉치 못하다"[8]고 하였고, 이강훈도 이와

---

1) 劉錫仁, 『愛國의 별들』 (教文社, 1965) p.206.
2) 李光洙, 「나의 告白」『李光洙 全集』 第13卷 (三中堂, 1962) p.218.
3) 李光洙, 앞의 글, p.218.
4) 김철수, 「김철수 친필유고」『역사비평』 (1989년 여름호) p.368.
5) 劉錫仁, 앞의 책, p.206.
6) 李光洙, 앞의 글, p.218.
7) 夢陽呂運亨先生全集發刊委員會 編, 『夢陽呂運亨全集』 1 (한울, 1991) pp.527～528.

비슷하게 "그는 어떤 심오한 철학을 지녔다기 보다는 행동이 앞서는 武人型의 지도자로 보여졌다"9)고 회상했다. 한편 의병투쟁과 관련하여 김 산은 이동휘가 "의병과 모든 종류의 의병투쟁에 대해 커다란 신뢰를 가졌던 인물"10)이라고 평가하였다.

이를 종합해 볼 때 어떤 이는 이동휘가 한학이 있다고 말하는 반면 또 어떤 이는 어학과 한문에 소양이 없다고 말하고 있다. 또 초기 한인사회당과 고려공산당의 지도자로서 조직을 지도하였던 이동휘에 대해서 공산주의의 기초도 몰랐다는 비상식적인 주장도 아무런 여과없이 통용되고 있다. 반면에 이러한 주장 가운데에서도 그가 무인형의 기질을 가지고 있었으며 계몽운동가이면서도 의병투쟁에 대해 신뢰를 가진 사실이 지적되고 있다. 이 모든 것은 그에 대한 여러 논자의 평가를 객관적이고 구체적인 사실에 기초하여 검토할 것을 요구하고 있으며, 여러 논자가 공통적으로 지적하고 있는 사항을 그의 사상과 행동에 비추어 보다 자세히 파악할 것을 제기하고 있다.

1. 가정환경과 성장과정

19세기 중엽에 이르러서 조선사회는 봉건체제의 해체과정에서 제기된 반봉건의 요구에 더하여 제국주의 침략세력의 서세동점 위기 속에서 새로운 시대의 전환을 강요받고 있었다. 이러한 국내외 정세 속에서 이동휘는 1873년 6월 20일11) 咸鏡南道 端川郡 波道面 大成里에

---

8) 김철수, 앞의 글, p.368.
9) 金德亨 編著, 『韓國의 名家』(一志社, 1976) p.282.
10) 님 웨일즈 지음, 조우화 옮김, 『아리랑』(동녘, 1984) p.86.
11) 李東輝가 1873년 12월 3일에 출생하였다는 기록도 있지만(朝鮮總督府

서 衙前을 지내다 농사를 짓고 있던 李承橋의 아들로 태어났다. 그의
본관은 海濱이고 아호는 誠齋였다.12)

　이승교는 이동휘의 아명을 獨立13)이라고 지어주고, 어려서부터 준
수한 모습을 발휘한 자기 아들의 교육에 심혈을 기울였다. 이동휘는
1880년(8세) 향리의 私塾인 大成齋에 들어가 한문을 익혔는데, 이 해
모친이 병사하여14) 부친 이승교의 영향하에 성장하였다. 이동휘는 농
사일에 종사하면서 아전이었던 부친으로부터 아전이 되기 위해 필요
한 예의와 법도를 배웠다.15) 1890년(18세)에는 아버지의 뒤를 이어 出

　　警務局,『國外ニ於ケル容疑 朝鮮人名簿』(1934) p.310 ; 劉錫仁, 앞의 책,
　　p.176 ; 姜德相,『朝鮮獨立運動の群像』(靑木書店, 1984) p.25), 이동휘의
　　아들 李英一이 쓴 이동휘 전기에 따랐다(석암 리영일,『리동휘 성재 선
　　생』, p.6 (석암 리영일,「리동휘 성재 선생」필사본 영인『한국학연구』5
　　별집 (仁荷大 韓國學硏究所, 1993.7) pp.167~334에 수록됨), 이하『이동휘
　　전기』라 함).
12) 朝鮮總督府 警務局, 앞의 책, p.310.
13) 『이동휘전기』, p.11. 1876년 개항이후 한반도를 둘러 싼 제국주의 열강들
　　의 쟁탈전에서 우리 한민족의 중심과제는 제국주의를 물리치고 자주적
　　독립국가를 건설하는 것과 봉건주의를 타파하고 근대적 시민국가를 건설
　　하는 것이 최우선의 과제였다. 따라서 이러한 시대적 분위기 속에서 獨
　　立이라는 아명을 쓰지 않았나 생각된다.
14) 위와 같음. 이동휘의 어머니가 38세의 일기로 병사한 것이 아니고 일경에
　　게 학살당해 이동휘의 반일감정이 더욱 강해졌다는 이야기도 있다(朴甲
　　東,「내가 아는 朴憲永」『中央日報』1973년 2월 22일자).
15) 청년기에 접어든 이동휘는 1889년(17세) 부친의 주선으로 단천군 은쟁이
　　(수공업자) 딸 강정혜(18세)와 결혼하였다. 이후 이동휘는 장녀 李仁橞·
　　차녀 李義橞·삼녀 李敬橞과 아들 李英一 등 1남 3녀를 두었다. 장녀 이
　　인순은 江華普昌女小學校를 졸업하고 다시 漢城連洞貞信學校를 졸업한
　　후, 17세의 나이로 함흥·성진·간도 등지에서 교사로 활동하면서 여성
　　교육에 진력한 공적으로 1995년 건국훈장 애족장을 받았으며(이인순『공
　　적사항』제3호 서식(을) (國家報勳處, 1995) p.692), 큰사위 鄭昌斌은 1907
　　년 신민회에 가입하여 이동휘 휘하에서 활동하였으며, 1922년에는 계봉
　　우와 함께 북간도·노령 등지에서 교사로 활동하면서 독립의식을 고취한
　　공적으로 1995년 건국훈장 대통령 표창을 받았다(정창빈『공적사항』제3
　　호 서식(을) (국가보훈처, 1995) p.722). 차녀 이의순은 북간도 명동촌에

설립된 明東女學校 최초의 여교사로 근방 마을마다 야학을 설치하여 운영하면서 북간도 여성들에게 민족의식을 고취 시켰으며, 노령지역에서는 부인회, 상해에서는 상해한인청년회의 중심인물로 활약한 공적으로 1995년 건국훈장 애국장을 받았다(이의순『공적사항』제3호 서식(을) (국가보훈처, 1995) pp.226~227). 둘째사위 吳永善은 상해 임시정부 국무원 비서장·법무총장·국무위원·외무부장으로 활약한 공적으로 1990년에 건국훈장 독립장을 받았다. 삼녀 이경순은 아버지 이동휘의 주선으로 동생 이영일과 함께 서울 유학길에 올랐다가, 아버지가 상해 임시정부 국무총리로 부임하여 상해로 가서 啓明女學校를 다녔고, 1937년 스탈린의 강제이주시 체포되어 감옥에서 10년간 생활하였다. 이경순은 결혼하여 두아들을 두었는데, 큰아들은 한국전쟁에 나가 죽었고, 둘째아들인 김 꼰스탄진은 1986년 폐결핵으로 사망하였다. 김 꼰스탄진은 장남 빅토르(생존)·차남 세르게이(?)와 딸 김따냐를 두었는데, 김따냐는 현재 모스크바에 거주하고 있다(이동휘 손녀, 李 류드밀라 다위브나와의 면담, 문와지크 통역(1995년 8월 17일 타워호텔 신관 345호실)). 1907년 강화도에서 태어난 아들 이영일의 어려서 이름은 李隅石 이었다. 삼녀 이경순과 함께 아버지 이동휘의 주선으로 서울 유학길에 올라 경신중학교에서 공부하였다. 이동휘가 상해 임시정부 국무총리로 부임하여 상해로 갔다가 간도로 다시 유학의 길을 떠나 북간도 동흥중학교에 입학하였다. 이때 그의 조부 이승교가 우석이란 이름을 영일로 바꾸고 별호를 石庵이라고 지어 주었다. 1925년 블라디보스톡에 개교한 노동학원 고려과에 입학하여 1929년 졸업하였고, 그해 원동 국립동양대학 일본과에 입학하여 1933년 졸업하였다. 이영일은 첫째부인 박 웨이라 사이에 딸 李 류드밀라 다위브나를 두었는데 이혼하였고, 둘째부인 혜경순 사이에 장남 이 미하일과 차남 이 꼰스탄진을 두었다. 이후 우르겐츠에서 회계사로 활약하다가 1988년 사망하였다(이동휘 손녀, 李 류드밀라 다위브나와의 면담, 문 와지크 통역(1995년 8월 17일 타워호텔 신관 345호실)). 이영일은 아버지 이동휘의 뒤를 이어서 독립운동을 전개하지 못한 것을 고민하였으며, 李 류드밀라 다위브나에게 "너희 할아버지는 애국투사로 유명한 사람이고 일본의 침략에 반대하여 목숨을 걸고 싸웠다. 너는 항상 할아버지를 기억하고 살아라"고 하였다고 한다. 李 류드밀라 다위브나는 12살때까지 할머니(이동휘의 부인 강정혜)와 함께 살았으며 할머니는 1945년에 사망하였다고 한다(이동휘의 손녀, 李 류드밀라 다위브나와의 면담, 문 와지크 통역(1995년 8월 18일 타워호텔 커피숲)).

이와 같이 이동휘 일가는 이동휘(건국훈장 대통령장, 이동휘『공적사항』제3호 서식 (을) (국가보훈처, 1995) pp.8~16)는 물론 아버지 이승교(건국훈장 애국장, 이승교『공적사항』제3호 서식(을) (국가보훈처, 1995) p.118)를 비롯하여 두딸과 두사위까지 항일독립운동가로 활약한 집안이었

任하여 단천군의 하급관리인 通人으로 발탁되었다.[16]

이동휘의 성장과정에서는 그의 부 이승교의 영향이 컸다. 이승교[17]는 단천군의 아전을 역임한 사람으로 당시 일정한 학식을 소유한 사람이었다. 그러나 빈궁한 농민으로 출세할 길이 막혀 있었고, 그가 소유한 학식을 발휘할 기회마저도 박탈당한 상태에 있었다. 이에 따라 그는 당시의 불평등한 신분구조에 불만을 갖고 있었고 봉건사회의 개혁을 갈망하고 있었다.[18]

당시 중앙의 기술직 하급관리(醫·譯·算·律 등)와 지방의 행정직 하급관리는 신분구조 속에서 중인의 위치에 해당하는 자로서 신분제의 해체과정에서 문화적·사상적으로 여러 면에서 새로운 방향을 모색하고 있었다. 그들은 자신들의 한계를 극복하면서 새로운 사상으로 개화사상을 적극 수용하였다.[19] 이처럼 봉건사회가 해체되고 근대사회로 전환되기 시작하던 개항기에 여러 계층를 이루고 있던 중인들은 개인적으로나 집단적으로 자신의 지위향상이나 사회변화를 향한 움직임을 보이고 있었다.

이러한 움직임에 이승교도 새로운 변화의 물결에 자신을 던져 계몽운동으로 전환했던 것으로 보인다. 그는 1910년 한일합방 이전에는 보성관과 매일신문사에 근무하면서[20] 계몽운동에서 자신의 활로를 찾고 있었다. 이동휘가 일찍부터 개화에 관심을 가지고 사회의식에

다.
16) 劉錫仁, 앞의 책, pp.176~177. 이 때 이동휘 일가는 단천읍으로 이사하였다(『이동휘전기』, p.12).
17) 承矯·承喬·李聖教라는 기록도 보이는데(劉錫仁, 앞의 책, p.177), 『이동휘전기』에 따랐다.
18) 『이동휘전기』, p.11.
19) 조성윤, 「조선후기 서울지역 중인세력의 성장과 한계」『역사비평』 (1993년 여름호) p.248.
20) 『이동휘전기』, p.21.

눈을 뜨게 되는 계기 중의 하나는 이와 같은 아버지의 사상적 영향을 많이 받았음을 추정할 수 있다.

이승교는 1910년 일제가 한국을 강점·식민지화하자, 만주·노령 등지로 망명하여 李發(李勃)로 통칭하면서 항일독립운동을 전개하였다. 그는 1919년 북간도에서 46세 이상된 남녀노인을 대상으로 老人團이라는 항일단체를 조직하여 일제관헌의 만행에 대하여 저항하였다. 그는 윤여옥 등 7명과 함께 경성 종로 보신각 앞에서 과감한 시위운동을 주도하였고, 단원 21명의 서명을 첨부하여 일본정부에 독립요구서를 발송하였다.[21] 나아가 동년 8월 29일에는 블라디보스톡에서 국치 9주년을 맞이하여 재노령동포들에게 "우리는 한시도 국치의 고통을 잊어서는 안되며 내년 이 날은 치욕에서 벗어나는 독립의 날이 될 수 있도록 더욱 분발하자"는 요지의 항일연설을 행하기도 하였다.[22]

또 1920년 2월 23일 블라디보스톡에서 항일독립운동단체들이 대표자회의를 개최하여 3·1독립선언 1주년 기념식을 거행키로 하였을 때, 이승교는 기념식대회장으로 선출되어 집집마다 태극기를 게양케 하고, 항일연극을 공연하여 동포들의 항일의식을 고취시켰고, 新韓村에서의 항일시위를 주동하는 등[23] 姜宇奎·金致甫·鄭在寬·姜漢澤·吳永善·金九河·李 剛 등과 밀접한 관계를 가지면서 노령지역의 대표적 항일독립운동가의 한사람으로 활약하였다.[24] 그후 이승교는 아들 이동휘가 만주·노령지역과 상해 임시정부에서 항일독립운동에

21) 李智澤,「北間島」『中央日報』1972년 11월 8일자 ; 金正明 編,『朝鮮獨立運動』2 (原書房, 1967) p.824.
22) 姜德相 編,『現代史資料(27)』朝鮮(三) 獨立運動(一) (みすず書房, 1970) p.181.
23) 金正明 編,『朝鮮獨立運動』3 (原書房, 1967) p.463.
24) 李萬珪,『呂運亨鬪爭史』(叢文閣, 1946) p.25.

투신하자 격려와 지원을 아끼지 않았다.[25] 특히 그는 이동휘가 상해 임시정부 국무총리 재임시 레닌의 모스크바 자금 횡령관계로 곤경에 처해 있을 때 도움을 주었다.[26]

이와 같은 이승교의 영향 속에서 성장한 이동휘는 당시의 봉건사회의 모순에 대해 비교적 민감할 수 밖에 없었고, 봉건체제에 대한 비판의식은 군수의 시중을 드는 통인생활(18세~23세)을 통하여 더욱 심화되었던 것으로 보인다. 또한 이 통인생활을 통하여 이동휘는 지방행정의 최말단에서 제반 행정실무를 익힘으로써 좀더 현실주의적인 감각을 갖춰 나갔을 것이다.

통인이 된 이동휘는 단천지방 탐관오리들의 악행을 목도하면서 봉건체제의 말단에서 자행되는 부정부패를 절감하고 어떤 식으로든 개혁의지를 가담듬어 갔을 것으로 보인다. 여러 자료를 종합해 볼 때 당시 이동휘는 단천군수의 학정에 저항한 것으로 드러나는데, 구체적으로 어떠한 형태를 취했는지는 불명확하다. 이에 대해서는 세가지의 설이 있다.

첫째는 단천군수 洪鍾厚가 자신의 생일날에 기생에게 추행하는 것을 보고 이동휘가 청동화로를 군수의 얼굴에 씌워놓고 달아났다가, 개화사상을 가진 새 군수의 명에 따라 자수하고는 새 군수의 소개로 서울로 올라가 무관학교에 입학하게 되었다는 내용이다.[27] 둘째는 이동휘가 군수의 뇌꼴스럽게 하는 것을 분히 여겨서 요강으로 머리를 쳤다는 것이고,[28] 셋째는 이동휘가 단천군수의 노략질에 분개한 나머

25) 姜德相 編, 앞의 책, pp.196~197.
26) 姜德相 編, 앞의 책, p.180. 이승교는 1928년 4월 20일 77세의 일기로 일생를 마감하였다(『이동휘전기』, p.143).
27) 洪相杓, 「北間島」『新東亞』(1965년 4월호) ; 劉錫仁, 앞의 책, p.177 ;『이동휘전기』, p.13 ; 潘炳律, 「李東輝와 韓末 民族運動」『韓國史研究』 87 (韓國史研究會, 1994) p.152.

지 어느 연회석에서 목침으로 단천군수를 후려치고 그 길로 뛰어 서울로 올라오고 말았다는 내용[29]이다.

이상에서 보듯이 확실한 것은 봉건관리의 부패와 '뇌꼴스러움' 또는 '노략질'에 분개해서 어떤 식으로든 이동휘가 저항했다는 것이며, 구체적인 내용에 대해서는 설이 구구하다. 여기에서 우리는 이동휘가 불의에 참지 못하고 먼저 실천을 앞세우는 성격을 엿볼 수 있으며, 그의 반항적이고 대담한 성격의 일면을 간취할 수 있다.

2. 무관시절

이동휘가 서울로 올라와서 무관학교에 입학하게 된 과정에 대해서 기존의 연구에서는 구구한 해석이 존재해 왔다. 李英一의 전기에서는 단천에 새로 부임한 신임군수의 도움으로 무관학교 입학이 결정되었다[30]고 했고, 김철수는 이동휘가 16세 때 요강으로 머리를 내려쳤던 李모라는 사람이 서울로 영전간 뒤에 이동휘가 18세 되었을 때 서울로 불러다가 군대에 넣었다[31]고 했다. 한편 반병률은 이동휘가 한성으로 올라와 李駿奎의 식객으로 있다가 그의 추천으로 무예학당(사관양성소)에 입학하였다[32]는 의견을 제시했다.

그러나 이와 같은 해석은 모두 단편적인 근거에 기반한 것이다. 이동휘의 무관학교 입학과정을 분석하는 것은 당시 통인이었던 이동휘

---

28) 김철수, 앞의 글, p.368.
29) 高 澤,「軍隊解散」『新東亞』(1970년 1월호) p.360.
30) 『이동휘전기』, pp.16~17.
31) 김철수, 앞의 글, p.368.
32) 潘炳律, 앞의 글, p.153.

의 사회적인 위치와 그가 맺을 수 있었던 현실적인 인간관계를 살펴
보는 것이 보다 현실에 가까울 것이다. 조선후기에 중요 관서의 서리
가 되는 중요한 루트는 권세가의 겸인으로 들어가 세력을 이용하여
중앙관서의 서리로 진출하는 것 이었다.[33] 이러한 사정을 염두에 둔
다면 이용익이 단천군수 재직시 단천지방의 향리들과 일정한 관계를
맺었을 가능성을 생각할 수 있다. 따라서 이동휘가 아무 연고없이 서
울로 무작정 떠났다는 것은 오히려 비현실적일 것이며, 주로 양반귀
족 자제들이 들어가는 무관학교는 더욱 더 엄두를 내기 힘들었을 것
이다.

이와 같이 볼 때 이동휘가 서울로 올라와서 무관학교에 입학하게
된 것은 鄕黨의 선배이자 단천군수 시절을 통해 알고 지내던 당대의
궁내부 고관 이용익[34]과의 연결관계가 크게 작용하였을 것임을 추정
할 수 있다. 이는 이동휘가 이용익의 門客이 되었다는 이동휘 자신의
「복명서」를 통해서도 확인된다.[35] 또 당시의 무관학교는 양반자제들
만 들어갈 수 있는 일종의 특권적 무관학교[36]임을 감안할 때 당시 고
종의 신임이 두터웠던 이용익의 도움을 배제하기란 어려운 것이다.
이 때 품었던 이승교의 새로운 희망은 이동휘가 서울로 올라올 때 그
의 아명 獨立을 東輝라고 고쳐 준 것을 통해서도 유추할 수 있다.[37]

---

33) 조성윤, 앞의 글, p.239.
34) 이용익은 1854년 함북 명천 출신으로 1882년 임오군란 시에 민비의 충주
    도피를 도와서 고종의 신임을 얻었고, 그 공로로 일약 端川郡守와 南兵使
    를 제수받게 되었다. 그후 永興府使, 함경남도 兵馬節度使를 거쳐 度支部
    전환국장을 역임, 1902년에는 度支部大臣・軍部大臣의 지위까지 올라간
    함경도 출신으로선 유일하게 고종의 신임을 받는 사람이었다(高麗大 民
    族文化研究所,『고려대학의 사람들』1 이용익 (1986)).
35) 『機密書類綴』(政府記錄保存所 소장, 문서번호 警務 88-1, 필름번호
    88-598(1906~1907)) 소재『이동휘문서』「復命書」(1907. 8. 23 작성).
36) 車文燮,「舊韓末陸軍武官學校研究」『亞細亞研究』50 (高麗大 亞細亞問題
    研究所, 1973) pp.173~209.

이 때 이동휘 역시 "꼭 반듯이 뛰어난 인물이 되어 이 나라를 구하여 볼 것이다"라고 맹서한 후 서울로 올라왔다[38] 고 한다.

20대 중반(24세; 1896년)의 만학도가 된 이동휘는 한학과는 이질적인 산술·기하·대수·무기학 등 신사상과 근대적 군사기술을 습득하면서 학창시절을 보내게 되었다.[39] 그는 무관학교에서 학과 수업을 통해 비교적 체계적인 교육을 받을 수 있었다. 당시 무관학교에서는 "학문의 중요한 것은 그 이의를 터득하고 그 요령을 기억하여 이를 활용함에 있으므로 학도는 항상 활용의 정신을 가지고 學理를 추구하여 일을 당함에 불굴하며, 物에 응함에 示感하는 태도가 가장 중요하다"고 강조하고 있었다. 따라서 "暗誦을 지양하고 實學을 履修하게"[40] 하는 것을 근본원칙으로 삼고 있었다. 이와 같은 실용적 지식의 습득 강조는 무관학교라는 학교의 성격상 일견 당연한 것이기도 하지만 이동휘가 가지는 봉건적 고식주의에 대한 반감과 결합되어 갔을 것은 짐작키 어렵지 않다.

한편 사관학교라는 특성상 이동휘는 군인정신에 대한 훈육도 동시에 받았다. 당시 무관학교 생도의 생활신조는 다음과 같은 「陸軍武官學校學徒戒則」에 잘 나타나 있다.

> 大皇帝陛下에게 奉對하여 盡誠하는 獻身的 衷情과 武勇·信義·義務를 지키며 質素를 주로 하고 禮儀를 바르게 하며 軍紀를 服從하는 등의 정신을 함양하고 이를 銳意 力行하고 柔懦를 戒止하고 삼가 學路에 취하여 민면學習하여 武官學徒된 資質의 素養을 安全하게 하는데 있다[41]

---

37) 『이동휘전기』, p.17.
38) 姜德相, 『朝鮮獨立運動の群像』(青木書店, 1984) p.26.
39) 姜德相, 앞의 책, p.27.
40) 車文燮, 앞의 글, p.196.

이와 같이 무관학교 시절 이동휘에게는 근대적 合理주의 및 실용주의와 함께 국왕에 대한 충성이라는 이중의 현실과 의식이 착종되어 있었다. 그러나 이는 무관학교 생도라는 현실에서 오는 불가피한 것이었으며, 그의 사상의 방향은 앞으로 보게 되듯이 점차 봉건체제의 모순을 개혁하는 방향으로 정립되는 것이었다. 이 때 독립협회가 창립되어 외세의 배격 및 민권운동이 전개되었는데, 이동휘는 이 시기 무관학교에서 근대적 교육과 함께 민권사상의 중요성도 인식하였을 가능성이 있다.

1897년(25세) 육군무관학교 졸업 후 參尉(少尉)로 임관한 이동휘는 궁전진위대의 근위장교에 보임되었다.42) 그는 왕권호위의 최강군인 궁전진위대에서 왕궁인 창덕궁과 경복궁의 수비에 정성을 다하는 나날을 보내다가 1899년(27세) 7월 원수부 군무국원에 임명되었고, 11월에는 副尉(中尉)로 승진하였다.43) 이어 1900년(28세) 12월 正尉(大尉)로 승진하였다.44)

당시 元帥府 軍務局員은 군부의 요직으로 閔泳煥이 회계총장으로 근무하고 있었는데, 이동휘는 민영환에 私塾하여 그의 훈도를 받고

---

41) 「陸軍武官學校學徒戒則」 光武 4年 第1版 總則 1조~2조.

42) 함북 단천인인 이동휘가 육군무관학교를 졸업하고, 궁전진위대에서 근무하게 된 것은 단천군수였던 이용익(함북 명천인)의 주선 때문이었으며, 왕실과 보창학교와의 관계를 맺어준 것도 이용익이었다(高 澤, 앞의 글, pp.360~361).

43) 『舊韓國官報』 建陽 2년 3월 24일자, 光武 3년(1899년) 7월 28일자, 8월 22일자, 11월 13일자, 光武 4년(1900년) 12월 11일자.

44) 이동휘가 정위(대위)시절 독립협회에 참여하여 서무부 과장 및 부장급으로 적극 활동하기도 하였다고 하는데(獨立協會沿歷略, 「獨立協會宣傳文」 『創作과 批評』 (1970년 봄호) p.122), 이는 시기상으로 맞지 않는 문제가 있다. 그러나 아직 확인할 수 없지만 그가 이 시기에 이미 개화의 기운을 받아 민권사상에 눈을 떴을 가능성은 있다.

민족·국가를 논하며 애국심을 열성적으로 다져나갔다.45) 또한 이 갑
·노백린·유동열 등 일본육군사관학교 출신들이 귀국하여 군에 혁신
적인 분위기가 팽배해지고 있었는데, 그는 이들과 긴밀히 교류해갔던
것으로 보인다.

1901년(29세) 參領(少領)으로 승진한 이동휘는 조정의 결정에 의하
여 경상도·충청도·전라도를 순찰·검사하는 三南檢査官으로 임명
되었다.46) 당시 개화의 물결속에서도 지방관리들의 부정과 악행이 계
속되어, 정부에서는 암행어사격인 검사관을 파견하여 이를 바로 잡고
자 하였는데 이동휘가 여기에 발탁되었던 것이다.

삼남검사관 이동휘는 2명의 수행원을 데리고 처음 충청도 옥천군에
당도하였다. 검사관 이동휘는 즉시로 옥에 갇힌 죄인들을 검사하여
보았는데, 그중 다수는 지방관리들의 악행에 의하여 희생된 평민들과
농민들이었다. 이동휘는 그들을 즉시 무죄로 석방하는 동시에 군에서
제일 악독한 악행을 감행하였다는 관리를 소환, 治罪하였다.47)

한편 평양진위대대를 조사하게 되었을 때에는 공금횡령을 한 대대
장의 뇌물제의를 거절하고 단호히 처벌한 사건을 계기로 이동휘의 이
름이 널리 알려졌다. 이후 이동휘는 전국 각지의 군대를 검사하는 검
사관으로서 철저한 검사를 함으로써 각 진위대 참령들이 두려워 하였
다.48) 이동휘는 삼남검사관으로 약 6개월간 활약하면서 부정부패에
관련된 경상·전라·충청 등 삼남지방의 군수 14명을 파직케 하였고,
50만량의 엽전을 압수하여 국왕에게 바쳤다. 이동휘는 고종이 3만냥
의 하사금을 내렸으나 이를 완강히 사양하였다고 한다.

45) 姜德相, 앞의 책, p.28.
46) 『이동휘전기』, p.18.
47) 『이동휘전기』, pp.18~19.
48) 『東亞日報』 1935년 2월 15일자.

이처럼 이동휘는 부패한 지방 탐관오리들과 지주들을 징계·파직함과 동시에, 억울하게 감금되었거나 토지를 빼앗긴 농민들을 석방하고 토지를 되찾아줌으로써, 청렴하고 강직한 삼남검사관으로서 전국적인 명성을 얻게 되었던 것이다.49) 이렇게 이동휘가 지주와 탐관오리들을 강력히 징계한 것은 단천군 통인시절 자신이 직접 목격했던 하층 말단기관에서의 행정경험을 통하여 얻은 사회모순에 대한 의분에 의거했을 것이며, 이러한 인식은 그가 계몽운동을 하면서도 일반민에 대해 우호적으로 대했던 계기가 되었다.

이러한 민에 대한 인식은 다음의 일화가 잘 보여준다. 이동휘가 삼남검사관으로 전북 이리에 갔을 때 그가 병졸을 거느리고 행차하는 도중, 소를 몰고 지나가는 농부에게 돌연 큰 소리로 "소를 놓고 가라"고 고함을 친 일이 있었다. 이에 질겁한 농부가 그만 소를 놓고 달아나자 병졸을 시켜 농부를 잡아오게 한 뒤 볼기를 치면서 "어찌 위세 있는 자가 소를 달라기로 서니 자기 소를 그대로 빼았기느냐"고 훈계하였다50)는 것이다. 이것은 당시 착취만 당하고 살고 있던 민중의 생활상을 잘 알고 있었던 이동휘의 愛民思想를 엿보게 해준다. 이에 따라 이동휘에 대한 농민과 평민들의 신망은 대단하였다.51)

安東營將을 역임한52) 이동휘는 1903년(31세) 5월 강화도 진위대장으로 임명되어 강화도에 부임하였다.53) 당시 『皇城新聞』에는 이동휘

49) 『이동휘전기』, pp.18~20 ; 김철수, 앞의 글, p.368.

50) 朴甲東, 「내가 아는 朴憲永」『中央日報』1973년 2월 22일자.

51) 이영일, 「上海臨政 국무총리 李東輝 傳記」『東亞日報』1991년 6월 17일자.

52) 李錫台 編, 『社會科學大辭典』(文友印書館, 1948) p.493 ; 高峻石 監修, 文國柱 編著, 『朝鮮社會運動史事典』(社會評論社, 1981) p.496.

53) 『舊韓國官報』광무 7년 5월 18·20일자. 이 때 단천을 떠나 서울에서 살았던 이동휘 가족은 부친 이승교가 보성관에 취직하여 서울에 남고, 부인 강정혜와 장녀 인순(10세)·차녀 의순(7세)이 강화도로 내려와 이동휘와

의 강화도 진위대장 부임 사실이 보도되고 있었다.[54] 강화도 진위대
는 수도인 서울에 이르는 접근로를 방어하는데 불가결한 전략적 요지
로서 최고의 군대가 유지되어야만 하였다.[55] 따라서 1900년 6월 29일
자로 지방대가 진위대로 확대 개편되면서[56] 300명에 불과하던 주둔
병력이 700명으로 증강되었다.[57] 이와 같이 중요한 위치에 이동휘가
임명될 수 있었던 것은 당시 이동휘의 후원자요 군부대신이면서 고종
의 막강한 신임을 받고 있던 이용익의 영향력 때문이 아닌가 추정된
다.

당시 강화도는 19세기 중엽 이래 병인양요, 신미양요, 운양호사건과
강화도조약으로 대표되는 서구 열강과 일본의 조선침략 관문으로서
주민들이 남다른 대외적인 위기의식을 가지고 있었다.[58] 여기에 더하
여 군·민 지방관들의 횡포와 탐학행위가 강화도 주민들의 어려움을
더욱 가중시켰는데, 그러한 억압적인 부패관리의 전형적인 인물이 바
로 이동휘의 전임 진위대장이자 이동휘 재임시절의 강화부윤 尹喆奎

합류하였다. 이후 1902년에 삼녀 경순이 태어났고 1907년에 아들 영일이
태어났다.

54) 『皇城新聞』 광무 8년 1월 11일자. 당시 정부의 관리로서 영전하는 경우에
는 항상 신문에 게재되어 광고와 축하의 메시지로 이용되고 있었다. 이것
은 당시 개화사상을 가지고 있었던 사람들, 특히 중인계급을 위시한 층들
이 출세에 자신의 목표를 두고 있는 측면이 있었음을 입증하는 것이라고
할 수 있다.

55) 崔璇·金炳璘 譯, 『國譯韓國誌』 本文篇, 國譯叢書, 84-2 (韓國精神文化硏
究院, 1984) pp.678~681.

56) 車俊會, 「韓末軍制改編에 대하여」 『歷史學報』 第22輯 (歷史學會, 1964)
p.94. 강화도 진위대는 진위대와 지방대를 통합하여 전국의 진위대 조직
을 5개 연대로 재편성한 것 중 진위제1연대 제1대대에 배속되었다.

57) 『皇城新聞』 光武 6년(1902년) 8월 12일자 ; 『皇城新聞』 光武 4년(1900년)
7월 24일자.

58) 崔翠秀, 「1910년 前後 江華地域 義兵運動의 性格」 『한국민족운동사연구』
2 (知識産業社, 1988) pp.43~48.

였다.

강화도 진위대장으로 부임한 이동휘는 전임 진위대장 윤철규가 부정부패로 30만냥을 횡령하고 진위대 병사들의 요식비를 착취한 사실을[59] 알게되어 진상을 규명하고자 하였다. 이러한 사실이 알려질 것을 두려워한 윤철규는 강화부윤으로 전보된 후 자신의 치적 내용을 『皇城新聞』에 게재하고[60] 이동휘가 '러시아의 간첩'이라고 모함하였다.[61] 마침내 1903년 12월 5일 밤, 이동휘가 이러한 윤철규의 무고에 항의하기 위해 부하 4명을 이끌고 윤철규를 방문하자, 기세에 눌린 윤철규는 황급히 한성으로 도망쳤다.

그러나 윤철규는 이후 다시 강화도로 내려와 이동휘가 병졸들을 이끌고 문짝을 파괴하고, 총과 검으로 자기를 죽이려는 중죄를 저질렀다고 주장하며 한성으로 압송, 사형에 처할 것을 건의했다. 이에 이동휘는 자신의 결백을 주장하는 보고를 군부에 올리고 유·무죄 판명을 요청하였다.[62] 결국 1905년 1월 초 재판 결과 이동휘와 윤철규는 석방하고, 이동휘의 부하 4명을 처벌하는 것으로 종결되었다. 그러자 이동휘는 "4인은 나의 부하로 나의 명령을 따랐을 뿐"이라고 하면서 부하의 석방을 요구하였다.[63] 그러나 결국 강화도 주민의 지지를 배경으로 윤철규의 공금횡령사건을 규명하고자 한 이동휘의 노력은 실패로 끝나고 말았다.

이와 같은 이동휘의 부정부패 척결 시도의 좌절은 중앙정부에 대한

---

59) 윤철규는 강화도 진위대장으로 있으면서 정기군 700명 중 500명만 두고 200명의 요식비는 착취하였고, 정부에서 검열관이 온다고 하면은 200명의 농민 청년들을 강제 동원시켜서 복장을 입혀서 정규군에 복무케 하고, 6개월 이상이나 집에 돌려 보내지 않았다(劉錫仁, 앞의 책, pp.177~178).
60) 『皇城新聞』 光武 8년(1904년) 5월 3일자.
61) 潘炳律, 앞의 글, p.158.
62) 『大韓每日申報』 1904년 12월 19·20·24일자.
63) 김철수, 앞의 글, p.368.

기대감의 상실을 가져왔으며, 이로 인해 이동휘는 1905년 3월 3일자로 강화도 진위대장직을 사임하고 말았다. 이동휘의 강화도 진위대직 사임은 이러한 직접적인 원인 이외에도, 1905년 2월 22일, 일제가 한국군의 무장약화를 목적으로 조선정부에 압력을 가하여 한국군대의 축소 개편을 단행하도록 한 일과 관련이 있으며, 이에 더하여 러일전쟁에서 戰勢가 일본에 유리하게 전개되어 가면서, 「한일의정서」(1904.2) · 「한일협약」(1904.8) 등에 의한 일본의 조선에 대한 내정간섭의 심화와 반일적 정치운동에 대한 탄압의 강화라고 하는 정치적 정세도 작용하였다.[64]

이것은 이동휘가 단천군 통인시절 군수의 貪虐행위에 대한 경험과 함께 두번째의 큰 좌절로 이후 이동휘의 인식에 커다란 전환점이 되었다. 이 때의 좌절감은 단순한 관리의 부정부패 차원이 아닌 중앙정부의 무능과 직결되어 있었던 것이다. 따라서 이동휘의 이후 행보는 이전의 행동양식과는 커다란 차이를 낳게 되었다.

3. 계몽운동으로의 전환

이동휘의 무관시절을 살필 때 주의하지 않으면 안되는 사실의 하나는 그가 현직 무관, 그것도 고위직에 있으면서 계몽단체에 적극 가입하여 활동하였다는 사실이다. 이는 이 시기에 그가 단순한 왕의 근위군인으로서의 역할에 한정된 활동을 한 것이 아니라 나름대로 사회개혁에 대한 전망을 갖고 이에 적극적으로 대처해 나갔음을 의미한다. 이하에서는 이동휘가 어떠한 과정을 통해 계몽운동에 적극 참여하게

---

64) 潘炳律, 앞의 글, p.160 참조.

되고, 그의 인식이 어떻게 변화되어 나가는가 하는 문제를 살펴보고
자 한다.

원수부 군무국원으로 재직할 때, 이동휘는 1902년 閔泳煥 · 李 儁 ·
李容翊 등이 중심이 되어 비밀결사체인 '改革黨'을 조직하자 솔선수
범하여 이 당에 가입하였다.65) 개혁당은 1902년 일제가 영 · 일동맹을
맺어 한국침략의 기틀을 다지자, 대외중립의 표방을 통해 일제의 세
력을 배제하고 개혁정치를 도모하려 하였다. 이 당에는 李商在 · 李相
卨 · 朴殷植 · 李 甲 · 盧伯麟 · 南宮檍 · 梁起鐸 · 張志淵 · 李道宰 등이
가맹하고 있었는데, 이동휘는 이 갑 · 노백린과 함께 즉각적인 倒閣運
動을 주장한 강경소장파로서 무력동원의 핵심인물로 상정되어 있었
다.66)

이러한 사실은 이전에 이미 이동휘는 군대내에서 사귄 혁신적인 인
물들67)과의 밀접한 인적 결합을 통해 서로 사회개혁에 대한 공감대를
형성하고, 이 시기에 이르러서는 구체적인 체제개혁을 도모했다는 사
실을 말해준다. 이 때, 거사시 이동휘를 위시한 군대내의 혁신군인들
은 무력동원을 책임지기로 했다. 이들은 우선 병권 · 경찰권을 장악하
기 전까지는 당분간 비밀결사체로서 조직강화에 주력하고, 적당한 시
기가 도래하면 倒閣을 통한 개혁내각의 수립을 꾀하려고 하였다.

그리하여 이범진 · 김석환 · 민병두 · 김병태 · 전덕기 등을 영입시키
고 연락책으로 이상재를 취임시켜 개혁을 추진하였다. 이러한 것은
이들이 당시의 지배체제, 특히 집권관료 세력에 대해 더 이상의 기대
를 걸지 않았고, 급격한 방식을 채택해서 라도 어떠한 식으로든 체제

65) 柳子厚, 『李儁先生傳』 (東邦文化社, 1947) pp.59〜65.
66) 柳子厚, 앞의 책, p.63,67.
67) 이 갑 · 노백린 · 유동열은 일본 육사출신으로 군대내의 혁신세력들을 대
　　표하고 있었다.

자체를 변혁하려 했음을 의미하는 것이다. 그런데 이상재가 밀고를 당하여 1902년 2월에 '國體改革'의 음모가 있었다는 죄명으로 구속됨으로써 탄압을 받게 된 개혁당은 해산되고 말았다.[68]

이 사건 이후 이동휘는 1903년 5월 강화도 진위대장으로 부임하게 되었다. 그는 강화도에서 활동하던 미국인 선교사 벙커(A.D. Bunker)와 朴能一 목사가 겨우 2~3명의 학생만으로 '岑茂義塾'이라는 私塾을 운영하고 있음을 보고, 교육의 필요성을 느끼게 되어 그들과 함께 강화도 최초의 근대적 사립학교인 合一學校를 설립하였다.[69] 이때 최초로 이동휘는 선교사와 접촉하게 되는데, 이 때의 접촉은 그가 본격적으로 개화사상을 대중적으로 펼쳐나가는 하나의 계기가 되었다.

1904년 5월 일제는 「對韓施設綱領」을 통해 본격적인 식민지화 정책을 추진하였다. 그의 일환으로 일제가 「대한시설강령」을 근거로 일본인에게 전국 13도의 관·민 소유의 황무지 개간권을 허가하여 반강제적 토지점탈을 강행하자 이에 반대하여 大韓保安會가 조직되었다.

대한보안회는 李 儁이 宋秀晩·元世性 등과 조직하여 保國安民의 기치를 내걸고 "황무지는 나라의 귀중한 재부이다" "나라의 땅을 한 치도 남에게 줄 수 없다"는 통문을 전국 각지에 보내어 일제의 토지강탈정책에 적극적인 반대투쟁을 전개하였다. 일제가 회장 송수만, 부회장 원세성, 이하 회원 80여명을 체포하여 조직해체의 위기에 직면하기도 하였으나, 이 준이 대신 沈相薰과 경무사 李裕寅을 움직여 조직을 재정비하고 회장에 심상훈, 도총무에 자신이 취임하여 다시 적극적인 투쟁을 전개하였다.[70] 그러나 친일파 대신의 간계로 심상훈·

---

68) 柳子厚, 앞의 책, pp.59~68 ; 외솔회, 『나라사랑』(이상재 특집호, 1972) p.48.
69) 劉智榮, 「合一學校와 故崔尙鉉氏」『新東亞』(1935년 11월호) pp.196~197.

이유인이 탈퇴함으로써 대한보안회는 해체되고 말았다.

이 준은 대한보안회가 해체되자 그 후신으로 개혁당 출신들을 중심으로 大韓協同會를 조직하여 진영을 강화하고 일제의 토지침탈획책에 반대투쟁을 계속하여 전개하였다. 이 때 이동휘는 서무부장으로서 적극 참여하여 일제의 정책에 대항하였다. 당시 간부진용을 보면 회장 이상설, 부회장 이 준, 총무 정운복, 평의장 이상재, 편집부장 이승만, 지방부장 양기탁, 재무부장 허 위 등 이었다.[71)

이들의 격렬한 투쟁으로 황무지 허가문건을 일제로부터 반환받게 되어 대한협동회의 명의로 고종께 반환하기도 하였다.[72) 대한협동회는 그 후 직제를 도총재로 바꾸어 민영환·이도재 등을 영입, 조직을 강화하고 일제의 인권유린 실태나 국법침탈 행위 등을 성토하였는데, 이동휘는 평의장이란 직책을 맡아 강력한 항일운동을 전개하였다.[73) 이동휘는 이 외에도 친일단체 一進會를 박멸하기 위해 결성된 共進會 (1904.12)에 주도적으로 참여하였다. 이러한 일련의 활동에는 앞서 든 개혁당 인사들이 주도적으로 참여하고 있었는데, 이는 이들 사이에 비교적 명확한 공감대가 형성되어 있었고, 그들이 의도하는 개혁의 방향이 일치하였기 때문에 가능하였던 것으로 보인다. 특히 이동휘를 위시한 일련의 혁신군인들이 군인의 신분을 무릅쓰고 이러한 활동을 전개하였던 것은 이들이 명확한 항일의 논리를 가담듬고 있었기 때문에 가능한 일이었다.

이러한 사상적 성숙과정을 거치는 과정에서 이동휘에게는 결정적인 시기가 도래하였다. 그것은 다름 아닌 대한제국이 일제의 반식민

---

70) 柳子厚, 앞의 책, pp.97~102.
71) 柳子厚, 앞의 책, pp.103~107.
72) 위와 같음.
73) 柳子厚, 앞의 책, pp.107~110.

지로 전락하는 사건이 발생한 것이다. 1905년 11월 17일 「을사늑약」
에 의하여 대한제국은 일본의 반식민지로 전락하였다. 「을사늑약」이
체결되자 700명의 朝野百官과 유생들이 복합상소를 전개하였고 경향
각지에서는 일본을 규탄하는 데모가 일어나는 한편, 판서 민영환, 의
정 조병세, 참판 홍만식 등이 잇달아 순절하였다.

 일본이 대한제국 정부에 대해 「을사늑약」체결을 강요하고 있던 11
월 중순, 강화도에 있던 이동휘는 급거 한성으로 올라와 정세를 주시
하던 중 「을사늑약」의 비보를 들었다. 이에 이동휘는 「遺疏」·「斬賣
國公賊聲罪文」·「遺告二千萬同胞兄弟書」·「遺告法官諸公閣下書」·「
遺告縉紳疏廳書」·「遺告林公使書」·「遺告長谷川大將書」[74] 등 8건의
「遺書」를 작성하였다. 이 「유서」는 각각 고종, 2천만 동포형제, 縉紳,
法官, 賣國公賊(을사오적), 각국 공사관 사절, 주한 일본공사 林權助
및 주한 일본군사령관 長谷川 앞으로 보내는 것이었다. 이 「유서」는
이 시기를 전후한 이동휘의 사상을 가장 잘 알 수 있는 보기 드문 자
료로, 이에 대한 올바른 분석은 이 시기를 전후한 전체적인 맥락에서
이루어져야 할 것이다.

 먼저 이동휘는 고종에게 보내는 「遺疏」에서 "臣은 국방에 대한 대
책을 세우지 못하고 공연히 俸祿만 축내고 있었으므로 금년 이후 本
職의 해임을 간청하며 江都로 내려가 교육에 종사하면서 이것으로 만
분의 일이라도 國恩에 보답하려고" 하였다고 하여, 그간 자신이 처한
상황과 강화도에서의 활동을 간략히 설명하면서 국치를 막치 못한 원
통함을 드러내고 있다. 연이어서 "폐하께서 外寇들에게 견제되어" 차

<hr>
74) 『機密書類綴』(政府記錄保存所 소장, 문서번호 警務 88-1, 필름번호
 88-598(1906~1907년))에 실린 『이동휘문서』「遺疏」·「斬賣國公賊聲罪文」
 ·「遺告二千萬同胞兄弟書」·「遺告縉紳疏廳書」·「遺告法官書」·「遺告各
 公館使節書」·「遺告林公使書」·「遺告長谷川大將書」.

마 오적들에게 형벌을 가하지 못하기 때문에 국가의 수치가 날로 심하고 公憤이 다시 격렬해지고 있으니 속히 흉적들을 소탕하라고 촉구하고 있다. 그리고 자신은 국가의 체통을 보존하기 위해서 自決의 길을 택하겠다고 다짐하고 있다. 이는 당시 大權을 쥐고 있던 고종의 명확한 결단을 촉구하는 것으로, 황제국인 대한제국의 운명과 황제의 운명이 일치되어 있는 조건에서 고종에게 자기의 직분을 다할 것을 청원하는 것이라 할 수 있다.

또한 「斬賣國公賊聲罪文」에서 五賊들의 죄가 길어져 천지 사이에 용납할 수 없다는 결연한 입장을 내세우고 그들에게 "칼을 받을 것"을 촉구하는 한편, 縉紳에게 보내는 「遺告」에서는 함께 죽을 힘을 다하여 기울어진 宗社를 붙잡고 멸망해가는 生靈을 보전할 것을 촉구하고 있다. 그리고 法官에게 보내는 「遺告」에서는 司法官들의 직무유기를 힐책하고 "흉적들의 행위를 생각할 때에 당연히 저들의 머리를 베어야 한다"고 주장하였다.

이상은 이동휘가 국가의 공직을 맡고 있는 왕과 각 公僕들에게 그들의 책임을 다 할 것을 촉구하는 것으로 원칙적 입장을 견지하여 오적들의 목을 벨 것을 주장한 것이다.

다음으로 2천만 동포형제에게 보내는 「遺告」에서 이동휘는 그의 사상을 표출하고 있다. 여기에서 이동휘는 "동휘가 비록 지혜와 용맹은 없지만 더욱 피가 끓은 지는 10년이 되었"다고 말하였다. 한편으로 "동휘가 일찍부터 종교를 믿었"는데 "내 자신이 생각할 때 이것이 아니면 서로 사랑하는 마음이 없었을 것이며, 이것이 아니면 애국하는 마음이 없었을 것이며, 이것이 아니면 독립할 마음도 없었을 것"이라 하고, "이렇듯 자신을 닦고 강하게 하는 것은 모두 이것에 기인한 것이며 임금에게 충성하고 나라를 사랑하는 것도 이것에 기인하고 독립과 단결을 외치는 것도 이것에 기인하고 학문과 교육도 이것에 기인하였"다고 하여, 그의 사상 형성과정을 압축적으로 표현하고 있다.

즉 이동휘는 1905년으로부터 10년 전인 1895년경에 "더운 피가 끓었"던 것으로 이는 바로 단천군에서 지방관의 횡포에 분개하여 말단 행정단위에서의 부정부패를 몸으로 느낀 것을 의미한다. 이 때부터 이동휘는 조선봉건사회의 모순을 직접 몸으로 느끼면서 현실개혁의 구상을 가다듬어 갔다고 추정할 수 있다. 이는 앞에서 언급한 대로 봉건지방관료에 대한 저항의 형태로 표출되었고 현실개혁 구상의 실천을 軍門에 설정한 이유가 되겠다. 그 이후 그는 무관시절을 통하여 개혁구상을 성숙시켜 갔고, 그 일단이 삼남검사관 시절에 표출된 것이라 하겠다. 이러한 그의 실천 모색은 개혁당과 대한협동회 등에 대한 주도적인 참여에서 잘 드러난다.

한편 위의 인용문에서 명확히 표출되듯이 이 시기 전후의 그의 사상과 실천활동에 지대한 영향을 미친 것은 기독교의 수용이었다. 이동휘 스스로가 말하고 있듯이 그가 기독교에 입교한 것은 "일찍부터", 즉 강화도 진위대장으로 부임하는 1903년 5월 이후부터인 것으로 추정되는데, 이는 앞에서 서술한 바와 같이 감리교 선교사 벙커와 박능일 목사와의 인연에 의한 것이었다. 그는 기독교에 입교하기 전부터 구국과 사회개혁의 방향에 대한 자신의 구상을 실천 속에서 검증해 오던 터였는데, 기독교 입문을 통해 "임금에 대한 충성과 나라 사랑", "독립과 단결" 그리고 "학문과 교육"의 방도를 발견한 것이었다. 이는 당시 많은 지식인과 사회개혁을 열망하는 개혁가들이 걷는 길 중의 하나였다.

또한 위의 「遺書」가운데 주목되는 것은 이동휘의 대일인식의 변화과정을 알 수 있는 「遺書」의 내용이다. 이동휘의 대일인식을 보여주는 「遺書」는 「遺告縉紳疏廳書」·「遺告林公使書」·「遺告長谷川大將書」이다. 이들 문서에는 한일관계에 대한 이동휘 자신의 인식 변화과정이 '여론의 변화'라는 형식을 빌려 나타나 있으며, 동아시아 국제관계 및 고종에 대한 인식, 그리고 앞으로의 해결방향 내지 방도, 한일관계에 대한 전망 등이 드러나 있다. 첫째는 한일관계의 변천에 대한 이동휘의 인식 변화과정이다. 이동휘는 "그동안 한일양국이 일찌기 和好를 꾀하여 우의를 돈독히 하여 왔는데 이런 것을 항시 흠모하였다"[75]고 하면서, "나라를 걱정하는 사람들은 서방의 세력이 동방으로 들어오는 것을 염려하고 또 황인종과 백인종의 경쟁이 두려워하면서 脣齒와 輔車의 형세로 隣邦을 의지하여 그들이 한결같이 보아주고 한결같이 사랑으로 대해 주기를 바라고 있다"[76]고 전제하고 있다. 그는 또 일본이 "지난날 일청전쟁이 일어났을 때 우리에게 부식할 기반을 얻었다고 말하고 일로전쟁 때에도 우리에게 발전할 기회를 잡았다고 말하여, 우리나라 사람들은 귀정부(일본정부)에서 한결같은 시각과 사랑으로 대해 주기를 바라고 있었"다고 덧붙이고 있다.

여기에서 보면 이 「遺書」가 죽음을 앞두고 쓰여진 것이라는 점, 그리고 정중한 자세를 견지하려는 의도가 있었다는 점을 감안하더라도 앞에서 예를 든 매국적에 대한 성토와는 판이한 자세를 보이고 있는 것을 알 수 있다. 이는 이동휘가 처음에는 일본에 대해 아주 우호적인 자세를 견지하고 있었다는 것을 읽게 해준다. 이런 상태에서 이동휘에 따르면 당시 여론은 세번에 걸친 변화과정을 보여주었다고 한다. 그것은 첫째 러일전쟁 후 局勢가 크게 변하여 일본이 前日에 말한 '扶植'과 '한결같은 시각 및 사랑'이 침략책동과 약육강식으로 다가오면서이고, 둘째는 「한일신조약」이 "이익의 교환과 의사의 자유를 본질로 하는 緩和와 平等의 원칙"에 위배되게 체결되었기 때문이며, 셋째는 國賊들이 일본 공사를 설득하지 못하고 나라를 그르치는 지경

---

75) 「遺告林公使書」
76) 「遺告縉紳疏廳書」

까지 왔지만, "聖上이 일본과 修好를 상할까 싶어 國賊들을 처형하지 못했"기 때문이라는 것이다.77) 앞에서 서술한 이동휘의 초기 '흠모'를 염두에 둘 때 이러한 '여론의 변화'는 사실은 이동휘 자신의 대일인식 변화를 나타내주는 것에 다름 아니라고 할 수 있다. 여기에서 주목되는 것 중의 하나는 이동휘의 고종에 대한 인식이다. 즉 이동휘는 이 단계에 와서는 나라의 운명을 좌우하는 위치에 있었던 고종이 매국역적들을 처형하지 못하는 무능을 비판하고 있는 것이다.

이상에서 볼 때 이동휘는 초기의 봉건체제 개혁의 입장에서 대일무비판 의식에 머물다가 일제의 침략성이 노골화되어 가자 점차 비판의식을 길러왔으며, 「을사늑약」시에 이르러서는 고종에 대한 비판까지할 정도로 일본의 침략성을 명확히 인식하는 단계에 도달해 가고 있었다고 할 수 있다. 따라서 이제 이동휘는 일본이 말하는 '自衛'는 한국에서 보면 國權을 해치는 것이며, 일본공사가 "한국은 일본에게 신뢰를 얻지 못하고 있다"는 지적에 대해서도 국권을 잃은 처지에 무슨 강한 신뢰가 있겠느냐고 반박하기에 이른다. 그리고 이에서 더 나아가 일본의 정책이 쉽게 실행될 수 없는 요인을 열거하면서 일본에 대한 대결의 자세를 갖추고 있다. 한국에서 일본의 정책이 쉽게 실행될 수 없는 것은 첫째, 한국이 비록 쇠퇴하였으나 4천년 동안 君主國家를 유지한 이후 이미 자치법이 있고 백성들도 아직 정치와 敎化에 젖어 있으며 신하들도 나라를 위해 순절할 뜻이 있기 때문이며, 둘째, 한일 두나라는 3백년 동안 仇敵으로 여기어 밖으로는 3분 좋은 것 같지만 안으로는 7분 서로 의심하고 있기 때문이며, 셋째, 列邦과의 관계는 이것을 중심으로 하고 있어 어떤 이해가 한 나라에 돌아가지 않을 것이기 때문이라는 것이다.

---

77) 「遺告林公使書」

이와 병행하여 동아시아 국제관계에 대한 인식도 초기의 황색인종과 백색인종의 대결구도에서 설정[78])되는 凡亞細亞主義的 관점에서 "諸公閣下께서 宗社를 붙잡고 거의 멸망해가는 우리의 生靈을 보전해 주신다면 大韓과 東亞가 매우 다행스러울 것"[79])이라는 '緩和와 平等의 방식'[80])으로 변화되어 갔다.

이러한 인식의 변화과정 속에서 이동휘는 「을사늑약」하 한일관계의 장래 전망과 앞으로의 해결방향 내지 방도를 어떻게 인식하고 있었을까. 이 문제는 이후 이동휘의 행동방향과 관련하여 매우 주목되는 것이 아닐 수 없었다. 이 문제에 대해 이동휘는 아직까지 확고한 행동방향을 결정한 것은 아니었다. 이 당시 이동휘가 생각한 해결방향은 먼저 일본에 대해 '선진국'으로서의 일본의 책임을 묻고 "작은 일에 집착하지 큰 일을 잃지 않고 또 自國에는 후하고 他國에는 박대하지 말 것"을 요청하는데 머무는 것이었다. "그리하여 그 光明正大한 의의와 한결같이 보고 사랑하는 정의로 扶植하고 維持하게 하여 그 人道를 존중하고 그 우의를 소중하게 여기어 우리 양국의 안전책을 도모한다면 天下가 다행스러울 것"이라는 전망을 낳고 있다. 이것은 일본에 대한 비판적 의식을 분명히 획득해 가면서도 당시 스스로의 역량이 너무 저열한 데서 오는 자괴감과 저항수단의 미비에서 오는 한계를 표출한 것이었다. 이는 "凶徒들의 머리를 베어 神人의 울분을 씻을 수만 있다면 동휘의 뜻은 이루어질 것입니다. 그러나 살아서 무엇하겠습니까"라는 탄식에서도 엿볼 수 있다.

---

78) 「遺告縉紳疏廳書」
79) 「遺告縉紳疏廳書」
80) 「遺告林公使書」

제3장 계몽활동을 통한 국권회복운동
(1906~1913)

앞장에서 살펴본 바와 같이 이동휘는 「을사늑약」을 계기로 자신의 사상을 한단계 더 변화시켜 나가는 한편, 강화도 진위대장직을 사임하고 항변유서를 남기는 등 일생에서 전기를 맞이하게 된다. 당시의 사회적·민족적 상황은 한마디로 위기와 좌절 그것이었다. 청일전쟁과 을미사변은 한국민족과 왕실에 심각한 타격을 주는 동시에 일제의 한국침략을 보다 구체화시키는 노정이 되었고, 잇따른 러일전쟁으로 독립유지는 사실상 불가능한 지경에 놓이게 되었다. 더구나 미국과 영국이 러시아의 남하정책을 염려하여 일본의 한국강점을 지지·용인하는 입장을 취하게 됨에 따라 국제외교적 環境도 한국에게는 극히 불리하였다. 마침내 1904년 2월에 「한일의정서」를 강제 교환하고, 그해 8월에는 「한일협정서」(제1차 한일협약)를 체결함으로써 한국의 내외정치는 자주권을 잃었다. 그리고 1905년 11월 「을사늑약」(제2차 한일협약)을 맺음으로써 한국은 일제의 반식민지로 전락되었다.

이동휘는 이러한 정세를 맞이하여 「乙巳勒約 抗辯遺書」를 통해 기울어져가는 **國運**을 회생시키려는 강렬한 의사를 표출하였지만, 이것은 현실적인 대안이 될 수 없었고 그 자체가 실천적인 힘을 갖는 것도 아니었다. 이동휘의 을사오적 처단계획 및 자결계획은 결과적으로 실현되지 않았던 것이다. 이후 이동휘는 계몽단체에 적극적으로 참여하는 한편, 교육과 기독교 전도활동을 펼쳐나가면서 **獨立戰爭論**의 실천체계를 가다듬게 된다. 우리는 여기에서 이동휘가 전향적으로 자신의 활동방식을 변경하여 또다시 가장 현실적인 대안을 찾아 매진하는 것을 보게 된다.

여기에서는 이동휘가 「을사늑약 항변유서」이후 1913년 북간도로 망명하기 전까지 그의 사상과 활동을 규정하였던 계몽활동을 통한 국권회복운동에 대해 살펴보고자 한다. 이에 대한 분석은 이동휘가 독립전쟁론에 참여하기 전에 어떠한 사상과 활동으로써 구국방략을 마련·실천하였으며, 또 이는 민족운동 노선의 전환과정에서 어떠한 의의가 있는 것인가를 밝히는 단서가 될 것이다.

1. 기독교 수용과 대기독교 인식

이동휘의 사상과 활동 가운데 가장 주목되는 것 중의 하나는 그가 비교적 일찍부터 기독교와 접촉하였고, 기독교 활동을 통하여 교육과 계몽자강운동을 활발히 전개하였다는 점이다. 따라서 이동휘의 기독교 인식과 활동을 살펴보는 것은 그의 사상과 활동의 상당부분을 해명할 수 있는 단서가 된다.

앞에서 서술한 대로 이동휘는 단천군 통인시절 봉건관료의 탐악성과 부정부패를 경험하면서 봉건체제의 모순을 느끼고 무관시절을 통해 근대적인 문명에 접하게 되었다. 이는 이동휘에게 있어 새로운 경험이었으며, 중인으로서 그가 가지는 현실주의적인 성향은 더 나아가 군인의 신분에도 불구하고 적극적으로 개화활동에 참여하게 만들었다. 이동휘가 처음 기독교에 접하게 되는 것은 서울에서 벌어진 독립협회의 활동을 통해서 였을 가능성이 있다. 당시 독립협회 주동세력의 상당수는 기독교도들이거나 기독교의 영향을 받은 사람들이었다.[1] 독립협회의 활동 시기에 이동휘는 궁전진위대에서 궁궐을 수비하는 직에 근무하면서 당시 그들의 활동을 목격하였을 것인데, 이 과정을 통하여 이동휘는 새로운 민권사상에 눈을 뜨게 되면서 기독교에 대한 관심을 가졌을 가능성이 있다. 이것은 독립협회 활동이 1898년 2월 이후(후기) 권력장악단계로 넘어가면서 그 주도세력에 중인층, 특히 上村人과 武人 출신의 중인이 활발히 참여하고 있는 사정[2]과도 관련이 없지는 않다. 그러나 이 시기 이동휘가 기독교에 입문한 것으로 보이지는 않는다. 이동휘가 기독교에 입문한 것은 1903년 이후의 강화도 진위대장 시절이다.

그러면 이동휘는 어떠한 동기로 어떠한 이유 때문에 기독교에 입문하였는가. 먼저 이동휘의 기독교 입문 배경은 당시 기독교 일반의 사정과 무관하지 않다. 1894년 갑오개혁 이후 본격적으로 수용된 기독교는 서북지방을 중심으로 빠르게 발전하였다. 서북지방의 기독교가 일찍부터 발전한 것은 이 지방 사람들이 고식적인 유교전통에 덜 젖어 있었고, 또 정권참여에서 소외되어 있어서 주자학을 기반으로 한 당시의 체제에 강한 반발을 느껴왔었으며, 그 위에 청과의 교역관계 등으로 상업활동이 비교적 일찍부터 전개된 지역이어서 자신들의 이

1) 李能和, 『朝鮮基督教 及 外交史』 下, p.202.
2) 주진오, 『19세기 후반 개화개혁론의 구조와 전개 : 독립협회를 중심으로』(연세대 박사학위논문) pp.103~143 참조.

해관계를 결부시키는 데에 민감할 수 있었기 때문이었다.3)

그러나 기독교 포교 초기 지배층의 縉紳官僚들이 기독교를 수용한 것은 개화를 통한 구국의 한 방편으로서의 성격이 강했다. 양반계층으로서 초기에 입교한 사람들으로는 서재필과 윤치호로 대표될 수 있다. 이들은 미국에서의 생활을 통하여 기독교를 알게 되었고, 귀국해서는 建陽・光武 초기에 정치・교육・종교활동을 통하여 개화운동에 앞장서고 있었다. 또 광무 초기 현직관료 중에는 궁내부 물품사장 이무영, 경무사 및 형사국장을 지낸 이충구, 면천군수 유 제, 죽산군수 김홍수 등이 입교하여 현직에서 기독교적인 생활과 교화를 보여주고 있었다.

한편 이들과는 달리 진신관료 중에서는 정치적인 한계를 느껴, 혹은 구국의 한 방편으로 기독교에 입교하는 경우가 있었다. 이들 중 대표적인 것이 독립협회의 신진 개화론자들인데, 이원긍・이상재・유성준・김정식・이승인・이승만・안국선・김 린 등이 그들이었다. 이들은 독립협회 해체 후 거의 3년간 옥중에 있는 동안 미국 선교사 벙커(A.D. Bunker)의 入獄・傳道를 받게 되었고, 옥중에서 신약전서를 연구하고 '誓心結志'하여 '領洗守戒'하게 되었다. 이들은 출옥 후 종교・교육사업에 헌신하였다. 여기에서 한말에 정치적 한계를 느낀 지도자들이 救國導民하는 방편으로 기독교에 입교하는 모습을 발견할 수 있다. 특히 이러한 현상은 「을사늑약」이후 한일합방이 이루어지는 시기에 한국에서 대부흥운동이 일어나 교회가 양적인 면에서 팽창하게 되는 사실과 밀접한 관련이 있다. 즉 한말 진신관료들이 기독교와 관련을 맺는 것은 개화를 통한 구국의 방편으로서 였으며, 이에서 기독교 유포와 한말 정치적・사회적 변동과의 관련을 살필 수 있다.4)

---

3) 이광린,「개화기 관서지방의 개신교 : 개신교 수용의 일사례」『숭전대학교논문집』 5집 (1974)참조.

일반 민중의 경우, 그들의 기독교에로의 입교는 그들의 압박받는 생활과 밀접하게 관련되어 있다. 그들은 생명과 재산을 보호받기 위하여 서구계 종교에 입교하는 경우가 많았다. 청일전쟁 후에 평양에서 신자의 수가 급증한 것은 그 한 예이다. 심지어 동학에 들어갔던 사람들이 관을 피하여 생명을 보전코자 서구계 종교에 입교하는 경우도 日益 深重한 바 있었다.[5] 당시 한국 민중이 기독교에 입교한 동기에는 순전한 종교적인 이유보다는 현실적인 사회적인 요인이 앞섰던 것이다.[6]

당시 기독교를 수용한 사람들은 한결같이 기독교를 신봉하는 나라와 세계의 부강국·일등국이 불가분의 관계에 있음을 강조하였는데, 이는 다음과 같은 지적에서 단적으로 알 수 있다.

> 서양 각국에 구세주를 숭봉하는 나라들은 하나님을 공경하고 사람을 사랑하는 고로 법률을 실시하고 정치가 문명하여 백성이 요족하고 나라가 부강하며[7]

그리고 기독교를 문명부강의 개화와 관련시켜 개화로 나아가는 중요한 수단이 됨을 역설하고 있었다.

---

4) 이만열, 「韓末 기독교인의 민족의식 형성과정」 『한국기독교와 민족운동』 (종로서적, 1986) pp.19~20.
5) 『皇城新聞』 광무 5년 3월 28일자. 광무 3년 8월의 『독립신문』 기사에는, "서도 관장들은 해 지방 백성의 재산을 어떻게 보호를 하여 주었는지, 그 지방 백성들의 말이 관장의 보호를 믿다가는 큰 낭패를 보겠으니, 다시는 관장을 믿지 말고 외국교에나 들어가서 각기 생명과 재산을 보호받게 하자"라는 내용이 실려 있다.
6) 이만열, 앞의 글, p.21.
7) 『독립신문』 1898년 12월 24일자.

    조선사람들이 항상 말하기를 유도가 제일 좋다 하니 우리도 공
맹의 말씀을 그르다 하는 것이 아니로되 청국과 조선은 그 도를
인연하여 나라를 다스리되 점점 미약하고 영국 같은 나라들은 공
맹자를 모르건마는 천하에 제일 부강하고 문명함은 하나님을 섬김
이라…… 바라건대 학문만 공부할 것이 아니라 하나님의 도를 행하
여 참 개화한 사람이 되기를 바라노라.8)

    그런즉 교회를 위하여 인민에게 전도하는 것이 아니오. 인민을
위하여 교회를 각처에 설립하는 것이니…… 차차 우리 교회가 흥왕
하여서 조선이 차차 개화에 진보되기를 간절히 바라노라.9)

    이와 같은 기독교를 통한 정치적 각성은 한말 정치단체에 가입하거
나 또는 그들과 호흡을 같이 함으로써도 이루어 졌다. 이 점에 있어
서는 한국의 봉건사회에 대해서 보다 공격적인 자세를 취했던 감리교
에 의해서 더 적극적으로 추진된 바 있었다.10)
    이러한 정황에서 이동휘는 개혁당 사건 이후 1903년 5월 강화도 진
위대장으로 임명됨으로써 새로운 활동의 장을 맞이하게 되었다. 그는
강화도에서 활동하던 미국인 선교사 벙커와 박능일 목사가 겨우 2~3
명의 학생만으로 '잠무의숙' 이라는 사숙을 운영하는 것을 보고, 교
육의 필요성을 느끼게 되어 그들과 함께 강화도 최초의 근대적 사립
학교인 합일학교를 설립하였다.11) 이를 계기로 기독교와 본격적으로
접하게 되었고, 이는 이동휘에게 있어 사상과 활동의 중대한 전환점
이 되었다.

---

8) 『죠선크리스도인회보』 23호 (1897. 7. 7).
9) 『죠선크리스도인회보』 18호 (1897. 6. 2).
10) L. George Paik:The History of Protestant Missions in Korea(1832~1910)
    p.150. 이만열, 앞의 글, p.35에서 재인용.
11) 劉智榮, 「合一學校와 故崔尙鉉씨」 『新東亞』 (1935년 11월호) pp.196~197.

1905년 항변유서에서 스스로 밝힌 바와 같이 오래전부터 '더운 피를 끓이고 있던' 그는 이 때의 기독교 입교를 통하여 '나라사랑'과 '독립과 단결' 그리고 '학문과 교육의 방도'를 발견하게 된 것이다.[12] 이 당시 강화도에는 성공회와 감리교회가 있었는데, 신도 수나 전도 세력으로 보아 감리교회가 월등하였다. 감리교회는 1898년부터 포교를 시작하여 주민들에게 애국애족의 강조와 신교육운동에 앞장서면서 항일정신을 심어주고 있었다.[13] 이동휘는 진위대장 겸 감리교회 권사로 활동하면서 주민들의 커다란 신망을 얻고 있었다고 한다.[14]

그러나 이동휘는「을사늑약」체결을 앞두고 급거 서울로 올라가 이에 반대하는「유서」를 써서 국운의 회복을 도모했지만 이는 실현될 수 없었다. 이제 이동휘에게는 다시 결단의 시기가 도래하였다. 그는 절망하면서도 이제껏 견지해 왔던 강화도를 기반으로 하여 새로운 구국의 방략을 도모하지 않을 수 없었다. 그가 택한 것은 종교와 교육 활동을 통한 국권회복운동이었다. 이동휘가 기존의 정부 무관직을 버리고 이 시기에 와서 종교와 교육을 통한 계몽자강운동을 벌이게 된 것은 앞에서 살펴보았듯이 정부와 고종에 대한 실망이 크게 작용한 것이었다. 정부와 고종에 대한 기대가 좌절되었을 때, 이동휘가 택할 수 있는 길은 민중을 계몽하여 국권을 회복할 수 있는 실력을 기르는 것 뿐이었다.

이동휘는 항변유서가 좌절된 뒤 다시 강화도로 내려가 본격적으로 계몽활동을 통한 국권회복운동에 전력을 기울였다. 이 때 이동휘가 종교 및 교육활동을 통하여 국권회복운동을 전개한 것은 앞의 정부와

---

12)「遺告二千萬同胞兄弟書」
13) 高 澤,「軍隊解散」『新東亞』(1970년 1월호) p.361.
14) 崔翠秀,「1910년 前後 江華地域 義兵運動의 性格」『한국민족운동사연구』
    2 (知識産業社, 1988) p.62.

고종에 대한 실망과 함께 일본에 대한 인식이 바뀐 것도 매우 크게
작용한 것이었다. 그는 「을사늑약」으로 인하여 조국이 반식민지화 되
어가자, 일본을 물리치기 위해서는 종교가 가지는 위력에 주목할 필
요성이 있음을 더욱 느꼈을 것이다. 이는 당시 교세가 확장되어 가는
상황을 지적한 다음의 글에서 그의 인식을 유추해 볼 수 있다. 일본
관헌들은 당시의 활발한 입교 동기를 다음과 같이 파악하고 있었다.

> 입교의 동기는 대개 其勢力을 憑藉하여 權威者에 對抗코자 함
> 에 있거나 或은 官吏의 誅求를 免코자 함에 있어서 千差萬別이라
> 하나 耶蘇敎가 盛大의 因을 致한 것은 日露戰爭으로서…15)

여기에서는 러일전쟁이 기독교 발전의 주요한 계기였음을 지적하
고 기독교 입교의 동기가 서양 기독교 세력에 의탁하고자 한 것에 있
다는 것을 말하고 있다. 다음의 글은 排日行動을 하는데 있어 기독교
가 당시에 어떻게 비쳐졌는가 하는 것을 극명하게 표현하고 있는 것
으로서, 이동휘가 정부와 고종 및 일본에 대한 실망과 배신감 속에서
기독교에 적극적으로 나아간 배경을 잘 표현해 주고 있다.

> 一進會가 生命財産의 保護로서 官民間에 周旋함을 見함에 及하
> 여 各敎會도 入敎者를 庇護할 것을 言明하여 信徒를 募集하다. 時
> 에 日露戰爭에 際하여 一進會는 日本軍에 對하여는 어쩌지 못함에
> 反하여 西敎徒는 日本軍에 重視됨으로써 漸漸 敎民으로 하여금 其
> 勢力의 偉大한 것 있음을 惑케 하고 且牧師 等은 我軍事行動의 嚴
> 動함에 反하여 信徒를 哺乳하기 慈母의 赤子에 對한 것과 같이 其
> 勢力을 養하여……一進會色動하자 自强獨立을 宣言하여 排日의 聲

15) 『駐韓日本公使館記錄』「한국현지에 있어서의 지방인심의 현황」(1909년
11월 1일조).

은 排一進會聲과 俱히 選發하여 極力敎民을 庇護하고 非敎民을 제
배하니…이제는 街頭 바이블을 挾치 않은 者는 肩身挾하기에 至하
다.16)

이와 같은 이동휘의 인식의 변화과정은 1905년 「을사늑약」에 항거
하여 쓴 항변유서에서 러일전쟁에 이르기까지의 그의 인식 변화과정
과 짝하며, 그가 이를 계기로 본격적으로 계몽운동에 투신한 배경을
짐작하게 해준다.17)
이동휘는 국권회복을 위한 실력양성의 방법으로 새로운 학문과 근
대문명을 수입하는 것이 무엇보다도 중요하다고 생각하고 근대학교를
통한 교육과 계몽에 역점을 두는 한편으로, 여러 계몽운동단체에 가
입하여 민중계몽운동에 혼신의 힘을 기울여 나갔다.

2. 계몽단체활동

이동휘는 교육활동에 관심을 기울이면서 계몽단체에 적극 참여함
으로서 보다 조직적인 국권회복운동을 전개해 나갔다. 「을사늑약」으

16) 『駐韓日本公使館記錄』「안창호의 귀국과 평안도민정에 관한 內田良平의
조사보고서」(1909)
17) 이동휘는 노령 도착 후인 1913년 10월 노령 동포들이 베푼 환영식에서
우리 국민들이 "을사보호조약"을 계기로 "대한 혼을 받"고 "정신차"렸음
을 역설한 바가 있다. 이동휘는 민영환을 비롯한 최익현·허 위·안중근
·장인환·이재명·이범윤·최재형·홍범도·민긍호·이강년·신돌석·
강기동·박정빈·연기우 등 애국자들이 모두 乙巳年 이후에 배출된 사실
을 지적하면서, "을사보호조약" 이후 시기를 "亡國史"가 아닌 "維新史"로
불러야 한다고 주장하였던 것이다(『勸業新聞』 1913년 11월 13일자 「리성
재 선생의 연설」. 潘炳律, 「李東輝와 韓末 民族運動」『韓國史硏究』 87
(韓國史硏究會, 1994) p.168에서 재인용).

로 일제가 조선에 대해 보호국화를 시도하자, 自强運動이 본격적으로
제기되었다. 자강운동이란 한마디로 '한국민족이 주체가 되어 교육과
실업을 진흥함으로서 경제적·문화적 실력을 양성하고, 나아가 부국
강병을 달성하여 장차 국권회복의 토대를 마련하려는 운동'이었다고
할 수 있다. 이 자강운동이 대두하게 된 데에는 당시 지식층들 간에
광범위하게 수용되고 있었던 사회진화론의 영향과 1890년대 이후 점
차 폭넓게 확산되어 가고 있던 개화자강론의 영향, 그리고 1905년 일
제의 한국 '보호국화'라는 정치·사상적 배경이 자리잡고 있었다.[18]

   일본에 의한 한국의 보호국화가 거의 확실하게 되었다는 소식이 전
해지자『大韓每日申報』는 그러한 위기상황이 닥쳐온 원인을,

> 余가 大韓의 由來 教化를 觀하니 士子의 修身 공부는 具備하나
> 利用 厚生의 實業은 결핍하고 인민의 愛親敬長하는 美俗은 足稱이
> 나 애국하는 열심이 전무한지라. 이용후생의 실업이 결핍한 고로
> 단체가 不成하야 국력이 허약이라[19]

라고 하여 신교육의 결핍, 애국심의 결핍, 단체 결성의 미약 등에서
찾고 있었다.[20]

   이러한 자강운동의 본격적 전개는 마침내 1906년 4월 大韓自强會의
결성을 낳았는 바, 대한자강회는 1906년~1907년 자강운동의 중심단
체로서 활동하였다. 그 창립취지서는 우선 우리 한국이 '自强之術'을
강구하지 않아 인민은 우매하고 나라는 쇠퇴하여 마침내 외국의 보호
를 받게 되었다고 주장하였다. 그러나 만일 이제라도 우리가 분발하

---

18) 박찬승,『한국근대정치사상사연구 : 민족주의우파의 실력양성론』(역사비
   평사, 1992) p.29.
19)『大韓每日申報』1905년 9월 27일자.
20) 박찬승, 앞의 책, p.31.

여 자강에 힘쓰고 단체를 만들어 힘을 합한다면 부강한 앞날을 가히 바라볼 수 있고, 국권의 회복도 가능할 것이라고 보았다. 따라서 우리는 분발해야 될 때인데 그 자강의 방법은 다름아닌 교육진작과 식산홍업에 있다는 것이다. 이러한 한말 자강론은 한마디로 '선실력양성후독립론'으로 규정할 수 있다.[21]

이동휘는 대한자강회 회원으로서 대한자강회 지회를 강화도에 유치하여, 강화도지회의 부회장직을 맡아[22] 기독교도들을 기반으로 본격적인 교육계몽운동을 진행하였다. 대한자강회 강화도지회는 전국 19개 지회[23] 가운데 하나로 부회장인 이동휘 외에는 그 구성원을 잘 알 수 없었다. 하지만 대한자강회가 1905년 5월에 발족된 憲政研究會의 후신이고[24] 이동휘와 친분이 있는 이 준이 헌정연구회의 중심인물이었던 관계로 이동휘의 영향하에 강화도지회는 중앙과의 긴밀한 연계 속에서 강화도에서 튼튼한 기반을 유지할 수 있었다. 여기에서 우리는 대한자강회의 성격을 분석할 필요를 느끼는데, 이는 이동휘의 계몽활동 과정에서 그가 어떠한 목적으로 이들 단체에 참여, 활동하였는 가가 문제시 되기 때문이다.

대한자강회는 尹孝定 등 헌정연구회 계열의 인사들에 의해 주도된 것으로 헌정연구회는 1904년 共進會—1905년 憲政研究會—1906년 大韓自强會—1907년 大韓協會로 이어져 갔다. 이들 단체는 1907년 대한협회 단계에 와서는 윤효정 등 헌정연구회 계열과 金嘉鎭 등 전직 고위관료, 그리고 손병희·권동진·오세창 등 천도교 인사들에 의해 주

---

21) 박찬승, 앞의 책, p.32.
22) 李松姬, 『大韓帝國末期 愛國啓蒙學會研究』 (梨大 博士學位論文, 1985) p.62.
23) 『大韓自强會月報』 제8호, p.77.
24) 李鉉淙, 「大韓自强會에 대하여」 『震檀學報』 第29·30合輯 (震檀學會, 1966) pp.157~158.

도되면서 하나의 정당으로서 강한 권력지향성을 가지고 사실상 정치
운동을 전개해 간다.[25] 이에 반해 이동휘는 이러한 대한자강회의 성
격 변질 속에서도 일관되게 계몽운동을 전개해 간다. 이로 볼 때 이
동휘는 정치운동으로서의 이전의 개혁운동 노선을 청산하고 일제의
반식민지화 속에서 일제와의 전면 대결을 상정하고 이에 적극 대처해
나갔다고 볼 수 있다. 다만 그 방법이 이 시기에는 교육진흥·실력양
성이었던 것이다. 그러나 이 때의 교육을 통한 계몽운동은 그에게 있
어 단순한 의미가 아니었는 바, 이것은 그가 수행한 다음과 같은 여
러 활동에서 드러난다.

1906년 6월 이동휘는 申采浩가 주도한 국문잡지인『가정잡지』발행
에 주시경·장지연·유창준·최광옥·안상호 등과 참여하였다.[26] 사
회생활의 최소 단위인 가정을 표제로 한 잡지의 발행은 그 자체가 파
격적인 것이었는데, 군신·부자·사제라는 종적 인간관계에 예리한
비판의 안목을 가진 것이었다. 이는 무관학교 시절 군사기술과 함께
근대합리주의를 배웠기 때문에 가능한 것이었다고 하겠다.[27] 충성을
맹세한 국왕의 굴복과 신뢰한 선배(민영환)의 죽음 등은 이 시기 그를
전향적으로 바꿔놓고 있었던 것이다.

한편 이동휘는 國民敎育會(1904년 8월 24일 창립)에도 관여하여 교
육운동의 추진을 모색하였다. 국민교육을 주된 목적으로 창립된 최초
의 계몽운동단체라 할 수 있는 국민교육회는 연동의 게일(J.S. Gale)목
사 집에서 연동교회 신자들을 중심으로 창립되었다. 그런데 이 때 국
민교육회를 주도한 것으로 알려진 신자들은 1902년 兪吉濬의 정변과
관련되었다는 개혁당 사건으로 투옥되었다가 1904년 초 러일전쟁 발

---

25) 박찬승, 앞의 책, pp.47~48.
26) 姜德相,『朝鮮獨立運動の群像』(靑木書店, 1984) p.30.
27) 姜德相, 앞의 책, p.30.

발 직후에 출옥한 이원긍·김정식·홍재기 그리고 이 준 등과 같은
인물이었다.[28] 여기에서 이 준·김정식 등은 독립협회 출신으로 앞에
서 언급한 보부상을 주회원층으로 하여 일진회 타도를 목적으로 조직
된 공진회의 핵심세력이었다. 또한 이들은 1905년 5월에 결성된 헌정
연구회의 지도층이었다. 국민교육회는 초대 회장이었던 이원긍의 뒤
를 이어 이 준이 회장이 된 1906년 후반기 이후 보다 대중적인 조직
및 교육활동을 펼치게 된다. 이동휘는 1906년 10월 13일에 있은 추기
총회를 전후하여 안창호·유승겸 등 기독교인과 柳正秀·玄 采·李
甲·柳 瑾 등과 함께 참여하였다.[29] 이로 볼 때 이동휘가 계몽운동에
참여하는 것은 개혁당 이래 맺어온 동지적 관계와 더불어 기독교라는
종교매체가 중요한 역할을 하는 것을 볼 수 있다. 이는 1917년 러시아
혁명 이전까지 긴밀하게 지속되었다.

　당시 계몽운동은 정치활동을 표면에 내세울 수 없는 시대적 상황때
문에 학회라는 명칭으로 추진되었다.[30] 각종 학회는 민중에 뿌리를
내리기 위해 민중과의 직접적인 접촉이 가능한 지역단위에서 활동을
전개하였는데, 그 최초의 단체가 西友學會[31]였다. 서우학회는 1906년
10월 朴殷植·金秉熹·申錫厦·張應亮·鄭雲復·李 甲·柳東說·盧

---

28) 崔起榮,「한말 국민교육회의 설립에 관한 검토」『한국근현대사연구』제1
　　집 (한울, 1994) p.51.
29) 崔起榮, 앞의 글, pp.49~57. 국민교육회는 1907년 이 준이 관여한 헤이그
　　밀사 사건 이후 12월 중순에 유길준이 주도한 흥사단에 흡수되어 해체되
　　었다.
30) 國史編纂委員會 編,『韓國獨立運動史』1 (國史編纂委員會, 1965) p.885.
31) 서우학회의 활동상은 선각자에 의한 개별적 교육운동에서 집단적·대중
　　적 교육운동으로 전환케하는데 큰 역할을 담당하였으며, 후일 한북흥학
　　회·호남학회 등 타지역의 학회 창립을 촉진하였다(姜在彦,『近代朝鮮の
　　變革思想』(日本評論社, 1973) p.238). 또한 서우학회는『西友』라는 월보
　　를 발행하여 대중계몽운동을 전개하였으며, 평안·황해지역의 사립학교
　　및 유학생 지원활동도 하였다(『大韓每日申報』1906년 11월 21일자 廣告).

伯麟 등 평안도·황해도 출신인사들을 중심으로 조직한 단체로,32) 청
년교육을 통해 인재를 양성하고 중지를 계발시켜 국권회복과 인권신
장의 기초를 마련하자는데 목적을 두었다.33)

서우학회는 점차 발전함에 따라 평안도·황해도 이외의 지역으로
서북에 가까운 인사도 입회할 수 있게 하였다.34) 이에 이동휘는 강화
도도 서북에 근접하다 하여, 서우학회에 입회함과 동시에 강화도내
서우학회 지회를 설치하였다. 이 서우학회 구성원의 성격은 주로 독
립협회·만민공동회운동을 시작으로 개혁당운동·헌정연구회 등의
일련의 정치활동에 참여했던 개화자강파 노선의 지식층과 당시의 국
권피탈의 상황에서 국권회복을 위해 활동코자 하였던 무관층으로 특
징지어 진다.35)

서우학회 사상의 핵심은 국권회복을 목표로 한 實力養成論으로서
이는 당시 역사적 현실을 사회진화론으로 파악한 데에서 비롯 되었
다. 이들은 대한의 국권피탈은 생존경쟁에서 패배한 결과로 인식하였
다. 그러나 서우학회 등 당시의 계몽단체의 사상에서 1880·1890년대
의 개화사상과 달리 새롭게 강조된 것은 애국심·민족정신에 대한 고
취였다. 서우학회는 국권회복을 위한 실력양성에서 필수적으로 갖추
어야 할 전제조건이 국민의 애국심이라고 보고 국민들이 무엇보다도
나라를 사랑할 것을 촉구하였다. 즉 국가의 存亡生滅이 바로 국민의
애국심 여하에 달려 있다는 것이다.36) 이러한 취지는 당시 이동휘가
구상하였던 계몽운동의 취지와 동일한 맥락이었고, 여기에 지역을 불

32) 『大韓每日申報』 1906년 10월 16일자 雜報 「西友學會趣旨書」；『皇城新
聞』 1906년 12월 1일자 雜報 「西友學會趣旨書」.
33) 『西友』 제1호, pp.1~2.
34) 『西友』 제9호, p.53.
35) 李松姬, 앞의 글, p.27.
36) 李松姬, 앞의 글, pp.34~35.

문하고 능동적으로 참여하였던 것이다.

한편 이동휘는 당시 지역적 기반에 입각한 학회활동 속에서 자기의 출신지역인 학회활동에도 주동적으로 참여하였다. 漢北興學會가 그것이다. 한북홍학회는 1907년 10월 서우학회와 거의 동시에 창설되었는데, 창립의 모체가 되었던 것은 국민교육회와 대한자강회, 그리고 함경도 출신으로서 이용익과 밀접한 관계를 가졌던 인물인 이동휘·오상규 등 이었다. 한북홍학회의 설립은 특히 재정적인 면에서 이용익의 도움을 많이 받았던 것으로 보인다. 당시 이용익은 해외에 있었기 때문에 그가 직접 관여한 것으로는 볼 수 없으나, 그의 손자인 李鍾浩가 漢北學校의 경영에 직접 참여하고 있는 것은 한북홍학회와 이용익과 그를 둘러싼 인물들의 관련을 말하여 주는 것이라 하겠다.[37] 한북홍학회는 1906년 10월 29일 吳相奎·李 僑·兪鎭浩·薛泰熙 등이 발기인이 되어 70여명의 회원과 창립총회를 열고 거기에서 취지문·강령·규칙 등을 설명함으로써 그 창립을 보았다.

한북홍학회의 궁극목표는 청년교육을 통해 인재를 양성하고 衆志를 계발시켜 국권을 회복하고 인권을 신장하여 자유독립국을 설립코자 하는 것으로 서우학회와 대동소이 하였다.[38] 한북홍학회는 궁극목

---

37) 李松姬, 앞의 글, p.57 참조.
38) 『大韓每日申報』 1906년 10월 30일자 雜報 「漢北興學會趣旨書」 및 11월 6일자 ; 『皇城新聞』 1906년 11월 1일자 雜報 「漢北興學會趣旨」. 한 자료는 이동휘가 한북홍학회를 발기한 취지를 다음과 같이 설명하였다고 한다. "지금 우리가 이 한북홍학회를 조직함은 국민교육회의 성질과는 전연 다른 바가 있다. 그 이유는 국민교육회는 전국 국민의 문맹퇴치가 그 본령이나 이 한북홍학회는 함경도의 有爲의 청소년으로서 陞堂과 入室의 대지를 포회하고 또는 장래 국가의 유용한 棟梁의 任에 진용되겠다는 청운의 뜻을 파지하고 고향을 떠나 멀리 황성으로 유학오는 소위 유경학생을 위하여 그들을 지도하고 그들을 引勸하고 그들을 편달하고 그들 가운데서 천분이 높으나 학자가 없어 로두에 방황하는 학생이 있다 하면 이를 원조하여 국가가 요구하는 인재를 양성계발함에 있는 것이다."(劉錫仁,

표를 달성코자 일반민중들에게 학교설립 등 신교육에의 참여를 촉구하고 계몽활동을 통하여 민중의 애국심을 고취시켜 민력을 양성하는데 중점을 두었다.[39] 그리고 중앙조직이 완비되자 좀더 활동을 민중차원에서 활발히 전개하려고 지회·지교설치에 힘을 기울였다.[40] 결성 당시 평의원[41]을 역임하고, 1907년 3월 이후 부회장[42]의 직책을 맡은 이동휘는 오상규 등과 지회설립을 독려함과 동시에, 이종호와 함경도 각 지역을 돌아다니면서 신교육의 중요성을 강조하고 학교설립을 촉구하였다.[43]

그러면 당시 한북홍학회를 조직할 필요는 어디에 있었는가. 즉 전국적 규모의 단체가 아닌 지역단위의 단체를 설립한 이유는 어디에 있었는가. 이 점이 또한 확인되지 않으면 안될 것이다. 그것은 한마디로 당시의 민족적 위기를 최대한 결집시켜 국권회복의 의지를 키우고 民力을 기르기 위해서는 우선 먼저 지역단위로 운동을 전개시킬 수밖에 없었던 사정에 기인한다. 즉 당시의 계몽사상과 활동이 지역 분산적으로 전개되었기 때문에 우선은 지역적인 기반과 인맥에 의한 조직화가 시급했던 것이다. 때문에 이것은 지역주의의 심화로 나타날 수 있는 개연성이 있었다 하더라도 당시는 불가피한 측면이 있으며, 역으로 밀접한 인적 유대와 결속감 속에서 초기에는 긍정적인 방향으

『愛國의 별들』(敎文社, 1965) pp.186~187). 여기에서는 동향의 인재를 살피는 것이 주목적으로 표명되어 있다. 그러나 이는 한북홍학회 전체의 취지 및 실제 활동과는 거리가 있다.

39) 『大韓每日申報』 1906년 11월 21일자 雜報「興學開會」;『大韓每日申報』 1907년 1월5일자 雜報「姑先夜學」;『皇城新聞』 1907년 1월 16일자 雜報「漢北興學」

40) 『皇城新聞』 1907년 12월 29일자「漢北特會」.

41) 『大韓每日申報』 1906년 11월 6일자「漢北學會 第一回」.

42) 『皇城新聞』 1907년 3월 30일자「漢會任員」.

43) 『皇城新聞』 1907년 4월 23일자「漢會移管」.

로 작용하기도 했을 것이다.

한북흥학회는 계몽운동이 아직 전국적·대중적으로 확대되지 못한 상황에서 지역단위의 단체로 설립되어 당시의 민족적 위기의식을 최대한 결집시켜서 관북지방의 대중들을 국권회복을 위한 실력양성운동으로 나아가게끔 하는데 많은 공헌을 하였다. 한북흥학회는 계몽운동이 광범한 대중차원의 국권회복운동으로 전개될 수 있게끔 하여 준 것이다.44) 한북흥학회가 이러한 성과를 남길 수 있었던 것은 어느 단체보다도 혁신적인 인사들에 의해 주도되었던 것에 기인하는 바 크다. 이동휘·이 준 등은 여타의 실력양성론에만 매몰된 자들과는 다르게 급진적 개혁론에 입각하여 국권회복을 위한 혁신적 활동을 수행하였던 것이다.

1907년 이후 일제에 의해 「보안법」·「신문지법」이 공포되어 정치활동 및 언론·출판·집회의 자유가 심한 제한을 받는 등 탄압이 강화되자, 관서·관북지역에서 지역민을 대상으로 민중계몽운동을 전개하던 서우학회·한북흥학회의 주도 인사들은 국권회복운동을 전국적·전국민적 차원으로 확산시키고, 민족의 역량을 결집시키기 위해 양학회를 통합하여 1908년 1월 2일 西北學會를 창립시켰다.45) 서북학회 설립에 주도적 역할을 하였던 인사들은 이동휘·안창호·이 갑·유동열 등이었다.46) 서북학회 창립잔치에서 이동휘는 축사를 통해 "국민

---

44) 李松姬, 앞의 글, p.69.

45) 『皇城新聞』 1908년 1월 1일자 「兩會團合」, 1908년 1월 8일자 廣告 ; 『大韓每日申報』 1908년 1월 4일자 「西北學會」, 1908년 1월 5일자 廣告.
서우회관에서 통합대회를 열고 임시의장에 선출된 이동휘의 주관하에 만장일치로 서북학회를 발족시켰으며 임원진으로는 회장에 鄭雲復, 부회장에 姜玩熙, 총무에 金達河가 피선되었다(『大韓每日申報』 1908년 1월 5일자 雜報 「任員薦定」 ; 『皇城新聞』 1908년 1월 5일자 雜報 「西北學會任員」 ; 『西北學會月報』 제15호, 會報 「西北學會組織錄」 pp.42~46).

46) 서북학회는 서우학회와 한북흥학회가 통합되어 조직된 단체인데, 이 양

이 단합되지 못하여 국권을 상실했다. 서북인사의 단합은 국가의 독
립과 자유를 회복하는데 기초가 될 것이다"47)라고 하면서 민족역량의
결집을 강조하였다. 이에서 우리는 서우학회·한북흥학회·서북학회
에 모두 관여하면서 당시의 객관적 조건이었던 지연·혈연적인 유대
를 기반으로 하면서도 일관되게 전략적 목표를 우위에 두고 실천을
앞세웠던 이동휘의 성격적 특징을 간취할 수 있다. 즉 이동휘는 지역
에 구애되지 않고 오히려 이 갑·유동열(평북 출신) 등 오랜 동지의
뜻을 중시하면서 유연한 대응을 보이고 있는 것이다.48) 이는 앞에서
누차 설명하였듯이 중인 출신으로서 명분에 얽매이지 않고 논리보다
는 실천을 앞세운 그의 현실주의적 특성에서 유래하는 것이다.

서북학회는 국권을 회복하고 인권을 신장하여 근대문명국가를 건
설하려는 것에 궁극적 목적을 두었다. 이러한 목적을 달성코자 ① 학
교를 설립하여 교육참여를 촉구하고, ② 잡지를 발간하여 민중을 계
몽하고, ③ 연설을 통하여 민중의 애국심을 고취하는 등 실력양성과
민력의 결집에 중점을 두었다.49)

서북학회는 새로운 사업을 추진할 때마다 전담위원을 선정하여 사
업을 전개토록 하였는데, 1908년 1월 2일 창립시 임시의장을 맡은 이
동휘는 선거위원·평양지회 총대를 역임하고 동년 6월에는 모금위원

학회는 참여인사들의 출신지역만 다를 뿐 설립시기·목적·취지가 일치
되고 있어서 통합의 가능성이 엿보였다(『大韓每日申報』 1907년 3월 16일
자 雜報「西北學生親睦會」). 당시 이동휘는 서우학회에 참여하고 있었을
뿐만 아니라 사실상 한북흥학회를 이끌어 가는 역할을 담당했던 평의회
의 의원으로 활동하고 있었고, 이 갑 역시 서우학회 평의원으로(『西友』
제1호, pp.45~47)있으면서 사재를 털어 거액을 회사하는 등 서우학회 창
립에 결정적 도움을 주었다(『大韓每日申報』 1906년 10월 16일자 雜報).
47)『西北學會月報』 제15호,「祝辭 李東輝」 pp.8~9.
48) 姜德相, 앞의 책, p.30.
49)『西北學會月報』 제15호,「西北學會趣旨書」 p.1.

으로 활약하였다.50) 그는 모금위원으로 함경도 각지역을 돌아다니면
서 교육사업을 전개함과 동시에 항일애국계몽연설을 행하였는데, 그
의 열변은 청중의 마음을 사로 잡았다고 한다. 이동휘의 이같은 노력
의 결과로 서북학회 지회·지교가 함경도 지역에 많이 설치되었는데,
그 내용은 다음과 같다.51)

> 서북학회에서 이동휘를 함경남북도에 파견하여 교육을 시찰할
> 때에 한 演說에 한 학교를 起케하며 한 통곡에 한 학교를 설하니
> 北方風氣가 이로부터 大振興하니라

서북학회는 1909년 9월 일제의 일진회·대한협회와의 연합구상 책
동에 한때 휘말리었으나, 주도 회원인 이동휘·안창호·유동열·이종
호·김명준 등의 영향으로 끝까지 교육단체임을 표방하고52) 일제의
책동에 항거하였다. 이에 일제는 동년 10월 6일 安重根의 伊藤博文
살해사건이 일어나자, 서북학회 주도 인사인 이동휘·안창호·유동열
등이 안중근과 관련혐의가 있다 하여 헌병대에 구금하는 등 서북학회
분쇄작전을 추진하였다. 안창호는 개성헌병대에, 이 갑·이동휘·유
동열은 용산헌병대에 유치되었다. 이때 이동휘는 신문관에게 "너희가
같은 동양인으로 우리 한국에서 不法不道를 행하면 너희 일본인이 잔
등에 맞는 서양인의 채찍자욱에서 구데기를 파내는 것을 내눈으로 볼
테다"53) 라고 호령하였다고 한다. 이는 일본에 대한 철저한 적개심의
표현이었다.

---

50) 『西北學會月報』 제3호, 「會事紀要」.
51) 國史編纂委員會 編, 『韓國獨立運動史』 2 (國史編纂委員會, 1969) p.623.
52) 『皇城新聞』 1909년 12월 2일자 「學會指明」, 12월 3일자 廣告, 1910년 1월
    6일자 「學會辨明」; 『西北學會月報』 제18호, 「本會의 性質」 p.1.
53) 李光洙, 『島山安昌浩』 (大成文化社, 1956) pp.45~46.

한편 서북학회에로의 통합에는 1907년 3월 서북학생친목회의 결성과 함께 新民會의 창립과 활동이 커다란 계기가 되었다. 신민회는 1907년에 성립된 한말 최대의 비밀결사로 양기탁·전덕기·이동휘·이동녕·이 갑·유동열·안창호 등 7인이 창건위원이 되고, 노백린·이승훈·안태국·최광옥·이시영·이상재·윤치호·이 강·조성환·신채호·임치정·이종호·주진수·이홍량 등이 중심이 되어 조직되었다.54) 여기에서 신민회 창립이 서북학생친목회의 결성과 거의 같은 시기에 이루어진 점, 그리고 창건위원·주도인사들이 서우학회·한북흥학회의 회원들이었다는 점에서 신민회의 창립으로 서북지역 인사들이 더욱 긴밀한 관계를 갖게 되었고, 이것이 후에 서북학회 창립으로 연결되어진 것이다. 그리고 신민회 활동이 서북지역을 중심으로 전개되었던 점도 서우학회와 한북흥학회의 통합을 가능케 하여 주었던 것이다.55)

신민회는 국권회복과 국가의 자주독립을 최종적 목표로 삼았다.56) 그 실행방법으로 ① 각 곳에 勸諭員 파견, ② 신문·잡지·서적의 간행, ③ 학교설립, ④ 실업가에 영업방침 지도, ⑤ 實業場 건설 등 민중계몽과 민력양성에 중점을 두었다.57) 조직은 중앙에 의결기관과 집행기관을 두어 모든 일을 총괄하였고, 하부기관으로 지방 각 도에 總監

---

54) 愼鏞廈,「新民會의 創建과 그 國權恢復運動」『韓國學報』 9 (一志社, 1977) pp.128~129.
55) 李松姬, 앞의 글, pp.70~71.
56) 신민회는 1. 국민에게 민족의식과 독립사상을 고취할 것 2. 동지를 발견하고 단합하여 국민운동의 역량을 축적할 것 3. 교육기관을 각지에 설치하여 청소년 교육을 진흥할 것 4. 각종 상공업기관을 만들어 단체에 재정과 국민의 富力을 증진할 것 등 피탈된 국권의 회복과 국가의 자주독립을 그 최종적 지표로 삼고 있다(李光洙, 앞의 책, pp.23~25).
57) 國史編纂委員會 編,『韓國獨立運動史』 1 (國史編纂委員會, 1965) pp.1028~1029.

을 두고 각 군에 郡監을 두어 일반회원의 지도에 임하였다.[58] 특히
회원 간에는 종적으로만 연락하고 횡적으로는 2인 이상이 모르게 하
는[59] 소위 연통제[60]로 운영되어 일제의 탄압에 대비하였다. 창건위원
이동휘는 평의원 및 함경도 총감[61]의 직책을 맡았는데, 학교설립운동
에 역점을 두면서 민중계몽운동에 진력하였다.

이로 볼 때 이동휘는 대한자강회·국민교육회·서우학회·한북흥
학회·신민회·서북학회를 통하여 일관되게 개혁당 및 대한협동회 이
후의 인사들과 밀접한 연계를 맺으면서 계몽자강운동의 발전과 통일
을 위하여 헌신하였다. 이는 국권회복운동이 보다 대중적인 기초에서
활발하게 전국적으로 펼쳐질 수 있는 밑바탕이 되었고, 이후 이동휘
가 보다 폭넓은 활동을 펼칠 수 있는 인적 자원을 마련하는 계기가
되었다.

3. 교육 및 종교활동

계몽단체활동을 통한 이동휘의 국권회복운동과 더불어 이 시기 이
동휘가 가장 심혈을 기울인 것은 교육 및 종교활동이었다. 이 시기

---

58) 金九, 『白凡逸志』(瑞文堂, 1979) p.176. 신민회의 회원은 『白凡逸志』에
의하면 약 400명에 달하였다. 회원들은 주로 경기이북 그 중에서도 황해
도·평안도의 기독교 신자중의 유력자와 기독교계 학교의 교사 및 학생
들로 구성되었는데(金正明 編, 『韓國獨立運動』1 (原書房, 1967) p.254),
그 이유는 신민회가 근대 서구문화 지향적인 단체였고 호남·영남지방이
대체로 보수적인 유교세력이 강했던 것과도 관련이 있는 것 같다(姜在彦,
『朝鮮の開化思想』(岩波書店, 1980) p.391).
59) 島山記念事業會 編, 『續篇 島山安昌浩』(三省文化史, 1954) pp.87~88.
60) 崔明植, 『安岳事件과 3·1運動과 나』(1970) p.71.
61) 國友尙謙, 『不逞事件ニ依シテ觀タル朝鮮人』(高麗書林, 1986) p.68. 1907
년 초에는 國債報償聯合會議所의 총무로도 활약하였다(柳子厚, 『李儁先
生傳』(東邦文化社, 1947) pp.211~214).

이동휘의 활동은 교육 및 종교활동에서 가장 크게 부각되었는데, 그는 기독교인으로서 기독교를 매개로 각종 학교를 세우고 기독교를 전파하는 한편, 교육을 통한 계몽으로 민중을 국권회복운동에 동원하고자 하였다. 이동휘에게 있어 교육과 종교활동은 불가분의 관계에 있는 것으로서 항상 병존하고 병행하는 표리적 성격을 이루고 있었다. 우리는 그의 교육 및 종교활동을 통하여 그가 이 시기에 갖고 있었던 목적과 사상의 성격을 살필 수 있다.

이동휘의 국권회복운동 기본방략은 국민을 애국주의와 신지식으로 계몽하여 사회구습을 개혁하고 민족산업을 일으킨다는 民衆啓蒙運動과 청소년을 국권회복을 위한 민족간부로 육성하여 내부실력을 기른 이후 독립을 쟁취한다는 敎育救國運動이었다.

이러한 방략에 따라 이동휘는 대한자강회·서우학회·한북흥학회·신민회·서북학회 등 제단체활동을 위시한 민중계몽운동과 학교설립을 통한 교육구국운동에 중점을 두었다. 그는 교육구국사상 이념하에[62] 민족적 자주의지의 계발과 민족실력을 지표로 보창학교 등 이른바 민족계 사학을 모범적으로 운영하였다. 이러한 이동휘의 교육운동은 당시 요원의 불길처럼 일어났던 교육구국운동을 열성적으로 이끄는데 커다란 역할을 담당하였던 것이다.

1903년 강화도 진위대장으로 부임하여 합일학교를 설립하는 등 근대학교 교육에도 관심을 가졌던 이동휘는 1904년 그의 영향을 받은 尹明三·劉景根 등과 보창학교를 설립하였다.[63] 보창학교의 교과목은 역사·지리·영어·일어·산술·한문·물리·화학·도화·체조   등

---

62) 이동휘는 1906년 군직을 사임한 이후 삼남지방을 돌아다니면서 구학서재를 타파하고 신학교를 세울 것을 강조하였다(『이동휘전기』, p.27).
63) 『皇城新聞』 1906년 5월 13일자 廣告. 설립당시 교명은 育英學校이었는데, 이동휘가 1905년 5월 보창학교로 개칭하였다. 육영학교라는 교명은 영친왕이 지어 주었다.

다양하였고, 김승조·김남식·갈현대·고시준·송석린·어용선·박중화 등이 교사로 근무하였다.[64] 교사 가운데는 설립자의 영향으로 진위대 출신이 많았으며 교수방법 역시 군대식이었다. 또한 매주 토요일의 웅변대회와 매년 봄마다 보창연합운동회가 있었으며, 시험제로서 우등·급제·낙제생으로 우열을 짓기도 하는 등[65] 적극적인 교육방법을 택하여 투철한 항일의식을 갖게 해 주었다. 그리고 교내에 기숙사를 설비하고 비용도 自擔하였으며 사범과를 부설하여 논리학·수신학·독서·작문·地誌內外·歷史內外·교육학·물리학·화학·생리학·경제원론·법학통론·수학·외국어·일어 등을 가르쳐[66] 국권회복을 위한 민족간부 양성에 주력하였다.

학교재정은 보창학교장 이동휘가 강화학무회를 조직하여 조달했는데, 여기에 이동휘의 후원자이며 당시 內藏院卿이던 이용익의 후원금과 영친왕의 하사금(5천원) 등으로 학교재정 기반이 확립되었다. 이리하여 강화도에서는 이동휘를 한낱 인간으로 알기보다는 절대적인 능력과 수완을 겸비한 위인으로 떠받드는 분위기가 조성되기도 하였다.[67]

보창학교는 1907년 봄에 이르러서는 학생수가 수 백명에 달하여 소학·중학·고등 3과로 나누어 가르쳤으며,[68] 1908년 2월 소학교를 중학교로 개편하여 개교하였다. 이때 이동휘의 血誠에 많은 사람들이 감격하였다.[69] 학제는 3년제의 중학교와 1년제의 예비과·사범속성과

---

64) 高澤, 앞의 글, p.360.
65) 『皇城新聞』 1907년 7월 31일자.
66) 『大韓每日申報』 1906년 3월 29일자 廣告.
67) 高澤, 앞의 글, p.361.
68) 『皇城新聞』 1907년 3월 29일자 「普校大振」, 1907년 5월 27일자 「江華大運動景況」.
69) 『大韓每日申報』 1907년 8월 14일자 「李氏閒義」, 1907년 12월 7일자 「筆下長江」, 1908년 2월 2일자 「江校復興」.

·야학과를 두었고,[70] 15세 이상 20세 이하로 한문에 숙달된 자는 3
년제 중학교 과정에 20세 이상 40세 이하로 역시 한문에 능숙한 자는
1년제 사범속성과에 입학시켜 교육하였는데 학교가 날로 번창하였
다.[71] 또 보창학교 이외에도 강화군내에 21개의 소학교급 지교를 설
립하여 관할하였고, 그것을 기반으로 강화군 일대에서 의무교육을 확
대 실시하려고 하였다.

먼저 이동휘는 강화도 有志紳士들과 회동하여 학무회를 조직하고,
각면리에 학무위원 1인씩을 공천하여 이를 지원케 하였다. 그리고 강
화도의 16개면 114개동을 56개 구역으로 나누어 보창학교 지교 21개
소와 進明·啓明·昌華·共和 등 4개교 이외에 31개교를 증설하여 학
령에 달한 아동은 해당구역내의 학교에 의무적으로 입학케 하였다.
각 학교에서 소요되는 경비는 구역내의 주민이 부담한 義務錢穀과 유
지들의 특별의연금, 그리고 학생들의 월사금으로 충당·유지케 하였
다.[72] 보창학교는 학교장 이동휘를 비롯하여 교사나 주민이 모두 열
성적이어서 크게 번창하였다.

이동휘는 보창학교를 모델로 하여 전국각지에 자매학교를 설립하
였는데, 그 중 중요한 학교는 다음과 같다.

1. 開成普昌學校: 경기도 개성에 소재한 학교로 李建爀·林圭永·朴
　　　　　　　宇鉉·孫儀文·崔文鉉 등 郡有志紳士의 협조에 의해
　　　　　　　개교되었는데, 중학교 과정을 기본으로 하여 초등과

---

70)『大韓每日申報』1908년 3월 5일자「夜校復興」, 1909년 4월 25일「普昌卒
　　業」.
71)『大韓每日申報』1908년 3월 18일자「江華學風」, 1908년 9월 24일자「普昌
　　尤昌」.
72)『大韓每日申報』1908년 2월 25일자「江校復興」, 1908년 3월 18일자「江郡
　　學風」, 1908년 3월 4일자「普校開學」.

와 중등과가 두어졌고, 후일 光明・培義・孟東・永
昌學校를 흡수・병합하여 그 규모가 확대・발전되었
다.73)

2. 金川普昌學校: 황해도 김천군 강북면 조포에 소재한 학교로 학제
는 고등과와 초등과로 편성되었으며 노동야학교가
병설되기도 하였다. 이 학교는 군수 柳昇東을 중심
으로 한 군유지들의 지원을 받아, 이 지역에 대표적
학교로 크게 발전하였고 꾸준히 졸업생도 배출하였
다.74)

3. 長湍普昌學校: 황해도 장단군 고랑포에 소재한 학교로 崔光鎬・
魚瑢善 등과 그 지방 유지들의 적극적인 지원에 의
해 유지 발전되었다.75)

4. 豊德普昌學校: 1908년 이동휘가 황해도 풍덕군 영정포에 세운 학
교로 金公善・李聖學・申公沸 등 그 지역 인사들의
협조로 유지 발전되었다. 학제는 3년제로 하고 학교
내에 야학과가 설치되었다.76)

5. 安岳普昌學校: 1909년 황해도 안악군 문천면 이리에 이동휘의 영
향을 받은 천도교인 金盆・曺英後 등이 청년교육을
목적으로 설립한 학교로 천도교인 60명이 普産契를
조직하여 학교를 운영하였다. 학제 및 교과내용은
보창학교와 동일하였다.77)

6. 湖興普昌學校: 1908년 이동휘의 영향을 받은 安恒淳・朴景烈・丁
奎賢 등이 충청북도 충주군 가흥리에 설립한 학교이

---

73) 『大韓每日申報』 1910년 2월 13일자 「五校合一」.
74) 『大韓每日申報』 1908년 2월 23일자 「昌校考績」, 1910년 5월 4일자 「普昌
卒業」, 1908년 12월 2일자 「書樵夜學」, 1908년 10월 2일자 「普昌大昌」.
75) 『大韓每日申報』 1909년 4월 20일자 「普昌益昌」, 1909년 10월 5일자 「普
昌其昌」, 1909년 12월 30일자 「普昌更昌」.
76) 『大韓每日申報』 1908년 7월 17일자 「普昌復昌」, 1908년 8월 9일자 「普昌
經試」, 1909년 10월 2일자 「普昌其昌」.
77) 『大韓每日申報』 1909년 2월 17일자 「道人熱心」.

다.[78]

7. 咸興普昌學校: 함경남도 함흥군 주남면 풍호리에 이동휘가 설립
한 학교로 이 일대 신교육의 중심적 역할을 담당하
면서 특히 민족주의적 색채가 강한 교육을 실시하였
다고 한다.[79]

위에서 언급한 학교들은 모두 이동휘가 강화도 보창학교를 그 모델
로 하여 경기도 일원과 황해도·함경도 등지에 세운 대표적 학교들이
다. 이 학교들은 다른 근대식 학교에 비해 시설은 비록 뒤떨어졌다
하더라도 국권회복을 위한 민족의식 및 애국심 고양에 중점을 두고
교육하였기 때문에 신민회에 가입하여 활동한 사람이 상당히 많았
고,[80] 애국지사도 많이 배출되었다고 하는데 그 내용은 다음과 같
다.[81]

선생(이동휘: 인용자)의 열화와 같은 愛國誠과 도도한 웅변은
듣는 자로 感奮興起케 하다. 애국심 고취와 교육진흥으로 己任을
作하니 先生의 手로 창립된 普昌學校가 90여요, 백여교의 長이 되
었으며 선생의 훈도 하에 出한 志士·愛國者의 수를 千으로 計하
니라

이동휘는 보창학교장으로 재직중 이 학교를 모델로 전국각지에 자
매학교를 설립하는 한편 안창호·윤치호 등과 함께 개성에는 韓英書
院·英昌學校, 평양에는 大成學校, 원산에는 源興學校·普光學校를

---

78)『大韓每日申報』1908년 10월 30일자「可興의 普昌」.
79)『大韓每日申報』1909년 4월 8일자「禍下單行」, 1908년 12월 2일자「學界
惡魔」.
80) 山縣五十雄,『朝鮮陰謀事件』(高麗書林, 1986) pp.141~142.
81)『獨立新聞』1919년 8월 20일자「李國務總理略歷」.

설립하여 각 학교마다 명예 학감직으로 있으면서 성원하였다.

강화도에는 보창학교 이외에도 **仙原學校・恩昌學校・華城學校・進明學校** 등 1촌 1교 운동으로 학교를 설립하였다.[82] 또한 이동휘는 학교설립을 위하여 전국 각지를 순회하면서 교육계몽강연을 하였는데, 그의 우국충정에 불타는 열변은 청중을 사로잡았고 그의 헌신에 대한 지방민의 존경도 대단하였다.[83] 이러한 이동휘의 열성으로 약 3년 동안에 강화도 지역에는 72개의 학교가 세워졌고, 전국에는 170개 학교가 세워졌다고 하니 그의 영향력이 얼마나 컸는가를 짐작할 수 있겠다.[84]

이 학교들의 재원은 지방공유재산의 수입, 지방유력자의 기부, 잡세, 각호로부터의 곡물징수 등으로 충당되었다. 교육내용은 산수・국어・역사와 민족과 국가를 생각하는 독립의 노래・항쟁가・병식훈련

---

82) 劉錫仁, 앞의 책, pp.179~180.

83) 당시 이동휘는 안창호와 더불어 한국제일의 교육가로 존경받았다. 이동휘는 전국 각지를 순회하면서 교육구국운동을 전개하였는데, 그의 교육구국운동에 대한 열정이 어떠하였는가는 다음 글에 잘 나타나 있다.
   "그러나 백번 꺾어 굽히지 않고 만번을 꺾어도 흔들리지 않은 채 밥먹을 때에도 교육을 말하고 잠잘때에도 교육을 말하고 걷고 말하는 가운데에서도 모두 교육을 말하고 또 교육을 말하여 끝내 한번 눈물을 흘리매 학교가 하나 세워지고 한번 연설하매 하나의 사회가 세워지게 되었다. 가령 앞으로 선생이 천백번의 눈물을 흘리고 천백번의 연설을 한다면 천백개의 학교와 사회가 세워짐을 기약할 수 있을 것이다. 아! 선생은 떠날지어다"(이 글은 당시 민중계몽운동을 전개하던 西北學會에서 발행한 『西北學會月報』 제16호, pp.26~27에 실려있는 沛東野人, 送李東輝先生之北의 기고문으로 이동휘가 평안도지방 교육구국운동을 마치고 함경도지방으로 향할 때 쓰여졌던 것이다).

84) 이동휘의 활발한 교육활동은 그로 하여금 이종호와 함께 교육가의 대표적인 2인으로서 불려지게 만들었고, 당시 보창학교는 이종호가 설립한 보성학교(1905년 설립), 이 준이 설립한 보광학교와 함께 "敎育의 三寶"로 불리어질 정도였다. 뒤에 신민회가 조직되어 이동휘와 이종호가 교육문화사업의 책임을 맡게 된 것은 모두 이 시기의 교육활동이 밑받침이 된 것이었다(柳子厚, 앞의 책, pp.188~190).

등 애국심 함양이 제1의 의무이었다.[85]

고종에 의한 積石寺 소유의 토지와 임야에 대한 지세, 영친왕의 하사금 그리고 이동휘의 후원자이며 내장원경이던 이용익의 후원금 등으로 민족정신을 강조하며 국권회복을 위한 민족간부를 육성하는데 주력하였던 보창학교는 1907년 군대해산시 강화도 진위대의 봉기로 인해 이동휘 등이 체포되자, 재정도 큰 타격을 받았으며 중심 역할을 하던 강화읍의 교사는 일제 수비대에게 빼앗긴 후 전전하다가 1915년에 폐교되었다.[86]

그러나 보창학교 교가[87]·교육가[88]에도 나타나 있듯이 교육구국운동은 72개의 보창학교 학생들과 주민들에게도 파급되어 진위대 봉기 때 500명~800명이 협조하는 성과를 거두었다. 즉, 이동휘는 강화도 전체의 교육구국운동을 주도하던 인물로서, 그 당시 대부분의 교육구국운동이 가지는 대내적으로는 반봉건 근대화를 위한 교육 및 실업진흥과 대외적으로는 국권회복을 위한 자강의 실현에 그 목적이 있었다. 그는 이용익·이 준·이종호·안창호 등과 함께 활동한 대한자강회·서우학회·한북흥학회·서북학회·신민회 등의 조직을 이용하여 강화도 내에서 단단한 민중적 기반을 다질 수 있었고, 이 기반을 통

---

85) 姜德相, 『朝鮮獨立運動の群像』 (青木書店, 1984) p.34.
86) 崔翠秀, 앞의 글, p.60.
87) 崔翠秀, 앞의 글, p.60.
　　　　　　　　　보창학교 교가
　　무쇠구녁(주먹) 돌구녁 소년남자야/ 애국의 정신을 분발하여라/ 때 달았네 때 달았네/ 우리나라 때 달았네
88) 『이동휘전기』, p.26.
　　　　　　　　　보창학교 교육가
　1. 대한국 만세에 부강기업은 국민을 교육함에 전혀 있도다
　　우리는 덕을 닦고 지혜 길러서 문명의 선도자가 되어 봅시다
　2. 태평양과 대서양에 무한한 물은 산곡간에 적은 물이 회합함이요
　　우리들의 모든 사업 성취하기는 천신만고 지난후에 능히 하리라

하여 그의 목적을 강화도 주민들에게 실현시킬 수 있었다.

또한 당시 대표적 웅변가였던 이동휘는 강화도에서는 물론이고 서우학회의 각 지회·평안남북도·함경남북도·황해도 등지를 돌아다니면서 강연을 통한 민중계몽운동에 진력하였다.[89] 1909년 6월 22일 이동휘는 서북학회 주최의 대강연회에서 '오늘의 평양'[90]이란 연설을 하여 많은 사람들에게 깊은 감명을 주었다고 하는데, 우리는 여기에서 그의 인식의 일단을 엿볼 수 있다. 그는 우선 "지금의 세계는 민족경쟁시대라, 독립한 국가가 아니고는 민족이 서지 못하며 개인이 있지 못한다. 국민의 각자가 각성하여 큰 힘을 발하지 아니하고서는 조국의 독립을 유지할 수 없다"고 하여 양육강식과 적자생존의 국제질서를 인식할 것을 촉구한 다음, "희망의 장래를 생각할 것"을 말하고 "기회는 올 것"이라고 강조하고 있다. 이어서 그는 나라가 이 지경에 이른 것은 봉건체제의 모순에 있다는 것을 지적하여, "난신적자들이 모여서 국가의 안익을 도외시하고 매관매직을 일삼고 남인이니 북인이니 노론 소론하여 파쟁과 당쟁이 끊일 날이 없었다"고 비판하였다. 그는 "군주는 옥좌나 지키려고 성삼문·박팽년 같은 충신을 죽였고, 개혁의 대의를 품고 나라를 살리려는 김옥균·김홍집·홍영식 같은 혁명인의 3족을 멸한 자가 누군가"라고 혹독하게 되묻고 있다.

여기에서 이동휘는 이미 봉건체제와 그 모순을 심화시킨 왕에 대한 비판에서 추호의 머뭇거림도 없이 신랄한 비판을 가하고 있으며, 유교적인 명분에 대한 일말의 기대도 걸지 않는다. 이동휘는 이러한 바탕위에서 김옥균·김홍집·홍영식 같은 갑신정변과 갑오개혁의 주도자들을 '혁명가'로 위치시키고 이들을 멸한 봉건체제에 대해 비판의 칼날을 들이대고 있다. 이는 앞에서 이미 살펴보았듯이 이동휘가 유

---

89) 최국주 편저, 『역사에 던지는 목소리』 (동광출판사, 1982) p.64.
90) 劉錫仁, 앞의 책, pp.186~187.

교적인 명분이나 국왕에 대한 철저히 실망한 데서 나온 것이며 그의
사상이 지향하는 방향이 개화자강에 있음을 다시 한번 드러낸 것으로
볼 수 있다. 따라서 이 당시 이동휘의 지향은 개화자강을 통한 실력
양성으로써 국권을 회복하는데 두어질 수 밖에 없는 것이었다.

한편 이동휘의 이러한 활발한 교육활동은 그의 기독교 신앙과 밀접
하게 연결되어 진행되었다. 그가 1903년 이후 기독교를 신봉하고 「을
사늑약 항변유서」 이후 기독교를 더욱 철저히 대하게 된 것은 일차적
으로는 국권회복운동의 일환으로서 였다. 이것은 당시 그가 기독교를
믿게 된 동기가 애초에 어떤 영적인 것을 체험함으로써 이루어진 것
이 아니라 철저히 「을사늑약」의 체결에서 말미암은 데서 알 수 있다.
이는 시기는 약간 다르지만 다음과 같은 선교사와 한인 助師들의 설
교에서 알 수 있다.

> 耶蘇教徒들에게 특권상 폭자의 학대 그 중 일본군대의 압박 등
> 을 면할 수 있을 뿐만 아니라, 문명적인 教義에 기초하여 생명·
> 명예·재산 등에 관한 權利를 얻었음으로 전제적 정치의 법령 즉
> 人道에 反하는 禁制 及 荷稅에는 복종할 수 없다.[91]

그는 기독교를 서양문물의 전달자, 계몽운동의 수단, 구국운동의 방
법으로 인식하였다.[92] 당시 그는 기독교야 말로 쓰러져가는 나라와
민족을 구할 수 있다고 확신하였다. 이후 이동휘는 치외법권을 누리
고 있는 선교사들의 비호아래[93] 주로 서북지방을 중심으로 기독교를
통한 민중계몽운동에 주력하면서 기독교 선교와 항일신교육 보급운동

91) 『駐韓日本公使館記錄』 淸津理事官機密警察月報(明治 42년 4월분) 발췌.
92) 서굉일, 「北間島 基督敎人들의 民族運動硏究」 『한국기독교와 민족운동』
    (종로서적, 1986) p.397.
93) 金正明 編, 『日韓外交資料集成』 第6卷 中 (巖南堂書店, 1964) p.928.

에도 앞장섰다.

이동휘는 원산·성진·강원도 각지를 순회하면서 "무너져 가는 조국을 일으키려면 예수를 믿으라. 예배당을 세워라. 자녀를 교육시켜라. 단발하여라. 그래야 우리도 서양 문명국과 같이 잘 살 수 있다. 삼천리 강산 1리에 교회와 학교를 하나씩 세워 3천개의 교회와 학교가 세워지는 날이 독립이 되는 날이다"라고 눈물을 흘리면서 호소력 있게 외쳤다.[94] 또한 "한손에는 성경을 잡고 또 한손에는 교육사상을 고취하는 서류를 잡은 후 이르는 곳마다 산천이 떠나갈 듯한 목소리로 첫마디부터 열혈이 뚝뚝 떨어져서 수많은 청중이 흑흑 느끼며 울고 그 마당에서 반듯이 학교가 설립되었으니,"[95] 그의 눈물의 호소를 듣는 사람으로서 눈물을 흘리지 않는 사람이 없었다. 그래서 사람들은 이동휘를 '눈물의 애국자요 영웅'이라고 하였다.[96] 그의 이와 같은 노력으로 각처에 교회가 세워지고 민족교육기관이 설립되었는데, 그 수가 80여개에 달했다고 한다.[97]

1909년 봄 이동휘는 캐나다 선교사인 그리어슨 목사(Robert Grierson, 한국명 : 具禮善)[98] 의 소문을 듣고 성진으로 찾아가서 관할 구역내 설교자로 임명해 달라고 요청하였다. 이에 그리어슨 목사는 성경 판매를 목적으로 하는 성서 행상인 자리밖에 없다고 하였으나,

---

94) 孫仁銖, 『韓國近代敎育史』 (延大出版部, 1971) p.34.
95) 『東亞日報』 1935년 2월 15일자.
96) 洪相杓, 「北間島」 『新東亞』 (1965년 4월호) p.298.
97) 洪相杓, 『간도독립운동비화 : 역사의 소용돌이 속에서』 (선경도서출판사, 1990) p.27.
98) 그리어슨 목사는 선교와 함께 서양문화를 소개하여 우리민족을 각성시켰다. 함경북도와 간도 일대가 일찌기 개화하게 된 데에는 그리어슨 목사의 공이 컸음을 인정하지 않을 수 없다. 그는 제동병원과 소학교인 보신남녀학교를 설립·경영하는 한편 협신중학교까지 설립하여 청년지도자 양성에 주력하였다. 특히 그가 관계하는 교회·학교 및 병원에 대하여는 치외법권이 인정되어 일제의 탄압를 모면할 수 있었다(위의 책, pp.22~25).

이동휘는 기꺼이 받아드렸다. 이 일은 이동휘가 다음해 한 교구의 조사(전도사)로 임명될 때까지 계속되었다.[99] 그리어슨 목사는 배일운동에도 적극 참가하여 이동휘·김약연·구춘선·정재면 등의 애국 기독교인들을 비호하고 지원을 아끼지 않았다.[100] 특히 그리어슨 목사는 단천에 있는 이동휘의 가족을 성진으로 데려다가 물심양면으로 돌보아 주었고, 이동휘의 신변을 보호하였다.

이동휘는 그리어슨 목사와 함께 "허술한 옷차림으로 짚신 신고 무거운 성경책 보따리를 걸머지고" 성진을 중심으로 함경도 각처로 돌아다니며 기독교를 통한 계몽운동을 전개하였다.[101] 이동휘가 가는 곳마다 많은 사람들이 모여들었는데, 이동휘의 강연에 감동한 동포들이 거수로 기독교 신자가 되기를 서약하였다. 그리고 이동휘의 영향으로 함경도 각 지역 주민들이 교회와 학교를 세우는 일에 힘써 도처에 교회와 기독교 학교가 세워졌다.

1910년 8월 3일 한일합방 반대혐의로 체포되었다가 8월 29일 일제 강점 이후 석방된 이동휘는 이제 전도사의 신분으로 전국 각지를 순회하면서 기독교를 통한 항일 계몽운동에 주력하였다. 그는 선천에서 개최된 장로교부흥회에 참석하여 "2년후에 獨立戰을 개시할 터인즉 이곳에서 청년들을 모아놓고 기다리시오"라고[102] 하였다. 이것은 국권피탈 직전 무장투쟁만이 국권회복의 가장 현실적 대안임을 주장하였던 이동휘가 일제강점후에는 일제와 무장투쟁에 의한 전면적인 독립전쟁을 계획하고 있는 것으로 보인다.

이동휘가 그리어슨 목사가 세운 성진 협신중학교의 교사진영을 강

99) 위의 책, pp.27~28 ; 강만승 역편, 『그레슨 박사 선교수기』(청해출판사, 1970) pp.71~73.
100) 金盛德 編,『咸北大觀』(正文社, 1967) pp.131~133.
101) 전택부,『토박이신앙산맥』2권 (대한기독교출판사, 1982) pp.38~39.
102) 李正熙,『아버님 秋汀 李甲』(人物硏究所, 1981) p.144.

화하기 위하여 동경물리학교 3학년인 吳永善(이동휘 2녀의 약혼자, 후에 사위)을 데리고 오자, 奇泰鎭·洪佑晩 등 우수한 교사들이 오게 되어 협신중학교 교사진이 함경도에서 최고의 수준이 되었다. 협신중학교는 학교내에 속성중학과를 두고 매년 교사를 양성하여 농촌의 소학교 및 북간도와 연해주 지방까지 교사를 파견하였다. 이와 같이 이동휘의 기독교를 통한 항일 계몽운동은 함경도는 물론 북간도·연해주까지 전파되었다.[103]

이러한 상황속에서 이동휘는 韓俄淸三國傳道會의 후원하에 북간도지역 기독교를 통한 계몽운동을 단행하였다. 이동휘는 1911년 1월 김철·오상언을 대동하고 성진을 출발 회령에서 5일 동안 기독교를 통한 계몽운동을 전개하고 북간도에 도착하였다.[104] 이후 북간도 각지를 순회하면서 기독교를 통한 계몽운동을 전개하였는데, 1911년 2월에는 이동휘의 북간도 방문을 계기로 기독교인 200명이 모여서 전도총회를 개최하였다.

이동휘는 이 전도총회에서 1909년 김약연·정재면·박태환 등이 조직한 길동기독전도회를 한아청삼국전도회에 편입시켰다. 그리고 북간도 기독교인을 중심으로 항일 비밀결사체인 광복단을 조직하였다.[105] 국내로 돌아온 이동휘는 1911년 3월 양기탁 등 보안법 위반사건으로 이후 경기도 大舞衣島에 유배되었다. 이와 같이 이동휘는 캐나다 선교사인 그리어슨 목사와 손을 잡고 기독교를 통한 항일운동 및 민중계몽운동에도 혼신을 다하였던 것이다.

---

103) 洪相杓, 『간도독립운동비화 : 역사의 소용돌이 속에서』 (선경도서출판사, 1990) pp.28~29.

104) 國史編纂委員會 編, 『韓國獨立運動史』 2 (1969) pp.519~520.

105) 『선봉』 1935년 2월 2일자 ; 『東亞日報』 1935년 2월 15일자.

4. 독립전쟁론으로의 전환

　이상에서와 같이 이동휘는 「을사늑약」을 계기로 한 반식민지화의
위기 속에서 계몽단체활동을 통하여 국권회복운동을 전국적·전국민
적으로 확산하는 데 심혈을 기울였으며, 나아가 기독교를 수용한데
기초하여 교육과 종교활동을 활발히 벌여 민중을 계몽하는데 진력하
였다. 그러나 이동휘에게 있어 이상과 같은 모든 활동은 하나의 목적,
즉 국권회복을 위한 독립전쟁론으로 모아지는 것이었다. 왜냐하면 이
것이야 말로 가장 확실한 독립의 방법이었으며, 당장은 현실화되기
어려운 것이었을 지라도 궁극적인 목적으로 삼아야 할 절대절명의 과
제였기 때문이었다. 이러한 이동휘의 인식과 실천은 다음을 통해서
구체적으로 발전되어 갔다.

　먼저 이동휘가 독립전쟁론으로 나아가는데 하나의 커다란 계기가
된 것은 1907년 7월 31일 군대해산을 계기로 한 강화도 군민의 봉기
를 들 수 있다. 1904년 3월 일제는 한국군의 무장력 약화와 축소를 목
적으로 한국임시파견대를 韓國駐箚軍으로 개칭하고, 지방의 방비임무
를 맡았던 진위대에 헌병대를 배치하여 간섭하였다.[106] 이러한 무력
간섭에 의하여 조선정부는 1905년 2월 22일 군부 제4차 개정을 단행
하여 5개 진위연대를 8개 진위보병대대로 개편·축소하였다. 진위제1
연대 제1대대의 주력부대이었던 강화도 진위대는 이 개편에 의하여
제1진위보병대대에 편성되었는데, 대대본부를 수원에 내어주고 같은
소속 강화도 분견대로 축소되었다.[107]　즉, 700여명의 주둔병력이 50

---

106) 尹炳奭, 「구한말 주한일본군에 대하여」 『향토서울』 제 27집 (1966) pp.94
　　~100.
107) 崔翠秀, 앞의 글, p.54.

명의 주둔병력으로 축소되었다.

1905년 대대급 강화도 진위대가 소대급 분견대로 개편되고, 동년 11월 17일 「을사늑약」에 의하여 조국이 반식민지화 되어가자, 이동휘는 무관으로서의 사명을 다하지 못함을 통감하고[108] 1905년 초에 무관직을 사임하였다. 이후 보창학교 교장과 대한자강회 강화도지회 부회장 및 감리교회 권사의 직함을 가지고 국권회복을 위한 계몽운동에 투신하여 강화도 주민들에게 절대적인 영향력을 행사하였다.[109]

1907년 7월 고종의 양위에 이어 군대해산을 골자로 하는 「한일신협약」(정미7조약)이 체결되자, 동년 7월 24일 이동휘는 기독교인 金東秀·許聖京·金南秀·金光天·金彭岩 등과 함께 강화도 읍내 閱武堂에서 군중집회를 열고 의병봉기를 선동하는 연설을 행하였다.[110] 이어

---

108) "臣은 草野에 있는 몸으로 재주도 없고 學識도 적어 만에 하나라도 남들과 같은 것이 없었지만 후한 國恩을 입어 군대의 책임을 지고 친위대와 外鎭을 출입한지 8년이 지났습니다. 그러나 국방에 대한 대책은 하나도 세우지 못하고 공연히 俸祿만 축내고 있었으므로 금년 이후 本職의 해임을 간청하며 江都(강화도)로 내려가 교육에 종사하면서 이것으로 만분의 일 이라도 國恩을 보답하려고 하였습니다"(『이동휘문서』「遺疏」).

109) 崔翠秀, 앞의 글, pp.43~63. 강화도 진위분견대의 병사들은 그 당시 소대장인 민완식보다 전 진위대 대장인 이동휘의 영향을 더 받았다.

110) 伊藤博文이 한국에 건너온 이래 四海가 들끓고 일어나는데 이번에 또 大韓皇帝를 일본에 播遷시킨다는 보도가 전해지자 각처에서 의병들이 봉기하여 총과 칼로 싸움에 어지러운 세상이 되었습니다. 다시 평양에서는 간간히 決死隊들이 많이 일어났고 三南에서는 뜻있는 志士들이 봉기함이 많다고 합니다. 우리가 사는 이 강화도에서도 同心奮起할 것을 결단하여 왜적의 총칼아래 죽는데 이르더라도 변하지 않을 결심을 가져야 합니다. 軍門에 있던 下賤들도 나라를 위하여 죽을 마음을 가져 一心同體가 되는 것은 무엇 때문입니까? 오늘 같은 경우에 있어서도 비록 어리석은 사람이라 할지라도 모두 나와 싸워 물러나지 않으면 외국의 노예는 되지 않을 것입니다.

아! 우리 二千萬 동포는 이미 무덤속에서 누워 있는 것과 다름 없습니다. 지금의 상태에서 심사숙고하여 물과 불에 뛰어들어 죽는 한이 있더라도 싫어 하지 않으면 우리 동포의 수치를 씻을 것을 확실히 알고 있습니

동년 7월 26일에는 열무당에서 대한자강회 강화도지회의 총회를 개최하여 항일의식을 고취하고, 7월 30일에는 鼎足山城 傳燈寺에서 김동수·허성경 등 기독교인 400명을 모아 合成親睦會[111]라 칭하고 기독교와 천주교의 불화를 해소하려고 하였다. 그리고 일진회 회원의 입장을 거부하고 기독교인과 진위대 군인들에게 항일 선동연설을 행하였다.[112]

7월 31일 군대해산 詔勅이 발표되자,[113] 8월 1일 서울 시위대 병사들이 군대해산에 저항하여 봉기하였고 5일에는 원주진위대에서 봉기하였다. 따라서 서울에서 가장 가까운 곳에 위치한 강화도 분견대는 신속히 군대해산 봉기에 접할 수 있었다. 8월 9일 강화도 분견대는 參校 劉明奎와 副校 延基羽·池弘允 등이 병사 50여명과 함께 의병봉기하였다.[114] 이들은 군수 鄭景洙(일진회 회원)와 일경 1명을 처단하고

다. 방청하는 여러 사람들도 내가 말하는 것을 어리석다고 비웃지 말고 각각 집으로 돌아가 깊이 생각하여 나라를 위하여 죽기를 싫어 하지 않아야 합니다. 지금 우리 동포의 상태를 보면 솥안의 고기가 강물을 바라보고 탄식하는 것과 같아 끝내는 한 구렁텅이에서 죽게 될 것입니다. 특히 太皇陛下께서 일본으로 잡혀가시는데 이르러서는 함께 원통해야 할 일입니다. 어제의 원통한 일을 오늘 내일에 씻어야 합니다(『이동휘문서』「復命書」(1907. 8. 23 작성)).

111)『이동휘문서』「聽取書」(1907. 8. 14 작성).

112)『이동휘문서』「復命書」(1907. 8. 23 작성).

113) 이동휘는 군대해산령이 내려지자, 강화도 진위대원과 주민을 모아놓고 다음과 같은 연설을 행하였다(劉錫仁, 앞의 책, pp.178~179).
  "우리는 지금부터 배워야 하겠고 알아야 하겠다. 군함도 있어야 하겠고 대포도 있어야 하겠다. 독립군도 양성해야 하겠다. 그러므로 10리 사이에 1교식을 설립하고 삼천리 강토에 3000교를 설립하여 3000만 동포의 애국정신을 배양하여야 하겠다. 이것은 오늘부터 또 내일부터 시작하여야 하겠다."

114)『大韓每日申報』1907년 8월 17일자. 강화도 진위대가 연대 본부로서의 우월한 위치를 차지 하였다가 분견대로 축소된데 대하여 울분을 품고 있던 진위대원과 주민들에게 이동휘의 항일의식 고취 선동연설은 의병봉기의 분위기를 만들어 준것으로 보인다.

무기고를 탈취, 지방민중을 무장시켜 항일투쟁을 전개하였는데 그 세력이 800명에 달했다고 한다.[115)]

그러나 강화도 분견대의 의병봉기는 수원진위대와 증원된 일본군 사령부의 진압대에 의하여 4일 만인 8월 13일에 거의 진압되었으며,[116)] 산발적인 항전도 일진회원들의 가택수사 협조로 오래 지속되지 못하고 말았다. 하지만 지홍윤·연기우 등이 거느린 주력부대는 강화도를 탈출하여 경기도·황해도 방면의 의병부대와 합류, 계속 전투를 감행함으로서 그 중핵을 형성하였다.[117)]

이동휘는 8월 1일 서울 시위대 병사들이 의병봉기 하자, 서울 봉기 상황을 시찰코자 8월 2일 강화도를 출발 영정포를 거쳐 8월 6일 개성에 도착하였다.[118)] 개성에 도착한 후 개성보창학교 교감 김기하의 숙부 김용권의 집에서 하루밤을 보낸 후 보창학교내에서 생도 장도순·김홍렴·김환극·김홍렬·안상봉·김낙영 등과 8월 9일까지 지낸 뒤 8월 10일 상경하였다.[119)] 이와 같은 과정은 여러 관계자와 연락을 취하는 동시에 이동휘 스스로가 강화도에서 일어난 봉기와 관련시키지 않으려는 의도적 행위로 보인다.

그러나 이동휘는 한성에서 8월 13일 강화도 분견대의 의병봉기를 모의·지도하였다는 점과 헤이그밀사사건 관련 혐의로 奉侍 洪宅柱와 함께 경시청에 체포되었다.[120)] 이것은 강화보창중학교 교장과 대한자

---

115) 독립운동사편찬위원회편, 「朝鮮暴徒討伐誌」『獨立運動史資料集』 3 (독립유공자사업기금운영위원회, 1971) pp.686~687.
116) 『大韓每日申報』 1907년 8월 13일자.
117) 『大韓每日申報』 1907년 8월 14일자.
118) 『이동휘문서』 「復命書」(1907. 8. 23작성), 개성보창학교 교감 김기하 및 동인의 숙부 김용권의 공술, 생도 장도순의 진술.
119) 『이동휘문서』 「聽取書」(1907. 8. 14 작성), 金容權 제 1·2 「聽取書」, 김기하 「聽取書」.
120) 『皇城新聞』 1907년 8월 15일자.

강회 강화도지회 부회장으로서 그 "위망이 全島를 눌렀던" 이동휘의 강화주민에 대한 영향력으로 인해 일제 관헌이 이동휘를 강화도 봉기의 "수괴"로 지목했기 때문이었다.[121] 이후 이동휘는 4개월 가까이 경시청에 구금되어 있다가 1907년 12월 2일 미국인 선교사 벙커의 노력으로 석방되었다.[122] 인생 최초의 체포를 선교사의 도움으로 넘긴 것이었다.

이와 같은 군대해산에 뒤이은 강화도 군민 봉기를 계기로 그는 일제와의 전면적 대결을 실천에 옮기면서 "물과 불에 뛰어들어 죽는 한이 있더라도" "외국의 노예"를 거부하고 "죽기를 싫어하지 않"는 의지로 "동포의 수치를 씻을 것"[123]을 맹세하게 되었다. 이는 곧바로 조직적인 실천으로 이어졌는 바, 신민회의 창건에의 주도적인 참여가 그것이었다.

한말 최대의 자강단체였던 신민회는 양기탁·신채호·장도빈 등 대한매일신보사계 인사, 전덕기·이 준·이동녕·이회영 등 상동청년학원계 인사, 이동휘·이 갑·유동열 등 전직무관출신 인사, 그리고 안창호와 그를 따르는 주로 서북지역의 실업가(이승훈 등)과 계몽운동가(최광옥·옥관빈 등)으로 이루어져 있었다.[124] 이와 같이 신민회는 그 구성상에서는 네 계열로 이루어졌으나 자강운동기 그들의 운동은 크게 두 계열로 나뉜다. 하나는 실력양성을 말하면서도 국권회복을 위하여 실력양성보다는 국민에 대한 국가의식, 국혼의 고취가 더 중요하다고 보는 경우이고, 다른 하나는 애국심을 강조하면서도 신교육의 보급과 산업진흥을 통한 실력양성, 그리고 근대적 국민으로서의

---

121) 독립운동사편찬위원회, 앞의 책, p.505.
122) 『大韓每日申報』 1907년 12월 7일자 ; 『皇城新聞』 1907년 12월 4일자.
123) 『이동휘문서』 「復命書」 (1907. 8. 23 작성).
124) 愼鏞廈, 『韓國民族獨立運動史研究』 (을유문화사, 1985) pp.18~19 참조.

자격을 갖추기 위한 민족성의 개조를 더 중시하는 경우이다. 대체로 당시에 서북지방의 실업가·계몽운동가들은 후자의 입장에 있었고, 대한매일신보계와 상동청년학원와 더불어 이동휘 등 무관출신 인사들은 전자의 입장에 있었다.125) 이동휘가 단순한 실력양성운동보다는 국권회복을 위한 국민의식의 고취에 우선에 두고 이를 적극적으로 실천해간 것은 이전의 그의 인식과 활동으로 볼 때 매우 자연스런 귀결이었다.

신민회의 최대의 목표는 독립전쟁에 있었고, 그 시기를 중일·러일·미일전쟁에 두었다. 신민회는 또한 국내에서 실력양성운동을 전개하면서 한편으로 국외에 무관학교를 설립하고 독립군 기지를 창건하여 기회가 오면 국내 진공을 하겠다는 독립전쟁전략을 채택하였다.126) 이렇게 독립전쟁론이란 한민족이 적당한 시기에 제국주의 일본과 전쟁을 전개하여 그 결과로써만 민족독립이 가능하다는 독립운동의 한 이론체계였다.127)

그런데 1908년 이래 교육의 진작과 조직강화를 도모하고 있던 신민회 간부로 하여금 해외망명을 결행케 하는 사건이 발생하였다. 1909년 10월의 안중근사건과 이재명사건으로 신민회 관련 주요 간부들이 대거 검거된 것이다. 이 때 이동휘는 안중근의 출신지역인 황해도와 평안도지역 출신 인물들이 대거 체포되는 검거선풍 속에서도 무사하였는데, 이는 이 당시 그가 함경도지방을 순회하며 기독교 전도에 전념하고 있었기 때문이었다. 신민회는 1910년 4월 7일 국내 최후의 간부회의를 개최하고, 망명할 인사와 국내에 남을 인사들을 결정하여

---

125) 박찬승, 앞의 책, p.83.
126) 愼鏞廈,「韓末의 愛國啓蒙運動」『韓國近代史와 社會變動』(문학과 지성사, 1980) p.95.
127) 尹炳奭,「1910年代의 韓國獨立運動」『韓國近代史論Ⅱ』(知識産業社, 1977) p.27.

국내외에서의 민족운동을 계속하기로 결정하였다. 그리하여 안창호와
이 갑은 靑島를 거쳐 구미지역으로, 이동녕은 노령 연해주로, 이동휘
는 북간도로, 이회영·이시영 형제와 최석하는 서간도로, 조성환은 북
경지역에서 각각 동포사회를 단합·조직하여 민족운동의 근거를 마련
하기로 하였다. 이들 해외운동에 필요한 자금은 이종호가 맡기로 하
였다. 또한 한성은 전덕기 목사, 평양은 안태국, 평북 일원은 이승훈,
황해도는 김 구 등이 국내잔류 책임자로서 각 지역을 책임지기로 하
였다.[128)

　국내에 남아 사태의 추이를 지켜보고 있던 이동휘는 한일합방의 정
식 성립을 앞둔 1910년 8월 3일, 성진에서 또 다시 일제에게 체포되었
다. "배일론의 선두자이며 일한합병을 적극적으로 반대하는 위험한
인물"이란 혐의였다. 이동휘는 경성으로 압송되어 경무부총감부에 수
감되었다가, 8월 29일 한일합병이 정식 공포된 후에야 석방되었다.[129)
이는 이른바 한일합병을 앞둔 요주의 인물의 예비검속 결과로 보인
다. 그만큼 이동휘는 일제당국에게 있어 커다란 위협 인물이었던 것
이다.

　석방 후 이동휘는 기독교를 전파하는 전도사의 신분으로 각지를 순
행하면서 항일적 인사들을 만날 수 있었다. 이동휘에게 있어 기독교
는 나라를 살리는 방편임과 동시에 자기를 보호하는 매우 효과적인
수단이었던 셈이다. 이동휘는 계속적으로 전국 각지를 순회하면서 기
독교를 통한 항일계몽운동에 주력하였는데, 선천에서 개최된 한 장로
교부흥회에 참석하여 그는 "2년 후에 독립전을 개시할 터인즉 이 곳
에서 청년들을 모아놓고 기다리시오"[130)라고 하였다 한다. 이에서 볼

128) 李正熙, 앞의 책, pp.161~162.
129) 『이동휘전기』, p.31.
130) 李正熙, 앞의 책, p.144.

수 있듯이 이 시기 이동휘는 이미 독립전쟁론으로 명확히 방향전환을 하고 이를 대중속에 전파하며 민중들을 준비시키고 있었던 것이다.

한편 이 무렵 이동휘는 캐나다장로교선교회의 그리어슨 목사와 협의하여 북간도에 대한 기독교 포교에 나서기로 결정하였다. 그리어슨 목사는 1902년 이래 성진을 기독교 전도의 근거지로 하면서[131] 간도 교회를 특별히 주의하여 1908년에 한아청삼국전도회를 조직하였다.[132] 이동휘의 북간도 선교는 이 한아청삼국전도회에서 후원하였다. 이 때 이동휘는 일제가 "이동휘의 교육생"이라고 불렀던 자신의 추종자들인 계봉우·오영선·장기영·도용호·김하구·정창빈 등 추종자 30여명을 "기독교 포교"라는 목적으로 대거 북간도 각지역으로 망명시켰다.[133] 이는 앞에서 본 바와 같이 망명과 독립전쟁을 염두에 둔 사전 포석으로 해석된다. 북간도 전도기간 중에 이동휘는 그의 추종자들이 대부분인 북간도 항일그룹들의 대표자회합을 소집하고 항일운동의 핵심 비밀결사체로서 光復團을 조직하였다.[134]

북간도 전도활동에서 돌아온 이동휘는 일제가 국내잔류 인사들을

---

131) 이동휘는 전체 3번 체포되었는데, 그 중 2번을 성진에서 체포당하였다. 이는 이동휘가 성진을 근거지로 전도활동을 하고 있었다는 증좌이며, 일제 또한 그러한 이동휘의 동태를 사전에 파악하고 있었다는 것을 의미한다.

132) 『간도노회록』 (1921) 서문. 서굉일, 앞의 글, pp.407~408에서 재인용.

133) 國史編纂委員會 編, 『韓國獨立運動史』 2 (1969) pp.544~545 ; 이후에 이동휘 교육생 중 정창빈은 부인인 이인순(이동휘의 장녀)이 아들 광우와 함께 사망하자, 이를 비관하여 음독자살하였다고 한다(『獨立新聞』 1920년 4월 10일자).

134) 「리동휘 동무의 일생」(1920. 3. 7). 이렇게 조직된 광복단은 노령지역에서 1917년 혁명 이전에 조직된 전투적인 청년비밀결사조직인 철혈단과 1918년 가을에 통합되어, 이후 철혈광복단으로 되어 약칭 '철광단'으로 불리게 된다(십월혁명십주년운동기념준비위원회, 『십월혁명십주년과 쏘베트고려민족』 (해삼위도서주식회사, 1927) p.50. 潘炳律, 앞의 글, pp.185~186에서 재인용).

탄압하기 위해서 조작한 안명근사건과 양기탁사건에 연루되어 1911년 3월, 성진에서 다시 체포되어 한성 경무부총감부로 압송되었다.[135] 이동휘는 경기도 大舞衣島에 1년간의 '遠島安置' 처분을 당하였고 이승훈을 비롯한 17명은 제주도·거제도·고금도·을릉도 등지에 유배되었다.[136] 이동휘는 1년여의 유배생활을 마친 후 1912년 7월에 석방되었다.[137] 이제 이동휘에게는 선택의 여지가 없었다. 그동안의 두번에 걸친 성진에서의 체포로 말미암아 이제 더이상 국내에서의 활동이 불가능 하다는 것이 명백해졌다. 따라서 이동휘는 1910년 4월 신민회 국내 최후회의의 결정사항에 의거하여 해외 망명계획을 서둘렀다.

마침내 이동휘는 기독교 전도사로 가장한 채, 압록강 상류 백두산 지역의 장백현으로 탈출하는데 성공했다. 이 때가 1913년 2~3월경이었다.[138] 이제 이동휘 앞에는 그가 국내에서 봉건체제에의 저항에서 계몽운동으로, 다시 독립전쟁론으로 변천해 간 그의 사상을 실천해 나가야 할 사명과 어려움이 동시에 제기되고 있었다.

---

135) 國史編纂委員會 編, 앞의 책, p.545 ; 『日帝侵略下韓國36年史』 1 (1966) p.396.
136) 『매일신보』 1911년 6월 24일자.
137) 윤경로, 『105인사건과 신민회』 (일지사, 1990) p.206.
138) 獨立紀念館 韓國獨立運動史研究所, 『島山安昌浩資料集(2)』 韓國獨立運動史資料叢書 第5輯 (1991) p.292,293, 「李東輝-安昌浩편지」(1913. 9. 22), 「李東輝-安昌浩편지」(1913. 6. 9) ; 김철수, 「김철수 친필유고」 『역사비평』 (1989년 여름호) p.368.

제4장 만주·노령지역에서의 항일투쟁
(1913~1916)

　이동휘는 만주·노령지역으로 망명하기 전 항일투쟁을 전개하는 동지들에게 "국내에서는 아동교육과 계몽사업에 주력하여 독립의식을 고취하기를 바라며, 사상이 견실한 동지들을 일제의 행정기관이나 경찰기관에 많이 투입시켜 표면으로는 복종하는 체하면서 내심으로는 배반하는 항일투쟁을 일제가 패망할 때까지 전개하라"[1]고 부탁하였다 한다.

　이후 이동휘의 만주·노령지역에서의 활동은 그가 구상해 온 독립운동방략인 독립전쟁론을 현실에서 구체적으로 실천하는 과정이었으며, 이 과정을 통해 많은 교훈과 경험을 얻게 된다. 필자는 이 과정을 추적해 봄으로써 그의 독립전쟁론이 만주·노령지역에서 구체적으로 어떻게 구현되고, 또 어떻게 전개되어 나갔는 가에 대해서 살펴보고자 한다.

---

1) 劉錫仁, 『愛國의 별들』(敎文社, 1965) p.191.

1. 북간도지방에서의 항일투쟁(1913)

1) 북간도 한인사회의 형성

간도는 중국 길림성 동남부에 있는 지역으로서 동쪽으로는 노령 연해주 우수리 지방과 접하며 서쪽으로는 장백산의 동북산맥에 의하여 길림지방과 자연적 경계를 이루고, 남쪽으로는 두만강을 사이에 두고 우리나라 함경북도와 접하고 있는데 墾島 또는 艮土라고도 한다. 중국의 지방 행정구역으로는 연길도에 속하며,[2] 연길 · 화룡 · 왕청 · 혼춘 등 4현으로 나뉘어 있다. 간도는 일반적으로 서간도와 동간도로 구분한다. 서간도는 압록강과 송화강과의 상류 장백산 일대를 가리킨다.[3]

오늘날 간도라고 칭하는 곳은 두만강 건너편 동간도를 가리키며 통칭 北間島[4]라 칭한다. 북간도의 주산물은 잡곡이 많으며 쌀도 산출되기는 하나 주로 소 · 돼지 등 목축이 성하고 재목이 다량으로 생산된다. 광물로는 금 · 동 · 석탄이 많이 산출된다. 이주한 한인들이 가장 많이 살았던 곳은 연길현 용정촌 · 국자가 두 도시였다. 이 두 도시는 상업도시였으며 교육의 중심지였다. 또한 한국과 길림을 통하는 국도 대로변이어서 교통이 편리하였으며, 미개간 농지도 많았고 水土가 좋아 한인들이 살기에 알맞은 곳 이었다.[5]

---

2) 高承濟, 『韓國移民史硏究』 (章文閣, 1973) p.16.
3) 서간도는 長白 · 臨江 · 輯安 · 寬甸 · 撫松 · 通化 · 桓仁 · 興京 · 柳河縣 등으로 나뉘어져 있다.
4) 북간도는 전체 인구의 7~8할이 한인들이었다 (國史編纂委員會 編, 『韓國獨立運動史』 3 (1967) p.139).
5) 玄圭煥, 『韓國流移民史』 (上) (語文閣, 1967) pp.2~12.

한인이 북간도로 이주하게 된 주요동기는 경제적인 것 이었으며, 그 중에서도 농업이민이 대부분이었다. 그러나 1910년 전후기에 이르면 이민의 양상이 달라진다. 경제난 등의 이유뿐만 아니라 일제통치로부터 벗어나고자 하는 정치 · 사회적 성격의 이민이 대종을 이루며, 국내의 국권회복을 위한 계몽운동 및 의병투쟁이 독립전쟁론으로 전환되어 독립운동기지를 건설하고자 하였다.6)

간도에 파견되어 만주침략을 획책하고 있던 일본인들은 북간도의 기독교인들이 모두 독립운동에 전념하는 민족주의자이며, 교회는 독립운동의 정치적 결사요 그러한 '不逞鮮人'들의 소굴이라고 인식하였다.7) 북간도 한인사회의 형성은 주로 기독교들에 의해 주도되었는데, 일반 민중들의 교회 입교 동기는 주로 북간도의 역사적 상황과 관련된다.

이주지에서의 일반 민중들의 처지는 그들을 행정적으로 관할하고 있는 중국관리들의 태도에 따라 상당부분 좌우되었다. 중국관리들은 북간도의 기독교도들을 친중 · 친미파로 인식하였다. 그 이유는 교회에 모인 한인들은 일반적으로 배일주의를 표방하였고, 이러한 일본을 적대시하는 태도는 당시 중국인들과도 동일한 처지였으므로 이런 의미에서 기독교도는 친중파로 환영받았다. 북간도 교회의 배일주의는 한인과 중국인 간의 우호적 관계를 맺어주는 역할을 하였고, 중국관리들은 기독교도들을 우대하였다.

그러므로 한인들은 기독교도로 자처함으로써 관리들의 가렴주구로부터 벗어날 수 있었다. 또한 중국관리들은 국제적으로 기독교도들의

---

6) 윤병석, 「1910년대 국외에서의 한국독립운동」 『한민족독립운동사』 3 (국사편찬위원회, 1988) pp.71~107 ; 한국일보사 편, 『再發掘 한국獨立運動史』 I (1987) pp.53~57.
7) 玄圭煥, 앞의 책, pp.160~166 ; 李勳求, 『滿洲와 朝鮮人』(文信堂書店, 1932) pp.241~242.

배후에 있는 영·미의 외국 선교사들을 두려워했기 때문에 동 교파의 한인에 대해서도 불법적 행위를 자행하기 어려웠다. 한인들은 중국관리들로부터 생명과 재산을 보호받기 위한 자위수단으로서, 또는 자녀교육을 위해서 그리고 이국에서의 정신생활의 안정을 위해서 입교하였던 것이다.[8] 북간도 한인들은 또한 자위단체의 필요성에서 교회를 형성하여 그들이 직면하는 제반문제를 효율적으로 해결해 나가고자 하였다.

북간도에 기독교가 번성하게 된 지리적 영향으로는 관북지방의 역사적 성격을 들 수 있다. 관북지방은 지리적으로 간도와 가깝고, 기독교 복음전도가 불타오른 곳이며, 한북홍학회를 중심으로 계몽운동·문화운동이 일어난 곳이다. 북간도 교회의 핵심세력은 함경도·평안도지역에서 이주한 신자들이 대부분이었다.[9] 그들은 국권 상실 이후 나라의 유일한 소망을 교회에서 찾았으며 북간도에 이주하여 교회를 개척함으로써 국외에서 항일민족운동을 전개하고자 하였다.

2) 간민회에서의 활동

북간도에 이주민들이 날로 급증함을 본 金躍淵·金永學·具春先·姜百奎·柳瓚熙·文治政·金定圭·金河圭·馬 晋 등 기독교인들은 1907년 용정에서 한인자치를 지향하기 위한 비밀단체인 연변교민회를 조직하였다.[10] 연변교민회의 조직목적은 이주한인들의 단결과 친목을 도모하여 복리를 증진시키고 사상을 계몽함에 있었다. 이들은 일찍이

---

8) 서굉일,「北間島 基督敎人들의 民族運動 硏究(1906~1921)」『한국기독교와 민족운동』(종로서적, 1986) p.395 참조.
9) 玄圭煥, 앞의 책, p.175.
10) 洪相杓,『간도독립운동비화 : 역사의 소용돌이 속에서』(선경도서출판사, 1990) p.38.

일제강점 전에 북간도로 이주하였고, 교포들을 지도하기 위하여 기독교에 집단 입신한 격의없는 동지들이었다. 연변교민회는 동포들에게 애국심을 고취시키고 학교를 세워 자녀교육에 힘을 썼으며, 각 교회 책임자에게 교민회 지부의 책임을 맡겼다. 연변교민회는 명목상 교포들의 권익을 내세웠으나 실제는 조국독립을 목표로 하는 항일독립운동단체이었다.

그러나 북간도가 중국령으로 한인자치단체의 원활한 운영을 위해서는 중국당국의 지원을 받아야 했으며 그들의 협력 또한 필요하였다. 그리하여 1909년에 연변교민회는 중국당국의 정식허가를 받은 공적인 단체로 墾民會를 조직하였다.[11] 간민회의 목적은 이주한인들의 사상계몽과 단결 및 상호연락과 친목이었고, 업무는 이주한인을 대표하여 관청에 교섭하는 일, 한인들의 신원을 보증하는 일, 한인소유 토지에 관한 사항 등 이었다.

간민회는 김약연·朴茂林 등이 李同春을 통하여 중국관청인 延吉道尹에게 통보하고 묵인받는 형식으로 운영되었다. 간민회의 참여인사는 김약연·구춘선·이동춘·李鳳雨·朴贊翊·鄭載冕·尹　海·姜鳳羽·張錫咸·金　立·朴相煥·鄭安立·吳秉默·曺喜林·徐相庸·玄天默 등 이었다.[12] 특히 1913년 이동휘와 함께 망명한 桂瑃禹·張基永·金河錫·吳永善·金　剛·劉禮均 등도 북간도에 도착한 후 간민회에 참여하였다. 이들은 모두 북간도의 지도적 인물인데 특히 구춘선은 가장 연장자로서 존경을 받았다.[13] 간민회에 참여한 이동휘는 간민회 간부인 이동춘과 상의하여 『대진』이란 신문을 발행하였다. 이

11) 國史編纂委員會 編, 『韓國獨立運動史』 1 (1965) p.545.
12) 金正明 編, 『朝鮮獨立運動』 3 (原書房, 1967) p.423.
13) 李智澤, 「北間島」『中央日報』 1972년 10월 28일자 ; 李康勳,『武裝獨立運動史』 (瑞文堂, 1975) pp.67~68 ;『獨立新聞』 (上海版) 1920년 1월 20일자.

신문은 재만동포의 민족적 단결을 고취하고 국민의식을 고양하며 반일무장투쟁의 기운을 조성하였다. 그리고 재만동포들의 애국심을 고취하기 위하여 철혈광복단이란 결사대를 조직하였다.[14]

1911년 당시 간민회의 회원은 120명~130명 정도이었으며[15] 회장는 중국으로 귀화한 이동춘이 맡았고 부회장은 윤 해·박찬익이 맡았다. 특히 간민회는 북간도 한인학교 학생들에게 목총으로 군사훈련을 하도록 결정하여 각 학교에서는 목총을 사용하여 군사훈련을 실시하였다.[16]

이 간민회는 1911년 일본영사관이 들어선 후 폐쇄령이 내려 할 수 없이 墾民敎育會라 개명하였다. 간민교육회의 주도인물은 김약연·김하규·白玉甫·文治定·南世極·金 立·李同春·徐相庸·鄭載冕·桂瑞禹·馬 晋·具春先·劉禮均·李台現 등 이었다.[17] 1914년 7월 제1차 세계대전이 일어나자, 간민교육회 회원 중 이동휘·정안립·김 일·백옥보·최 빈·김 강·김하석 등은 독립전쟁론에 의거하여 중국과 연합 무장독립운동을 일으키려고 하였다.[18]

간민교육회는 중국당국과 협의하여 재만한인들도 토지소유권을 가질 수 있게 하였다. 즉, 한인이라고 하여도 중국에 귀화하여 중국국적을 가진자는 토지의 소유권(執照)이 인정되는 것이다. 그리고 길동기독학당·명동중학교·와룡동중학교를 설립하여 애국심·반일의식 고취에 심혈을 기울이면서 항일독립운동의 기반을 다져가는 한편, 북간도 各社마다 勸學委員 1인씩을 두어 교육회비를 징수하였고, 기관지로『敎育報』를 간행하였으며 간민모범학당을 설립·운영하였다.[19] 또

---

14) 『이동휘전기』, pp.35~36.
15) 李鐘鼎,『間島事情』(以文堂, 1926) p.64.
16) 李智澤,「北間島 1919년 3월」『新東亞』(1970년 3월호) p.148.
17) 金正明 編, 앞의 책, pp.423~426.
18) 金正明 編, 앞의 책, pp.425~427.

이동휘의 주장에 따라 청년들이 단결하여 간민회를 옹호·후원하는
결사단체로 청년친목회와 대동친목회 및 기독교우회를 조직하였다.
특히 청년친목회는『靑年』이란 월보를 간행하여 반일의식을 고취시켰
고, 기독교우회는 연해주에 인접한 혼춘 전역의 5만여 회원을 결속시
켜 조국독립운동의 '칠야요종'의 역할을 수행하였다.[20]

간민교육회는 1911년 중국의 辛亥革命으로 큰발전의 계기를 맞이
하였다. 일제강점 후 이동휘를 비롯하여 많은 애국지사들이 북간도지
방으로 망명해 오면서 이 지역 독립운동이 한층 활기를 띠어가고 있
었다. 여기에 신해혁명이 일어나 孫文이 중화민국 총통에 취임하면서
"萬人共和의 新政體를 수립하는 동시에 聯省自治를 天下에 포고"[21]
하므로 북간도지방 독립운동가들은 고무되었다. 이에 간민교육회는
재만한인의 자치와 경제적 향상을 도모하면서 독립운동을 적극 추진
코자 1912년 간민자치회를 조직하였다. 간민자치회는 이봉우·정재면
·최공일 등이 여러 한인마을 유세하면서 도처에 지부를 설치하고 본
격적인 정치활동을 할 수 있을 만큼 회세가 확장되었다.

1912년 경 간민자치회의 본부 임원은 회장에 이동춘, 총무에 朴正
基, 연구회장에 이봉익, 지회장에 曹起貞, 평의장에 손운순, 재무장에
許 順, 掌簿長에 許 坤, 贊理員에 윤 해 등 이었고 회원 총수가 3백여
명에 달했다.[22]

---

19) 徐紘一·東巖 編著,『間島史新論』상 (우리들의 편지社, 1993) p.244 ; 간
   민교육회의 교과서 편찬위원은 계봉우(길동기독학당)·정재면(명동중학
   교)·남공선(와룡동중학교) 등 3인이었다(趙東杰,「北愚 桂奉瑀의 생애와
   사상」『北愚 桂奉瑀 資料集(1)』韓國獨立運動史 資料叢書 第10輯 (독립기
   념관 한국독립운동사연구소, 1996) p.5).
20)『獨立新聞』1920년 1월 1일자.
21) 柳光烈,『間島小史』(1933) p.69.
22) 한국일보사 편, 앞의 책, pp.89~90. 특히 간민교육회의 회장이었던 이동
   춘은 구한국정부때 중국어 통역으로 원세개를 상대하였던 인물로 중국정

그리하여 간민자치회는 이동휘·이동춘·정재면·박찬익 등 4명을
북간도 한인대표로 선정하고 북경에 파견하여 혁명정부에 간민자치회
의 협조와 승인을 요청하려 하였다. 그러나 1912년 3월 손문은 이미
사임하고 黎元洪이 총통에 올라 있었다. 이동휘 등 북간도 한인대표
4명은 여원홍 대총통에게 혁명의 성공을 경축하고, 북간도 한인사회
의 실상을 말하여 중국 혁명정부의 지지와 원조를 요청하고, 한인들
은 간민자치회를 조직하여 한·중 친선과 발전을 도모하겠다고 제의
하였다. 여원홍 대총통은 한인대표단의 뜻은 찬성하나 자치라는 말은
삭제하고 간민회만을 승인하였다.[23]

중국정부로부터 정식허가를 받은 간민회는 1913년 총회를 소집하
여, 회장에 김약연, 부회장에 김영학, 총무에 정재면을 선임하고, 집행
부는 법률·교육·교섭 등 12부를 두어 각부에 책임간사를 두었다.
또한 지방조직으로 지방총회를 연길·화룡·왕청 등에 설치하고 그
밑에 지회를 두었다.[24] 간민회는 정부조직의 형태를 갖춘 자치기관으
로 재만한인의 모든 한인문제를 관할하였으며, 중국관헌도 한인에 대
한 행정은 공식적으로 간민회와 협의하여야 만 하였다. 따라서 과거
청의 부패 관리들이 자의대로 징세하던 가렴주구도 없어지고 간민회
에서 능동적으로 등급을 정하여 대신 징수, 중국당국에 납부하였다.

그리고 간민회는 명동학교와 같은 성격의 민족주의 교육기관을 각
지에 설립·운영하였다. 그 결과 북간도 한인사회에는 국내의 촌락보
다 더 많은 수의 학교가 설립되었을 뿐만아니라 연해주의 권업회와
연계되어 서구의 신문화를 국내보다 높은 수준으로 수용할 수 있었

부와 친분이 두터웠고, 나머지 회원들은 북간도지역에서 지도적인 역할
을 담당하던 인물인 동시에 교육가들이었다.
23) 한국일보사 편, 앞의 책, p.90.
24) 『獨立新聞』(上海版) 1920년 11월 1일자.

다. 이러한 대표적인 학교로는 정동·은진·명신·광성·창동·북일 등의 여러 중학교를 들 수 있다. 이와 같이 간민회는 1914년 제1차 세계대전의 발발과 중·일간의「滿蒙條約」의 체결로 인하여 중국정부가 탄압할 때까지 북간도에서 항일독립운동에 큰 자취를 남겼다.

3) 학교설립운동

북간도지방에서 신교육방법에 의한 민족주의 교육의 효시가 된 것은 1906년 용정촌에 설립된 瑞甸書塾이었다. 이 학교는 1905년「을사늑약」이후 북간도로 망명한 李相卨·李東寧·鄭淳萬·朴禎瑞·呂祖鉉·金禹鏞·黃達永·洪昌燮 등이 설립하였다.[25] 이전의 한인교육이 한학중심의 서당교육이었던 데 비해 이 학교는 근대 신문화를 수용하여 수업하였으며, 독립사상 고취를 위한 정신적인 지도에 심혈을 기울였다. 따라서 이름이 서숙이었지 실상은 독립군양성소와 다름이 없었다.[26] 그러나 서전서숙은 1907년 이상설이 네덜란드 헤이그에서 개최된 제2회 만국평화회의에 특사로 파견되어 떠난 후에, 그 지역에 일제의 통감부 간도파출소가 설치되어 그들의 감시와 방해 및 재정난 등 곤경이 닥쳐 그해 9·10월경 자진 폐쇄하게 되었는데, 이 학교의 뒤를 계승한 것이 明東村[27]의 明東學校이었다.

25) 尹炳奭,『李相卨傳』(一潮閣, 1984) pp.49~56 ; 외솔회 편,「보재 이상설 선생 특집호」『나라사랑』제20집 (1975) p.33 ; 金正明 編, 앞의 책, p.422. 서전서숙의 숙장은 이상설이었고, 이동녕과 정순만이 학교의 운영을 맡았는데, 교원의 월급에서부터 교재·학생의 학용품에 이르기까지 모든 경비는 이상설이 전부 부담하였다(玄圭煥, 앞의 책, p.465).
26) 金成俊,「3·1運動以前 北間島의 民族教育」『三·一運動50周年紀念論集』(東亞日報社, 1969) pp.48~50.
27) 명동촌은 명동학교·명동교회가 그 중심을 이루면서 1900년 경부터 일제시대를 통하여 이주 한인들의 민족운동·독립운동·문화운동·교육운동

명동학교는 명동서숙이 발전된 것으로 정재면을 단장으로 하고, 종교에 裵尙禧(기독교 전도사), 의무에 韓鳳儀(평양 제중병원 의사), 재무에 유기현 그리고 고문에 이동녕과 이동휘로 구성된 신민회에서 파견한 북간도교육단이 명동서숙에 파견되어[28] 민족주의 교육기관으로 성장·발전되었다. 정재면 등의 북간도교육단은 구국인재를 양성하기 위해서 서구의 신문화를 조속히 받아들여 근대민족주의 교육을 실시해야 한다고 주장하였다. 그리고 북간도의 특수사정으로 보아 중국과 일제의 탄압을 적게 받으려면 기독교를 수용해야 한다고 김약연 등의 관계자들을 설득하여 明東書塾을 기독교학교로 개편하였다.

명동서숙을 운영하였던 김약연은 서전서숙이 폐교되자, 명동서숙에 서전서숙을 흡수·통합하여 1909년 명동학교로 개칭함으로써, 완전 신교육체제로 쇄신하였으며 1910년 3월에는 明東中學校를 병설하였다. 그리고 1912년 가을 교육과 전도 차 북간도에 온 이동휘가 명동교회에서 부흥사경회를 인도하면서,[29] 여성에게도 민족교육·독립교육을 해야 한다고 역설하였는데,[30] 이러한 주장이 수용되어 明東女學校가 병설됨으로써 명동학교는 북간도 최고의 민족교육기관으로 자리잡게 되었다. 이때 이동휘는 명동촌에 조직되어 있던 吉東基督傳道會를 三國傳道會로 명칭을 바꾸었다. 이것은 러시아·중국·조선의 기독교인들이 서로 연락을 취하여 각지에 교회와 학교를 설립하고 동지를 규합하여 큰 민족운동을 전개해 보자는 것이었다. 이후 삼국전도회의

· 신앙운동을 폈던 중심지로 북간도 지방과 만주·노령·연해주 등지를 연결하는 곳이었다(서굉일, 「일제하 북간도 한인들의 민족주의 교육운동」 『한국교육의 재인식』 (한신대학 출판부, 1988) p.123).

28) 尹炳奭, 「1910年代 西北間島 韓人團體의 民族運動」『韓國近代民族主義運動史研究』 (1987) p.91.
29) 國史編纂委員會 編, 『韓國獨立運動史』 2 (1966) p.519.
30) 李智澤, 앞의 글 ; 金成俊, 앞의 글, p.51.

이름으로 전도활동을 전개한 결과 북간도 각지에 36개의 교회와 학교가 세워졌다.[31]

명동학교의 교장은 김약연이었으며 교사로는 朴兌恒(성경·윤리)·최기학·송창희·黃義敦(역사)·박무림·박태식·張志映(한글)·金喆(법률)·박경철·김성환·김승근 등이 근무하였다. 학생수는 중학부가 160명(남자 : 114명, 여자 : 46명)이었으며, 소학부 보통과 학생은 121명, 고등과 학생은 159명이었다. 특히 이동휘의 건의로 부설된 명동여학교의 교사는 정신태·이의순(이동휘의 둘째딸)·이봉운 등 이었고,[32] 학생수는 보통과 53명 고등과 12명이었다.

명동학교는 시간이 지날수록 명성이 높아져 북간도는 물론이고 조선을 비롯하여 노령 연해주지방에서도 학생들이 몰려 들었다.[33] 또 명동학교장 김약연은 공부할 수 없는 재만한인을 계몽시키기 위하여 명동·장동·신동 등 6개 마을에 야학교를 부설하여 청·장년들에게 근대 신문명·문화를 교육하였고, 여성들에게는 양잠·양봉법을 가르쳐 주어 농사와 생활에 도움이 되게 하였다.[34]

명동학교의 항일교육[35]을 입증하는 한 사실을 지적한다면, 입학시험이나 평소의 각종 시험에서 작문을 중요시하였는데, 문장에 애국과 독립의 내용을 담지 않으면 반드시 낙제점을 받거나 불량성적으로 평

---

31) 金躍淵,「東滿敎會 三十周年 略史」『十字軍』1卷 5號 (龍井, 1937년 12월) p.9 ; 李鐘鼎, 앞의 책, p.53.

32) 玄圭煥, 앞의 책, p.467. 정신태·이의순·우봉운 등은 1913년 삼국부인전도회를 조직하여 교회의 연합과 여성교육의 중요성을 강조하였다.

33) 특히 상급반 학생들은 군사훈련을 받았다고 한다(김세일, 『홍범도』 3 (제3문학사, 1989) p.27).

34) 정협연변조선족자치위원회 문사자료연구위원회 편, 『연변문사자료』 제5집 (1988) pp.84~85.

35) 한민족에게 비극을 가져다 준 실체를 깨닫게 하고 일제의 침략과정을 고찰하며 일제에 대한 저항방법 연구가 교육의 중요 목적이었다(尹健次 著, 심성보 역, 『한국근대교육의 사상과 운동』 (靑史, 1987) p.413).

가되었다. 또 토요일에는 독립정신을 고취하기 위한 토론회를 개최하기도 하였다. 명동학교의 이와 같은 항일교육은 1920년 건물이 일제에 의해 소각당할 때까지 꾸준히 계속되어 수 많은 인재가 배출되었다. 이들은 그후 북간도 도처에 세워진 여러 민족교육기관의 교사로, 또는 독립군으로 항일독립운동을 선도하였다.[36]

한편 1913년 2~3월경 북간도 장백현으로 탈출하여 이 지역을 순회하면서 이동녕・김필순・김병현 등 신민회 회원 및 애국지사들을 만난 이동휘는 연락기관과 통신원을 설치하고 재만동포들의 생활상을 둘러보았다.[37] 1913년 6월 10일경 연길현 국자가에 도착한 이동휘는 재만한인사회가 대부분 가난한 농민・노동자・영세민으로 국내에서 경제적 기반을 찾지 못하고 국외 새 개척지를 찾아 이주한 자들로 형성되었으며, 이들의 생활환경 및 자녀교육의 상황이 아주 열악한 상태라는 것을 알게 되었다. 그리하여 그는 재만한인을 위한 농업진흥책을 강구하고, 학교설립을 통한 계몽운동을 전개하여 재만한인사회

36) 한국일보사 편, 앞의 책, pp.84~85.
　　특히 명동학교에서는 해마다 간도 학생연합대운동회를 개최하였는데, 운동회를 개최한 목적은 재만한인의 친목을 도모하는 한편, 애국애족을 고취시킴으로써 조국독립투쟁에 앞장서자는 데 그 뜻이 있었다. 따라서 대운동회때 불려졌던 응원가 및 학도가가 상당히 투쟁적이었는데 소개하면 다음과 같다.

응원가	학도가
무쇠 골격 돌 근육 소년 남자야	쾌하다 장검을 비껴 들었네
황황한 대한혼 발휘하여라	오늘날 우리 손에 잡은 칼은
다다랐네 다다랐네 우리나라에	한산도에서 왜적을 격파하던
소년의 활동시대 다다랐네	충무공의 칼이 오늘날 다시
만인 대적 연습하여	번쩍 번쩍 번개 같이 번쩍
후일 전공 세우세	번쩍 번쩍 번개 같이 번쩍
절세 영웅 대사업이	쾌한 칼이 나의 손에 빛나여
우리 목적 아닌가	제국의 위엄을 떨치는구나

37) 潘炳律, 「李東輝와 1910년대 海外民族運動」 『韓國史論』 33 (1995. 6) p.212.

를 각성시키는 것이 가장 중요한 현실적 과제임을 깨닫게 되었다. 이에 이동휘는 북간도 연길현 국자가에서 "지금 세계는 민족경쟁시대라 독립국가가 아니면 민족이 서지 못한다는 것을 우리민족은 각성하여 큰 힘을 분발하지 않으면 조국광복을 쟁취할 수 없다는 것과 스스로 힘쓰지 않으면 망국을 그 누가 만회할 것이냐"[38]는 요지의 항일계몽 강연을 시작으로 학교설립을 통한 계몽운동에 주력하였다.

이동휘는 그의 동료이며 비서인 김 립 등과 연길에서 계몽운동을 전개하였는데, 특히 가가호호 돌아다니면서 여자교육문제에 대하여 역설하여 화룡현 소영자에 光成學校[39]와 길성여학교를 세웠다.[40] 광성학교는 이동휘계 인물들이 세운 吉東基督學堂(일명, 吉東小學校)이 발전되어 1912년에 설립된 학교로 이동휘를 비롯하여 金夏錫·金 立·尹 海·李同春·桂瑋禹·張基永 등이 설립하였다. 광성학교는 초기에 길동중학·소영자중학으로도 불리워졌는데, 무관학교 출신 체육교사를 맞이하여 군사교육을 실시하는 등 3·1운동 이전 두만강 건너의 독립군양성소로 발전하였다.[41] 당시 대다수의 사람들이 근대 신문명을 접촉하지 못한 상태에서 봉건적 사고방식인 남존여비사상이 강한 까닭에 여학교를 세운다는 것은 결코 쉬운 일이 아니었다. 하지만 이동휘의 열성적인 노력에 의하여 재만한인들은 자기 자녀들을 길성여학교에 보내왔다.

이동휘는 광성학교의 건물을 마련하였으며, 교사을 초빙하여 수업을 시작하였다. 교장 이동휘를 비롯하여 교감에는 金河錫이었으며 교사로 金 立·尹 海·張基永·桂奉禹 등이 근무하였다.[42] 학과목은 法

---

38) 劉錫仁, 앞의 책, p.194.
39) 『이동휘전기』, p.36.
40) 『이동휘전기』, p.35 ; 현룡순·리정문·허룡구 편저, 『조선족백년사화』 2 (료녕인민출판사, 1985) p.1.
41) 金正明 編, 앞의 책, p.423.

學·植物·生理·漢文·三角·外國地誌·歷史·算術·修身·幾何·中語·物理·體操·唱歌·經濟·地文·圖書 등을 가르치었는데[43] 이동휘·김 립도 일부 과목을 맡아 수업하였다.[44]

광성학교는 철저한 배일교육을 실시하였고, 체육은 신체의 단련은 물론 정신력을 배양하기 위한 과정으로서 병식체조를 실시하였다.[45] 그리고 광성학교는 중학과와 교육자 양성을 위하여 6개월 속성사범과가 설치되어[46] 중등 이상의 교육을 실시하였는데, 1914년 당시 140명~150명이 수업하는 대규모 학교로서 각처에서 학생들이 유학왔으며, 학생전원은 기숙사에서 생활하였다.[47]

또 이동휘는 명당모촌 화전현에 培英學校(교장 : 金仕範)를 설립하고 혼춘현 하다문향 신풍촌에는 종명학교를 설립하여[48] 국권회복을 위한 인재를 양성하였다. 이동휘는 배영학교·종명학교 학생들에게 반일애국정신을 고취시키기 위하여 조국이 광복되기 전까지 애국가를 광복가로 하되 후럼 끝 구절 "길이 보전하세"를 "속히 광복하세"로 부르라고 하였다. 또 학생들에게 목총으로 군사훈련을 받으며 군가를 부르도록 하였으며, 계봉우 등에게 반일애국정신을 고취할 수 있는 교과서를 편찬하게 하였다. 새로 편찬된 교과서 과목은 국어(조선어)·조선역사·조선지리 등으로 한민족의 주체성을 강조하는 애국주의

---

42) 玄圭煥, 앞의 책, p.465.
43) 姜德相 編, 『現代史資料(27)』 朝鮮(三) 獨立運動(一) (みすず書房, 1970) pp.141~170.
44) 현룡순·리정문·허룡구 편저, 앞의 책, p.2.
45) 朝鮮總督府, 「國境地方視察復命書」 『白山學報』 9 (1970) p.236.
46) 훌륭한 교사를 키우기 위해 北京·美國·日本·國內의 京城 등에 유학을 강조하였다(徐紘一, 「1910年代 北間島의 民族主義 教育運動(II) : 基督教 學校의 教育을 中心으로」『白山學報』 第30·31合號 (1985) p.256).
47) 『新韓民報』 1914년 2월 26일자 「원동통신」 참조.
48) 정협연변조선족자치위원회 문사자료연구위원회 편, 앞의 책, p.251.

사상이 담겨진 것으로 반일애국정신을 고취하는데 많은 도움을 주었다.[49] 특히 계봉우가 저술한 『最新東國史』[50] 라는 역사교과서는 철두철미한 민족주의·배일주의 교과서로 1920년대 만주 각지의 민족주의 학교에서 교재로 채택되었다.

4) 무관학교의 설립

북간도지방에서 학교설립에 의한 계몽운동이 어느 정도 성과를 거두고, 간민회가 항일독립운동단체로 성장되어 가자 이동휘는 자신의 기본노선인 무장투쟁에 의한 국권회복을 계획하게 되었다.

1912년 연해주 블라디보스톡에서 申采浩·李 甲 등이 주축이 되어 光復會를 조직하였다. 광복회는 포고문에서 "우리 조국을 광복하여 우리의 불구대천의 원수를 물리치고 우리의 동포를 구원하는 것은 우리 민족이 하여야 할 천직으로서 우리가 하지 않으면 안될 의무이다. 이것이 본회가 성공과 실패, 날카로움과 무딤을 돌보지 아니하고 죽음을 무릅쓰고 이를 창립한 까닭"[51] 이라고 창립목적을 밝혔다.

광복회는 창립목적에서 밝힌대로 군자금 수집과 친일관리·악질지주·부호들을 습격 처단하는데 치중하였다. 더불어 무관학교와 소·

---

49) 정협연변조선족자치위원회 문사자료연구위원회 편, 앞의 책, p.252.

50) 1913년 일제에 의하여 금서로 결정되었다. 그 중요내용은 제13과에 조선 李太王의 밀사와 합방조약 체결의 치욕상황, 제14과 군대해산·강제양위 및 의병봉기, 제15과 대한자강회의 조직, 학교의 설립, 교육의 권장 및 일진회의 보호선언서 각국 전포의 매국행위, 16과 5조약 성립 후 羅寅永·吳基鎬 등 오적 살해, 張仁煥·安重根·李在明의 의거, 항일민족주의 등으로 되어있다. 특히 이 책은 우리 역사상에 나타난 대외투쟁, 일제의 침략과 민족저항운동에 관한 내용이 서술되어 학생들을 분기시킴으로써 광복운동에 매진할 것을 격려하고 있다(金正明 編, 앞의 책, pp.288~289).

51) 姜德相 編, 『現代史資料(25)』 三·一運動編(一) (みすず書房, 1967) p.34.

중학교를 설립하고, 애국사상과 반일의식을 고취하면서 군사훈련을
병행하여 무장투쟁을 위한 인재양성에 주력하였다. 그리고 연해주 지
방은 물론이고 중국동북의 서북간도 지방에 조직을 확대해 나갔다.

광복회 북간도 지회를 설치하여 신채호·이 갑 등과 연계를 가졌던
이동휘는 자신이 세운 학교의 경영은 다른사람에게 맡기고 무관학교
를 세워 무장투쟁을 전개하려고 김 립 등과 함께 1913년 왕청현 수분
대전자 나자구로 갔다.52) 이곳에서는 李勸容·金光恩·廉在君 등 망
명하여 온 애국지사들이 삼도하자와 태평구에 泰興書塾 등의 학교를
세워 반일사상과 민족독립의식을 고취하고 있었다. 이에 이동휘는 김
립·장기영·이종호·오영선·김광은·김영학 등과 상의한 끝에 한
인들이 많이 살고 있는 태평구에 東林武官學校(大甸武官學校)를 세웠
다.53) 교장은 이동휘였고, 김 립·김규면·장기영·오영선·김영학·
김광은·강성남·한 홍·김하정 등이 교관이었다. 학생은 태흥서숙의
학생을 위주로 하고 북간도는 물론 국내·연해주에서 온 사람도 받아
들였는데 학생수가 300명이나 되었다고 한다. 이 무관학교에서는 반
일무장투쟁을 전개하기 위하여 학생들에게 군사훈련과 군사기술을 연
마시켜 사관양성에 치중하였는데,54) 그것은 다음의 군가에서도 잘 알
수 있다.55)

---

52) 김철수·김동화·리창혁·오기송 편저, 『연변당사 사건과 인물』 (연변인
   민출판사, 1988) p.425.
53) 정협연변조선족자치위원회 문사자료연구위원회 편, 앞의 책, p.253 ; 『獨
   立新聞』(上海版) 1920년 4월 20일자.
54) 姜德相 編, 『現代史資料(27)』 朝鮮(三) 獨立運動(一) (みすず書房, 1970)
   p.156.
55) 『이동휘전기』, pp.39~40.

1. 백두산하 넓고 넓은 만주뜰들은
   건국영웅 우리들의 운동장이요.
   거름 거름 대를 지어 앞을 향하여
   활발히 나아감이 엄숙하도다.
2. 대포소리 앞뒤산을 둥둥 울리고
   총과 칼이 상설같이 맹렬하여도
   두럼없이 악악하는 돌격소리에
   적의 군사 공겁하여 정신 잃는다.
3. 높이 솟은 백두산아 내말 드러라
   저 건너 부사산 부러마러라
   우리의 청년들이 지전이 되어
   부사산 번칠 날이 멀지 않도다.

그리고 이동휘는 김 립·오주혁 등과 밀산의 산속에 密山武官學校를 세웠다. 밀산무관학교는 주변 6,500호의 동포로부터 호당 20원씩 의연금을 거두고 구한국군 장교들을 교관으로 하여 고등소학교와 중학교 졸업생 동포청년 1,500명을 훈련시키며 독립전쟁을 준비하였다.56) 밀산무관학교의 무기는 소련을 통해 소총과 권총 1만 5천정을 구입했으며, 훈춘현의 사도자 부근에는 3천명 이상의 독립군이 소련제 무기로 양성되고 있다는 기록도 있다.57) 이동휘의 생각은 일정한 독립군을 양성하여 무장대오를 준비하고 있다가 일제가 중국 또는 러시아와 전쟁을 하는 경우 일본의 교전국과 연합하여 국내로 들어가 나라의 독립을 쟁취한다는 것이었다. 즉, 무조건 독립이 그의 목표였던 것이다.

이동휘가 소영자·나자구 등에서 국권회복을 위한 학교·무관학교

---

56) 姜萬吉, 『韓國現代史』 (創作과 批評社, 1984) p.56.
57) 金正明 編, 앞의 책, p.57 ; 姜德相 編, 『現代史資料(26)』 三·一運動編(二)
　　(みすず書房, 1967) pp.197~198.

등을 세울 때 물질적인 도움을 준 사람은 이권익이었다고 한다. 이권
익은 이용익의 아들이며 이종호의 아버지로 한말에 목탄장사로 벼락
부자가 되었으며 러시아 주재 공사관으로 근무 중, 일제가 한국을 강
점하자 귀국을 포기하고 북간도 왕청현에 정착하였다. 그는 가산을
정리하여 거금을 독일은행에 예치 후 반일애국지사들에게 활동경비를
대어 주었다.[58]

2. 연해주지방에서의 항일투쟁(1913~1916)

1) 연해주 한인사회의 형성

1858년 5월 28일 러시아와 청국간에 「愛琿條約」이 체결되면서 흑룡
강 좌안이 러시아령이 되었고, 이어 1860년 11월 14일 역시 양국사이
에 「北京條約」이 체결되면서 연해주 일대가 러시아령이 되었다.[59] 이
리하여 러시아는 한국과도 국경을 접하게 되었다.

한인들이 연해주지방에 이주하기 시작한 해에 대해서는 1863년,[60]
1864년[61] 등의 의견이 있으나, 이미 1850년대에 한인들이 연해주에
이주해 정착했다고[62]하는 기록도 보이고 있다. 1884년 한국과 러시아

---

58) 현룡순 · 리정문 · 허룡구 편저, 앞의 책, pp.3~5.
59) 平凡社, 『アジア 歴史事典』(1) 「愛琿條約」 p.1.
60) 『獨立新聞』 1897년 1월 5일자 「論說」. 연해주에는 1863년도에 이미 함경
    도 사람 100여명이 이주해 있었다.
61) 뒤바보, 「俄領實記」(一) 一.移植된 原因, 『獨立新聞』(上海版) 1920년 3월
    1일자.
    "紀元 四一九七年(1864년) 甲子 春에 茂山 崔雲寶, 慶興 梁應範 二人이
    가만히 豆滿江을 건너 琿春을 經由하여 新地墟(此는 煙秋等地)에 來主하
    야 新開墾에 着手하니…".

사이에 외교관계가 맺어지고 이어 1888년 8월「韓露通商章程」이 체결
되어 한인이주에 대한 규제가 정식으로 가해지기 시작했다. 이 장정
제2관 4항에는 "조선국 신민으로서 여권을 소지하지 않고 러시아 영
토 안에 잠입하려는 자가 있을 때에는 러시아국 관헌이 정세를 시찰
한 후 억류해서 본국으로 송환한다. 러시아국 신민이 조선에 이국할
때에도 이와 같다"라고 규정짓고 있다.[63)

　그럼에도 불구하고 연해주 이주자가 끊이지 않자 러시아측은 한인
이주자를 다음 세 종류로 구분해 다루었다. 첫째 부류에는 1884년 6
월 25일 이전에 러시아로 이주하여 러시아 시민권을 획득할 자격이
있는 한인들이 속하고, 둘째 부류에는 그 뒤에 온 자들로 2년 안에 자
기사업을 정리해 한국으로 돌아가야 하는 사람들이 속하고, 셋째 부
류에는 일하기 위해 일시적으로 러시아 땅에 들어온 사람들로 세금을
러시아 농부와 똑같이 내나 다른 권리가 없는 한인들이 속했다.[64)

　1800년대 후반에 있어서 한인의 노령 연해주로의 이주동기는 주로
기근과 국내사정의 불안때문이었다. 이 당시는 세도정치가 행하여져
삼정이 문란해지고 홍경래난 등 민란이 잦아 사회가 불안했으며, 3대
사옥를 통한 천주교의 탄압은 이러한 불안요소를 더욱 가중시켰다.
따라서 연해주는 조선과 지리적으로 인접해 있어서 이주하기가 수월
한 데다가 사람이 거의 살지 않는 신천지였기 때문에 계속되는 흉작
으로 새 땅을 찾아나서는 사람이 많아졌다.[65)

62) 李智澤,「시베리아의 3·1運動」『月刊中央』(1971년 3월호) pp.186~187.
　　일제의 기록에 의하면 1853년에 韓一歌 일가가 포세트 지방에 이주하였
　　다고 하였다(朝鮮總督府,『滿洲及西比利亞に於ける朝鮮人事情』(1923) p.
　　8).
63) 고송무,『쏘련의 한인들』(이론과 실천, 1990) pp.11~12.
64) 1895년 첫번째 부류에 속하는 사람이 13,111명, 두번째는 2,140명, 세번째
　　는 3,000명 이었다고 한다(서대숙 엮음, 이서구 옮김,『소비에트한인 백년
　　사』(도서출판 태암, 1989) pp.42~43).

그러나 1900년대에 있어서의 이주동기는 초기의 경제적 이유와는 달리 일제의 침략에 반대해 일제의 지배를 피해 국외로 도피하는 정치적 측면이 대부분을 이루었다. 1905년 「을사늑약」과 1907년 군대해산을 전후하여 국내에서 항일투쟁을 전개하던 의병과 애국계몽운동가 및 기타 민족운동가들이 이 지방으로 망명함으로서 독립운동 근거지가 조성되었다. 이후 망명객들은 일제가 패망할 때까지 이 지방을 중심으로 줄기차게 항일독립운동을 전개하였다.[66]

연해주지방으로의 한인이주는 1910년대 대략 10만명 정도였고, 1920년을 전후로 해서는 그 2배인 20만명으로 늘어났다. 한인의 수가 이렇게 증가한 데에는 앞에서도 지적했듯이 극심한 가뭄으로 인한 경제적 이유와 일제의 지배로부터 벗어나기 위한 정치적 이유도 있지만 극동 시베리아지방에 인구를 늘려 개척을 행하고 이를 식민지화하려 했던 러시아 극동정책에 편승한 현상이기도 하였다.[67]

이곳에 집결하여 활동한 인물은 첫째, 李範允·洪範圖·柳麟錫·李範錫·嚴仁錫·安重根 등 의병장들로[68] 이들은 1910년 5월 국내에서 이동해 온 의병부대와 함께 통합조직으로써 13도의군을 창설하였다.[69] 단일군단을 형성한 13도의군은 유인석을 都總裁로 받들고,[70] 이범윤을 彰義總裁, 李基南(함경도 의병장)을 壯義總裁, 禹炳烈(황해도

65) 뒤바보, 『俄領實記』(三) 一. 移植된 原因(續), 『獨立新聞』(上海版) 1920년 3월 4일자.
66) 朴永錫, 「1910~1920年代 露領地域의 抗日民族獨立運動」 『日帝下獨立運動史硏究』(一潮閣, 1984) pp.210~231.
67) 高承濟, 앞의 책, pp.52~55.
68) 國史編纂委員會 編, 『韓國獨立運動史』 1 (1965) pp.520~531 ; 독립운동사편찬위원회, 『의병항쟁사』(원호처, 1969) pp.657~677.
69) 뒤바보, 「義兵傳」(二), 『獨立新聞』(上海版) 1920년 4월 29일자. "……柳麟錫은 合倂되든 그 時에 聲明會의 推戴로서 十三道 總裁가 되야 義軍을 編成하야 가지고 計日 渡江하려 하였다……"
70) 柳麟錫, 『毅菴集』 卷55 附錄 「年譜」(景仁文化社 영인본, 1976) p.703.

의병장)을 都總所 贊謀, 홍범도와 李鎭龍(황해도 의병장)을 동의원으로 하여 의병을 통솔케 함과[71] 동시에 국내진공을 준비하였다.

그리고 그해 7월에는 도총재 유인석과 이상설(고종의 신임이 두터웠던 이상설은 헤이그 만국평화회의에 참석하였다가 이 당시 미국을 거쳐 연해주에 와 있었다)이 연명하여 국왕인 고종에게 두가지 내용의 상소를 올렸다.[72] 그 하나는 13도의군이 구국항전을 전개하려면 군비가 부족하니 內帑金에서 군자금을 보내어 달라고 청한 것이고, 또 하나는 고종이 연해주지방으로 播遷하여 망명정부를 세워 항일독립운동을 영도하여 달라고 청한 것이었다.[73] 이와 같이 이들은 의병투쟁을 독립군의 항전으로 전환시키려고 심혈을 기울였다.

둘째는 러일전쟁 이전 이곳에 이주하여 경제적 토대를 구축하고 러시아에 귀화하여 정치·경제적 지위와 신분을 획득한 인물들이다. 이들은 崔才亨·崔鳳俊·金學萬·金道女·車錫甫·金翼鎔·金秉學 등으로 이곳 한인사회의 지도급 인물로 부상하여 한인의 경제적·사회적 지위향상에 기여해 왔다. 그리고 한인의 이주와 개척에 중요한 역할을 수행하였고 나아가 한인사회 자치의 근간을 이루는 각 지방 한족회의 책임을 맡아 한인의 자치제 확립에 기여한 인물들이었다.[74] 또한 이들은 鄭淳萬·張志淵·李剛 등을 초청하여 이곳 한인사회에서 발행하였던 『海潮新聞』의 주필을 맡게 함으로써 강력한 항일언론 활동도 전개하였다.[75]

71) 尹炳奭,『李相卨傳』(一潮閣, 1984) p.129.
72)『毅菴集』毅菴年譜.
73) 尹炳奭,「十三道義軍의 編成」『史學研究』36 (韓國史學會, 1983) pp.241~245.
74) 金俊燁·金昌順,『韓國共産主義運動史』第一卷 (高麗大 亞細亞問題研究所, 1967) pp.73~77.
75) 한국일보사, 앞의 책, pp.50~51 ; 뒤바보,「俄領實記」(十二) 七.敎育(續),『獨立新聞』(上海版) 1920년 4월 8일자.『海潮新聞』은 崔鳳俊이 활자를

셋째는 국내와 그 밖의 지역에서 국권회복을 위한 계몽운동을 전개
하다 군대해산을 전후하여 이곳에 망명, 국외독립운동기지를 마련하
여 항일독립운동을 추진하던 인물들이다. 이들은 이상설을 비롯하여,
국민회 북미지방 총회장으로 연해주에 파견된 정재관과 국내 신민회
에서 활동하던 이종호·신채호·김하구·윤 해·이 강·유동열·조
성환·이종만 등 이었다.76) 이들은 급진적인 의병투쟁보다는 '실력양
성 후 독립'에 더욱 치중하여 망명 직후부터 미주에서 결성된 大韓
人國民會77)시베리아 지방총회와 그 지회 결성에 노력하였다.78)

이와 같이 연해주 블라디보스톡 신한촌을 중심으로 하여 모여들었
던 수 많은 독립운동가들과 의병장들은 그곳 한인사회의 지도급 인물
들과 힘을 합하여 성명회·권업회 등 항일독립운동단체를 조직하여
국외에서의 항일독립운동을 주도하였다.

한편 이상설은 블라디보스톡에서 1910년 8월초에 외신을 타고 계속
하여 들어오는 한일합병 소식을 접하게 되었다. 그는 이 사태에 직면
하여 보다 거족적인 독립운동을 전개시킬 새로운 계기를 만들고자 8
월 23일에 블라디보스톡 신한촌 한인학교에서 한인대회를 개최하였

구입하여 간행되었다.

76) 윤병석, 「1910년대 국외에서의 한국독립운동」『한민족독립운동사』3 (국
사편찬위원회, 1988) p.96.

77) 대한인국민회는 1909년 2월 미주의 공립협회가 주동이 되어 하와이의 합
성협회를 포함시켜 만든 단체로『국민보』를 발행하였다. 그리고 교육과
실업을 진발하여 자유와 평등을 제창하고 동포의 명예를 증진하여 조국
독립을 광복함에 있음을 그 목적으로 하였다(『新韓民報』1914년 2월 26
일자 ; 千敬化,『한국인민족교육운동사연구』(白山出版社, 1993) p.385).

78) 뒤바보,「俄領實記」(八) 五.社會(續),『獨立新聞』1920년 3월 25일자.
대한인국민회는 1909년 여름 이 강을 시베리아에 파견하였는데, 이 강의
노력으로 동년 9월 시베리아 지방총회가 설립되었다. 니코리스크·하바
로브스크·스찬 등지에 지방회가 설치되었는데, 이 지방회는 배일사상
선전기관인 동시에 배일사상을 가진 한인들의 연락기관 이었다(金正柱
編,『朝鮮統治史料』第七卷 (韓國史料硏究所, 1971) p.620).

다. 그는 柳麟錫·李範允·金學萬·車錫甫·金在斗·金致實·吳周爀 등과 함께 항일독립운동단체인 聲明會를 조직하였다.[79] 성명회의 목적은 "대한의 국민된 사람은 대한의 광복을 죽기로 맹세하고 성취한다"는 것이었다.[80] 그리고 회명은 '聲彼之罪 明我之冤'(일본의 죄를 성토하고 우리의 원한을 선명한다)에서 땄다.[81]

이상설은 한인이 조국독립을 위해 모든 역량과 수단을 동원해 항일독립운동 전선에 나설 때 우리민족은 시련을 극복하고 독립을 되찾을 수 있다고 생각하였다. 이에 8,624명의 독립운동가들이 서명한 선언문을 각국 정부에 보내어 한일합병의 무효와 한국의 독립을 지지해 줄 것을 호소하였다.[82]

이렇듯 1910년 일제강점 이후 연해주 한인사회의 반일기세가 드높아지자 일제는 제2차 러일협약(1910. 7. 4)에 따른 「露日犯人引渡條約」에 근거하여[83] 유인석·이범윤·이상설·이규풍 등 한인 독립운동가들의 체포를 러시아당국에 요구하였다. 이 조약은 양국의 특수이익을 서로 옹호하고 공동의 행동을 취하며 상호 원조한다는 내용이었다. 때문에 러시아당국은 李相卨·李範允·金佐斗·李奎豊·李致權·安漢周·權有相·李基 등 성명회와 13도의군의 간부 20여명을 체포·투옥하였는데, 이상설만 니콜리스크로 추방하였다.[84]

---

79) 뒤바보,「俄領實記」(九) 五.社會(續),『獨立新聞』(上海版) 1920년 3월 30일자 ; 金正柱 編, 앞의 책, p.614.

80) 尹炳奭,『李相卨傳』(一潮閣, 1984) p.133 ; 한국일보사 편, 앞의 책, p.58.

81) 宋相燾,『騎驢隨筆』韓國史料叢書 第二 (國史編纂委員會, 1955) p.116.

82) 尹炳奭, 앞의 책, p.132.

83) 劉孝鐘,「極東ロシアにおける朝鮮民族運動」『朝鮮史研究會論文集』22 (朝鮮史研究會, 1985) pp.144~147.

84) 劉孝鐘, 앞의 글, p.142 ; 宋相燾, 앞의 책, p.116 ;『獨立新聞』(上海版) 1920년 3월 30일자. 이범윤은 봉밀산에 숨어있다가 체포되어 일크츠크로 호송되었다.

러시아당국이 이렇게 서둘러 반일운동을 금지한 것은 일본정부로 부터의 강력한 압력을 받은 까닭도 있지만, 1905년 볼셰비키들의 제1 차 러시아혁명을 겪고 나서 한인의 민족해방운동도 일종의 그런 혁명 운동으로 보아서 두려워한 점도 있었다. 이리하여 성명회는 이상설의 체포와 투옥 그리고 추방 등으로 인하여 긴 활동은 하지 못하고, 1910 년 9월 11일 역사에서 사라지고 그 정신만이 유전되었다.[85]

한편 연해주지방에서의 한인독립운동은 연해주 당국의 통치정책에 크게 영향을 받으면서 전개되었다. 역대 연해주 총독들의 한인정책은 두가지로 요약될 수 있다. 하나는 한인의 시베리아 식민이 러시아의 극동정책을 실현하는데 방해가 된다는 견해이며, 또 하나는 한인을 시베리아 식민에 적극 이용하고 대신 러시아화[86]시켜야 한다는 견해 이었다. 꼬르사꼬브나 두홉스끼 같은 연해주 총독은 한인 이주자의 노동력을 이용하자는 편이었고, 반면 운떼르베르게르 같은 총독은 한 인 이주자에 대해서 부정적 태도를 취했다.[87]

1905년부터 1911년까지 연해주 총독으로 재임한 운떼르베르게르는 당시 러시아가 요동과 만주지역 경영에 착수하여 연해주지방에 한인 의 이주가 절실히 필요함에도 불구하고 한인에 의한 연해주 개척을 부정적인 시각으로 보았다.[88] 그는 1900년대에 접어들어 시베리아 철

85) 宋相燾, 앞의 책, p.116 ; 金正柱, 앞의 책, pp.613~614.
86) 귀화 한인과 비귀화 한인 사이에는 사상적 갈등이 표출되었다. 특히 연 해주 한인사회에서 귀화 한인은 비귀화 한인을 '레베지(두루미)'란 별명 으로 그들을 깔보고 있었고 비귀화 한인은 귀화 한인을 '얼마우재'라고 천시하였다. 레베지란 농촌의 한인들이 외출할 때에는 두루미 모양으로 흰옷을 입고 일렬종대로 줄지어 가는 것이 두루미같다는 것이요, 얼마우 재란 것은 러일전쟁 후에 관북지방에서는 러시아인을 마우재라고 불렀는 데 중국어에 둘째라는 얼을 붙여서 얼마우재, 즉 제2의 러시아인, 새끼 마우재라고 천시하는 호칭이다(李智澤, 「시베리아의 3·1運動」『月刊中 央』(1971년 3월호) pp.193~194).
87) 고송무, 앞의 책, p.13.

도공사가 상당히 진척되어 화물차를 타고 러시아인 농민·노동자가 대량으로 이주해 오자, 러시아인의 이익이 침식되는 것을 원치 않았으며 한인들에 의해 개척된 땅이 한인에 의해 점유되는 실태를 위험시 하였다.[89] 따라서 운떼르베르게르 총독의 재임기간은 한인이 억압을 받게되었고, 제2차 러일협약에 의한 러일간의 유착관계가 지속되어 항일독립운동 전선에 막대한 지장이 초래되었다.

1912년에 접어들어 연해주 총독으로 부임한 콘닷지는 전임 운떼르베르게르 총독이 한인을 부정적 시각으로 보던 입장에 비해 매우 우호적인 한인유화정책을 추진하였다.[90] 그는 "모름지기 한인교육을 일으키고 한인에게 러시아 국적을 부여하고 한인에게 병역을 부과하여 러시아화에 매진해야 한다"고 주장하였다. 그의 한인정책은 한인을 러시아 통제권 안으로 완전히 끌어들이고 한인들이 갖고 있는 능력을 시베리아 개척에 최대로 이용한다는 것이었다. 말하자면 한인을 철저히 러시아화 시키고자 하는 고등정책이었다.[91]

한인들은 콘닷지 총독의 한인정책이 생활의 안정과 항일독립운동을 전개하는데 유리한 기반을 제공할 것이라 믿었다. 그리하여 러시아당국의 허가를 받아서 항일독립운동단체를 조직 활동하면서, 표면

---

88) 운떼르베르게르는 '조선인 경계론'을 주장하였고 러시아정부에 다음과 같은 견해를 제출하였다(서대숙 엮음, 이서구 옮김, 앞의 책, p.46). "일본이나 중국과의 전쟁이 발생할 경우 이런 사람들(조선인)의 충성에 의지하는 것은 불가능하다. 반면에 이들은 우리의 외부 적들이 광범위한 간첩망을 조직하는 데 매우 유리한 토양을 제공한다."

89) 李明花,「露領地方에서의 韓人 民族主義教育運動」『한국독립운동사연구』 제3집 (독립기념관 한국독립운동사연구소, 1988) p.125.

90) 콘닷지는 조선인들에게 자유주의적 정책을 실시하였고, 토지를 분배받지 못한 조선인들을 귀화시키는데 주저하지 않았다. 따라서 러시아 시민권을 획득한 조선인들의 수는 급격히 증가하였다(서대숙 엮음, 이서구 옮김, 앞의 책, p.47).

91) 李明花, 앞의 글, p.133.

적으로 전혀 정치적 색채를 드러내지 않음으로써 일제의 감시로부터
벗어나고자 하였다.

2) 권업회에서의 활동

콘닷지 총독의 한인유화정책에 힘입어 13도의군과 성명회의 이념
을 계승, 보다 강력한 항일투쟁을 전개한 勸業會가 창립되었다.[92] 권
업회는 1911년 5월 19일 李鍾浩·金翼瑢·姜宅熙·嚴仁燮 등에 의하
여 발기되었고, 그 다음날인 5월 20일에 57명의 찬동자가 총회를 개
최함으로써 창립되었다.[93] 권업회의 최초 회장에 崔才亨 부회장에 洪
範圖가 선임되었고, 李相卨·金學萬·鄭在寬·柳麟錫·金道女·金 立
·尹 海·韓馨權 등 13도의군과 성명회에 참여하였던 이곳의 지도급
인사들이 가담하였다.[94] 그리고 1913년 북간도지방에서 항일독립운동
을 전개하던 이동휘가 회무를 위하여 초청되었다.[95]

권업회의 설립목적은 "失業의 동포에게 實業을 수여하여 직업에 충
실하도록 하고 생활상 저축을 장려하고 동포가 相愛相信하는 마음을
견고케 하여 문명의 행동을 도모함에 있다"고 하였다.[96] 이 규정을

---

92) 宋相燾, 앞의 책, pp.116~117 ; 蔡根植, 『武裝獨立運動秘史』(大韓民國公
    報處, 1946) p.44 ; 在外朝鮮人事情硏究會 編, 『北滿及露領朝鮮人事情』
    (1912) p.12 ; 金俊燁·金昌順, 앞의 책, pp.80~82.
93) 尹炳奭,「勸業會의 成立과 勸業新聞의 刊行」『千寬宇先生還歷紀念韓國史
    論叢』 p.873.
94) 한국일보사, 앞의 책, p.65.
95) 尹炳奭, 『李相卨傳』(一潮閣, 1984) p.149.
    1913년 9월 22일 이동휘가 미주의 안창호에게 보낸 편지를 보면 "2주일
    후면 해삼위로 들어갈 작정이외다"라고 하였는데 이것을 보면 이동휘가
    연해주에 도착한 것은 1913년 10월 초인 것으로 추정된다(「어느 독립운
    동가의 편지」『월간독립기념관』(1988년 6월호) pp.12~14).
96) 한국일보사, 앞의 책, p.70.

보면 권업회는 경제적 친목단체의 성격을 갖고 있는 것으로 보인다. 그러나 권업회 설립의 진정한 뜻은 "회명을 권업이라 함은 왜구의 교섭상 방해를 피하기 위함이요 실제내용은 광복사업에 대기관으로 된 것이다"[97]라 하여 권업회 설립의 궁극적 목적은 조국독립에 있으나 러시아정부로부터 공식적 허가를 받기 위하여 정치적 색채를 감추고 경제주의 단체를 표방했던 것이다.[98]

권업회의 근본목표는 광복군의 양성에 있었다. 그러나 표면에 드러내 놓고 광복군을 양성할 수 없는 입장이었으므로, 권업회는 광복군의 양성에 기반이 되는 교육진흥에 가장 큰 역점을 두었다. 그리고 그러한 사업의 일환으로 먼저 블라디보스톡 한인촌에 있던 한인학교인 계동학교를 대규모의 한민학교로 확대·개편하여 그곳 한인들의 민족주의 교육의 중추기관으로 삼았다.[99]

여기에 1911년 6월 1일에 "정치상 제도 기관 또는 공공의 안녕에 반항하여 인심을 선동하고 또 음모를 계획한 근거지로서 사용하는 것을 방지하기 위하여 사정이 허락하는 한 필요한 조치를 취한다"는 내용의 「러일범인인도조약」이 체결되었다.[100] 이 조약에 첨부된 비밀선언은 정치범의 인도를 규정하였는데, 이것은 국제법의 일반원칙에 위반되는 것이다. 원래 이 조약은 러시아가 1905년 혁명이후 일본에 있는 정치적 망명가들의 활동을 억압하기 위하여 제안하였었다. 그러나 일본도 러시아 못지 않게 일본정부에 대한 외부에서의 위협을 재판에

---

97) 뒤바보,「俄領實記」(九) 九. 勸業會,『獨立新聞』(上海版) 1920년 3월 30일자.

98)   朝鮮總督府內務局社會課編, 『滿洲及西比利亞地方に於ける朝鮮人事情』(1931) p.235.

99) 뒤바보,「俄領實記」(十一) 七 敎育,『獨立新聞』(上海版) 1920년 4월 3일자.

100)『新韓民報』 1913년 10월 17일자 ; 劉孝鐘, 앞의 글, pp.147~150.

회부하여 절멸시키기를 열망하였다.[101] 이같이 엄격한 규정들의 결과 러시아 영내의 한인 반일운동은 잠잠해졌다. 따라서 한인들의 단체는 러시아당국의 허가를 받지 않고서는 러시아정부의 보호를 받을 수 없는 입장이었다.

권업회는 대외적인 활동의 편의를 위하여 러시아당국에 공인을 신청하여 연해주 총독인 콘닷지의 허가를 받았다.[102] 콘닷지가 권업회를 허가한 이유는 첫째 미국에 소재한 국민회의 시베리아 지방총회 활동과 관련이 있었다. 미국에서 조직된 국민회가 정재관 등을 원동 특파원으로 파견하였는데, 이들의 노력으로 국민회 시베리아 지방총회는 그 산하에 16개의 지회를 두었고 회원은 1000여명으로 늘어났다.[103] 여기에 미국 국민회의 자금을 받아 봉밀산자에 무관학교를 설립하여[104] 무관을 양성하고 민족주의 학교를 설립하여 인재를 양성하는 등 국권회복운동을 추진하였다. 또한 기관지『대한인정교보』를 발행하여 한인계몽에도 앞장섰는데, 콘닷지는 국민회가 미국의 영향하에 있다고 보고 위험시하여, 권업회 같은 합법적인 단체를 허가해 주어 국민회의 세력을 배제하려고 하였다.[105] 둘째는 권업회를 한인동화의 창구기관으로 이용하여 한인의 우수한 노동력을 시베리아 개척에 활용하려 하였기 때문이었다. 이리하여 권업회의 항일독립운동이

---

101) 서대숙 엮음, 이서구 옮김, 앞의 책, p.17.
102) 권업회는 콘닷지 총독을 비롯하여 마나아간 군무지사, 레인진구 경찰서장 등을 명예회원으로 추대하여 러시아정부의 보호를 받고자 하였다(國史編纂委員會 編,『韓國獨立運動史』2 (1969) p.601).
103) 金正柱, 앞의 책, p.614.
104) 姜德相 編,『現代史資料(27)』朝鮮(三) 獨立運動 (一) (みすず書房, 1972) p.157.
105) 劉孝鐘, 앞의 글, pp.152~153. 국민회는 1914년 제1차 세계대전 이후 결사·집회의 자유를 금지하였던 러시아정부의 탄압으로 해체될 위기에 처해 있었으나, 비밀리 활동을 계속하여 1917년까지 존속되었다(劉孝鐘, 앞의 글, p.164).

러시아당국으로부터 비호 받을 수 있었다.

권업회는 콘닷지의 정식허가를 받자 1911년 12월 17일 다시 총회를 열어 회칙을 정비하고,[106] 임원을 선출하는 등 재정비하여 본격적인 활동에 들어갔다. 이 총회에서 권업회를 대표하는 의사부를 두었고, 여기서 의결된 사항을 집행하는 집행부를 두었는데 집행부에는 13개 부가 있었다.[107] 재정비된 후의 임원진은 의사부 의장에 이상설, 부의장에 이종호가 선임되었다. 또한 권업회 본부는 블라디보스톡에 두고 지부는 니콜리스크·우수리스크·하바로브스크 등 13곳에 한인이 거주하는 지역에 두었다.

권업회는 한인 자치기관으로서 집행부를 통해 여러가지 사업을 전개하였다. 민족운동자를 양성하는 민족주의 학교[108]를 세우고, 한인들에게 애국·항일의식을 고취시키기 위하여 각종 연설회를 개최하여 항일투쟁에 나설 것을 호소하였다. 그리고 보다 효과적인 활동을 전개하기 위하여 기관지로 『勸業新聞』[109]을 간행하였다. 『권업신문』은 일제의 침략행위를 극렬히 비난하는 등 반일적 논조로 일관하였는데, 시베리아·북간도 등 한인이 거주하는 촌락의 구석구석까지 보급되었다.[110]

권업회의 회원은 창립 후 회세의 확장과 사업의 진척에 따라 크게

---

106) 『在外朝鮮人ノ結社團體情況』 p.19.
107) 尹炳奭,「勸業會의 成立과 勸業新聞의 刊行」『千寬宇先生還曆紀念韓國史論叢』 p.881.
108) 신한촌에 이종호·이범진의 의연금으로 한민학교를 설립하여 남녀교육의 모범이 되게하니 그 학풍이 각 지방에 크게 번지게 되었다(『獨立新聞』(上海版) 1920년 3월 30일자 ; 朴亨杓,『三·一運動 當時 露領의 韓橋』『三·一運動50周年紀念論集』(東亞日報社, 1969) p.65).
109) 『권업신문』은 신채호·김하구가 주필을 맡았으며 226호까지 간행되었다(『獨立新聞』(上海版) 1920년 3월 30일자 ; 朴亨杓, 앞의 글, p.65).
110) 한국일보사, 앞의 책, pp.80~81.

증가하여 1913년 10월에는 2,600명에 달하였고, 1914년 5월에는 8,579
명의 회원을 확보하였다.[111] 그러나 이에 못지 않은 장애요인이 있었
으니 그것은 다름아닌 파벌과 파쟁이었다. 즉 반민족적인 지방색, 먼
저 이주한 사람과 뒤에 이주한 사람의 대립, 신·구학문에 의한 인간
의 충돌 등 서로 파벌을 형성하여 모함과 중상을 일삼아 항일독립운
동 추진에 지장을 초래하였다.[112]

  북간도에 있을 때부터 연해주지방에 항일독립운동가들이 파벌을
형성하고 있다는 소식을 들었던 이동휘[113]는 1913년 10월 4일 권업회
의 초청으로 연해주 블라디보스톡 신한촌에 도착하여 그곳 한인들로
부터 열렬한 환영을 받았다.[114] 이동휘는 이 때 이상설·이범윤·김
학만·유인석 등은 남도파로, 이 강·정재관·차석용 등은 서북파로,
자신을 비롯하여 이종호·최재형·김병학·김익용 등은 북도파로 지
목되어 있음을 알게 되었다.[115] 권업회는 10월 12일 권업회관에서 이
동휘에 대한 환영회를 개최하였다. 환영회에서는 이상설이 사회를 보
고 이종호가 이동휘의 경력을 소개하였으며 정재관·김도녀 등이 축
사를 하였다. 이어서 200여명의 청중을 상대로 1시간 동안 계속된 연

---

111) 金承化 著, 鄭泰秀 編譯, 『소련 韓族史』 (大韓敎科書株式會社, 1989)
    p.71.
112) 1913년 말에는 어떤 사이비 애국자가 이상설을 매장코자 일제의 밀정으
    로 몰아넣는 음모까지 있었다.
113) 1913년 9월 22일 북간도에서 연해주로 떠나기 2주일전 이동휘가 미주에
    있는 안창호에게 보낸 편지 중에 "그동안 해삼위에서 지내신 일과 지금
    같이 해삼위 동지의 분쟁은 참 눈물만 아니오 피가 쏟아질 일 이외다. 장
    담코 弟가 조화코자 하오니 제를 위하여 기도 많이 하여주시오" 라는 것
    을 보면 이동휘는 연해주에 오기전부터 연해주 민족운동가들이 반목하고
    있었음을 알고 있었던 것으로 보인다(「어느 독립운동가의 편지」『월간독
    립기념관』 (1988년 6월호) p.13).
114) 『勸業新聞』 1913년 10월 5일자 ; 國史編纂委員會 編, 『日帝侵略下韓國36
    年史』 2 (1966) p.327.
115) 한국일보사, 앞의 책, p.69.

설에서 이동휘는 內地의 참상, 일본의 현상, 우리 민족의 신성한 역
사, 해외동포의 의무, 해외에 나온 회포 등에 관하여 열변을 토하였
다.116) 그리고 이동휘는 파벌을 청산하고 남도파·서북파·북도파가
단결하여 항일투쟁을 전개할 것을 주장하였는데, 그 내용은 다음과
같다.117)

여러분은 싱각ㅎ시오. 남우면 망ㅎ고 합ㅎ면 홍ㅎᄂ니 너가 이
와ᄀᆺ치 말흠은 말을 꾸미는 것이 안이라. 우리가 오늘날 엇던 디
위에 잇소. 좀 싱각ㅎ야 보시오. 만경창파에 풍도가 위험ㅎ데 초월
이 샹시홀지라도 ᄀᆺ치탄 비안에서 셔로돕고 셔로 구제ㅎ지 안이ㅎ
겟ᄂ는가(만장이 박장) 三三五五의 양의 무리가 갈떠에 호랑의 날칼
온 톱을 만나면 셔로 합ㅎ야 나갈 것이 맛당ㅎ지 안인가. 과연 단
합홀지어다. 남우면 데二차 멸망을 받을지니 과연 오늘날은 살부
살형의 원수라도 우리의 광복을 희망ㅎ야 셔로 난우지 마라
우리가 셔로 셩심으로 복죵ㅎ옵셰다. 긔왕에는 그렇치 못ㅎ얏
소. 여러 청년들과 션진 사이에 셔로 밋고 존즁ㅎᄂ 것이 부죡ㅎ
야 낭픠가 된일이 만소. 오늘 이후에도 셔로 밋고 셔로 위로 안이
ㅎ면 우리가 일ㅎᄂ 것도 다 쓸디업소. 우리가 셔로 붉은 졍셩으
로 ㅎ지 안으면 황금탑을 쌋고 독립젼징을 홀지라도 다 쓸디업ᄂ
것이오. 만쟝겨군이여 셔로 밋고 복죵ㅎ옵셰다.

그는 지방색의 파쟁을 해소시키기 위하여 각파의 중요 인물인 李鐘
浩·李 剛·李 甲·鄭在寬·柳東說·吳周赫·洪範圖 등을 신한촌 姜
良朋 집으로 초대하여 "조국의 광복을 보기전에 私黨을 만들어 동포
를 상호 반목시키는 자는 동지가 함께 단결하여 君父의 怨讐로 삼는

---

116) 潘炳律, 앞의 글, p.222.
117) 國史編纂委員會 編, 앞의 책, p.327 ; 『勸業新聞』 1913년 9월 20일자 「리
     셩직의 연설」.

다"는 결의를 행하게 하였다.118) 이 결과 10월 19일 개최된 권업회 특별총회에서 노령지역 한인사회의 원로 최재형이 회장에 취임하고 3파벌의 수령격인 이상설(남도파)·정재관(서북파)·이종호(북도파) 등이 주요 간부로 선출됨으로써 각파의 단합이 이루어졌다. 여기에 김학만·홍범도 등 영향력이 있는 지도자들이 권업회에 대하여 협조적인 태도를 보였다. 이와같이 이동휘는 권업회의 단합에 크게 기여하였다.

이와 전후하여 권업회의 의장은 김도여·이종호 등으로 교체 선임되었고 이동휘를 비롯하여 한형권·김 립·윤 해 등이 총무로 지명되었다.119) 한편 이동휘는 이범윤·홍범도 등 연해주에서 활동한 의병장들과 의병대책을 협의하여 북간도지방 의병단과의 공동 대일항전을 결의하고 권업회에 재정적인 지원을 요청하였다.120) 이 당시 연해주에 있어서의 의병활동은 소규모의 인원에 의한 간헐적 군사행동에 치우쳐 있고, 북간도지방의 의병들은 연해주지방에서 무기의 구입을 원하고 있었기 때문이었다. 오직 그의 관심사는 북간도·연해주지방에 있는 항일세력을 규합하여 무장을 갖추고 일제에 대항하는 것이었다. 동시에 그는 일제를 타도하는 무장투쟁도 중요하지만 민중을 각성시키는 것도 조국독립의 지름길로 파악하여 권업회의 각 지회를 순회하면서 민중계몽 강연회를 개최하여 항일 애국심을 고취시켰다.121)

이동휘는 10월 19일 특별총회에서 권업회 임시의사원으로 선출되었다가 얼마후 지회설립과 지방시찰의 임무를 띤 총대로 선정되었다. 이동휘는 이 권업회를 광복사업의 대기관으로 명실상부하게 발전시키

118) 金正柱 編, 앞의 책, pp.616~617.
119) 한국일보사 편, 앞의 책, p.78.
120) 劉孝鐘, 앞의 글, p.155.
121) 劉孝鐘, 앞의 글, pp.155~156. 또한 이동휘는 1913년 11월 간도 長白府에 韓僑董事會를 설치하여 한교의 민력을 밝히고 민사관계사건을 예심하게 하였다(國史編纂委員會 編, 앞의 책, p.374).

기 위하여 북쪽으로 연해주의 수부인 하바로브스크 지역과 서북쪽의 홍개호 주변으로부터 추풍지역까지, 동남쪽의 수청지역, 남쪽 방면의 연추·핫산 지역 등의 수 많은 한인 촌락을 순회하면서 권업회의 조직을 확대·정비하고 조국독립을 위한 계몽활동을 전개하였다. 따라서 권업회가 1914년 5월에 접어들면서 약 8,500명의 회원을 확보할 수 있었던 것은 이동휘의 열성적 계몽활동이 있었기에 가능하였던 것으로 보인다.

1914년에 접어들어 권업회의 활동은 더욱 활발하여 졌다. 이것은 첫째, 동년은 러일전쟁이 발발한지 10주년 되는 해로 러시아의 반일 분위기가 팽배해 있다는 점,122) 둘째, 아무르철도의 준공이 동년 말에 예정되어 있는 것과 연관하여 하급군인을 중심으로 러일개전의 소문이 널리 퍼져 있었다는 점, 마지막으로 매년 1월 1일에 예정되어 있던 극동 러시아군의 만기제대가 이유없이 2회에 걸쳐 연기됨으로써 전쟁의 기대가 점점 고조되어 갔다는 점 때문이었다.123)

이러한 시대적 상황에 직면한 이동휘·이상설·이종호·이동녕·정재관 등 권업회 주도 인물들은 러일개전에 대비하여 러시아와 연합하여 일제를 공격하고자 준비하였고 독립을 쟁취할 수 있는 호기로 기대하였다. 그리하여 효과적인 독립전쟁을 수행하고자 무장독립운동 단체인 大韓光復軍政府를 조직하고 이상설과 이동휘를 정·부도령으로 추대하였으며 계봉우를 책임비서로 선출하였다.124) 우리나라 최초

---

122) 뒤바보, 「俄領實記」(九), 『獨立新聞』(上海版) 1920년 3월 30일자.
123) 劉孝鐘, 앞의 글, p.155.
124) 朴亨杓, 앞의 글, p.65 ; 뒤바보, 「俄領實記」(九), 『獨立新聞』(上海版) 1920년 3월 30일자 ; 대한광복군정부는 그 설립 시기를 한인의 시베리아 이주 50주년이 되는 해에 맞추어 건립하였다(『新韓民報』 1914년 6월 4일자) ; 권업신문 기자이었던 계봉우는 1914년초 권업회가 수립한 '노령 한인이주 50주년기념행사'의 일환으로 계획되었던 『노령한인이주50년사』의 편찬작업에 참여하였다. 그러나 '노령 한인이주 50주년기념행사'는 제

의 임시정부의 성격을 갖는 대한광복군정부는 만주·시베리아를 비롯한 국외 모든 항일독립운동 무장세력을 규합해 광복군으로 총괄하려는 군사령부적인 성격의 단체로 비밀리에 광복군을 편성하고 있던 연해주와 서북간도에 3개의 군구를 설치하였다. 정부소재지인 연해주에 제1군구를 두고 북간도를 제2군구, 서간도를 제3군구로 확정하였고 모든 광복군의 통제·지휘는 정도령이 맡아 행사하도록 하였다. 처음에는 정도령으로 이상설이 선출되었으나, 다음에는 권업회를 발전시킨 이동휘가 선임되었다.

그러나 1914년 7월 제1차 세계대전이 유럽에서 발발하자 한인의 이러한 기대는 무산되었다. 러시아는 전시정책을 채택하고 일제와 더불어 대독일 동맹국이 되어 한인 일체의 정치·사회활동을 금지함과 동시에 항일독립운동가들을 체포·탄압하였다.[125] 제1차 세계대전이 발발하기 전 러시아는 항일활동을 전개하는 독립운동가들을 제재하지 않았으며 한인의 응집력을 이용하여 대일본 견제세력으로 키우고자 하였다. 그러나 제1차 세계대전 발발이후 일제와 동맹국이 되어 태도가 돌변하였던 것이다. 그리고 지금까지 효력을 보지 못하였던 「러일범인인도조약」이[126] 효력을 발휘하여 독립운동가들을 체포·탄압하는데 적용되었다.

따라서 대한광복군정부는 그의 모체가 된 권업회와 함께 러시아정부의 탄압으로 활동하지 못하고 이름만 유전하는 망명정부가 되고 말

1차 세계대전의 발발로 러시아가 일본의 동맹국이 되면서 러시아당국이 1914년 8월 7일 계엄령을 선포하고, 권업회의 해산 및 권업신문의 폐간을 단행함과 동시에 이동휘·이종호·계봉우 등 권업회 간부들에게 강제퇴거령을 내림으로써 실현되지 못하고 말았다(『勸業新聞』 1914년 2월 8일자).

125) 尹炳奭, 『李相卨傳』 (一潮閣, 1984) pp.161~162.
126) 『新韓民報』 1913년 10월 17일자.

았다.[127) 권업회는 러시아정부의 명령으로 해산되었으며, 기관지인 『권업신문』도 강제로 폐간되었다. 그리고 한인사회의 중요한 인물들은 가차없이 체포·투옥되고 추방당하였다.[128)

위와 같이 연해주지방의 정세가 한인독립운동을 탄압하는 기운으로 돌변하자, 러일개전에 대비하여 일제와의 독립전쟁을 계획하였던 이동휘를 비롯한 권업회 주도인물들은 새로운 활로를 모색하기 위하여 지하로 잠적하거나 하바로브스크·간도·북만주 등 시베리아와 중국령 전역으로 흩어졌다.[129)

이동휘는 金奎冕·李鍾浩·金 立·張基永·金河錫·吳永善·韓 洪·金成南 등과 1914년 12월에 왕청현 수분대전자 나자구로 이동하여 앞서 자신이 설립한 동림무관학교(대전무관학교)운영에 참여하면서 독립군 양성에 주력하였다.[130) 학교와 기숙사 건축은 주민들이 담당하고, 학교유지 경비는 이종호가 책임지었으며, 교관 모집 및 교과서 공급은 장기영이 맡았다. 또한 사관학생 모집은 김규면과 전 일이 담당하였는데, 남북간도 및 혼춘·연해주 지역에서 100여명의 학생들이 몰려왔다고 한다. 이 무관학교에서 사용한 무기는 중국 육군부대에서 보내 준 장총이었으며, 교과서는 중국운남사관학교에서 한운영과 이영이 보내준 보병조전·전술학·군인수칙 등 이었다.[131)

이동휘는 이 곳 무관학교에서 민족주의교육과 군사교육을 실시하면서, 서북간도·러시아령 등지에 흩어져 있는 항일독립운동 세력과

---

127) 尹炳奭, 앞의 책, p.168.
128) 『新韓民報』 1914년 10월 29일자 ; 金正柱, 앞의 책, p.619 ; 뒤바보, 「俄領實記」(九) 五.社會(續), 『獨立新聞』(上海版) 1920년 3월 30일자.
129) 劉孝鐘, 앞의 글, p.157.
130) 金奎冕, 「誠齋 略傳에 관한 回想記」『문화일보』 1995년 8월 17일자 ; 『선봉』 1935년 2월 2일자.
131) 『이동휘전기』, pp.37~39.

상호 연락을 취하면서 새로운 독립군 기지로서의 확충을 시도하였다.[132] 동림무관학교의 교육은 연해주지방 대부분의 민족학교가 실업교육을 중시하여 동포들의 경제적 안정을 중요 교육목표로 삼는데 반해 직접적인 항일독립운동에 선봉이 될 인재를 양성하는데 그 목적을 두었다. 그리하여 이곳에서 수업을 받은 80여명의 학생들은 후에 중국 시베리아지방에서 전개된 항일독립운동에 투신하여 대단한 활약을 보였다.[133]

그러나 1915년 말 일본 영사관의 강박에 의하여 중국당국이 동림무관학교를 폐쇄하자, 이동휘는 대황구로 가서 그곳의 유지인 양하구·김도연·김남극·양재환·양병철·김하정 등과 협력하여 북일중학교를 설립하였다. 이 학교는 무관학교를 방불케 하는 중학교로 군사지식 습득과 군사훈련에 치중하였고, 이러한 취지에 따라 체육과 군사 등이 집중적으로 교육되었다. 따라서 동림무관학교 폐쇄로 상당수의 학생들은 북일중학교에 입학하여 계속 공부를 할 수 있었다. 이동휘는 북일중학교 명예교장으로 있으면서 동림무관학교의 교육이념을 계승·발전시키려 하였다.[134]

이동휘는 1915년 3월에 들어와 21개조 문제로 중·일간에 긴장이 고조되자 북간도지방의 항일독립운동 세력을 규합하여 한·중연합에 의한 대일무력투쟁을 준비·계획하였다. 이동휘는 황병길과 함께 혼춘방면을 근거로 하여 연해주에서 활약하고 있던 이봉우·윤 해 등과

---

132) 四方子,「北墾島 그 過去와 現在」,『獨立新聞』1920년 1월 2일자 ; 뒤바보,「俄領實記」(九) 五.社會(續),『독립신문』1920년 3월 30일자 ; 뒤바보,「金알렉산드라傳」(五) 革命界의 大活躍 ,『獨立新聞』(上海版) 1920년 4월 20일자
133) 四方子,「北間島 그 過去와 現在」,『獨立新聞』(上海版) 1920년 1월 1일자.
134) 정협연변조선족자치위원회 문사자료연구위원회 편, 앞의 책, pp.204~205, 254~255.

손을 잡고 국자가방면을 중심으로 항일독립운동을 일으키려 하였
다.[135] 그러나 5월에 21개조가 타결되고 중국관헌의 한인독립운동에
대한 탄압조치가 내려지자,[136] 노령 또는 중국령 오지로 잠복, 도피하
기에 이르렀다. 따라서 독립군을 양성하는데 적극적인 자세를 보였던
이 학교는 일제의 방해 교섭공작에 의하여 1915년 5월 중국당국에 의
하여 강제 폐교당하였다.[137]

3) 신한혁명당에서의 활동

전술했듯이 1914년 제1차 세계대전이 발발하자 전쟁에 휩싸이게 된
러시아와 중국은 한인독립운동의 지원을 철회하고 합법적인 독립운동
단체들까지도 해산하기에 이르렀다. 즉 연해주지방에서는 권업회와
대한광복군정부가, 북간도지방에서는 간민회가 이 시기를 전후하여
해산당하게 되었다.

권업회의 해산으로 연해주에서 상해로 이동한 이상설은 1915년 3월
그곳에서 同濟社라는 독립운동단체를 이끌고 있던 朴殷植·申圭植을
비롯하여 시베리아·국내 등에서 온 曺成煥·柳東說·劉鴻烈·李春
日·成樂馨 등과 함께 동제사에서 건립한 민족주의 교육기관인 倍達
學院에서 회합하여 新韓革命黨을 결성하였다.[138] 이들은 일제가 제1
차 세계대전에 참전한 것을 계기로 중·일전 또는 독·일의 대립 등

---

135) 金正明 編, 앞의 책, p.425.
136) 金正明 編, 앞의 책, pp.425~427.
137) 李明化, 「1920年代 滿洲地方에서의 民族教育運動」『한국독립운동사연
    구』 제2집 (독립기념관 한국독립운동사연구소, 1988) p.305.『이동휘전기』,
    p.40에는 1915년 하순에 이 학교가 해산되었다고 하였다.
138) 金正柱 編,『朝鮮統治史料』第五卷 (韓國史料研究所, 1970) pp.647~649 ;
    姜英心, 「新韓革命黨의 結成과 活動」『한국독립운동사연구』 제2집 (독립
    기념관 한국독립운동사연구소, 1988) p.113.

의 상황을 예견하면서, 전쟁의 추이를 분석한 결과 독일이 유럽전쟁
에서 승리하리라고 확신하여 전승 후의 독·중의 대일 공동전선을 기
대하였다. 이러한 독립운동의 호기회를 맞이한 신한혁명당은 국내와
국외를 효과적으로 연결하면서 일제와의 독립전쟁을 결행할 것을 결
의하였다.

먼저 신한혁명당은 본부를 북경에 두기로 하고, 그 본부장에 이상
설을 선임하였다. 지부는 만주에 봉천·장춘·안동·연길, 중국 본토
에 상해·한구, 국내에 서울·원산·평양·회령·나남 등을 두었다.
본부의 임원은 외교부장에 성낙형, 교통부장에 유동열, 재정부장에 이
춘일, 감독에 박은식 등이었고 지부장은 상해지부장에 신규식, 한구지
부장에 김위원, 장춘지부장에 이동휘,139) 연길지부장에 李同春, 평양
지부장에 鄭恒俊, 회령지부장에 朴定來, 나남지부장에 姜載厚가 각각
선임되었다. 지부는 재정·통신·연락 및 당원모집 등을 주 업무로
하였다.140)

그리고 본부를 북경에 설치한 이유는 상해는 혁명세력의 중심지이
었고, 북경은 원세개 정권의 중심지이었는데, 원세개의 도움을 받기위
하여 전략적으로 설치하였다. 또 지부조직이 설치된 지역을 보면 독
립전쟁발발에 대비하여 세워 둔 군사작전상 주요지역이었다. 중국내
지부설치 지역인 안동·봉천·장춘은 모두 일본의 안봉철도와 관련된
곳이다. 국내의 나남·회령도 국내 진격작전의 주요 목표지였다.

조직을 정비한 신한혁명당은 국내외에서 되도록 많은 혁명당원을
규합하는 한편, 일제에 의하여 강제퇴위 당한 고종을 당수로 추대하
여, 신한혁명당의 활동을 보다 강력히 추진하고자 하였다. 그리하여

---

139) 金正柱 編, 앞의 책, p.648 ; 金正明 編,『朝鮮獨立運動』1 (原書房, 1967)
   p.279.
140) 姜英心, 앞의 글, pp.118~119.

외교부장인 성낙형을 국내에 파견하여 고종을 당수로 받들고 중국정부와 「中韓誼邦條約」을 체결하기 위한 신임장을 받아오도록 하였다.[141]

19개조로 된 「중한의방조약」의 내용은 중국정부는 한민족이 일제와 독립전쟁을 결행하면 곧 군대와 무기를 후원하고, 중일전쟁이 발발하면 한국독립군은 중국을 도와 일제의 안봉철도를 파괴하면서 한·중공동의 항일투쟁을 전개한다는 것이었다.[142]

그러나 신한혁명당의 이와 같은 국내외에서의 활동에도 불구하고 국제정세는 당초의 판단과는 다르게 변하여 갔다. 유럽에서 일어난 세계대전이 독일의 승리로 전개되지 못하고 오히려 일제가 가담한 연합국측의 승리로 기울어져 일제의 국제적 지위만 높아졌다. 여기에 중국이 자국내의 정쟁에 휘말려 일본과의 전쟁은 엄두도 못낼 형편에 있었고, 러시아당국은 일제와 제휴한 전시체제를 더욱 강화시켜 한인들을 탄압하였다. 이후의 정세는 1916년 교착상태를 거쳐 1917년 4월 미국의 참전으로 독일은 패전국이 되는 정반대의 결과를 초래하였다.[143]

그리고 국내에 파견된 신한혁명당 간부들은 일제의 군경에 발각되어 거의 체포·투옥되었다. 중대한 임무를 띤 외교부장 성낙형을 비롯하여 金思濬·金思洪·金勝鉉·邊錫鵬·金胃元·沈仁澤·朴鳳來·鄭駉永·廉德臣·李慶昌 등이 동지를 규합하고 고종과 연락하면서 활동을 전개하였으나 1915년 7월 이후 모두 투옥되었다. 이것이 1915년 조선총독부가 발표한 保安法違反事件의 진상이다.[144]

---

141) 한국일보사 편, 앞의 책, p.122 ; 尹炳奭, 앞의 책, p.164.
142) 金正柱 編, 앞의 책, pp.657~659.
143) 한국일보사 편, 앞의 책, p.123 ; 尹炳奭, 앞의 책, p.167.
144) 金正柱 編, 앞의 책, pp.631~671 ; 金正明 編, 앞의 책, pp.278~297.

국제정세 상황판단의 한계성에 의하여 신한혁명당의 활동이 실패로 돌아가자, 이동휘는 추종세력들과 동녕현 삼분구에 北賓義勇團을 설립하고 왕청현 뇌자구에 무관학교를 설립하여 독립군 양성에 주력하였다.[145] 이어서 이동휘는 권업회의 후신으로 金起龍·全一·柳東說·金立 등이 중심이 되어 러시아·중국 국경지대인 모다하시루우브스키에 설립한 勞兵會의 지원을 받아[146] 일련의 무장행동을 행하였다.[147] 그 인적인 기반은 러시아의 전쟁동원을 거부하여 도피한 약 2만 정도의 이주한인이었다.[148]

한편 1914년 제1차 세계대전의 발발로 러시아가 일본과 동맹을 맺고 전시체제를 채택하여 한인의 독립운동을 강력히 탄압하자, 동년 12월 5일 페트로그라드의 일본대사관은 수 명의 조선인 명단을 작성하여 이들을 러시아에서 추방해 줄 것을 문서로 요구하였다. 이에 대해 러시아 외무부는 귀화한 러시아 국민을 인도하는 것은 불가능하나, 귀화하지 않은 조선인을 1911년 6월 1일의 비밀선언문에 의거하여 추방하는 것은 가능하다고 응답하였다.[149]

1914년말 러시아 지방당국은 귀화하지 않은 조선인을 포스예트지역으로부터 참혹하게 추방하는 정책을 법제화하였다. 그럼에도 불구하고 일본정부는 이 정도의 조치에 만족하지 못하고 이전과 유사한 새로운 문서를 1915년 8월 29일 제출하였다. 이 문서는 30명의 조선인을 러시아에서 추방시켜 일본당국에 인도할 것과 아울러 만일 이것이 불가능하다면 그 조선인들을 시베리아지방으로 추방시켜 철저한

---

145) 劉孝鐘, 앞의 글, pp.158~159.
146) 뒤바보, 「俄領實記」(九) 十二 勞兵會, 『獨立新聞』(上海版) 1920년 3월 30일자 ; 蔡根植, 앞의 책, p.44.
147) 佐佐木春隆, 『韓國獨立運動の硏究』(國書刊行會, 1985) pp.566~567.
148) 劉孝鐘, 앞의 글, p.159.
149) 서대숙 엮음, 이서구 옮김, 앞의 책, p.17.

경찰 감시하에 묶어 놓아야 한다고 주장하였다.[150]

일제는 러시아에 대한 외교적 압력 뿐만 아니라 공작에 의존하기도 하였다. 이 방법은 러시아 극동과 만주의 조선 민족주의운동에서 가장 영향력 있는 인물 중의 한 사람인 이동휘를 함정에 빠뜨리기 위하여 사용되었다. 1916년 일본 비밀첩보대는 이동휘가 중국 동부지역 철도를 파괴하려는 계획을 하고 있으며, 그외 반러폭동을 기도하는 독일첩보원이라는 소문을 체계적으로 유포시켰다.[151] 여기에 동년 12월 중국에서 간행하는 『만주리아 데일리 뉴스 신문』에 동청철도 파괴공작이란 기사를 게재케 하고 주모자로 이동휘를 거론케 하는 등 체계적인 공작을 진행하였다. 이러한 소문과 체계적인 공작 그리고 일본 외교관들의 긴급한 요청으로 마침내 이동휘는 독일간첩이라는 혐의로 1917년 초 구속되었다.[152] 러시아는 일본과의 동맹의 표시로 조선인 망명자를 계속하여 체포하였는데 그 첫번째가 이동휘였다.

이상에서 살펴본 바와 같이 이동휘는 1913년 초 북간도로 망명한 후 그의 독립운동방략이었던 독립전쟁론을 현실에서 구현하기 위해 일관된 노력을 보였다. 그는 국내에 있을 때부터 연계를 맺었던 북간도 한인사회를 기반으로 하여 학교설립운동을 계속하는 한편, 1912년

---

150) 서대숙 엮음, 이서구 옮김, 앞의 책, p.18.
151) 서대숙 엮음, 이서구 옮김, 앞의 책, p.18 ; 마뜨베이 찌모피예비치 김 지음, 이준형 옮김, 『일제하 극동시베리아의 한인 사회주의자들』(역사비평사, 1990) p.105. 특히 이동휘가 독일첩보원이란 누명을 쓴 것은 무관학교 교관으로 독일장교 2~3명을 채용한 일이 있는데 그것이 빌미가 되었다고 한다(金奎冕, 「誠齋 略傳에 관한 回想記」『문화일보』1995년 8월 17일자). 일제의 이동휘에 대한 체포기도는 여러 차례에 걸쳐 행하여 졌으나 번번히 실패하였다. 특히 1916년 음력 10월 29일 부인 강정혜 생일에 있었던 이동휘의 체포시도는 유명하다(『이동휘전기』, pp.40~44 ; 이영일, 「上海臨政 국무총리 李東輝 傳記」『東亞日報』1991년 6월 17일자).
152) 『선봉』1935년 2월 2일자. 이동휘는 임시정부 헌병대에 근무하는 구덕선에게 체포되어 감옥에 수감되었다(『이동휘전기』, p.46).

연해주 블라디보스톡에서 신채호·이갑 등이 주도한 광복회 북간도 지부를 조직하여 무장투쟁을 위한 인재양성에 주력하였다. 그리고 이에서 더 나아가 동림무관학교와 밀산무관학교를 세워 군사훈련과 군사기술 습득을 통해 장차의 독립전쟁에 대비하였다.

그러나 이동휘의 독립전쟁론이 더욱 구체적으로 시험된 것은 연해주지방에서의 활동을 통해서 였다. 그는 연해주지방에서 권업회에 가담하면서 광복군을 양성하는 한편, 북간도지방 의병단과의 공동 대일항전을 결의하고 그 구체적인 실천을 모색해 갔던 것이다. 이 때 그는 신민회 시절부터 모색되고 있었던 열강과 일본의 대립 상황이 조성될 때 무장행동을 도모한다는 독립전쟁론의 계획을 실천에 옮겼는데, 이는 당시 제1차 세계대전에 대한 정세판단에 기초를 둔 것이었다. 즉 그는 러·일간, 중·일간 및 독·일간의 대립을 상정하고 구체적인 실력행동에 돌입할 계획을 세워나갔다.

그러나 사태는 그의 예상과 다르게 진행되었고, 열강과 일본간의 모순과 전쟁발발을 이용하여 독립전쟁을 일으킨다는 그의 계획은 실패하고 말았다. 그의 독립전쟁론은 객관적인 정세판단에 오류가 있었고 그는 이에서 커다란 역량의 한계를 느끼지 않을 수 없었다. 이후 그는 북빈의용단을 설립하여 독립군 양성에 주력하는 한편, 권업회의 후신으로 설립된 노병회의 지원을 받아 일련의 무장행동을 전개하였지만, 이는 근본적인 역량의 한계 속에서 진행되는 것이었다. 이에 그의 독립전쟁론은 일단 좌절을 겪게 되었다. 더우기 그는 당시 일제의 압력에 의해 체포까지 당하게 되어 생사존망의 상황에 놓이게 됨으로써 당장의 미래도 기약할 수 없었다.

이와 같이 미일·중일·러일전쟁을 이용한 독립전쟁의 수행에 자신의 독립운동 방략을 설정했던 이동휘에게 있어 국제정세의 예기치 못한 변화는 그의 독립전쟁론 자체에 대한 근본적인 반성을 가져오는 계기가 되었다. 또한 이 과정에서 그 자신 또한 囹圄의 몸이 되어 생명조차도 보장받을 수 없는 일대 기로에 직면하게 되었다. 그러면 이동휘는 과연 어떠한 과정을 거쳐 사회주의를 방편으로 한 독립운동을 전개해 나갔는가. 이는 이동휘의 전생애에서 또 다시 하나의 커다란 전환을 이루는 동시에, 그가 생애를 마감하기 까지 견지했던 사상과 활동 가운데 핵심적인 부분을 이루는 것이기 때문이기도 하다.

이동휘가 자신의 사상과 독립운동 방략을 사회주에로 설정하는 것은 몇가지 계기가 작용한 것으로 보인다. 그것은 그가 러시아당국(임시정부)에 의해 체포되어 감옥생활을 하고 볼셰비키에 의해 석방되는 과정, 그리고 러시아 10월 혁명의 발발과 이에 대한 이동휘의 인식과 전망, 기존에 수행해 온 독립전쟁론에 대한 반성 등에 기인한 것 이었다.

먼저 이동휘는 러시아 임시정부에 의해 투옥되어 수감생활을 하던 중에 볼셰비키를 만나게 되어 마르크스주의와 접촉하게 되었다. 그는 여기에서 러시아어의 학습에 몰두하는 한편, 볼셰비키의 도움으로 『공산당 선언』을 읽었으며 레닌의 『유물론 및 경험비판론』을 탐독하였고 공산당 기관지인 『프라우다』의 애독자가 되었다.[153] 이와 같이 이동휘는 감옥에서 볼셰비키들의 교육과 방조 밑에서 원시적 초기 공산주의자로 육성되어 갔던 것이다. 이동휘를 두고 공산주의 사상은 하나도 모르는 사람이라고 혹평하는 자[154]도 있으나, 이후에서 보게 되는 것처럼 이 때의 기본적인 학습과 자신의 실천활동 속에서 사회

---

153) 현룡순·리정문·허룡구 편저, 앞의 책, p.5 ; 정협연변조선족자치위원회 문사자료연구회 편, 앞의 책, p.254 ; 김철수·김동화·리창혁·오기송 편 저, 앞의 책, p.425.
154) 金弘壹,「自由市事變 前後」『思想界』(1965년 2월호) pp.219~220 ; 夢陽 呂運亨先生全集發刊委員會 編,『夢陽呂運亨全集』1 (한울, 1991) pp.527~ 528.

주의의 기본이론에 대한 이해는 어느 정도 구비하고 있었다고 보는 것이 합리적일 것이다.

이동휘는 10월혁명 이후 알렉셰프스크(자유시) 지방의 러시아 육군 감옥에서[155] 알렉산드라 페트로브나 김·유 스테판·최고려·박 이반·김기룡 등의 동지들과 나이바트·수카노프·우트킨 등 볼셰비키들의 적극적인 지원에 힘입어 고곤도고프장군에 의하여 석방되었다.[156] 이동휘의 석방은 극동소비에트 정권에서 지도적 지위를 가지고 있었던 볼셰비키와 새로이 형성되고 있었던 러시아령 조선인들 가운데 친볼셰비키적 성향을 보인『한인신보』그룹의 노력에 의한 것이었다. 따라서 이동휘는 이 석방과정을 통해 볼셰비키에 대해 호감 이상의 동지적 우애를 느꼈을 것 임은 물론이다.[157]

한편 이상의 개인적인 체험과 더불어 이동휘가 사회주의를 통한 독립운동에 전념하는 주요한 계기는 러시아 10월혁명 그 자체였다. 새로 출범한 러시아 노농혁명정권은 첫째 아시아의 반제민족운동이 제

---

155) 러시아정부가 블라고 웨센쓰크 감옥에 있던 이동휘를 알렉세프스크 감옥으로 이송한 것은 이동휘에게 '독일정탐'이라는 죄명을 씌워 가지고 남화태도를 경유하여 일본에 넘기려는 계획이었다고 한다(김세일,『홍범도』 3 (제3문학사, 1989) p.120 ;『新韓民報』1917년 7월 12일자).

156) 獨立紀念館 韓國獨立運動史硏究所,『島山安昌浩資料集(1)』韓國獨立運動史資料叢書 第4輯 (1990) p.221,백원호가 안창호에게 보낸 편지 ;『新韓民報』1917년 10월 4일자, 12월 27일자 ; 서대숙 저, 현대사연구회 역,『한국공산주의운동사연구』(화다출판사, 1985) p.22. 이동휘는 출옥 후 주거지가 목능현 북쪽 10리로 한정되었다고 한다(金正柱 編,『朝鮮統治史料』第十卷 (韓國史料硏究所, 1971) p.44).

157) 이동휘의 체포·석방시기는 자료에 따라 약간의 차이를 보이고 있는데 (1916년 후반체포 1917년 2월 혁명 후 석방(金奎冕,「誠齋 略傳에 관한 回想記」『문화일보』1995년 8월 17일자), 1917년 4월 체포 1918년 초 석방(『이동휘전기』, p.46)), 이동휘가 석방될 때 결정적 역할을 하였던 알렉산드라 페트로브나 김이 볼셰비키 정권에 의하여 수립된 극동인민위원회 외무위원을 맡고 있는 것으로 보아 1917년 볼셰비키혁명 후 석방되었던 것으로 보여진다.

국주의와 식민지·반식민지인 아시아와의 연계를 단절시킬 수 있다는
점, 둘째 반제투쟁은 제국주의 진영을 약화시킬 수 있다는 점, 셋째
반제투쟁은 사회주의 소련을 보위할 수 있는 튼튼한 힘으로 될 수 있
다는 점 등의 이유 때문에 아시아의 반제민족운동을 전폭적으로 지지
하였다.[158] 이러한 러시아 신정권의 태도는 여러가지로 활로가 막혀
있었던 이동휘에게 하나의 커다란 가능성을 열어보인 것이었다.

이것은 이동휘가 석방된 후 블라디보스톡에 돌아온 후 第一聲으로
'露國 혁명당이 성공하고, 신정부가 성립되었다는 말을 듣고 기쁜 나
머지 열렬한 축하의 뜻을 표명하고', '우리 동포도 또한 재활동의 기
회를 얻었다'[159]고 말하는 것을 통해서도 알 수 있다. 그리고 이동휘
가 볼세비키와 손을 잡게 된 이유에 대해서는 당시 일본 경찰의 분석
에서도 찾아볼 수 있다.

　　　이동휘 일파는 이전부터 조선독립의 치열한 사상을 견지하여
　　오던 자로서 이미 지난날에 허다한 실패를 거듭한 나머지 이제 그
　　숙원을 달성하자면 적어도 어느 유력한 정부의 원조를 얻지 않고
　　서는 불가능하다 하여 내심 그 기회를 포착하기에 심려하던 중 때
　　마침 勞農政府의 공산주의 선전에 있어 온갖 유리한 조건이 제공
　　된다 함은 勿失好機인지라[160]

여기에서 주목되는 점의 하나는 이동휘가 그 동안의 활동에서 '허
다한 실패를 거듭했다'고 하는 부분이다. 물론 이동휘는 독립전쟁론에

---

158) 金泰國, 「국민회군사부와 적기단의 활동」 『間島史新論』 하 (우리들의편
　　지 社, 1993) p.46.
159) 姜德相 編, 앞의 책, pp.37~38.
160) 조선총독부경무국, 고경 제4105호, 1923년 1월 15일 「고려공산당 및 전
　　로공산당의 편개」

바탕해서 그를 위한 실력을 양성하는 차원에서 분투해 왔지만, 앞서 언급한 것처럼 국제정세의 변동에 의해 독립전쟁의 수행이 무위로 돌아갔던 경험이 있었던 것이다. 따라서 이동휘 역시 기존에 수행해 왔던 독립전쟁론에 대해 어떤 방식으로든 반성의 기회가 있었을 터 인데, 이에 대한 직접적인 자료는 없다. 다만 1917년 러시아혁명 이전 시기 연해주지방에서 권업회와 더불어 독립운동의 양대산맥을 형성하였던 국민회 시베리아 지방총회의 기관지 『대한인정교보』에서 그 일단을 추측할 수 있다.

『대한인정교보』 1914년 5월 3일자(9호) 기사에서는 독립전쟁론과 더불어 대중에 기반을 둔 운동의 전개를 주장하였는데, 이는 앞에서 살핀 바대로 러일전쟁 10주년을 맞이한 당시의 정세와 부합하는 것이었다. 여기에서 주목되는 것은 기존의 독립전쟁론을 반성하면서 "백성은 나라의 밑등걸"이기 때문에 "뿌리부터 새로 만들 결심과 수단을 써야" 한다고 주장하고 있는 점이다. 이 때의 비판은 주로 독립전쟁에서의 소영웅주의에 대한 것이었지만, 이 기사와 함께 사회주의를 소개하는 글을 게재하고 있다는 점에서 우리는 독립전쟁론의 반성= '나라의 밑등걸'인 대중에 대한 주목=사회주의에로의 전환 가능성을 연결하여 생각해 볼 수 있다. 9호 새지식 중에 「로동쟈문뎨」에서는 사회주의를 다음과 같이 소개하고 있다.

> 옛날에는 사회의 중류 이상 계급되는 자가, 하류 사람을 종같이 부렸으나 차차 자유사상이 퍼지고 교육이 보급되며 하류 사회에서도 문명한 지식을 얻어 현하 사람은 다 같은 사람이다. 자유평등이니 사람위에 사람없고 사람밑에 사람도 없다 하여 결코 상류라는 계급의 압제를 받으려 아니하고 또 양식을 짓는 이도 우리며 모든 기계나 물품을 만드는 것도 우리니 이 세상에 있는 모든 재산은 말끔 우리 것이라. 상류라는 자가 제것인데 함은 우리를 억

지로 누르고 우리 것을 도적함이라는 생각이 팽창하여 아주 이 사
회제도를 뒤집어 엎고 천하 재산을 꼭같이 나누자 함이 곧 그들의
이상이니 이것이 사회주의라[161]

이와 같이 이동휘는 기존의 독립전쟁론에 대해 국제정세의 일변으
로 실패를 맛보면서 독립운동세력의 역량 한계와 확실한 후원자의 부
재, 그리고 기존에 추진되어 온 독립전쟁론이 대중에 확실한 기반을
두고 진행되어 오지 못한 사실 등에 대해 상당한 반성의 기회를 가진
것으로 보인다. 여기에 그 자신의 피체, 감옥생활 및 석방과정에서 볼
셰비키의 역할과 러시아혁명에 대한 자신의 인식과 전망이 보태져 그
는 사회주의야 말로 독립운동을 성공적으로 실천할 수 있는 가장 유
력한 방도가 된다고 생각하였던 것이다.

마지막으로 여기에서 언급하지 않으면 안되는 것은 그가 과연 사회
주의를 통한 독립운동에 전념하면서 기독교를 어떻게 脫殼시켜 갔는
가 하는 것이다. 이동휘가 이후의 과정에서 기독교에 대해 어떠한 태
도를 취했는가를 직접적으로 보여주는 자료는 거의 찾아볼 수 없는
데, 다음의 기사는 이에 대해 하나의 실마리를 제공해 준다.

(이동휘는) 그 후에 상해를 떠나 노령으로 건너가서는 사상적으
로 공산주의에 공명하여 믿어오든 예수교도 버리고 이 운동에 진
력하였다[162]

즉 그는 사회주의로 자신의 사상을 전환하면서 이전의 기독교 신앙
을 탈각하였던 것으로 보인다. 그는 기독교에 대해 민족독립운동의
방략으로서의 의의를 더 이상 적극적으로 부여하지 않았던 것이다.

161) 박 환 지음, 『러시아한인민족운동사』 (탐구당, 1995) p.258에서 재인용.
162) 『東亞日報』 1935년 2월 15일자.

이미 앞에서 살펴 보았듯이 그의 현실주의적 관점, 그리고 민족독립을 최고의 가치로 여기는 입장에서 보았을 때 그가 사회주의를 수용하면서 기독교 신앙을 탈각시켜 갔다는 것은 일견 타당한 것으로 보인다.163)

이제 그는 구체적인 사회주의 실천과정을 통하여 자신의 이러한 인식을 더 심화시켜가면서 적극적으로 사회주의활동을 통한 민족독립운동에 진력하게 된다.

---

163) 다만 그가 적극적으로 기독교를 부인하면서까지 사회주의를 최고의 가치로 여겼는가, 아니면 기독교를 단지 방편적으로 수용하였던 이전의 입장을 馴致시키면서 사회주의를 통한 독립운동을 모색하였는가 하는 점은 여전히 미해결의 과제로 남는다. 필자는 그가 후자의 입장을 취했으리라 생각한다. 당시는 "조선독립에 이바지하지 않는 것은 제아무리 좋은 것도 의미없고 가치없는 것"이라는 생각이 독립운동계의 분위기였고, "그분(이동휘)은 민족밖에 없었다. 자나 깨나 민족이었지"라는 문재린 목사의 회고에서도 이동휘가 기독교를 어떻게 대했을까 하는 일단의 추측이 가능하다(문익환, 「교육과 종교의 새바람 : 아버지와 어머니의 간도이야기3」 『오늘의 책』 8 (한길사, 1985), p.161).

제5장 사회주의운동을 통한 독립운동
(1917~1935)

　사회주의를 수용한 이동휘의 사상과 활동을 살펴보기 위해서는 그가 조직하거나 관계한 단체에 대한 면밀한 검토와 함께 당시의 한인 및 러시아정국의 동향, 사회주의운동 전반에 대한 고찰이 불가피하다. 특히 이동휘는 자신이 남겨놓은 직접적인 저술이나 발언이 매우 적기 때문에 그의 사상과 활동의 전모를 밝히는 것은 일정정도 그의 측근들의 사상에 의지하는 간접적인 방식이 동원될 수 밖에 없는 측면이 있다.

　하지만 이동휘 자신의 발언이나 관계한 단체의 활동내용, 그리고 그가 일관되게 견지한 독립전쟁론의 흐름 속에서 그의 의도와 활동을 추적한다면 필자가 의도하는 그의 사상과 활동이 가지는 성격을 추출할 수 있을 것이다. 이하에서는 그가 추진한 사회주의활동 전반을 추적하면서 그가 어떠한 사상 속에서 독립운동을 전개하려 했는 가 하는 점을 중심에 두고, 그가 관계한 각각의 단체와 활동을 살펴보려고 한다. 이 속에서 그가 사회주의활동을 통해 의도하였던 독립전쟁론의 구체적인 모습을 적출할 수 있을 것이며, 그의 사상이 가지는 성격적인 특성을 검출할 수 있을 것이다.

1. 러시아혁명 후 재러한인의 동향

1917년 2월 러시아혁명(2월혁명) 후 러일양국의 긴밀한 동맹관계로 항일독립운동을 탄압받았던 러시아의 한인사회는 새로운 계기를 맞이하게 되었다. 왜냐하면 1917년 10월 러시아혁명(10월혁명, 볼셰비키혁명) 후 레닌을 비롯한 러시아 혁명세력들은 언론·출판·집회·결사의 자유를 선포하고, 제국주의 침략성을 공격하였으며 피압박민족의 해방을 열열히 지지하였기 때문이었다. 이리하여 한인들은 러시아혁명의 성공이야 말로 일제를 분쇄해 버리고 한국의 독립을 가져다 줄 수 있는 호기로 파악하였다.[1]

러시아 2월혁명 후 한인의 조직적인 활동은 자치적 대표기관을 조직하려는 귀화 한인들의 움직임으로 시작되었다. 러시아 극동의 조선인들은 2월혁명 이후의 복잡한 정세에 대응하는 행동방침을 모색하고자 공개적으로 대규모의 민족별 회의를 개최하게 되었다. 이 회의는 1917년 6월 2일 니콜리스크에서 개최되었다. 이 회의 대회장은 崔萬學(최례포 : 최재형의 사위)으로 원래 그해 5월 신한촌의 한민학교에서 崔峰仲·文昌範·崔禮甫·하 난도레제 등 4인이 발기하였다고 한다.

이 회의 참석자는 러시아령 각처의 한족회·군인회·교사회·농민

---

1) 姜德相 編,『現代史資料(27)』朝鮮(三) 獨立運動(一) (みすず書房, 1970) p.340.

동맹 등의 조직을 대표하는 96명 이었다. 이 회의 참석자들은 복잡한 구성을 보였다. 그들 중 2/3는 러시아 국적을 취득한 귀화인이었으며, 1/3은 비귀화인이었다. 또한 그들의 정치적 견해도 다채로왔다. 그들 중에는 "부르조아민주주의와 입헌군주제를 포함하는 여러 사회계층 및 이념·사상의 대표자들"[2]이 섞여 있었다.

이 회의에서 조선인들은 정치문제를 둘러싸고 두 진영으로 분화했는데, 참석자들을 분열시킨 정치문제는 2중권력 상태의 러시아혁명 정세 속에서 취해야 할 조선인들의 입장문제였다. 즉 소비에트를 지지하는 세력과 그에 반대하여 케렌스키를 수반으로 하는 임시정부를 지지하는 세력간의 대립이 표면화된 것이다.[3] 정치문제에서의 이러한 분열은 또한 조직문제에서의 견해 차이와 맞물려 있었다.

즉 소비에트 지지를 천명한 그룹은 대부분 비귀화 조선인들의 대표자들이었는데, 이들은 '전로한족회'의 구성을 귀화인·비귀화인을 막론하고 러시아령에 거주하는 모든 조선인을 망라할 것을 주장하였다. 그에 반하여 러시아 임시정부를 옹호한 사람들은 대부분 귀화 조선인들이었으며, 이들은 비귀화인을 조직내에 받아들일 경우 일본 제국주의자들에게 간섭의 기회를 줄지도 모른다는 것을 이유삼아 '전로한족회'를 귀화인들만으로 구성하고자 하였다. 급기야 비귀화인 대표들에게 의결권을 부여할 것인지 여부를 둘러싸고 논란이 격화되었다. 다수를 점하고 있던 귀화인 대표들은 비귀화인 대표들에게 발언권만 인정한다는 의안을 다수로 가결해 버렸다. 이와 같이 조직·정치문제에서 드러난 견해 차이는 결국 회의의 분열을 가져왔다.[4] 소비에트와의 연합을 주장하던 대표자들은 회의석상에서 탈퇴했던 것이다.

---

2) 金承化 著, 鄭泰秀 編譯,『소련 韓族史』(大韓敎科書株式會社, 1989) p.78.
3) 金承化 著, 鄭泰秀 編譯, 앞의 책, p.78.
4) 林京錫,『高麗共産黨硏究』(成均館大 博士學位論文, 1993) pp.37~38.

   그러나 귀화인 대표자들은 회의를 계속 진행하여, 상설기관으로서
귀화 한인들만으로 '전로한족회중앙총회'(고려족중앙총회 또는 고려
국민회라고도 함)를 결성하였다. 임원은 회장에 김 야코보, 부회장에
안드레 한피트르, 서기에 니콜라이 페브로피치가 선임되었다. 이들은
전로한족회중앙총회의 기관지로서 『靑邱新報』를 간행하기로 하였다.
이 회의에서 결의된 사항은 다음과 같다.[5]

   1. 러시아 임시정부를 지지할 것.
   2. 귀화 한인은 러시아 입법의회에 대표자를 보낼 것.
   3. 한족대표회를 조직할 것.
   4. 정기간행물을 출판할 것 (니콜리스크 : 『청구신보』, 블라디보스
      톡 : 『韓人新報』).
   5. 농업용 토지문제를 요구할 것.
   6. 러시아화에 반대할 것.
   7. 한인학교를 독립시킬 것(한글을 사용).
   8. 村會의 제도는 러시아의 제도를 본받을 것이지만 구한국의 제
      도도 참작할 것.

   즉 이 회의에서는 러시아의 2중권력 하에서 소비에트 정부가 아닌
러시아 부르조아정부를 지지하기로 한 것이었다. 이처럼 러시아 2월
혁명 이후 귀화 한인이 노령 한인사회의 주도권을 장악할 수 있었던
것은 비귀화 한인으로서 노령지방에서 항일독립운동을 이끌던 이 갑
·이상설 등이 와병으로 사망하고[6] 이동휘가 독일첩보원 혐의로 러

---

5) 金正柱 編, 『朝鮮統治史料』 第十卷 (韓國史料硏究所, 1971) p.46 ; W.코라르
   즈, 李碩崑 譯, 「在쏘련 韓國人들의 生態」 『思想界』 (1958년 3월호) p.27 ; 姜
   德相 編, 앞의 책, p.340.
6) 『新韓民報』 1917년 7월 26일자 ; 獨立紀念館 獨立運動史硏究所, 『島山安昌浩
   資料集(1)』 韓國獨立運動史資料叢書 第4集 (1990) p.221, 백원호가 안창호에게

시아당국에 체포되어 감옥에 투옥되어서 비귀화 한인을 이끌어갈 만
한 항일독립운동가가 부재하였기 때문이었다.[7]

한편 전로한족대표자회에서 탈퇴한 세력은 전로한족회 간부파가
『청구신보』를 간행한 데 대항해서 블라디보스톡 신한촌에서 『한인신
보』을 간행하기 시작하였다. 그래서 이들은 『한인신보』그룹으로 불리
웠다.[8] 『한인신보』는 1917년 7월 8일부터 블라디보스톡 신한촌에서
발행되었으며, 김병흡(총무)·김하구(주필)·장기영(기자) 등이 편집을
주관하였다. 『한인신보』그룹에는 이 신문의 편집진 외에 김 립·이한
영·오 와실리·유 스테판·박 이반 등이 주요 간부로 포함되어 있었
다.[9] 이들은 비귀화 조선인들로부터 지지를 받고 있었다.

이들은 '전로한족회중앙총회'의 부르조아적 노선에 대항하여 독자
적인 정치세력의 규합에 착수하였다. 먼저 이들은 러시아 임시정부에
의해 투옥된 대표적인 인물인 이동휘의 석방에 노력하였다. 이동휘가
석방될 수 있었던 것은 극동소비에트 정권에서 지도적 지위를 갖고
있었던 볼셰비키와 새로이 형성되고 있었던 러시아령 조선인들 가운
데 친볼셰비키적 지향을 보인 『한인신보』그룹의 노력에 의하여 이루
어진 것이었다.

『한인신보』그룹은 종래의 전투적 민족주의운동으로부터 형성되어
나온 세력이었다. 뒷날 한인사회당을 대표하여 코민테른 제2차 대회
에 참석한 朴鎭淳은 코민테른 기관지 『공산주의 인터내셔널』에 기고
한 논문 「조선에서의 사회주의운동」에서 최초의 조선인 사회주의자

보낸 편지.

7) 『新韓民報』 1917년 10월 4일자, 12월 27일자 ; 獨立紀念館 韓國獨立運動史
   硏究所, 앞의 책, p.221, 백원호가 안창호에게 보낸 편지.
8) 林京錫, 앞의 글, p.38 참조.
9) 劉孝鐘, 「極東ロシアにおける朝鮮民族運動 : '韓國倂合'から第一次世界大戰の
   勃發まで」 『朝鮮史硏究會論文集』 22 (1985) p.26.

그룹은 '해방동맹'의 좌파로부터 형성되었다고 설명하였다. 박진순에 의하면 일본정부의 조선병합정책에 대한 일본 사회주의자들의 항의와 일본정부의 사회주의자 탄압사건을 계기로 하여 '해방동맹' 내에서 사회주의적 조류가 형성되었다고 한다.

이들은 일본의 사회주의자와 협력하여 일본 제국주의를 그 내부에서 붕괴시킬 가능성에 관하여 진지하게 고려하게 되었다. 박진순은 "이 시점에서부터 일본에 반대하는 '단일한 민족전선'은 무너졌다"고 표현하였다.[10] 여기에서의 『한인신보』그룹이란 다름 아닌 만주와 러시아로 망명한 신민회원들로 구성된 세력이며, 이들은 사회주의사상의 소유자였다. 『한인신보』그룹은 마르크스주의 정당인 러시아 사회민주당의 정치적 영향을 받은 것으로 보인다.[11]

『한인신보』그룹은 이동휘를 비롯한 조선인 망명자들의 석방운동과 함께 러시아내 조선인사회에서 독자적인 영향력 확대를 꾀하였다. 이것은 니꼴리스크·우스리스크시의 전로한족회중앙총회와는 별도의 러시아내 조선인 대표기관을 조직하려는 움직임으로 표출되었는 바, 俄領韓人會의 조직이 그것이었다.

아령한인회의 발기인들은 오 와실리·유 스테판·박 이반·김 립·이한영·채성오·전태국 등으로 이들은 "우리는 섞이지 아니 한 피 단군조상의 자손이라 본시 둥근 의형대로 통일적 모듬을 위하여 아령한인회를 발기한다"[12]고 하였다. 이들은 1917년 6월의 니콜리스크 회의에서 귀화 한인만으로 전로한족회중앙총회를 조직한 것을 비판함과 동시에 노령에 거주하는 귀화·비귀화 한인을 불문하고 특별대동 단결케 하며 "식민의 발전과 국가장래에 필요한 교육보급 및 실업진흥

---

10) 林京錫, 앞의 글, p.40 참조.
11) 林京錫, 앞의 글, p.41.
12) 『新韓民報』 1918년 2월 7일자.

을 꾀할" 것을 목적으로 내세웠다.[13]

전로한족회중앙총회가 니콜리스크를 중심으로 볼셰비키 정권에 대립적인 시베리아 지방의회를 지지하면서 문창범·최재형 등 귀화 제1세대들과 한 안드레이(한용헌)를 비롯한 귀화 제2세대 청년들이 중심인물인데 비하여, 아령한인회는 하바로브스크를 중심으로 친볼셰비키적이면서 이동휘와 가까운 김 립·이한영 등 비귀화 망명가들과 오 와실리·유 스테판·박 이반 등 귀화 제2세대 청년들이 중심인물이었다는데 그 특징이 있다.[14]

아령한인회의 이러한 움직임에 대하여 귀화 한인으로 사회혁명당계열이[15] 많았던 전로한족회중앙총회는 러시아의 새로운 정치상황에 대비하기 위하여 볼셰비키 세력과 상대적으로 가까운 위치에 있었던 아령한인회와 연합할 필요성을 느끼게 되었다. 그리하여 전로한족회중앙총회는 아령한인회와의 통합을 결의하고,[16] 중앙총회의장 金甫를 아령한인회의 지방대표자회의에 참석케 하여 통합에 합의를 보기에 이르렀다. 이에 따라 양측은 통합조직으로서 全露韓族會中央總會를 조직하기로 하고, 다음의 3개항을 근간으로 하는 임시약장을 결의하였다.[17]

1. 전로한족회중앙총회는 러시아내에 있는 한족으로 조직하고 국적의 구별없이 대동 단결할 것.
2. 전로한족회중앙총회는 지방회·지방연합회·중앙회 3계급으로 할

---

13) 『新韓民報』 1918년 4월 11일자.
14) 劉孝鐘, 「極東ロシアにおける10月革命と朝鮮人社會」 『ロシア史研究』 45 (ロシア史研究會, 1987) pp.26～27.
15) 姜德相 編, 『現代史資料(26)』 三·一運動(二) (みすず書房, 1967) p.144.
16) 『新韓民報』 1918년 2월 28일자.
17) 劉孝鐘, 앞의 글, p.28.

것.
3. 전로한족회중앙총회는 금후 5개월내에 헌장회의를 소집할 것.

이와 같이 전로한족회중앙총회의 성립으로 그간 귀화·비귀화로
분열되었던 한인사회가 대내적으로는 단결할 수 있게 되었고, 대외적
으로는 명실상부한 한인의 대표적 자치기관이 되었다. 그리고 헌장회
의까지의 임시간부로서 위원장에 문창범, 부위원장 겸 학무부장에 김
립, 총무 겸 서기에 장기영, 재무에 서윤철이 선출되고, 헌장기초위원
으로서 장기영·김 립·윤 해·한용헌·김하구가 선임되었다.[18]
전로한족회중앙총회의 최고 상급기관인 중앙총회는 니코리스크에
두었고, 지방조직은 연초·추풍·수청·하바로프스크·하마탕·이콜
라이스크·아무르 등 각처에 한족연합회를 만들고 그 밑에 지방회를
두어 중앙총회와 유대를 조직적으로 강화시켜 나갔다.[19]

2. 한인사회당의 창당

『한인신보』를 중심으로 결속된 초기 조선인 사회주의자들은 러시
아내 조선인 단체를 통일시키는데 합의한 뒤에도 자체의 독자적인 세
력으로서의 결집을 계속 추구해 나갔다. 이것은 정당 창설 움직임으
로 표현되었다. 이 과정에서 이동휘는 비로소 사회주의를 보다 더 구
체적으로 수용하면서 더 한층의 실천을 모색해 나갔다. 이동휘를 비
롯한 초기 조선인 사회주의자들의 움직임은 10월혁명의 발발과 그에
따라 급변하는 러시아 극동정세에 대한 대응과 깊이 聯動된 것이었

---

18) 劉孝鐘, 앞의 글, pp.28~29.
19) 뒤바보, 「俄領實記」(十), 『獨立新聞』(上海版) 1920년 4월 1일자.

다.

1917년 11월 이후 볼셰비키혁명은 시베리아에까지 급속하게 확산
되어 옴스크·일크츠크·치타·브라고웨시첸스크·하바로브스크 순
으로 소비에트화하고 연해주 블라디보스톡에도 1918년 2월 임시정부
의 대표권력이 몰락하고 볼셰비키의 루자노프 정권이 성립하여 볼셰
비키 세력이 확장되어 갔다. 이렇게 전시베리아가 볼셰비키의 수중으
로 들어가자, 볼셰비키혁명의 성공을 우려한 미국·일본·영국 등은
제정러시아를 도와서 혁명의 확산을 방지하고자 혁명에 대한 무력간
섭을 시작하였다. 1918년 1월 일본·영국이 전함을 블라디보스톡에
파견하였고, 2월에는 미국이 순양함을 파견하였다.

이에 볼셰비키들은 혁명완수를 위한 동맹세력을 절실히 필요로 하
여 1918년 2월 극동인민위원회 의장 크라스노 시체코프의 주최로 한
인혁명가회의를 하바로브스크에서 개최하였다.[20] 당시 볼셰비키들은
시베리아의 한인들이 일본군과 직접 충돌하는 것은 일본의 도발구실
을 마련해 주는 것이 될 것이기 때문에 경계하면서도, 일본의 무력간
섭 하에서 소비에트 방위전선에 동원할 수 있는 대상을 절실히 필요
로 하고 있었다. 이런 정황에서 소비에트 세력하에 한인들을 반통제
내지 완전통제할 필요에서 이동휘와 같이 민족주의 성향을 강하게 보
이고 있다 하더라도 일단 연합하는 것을 정책으로 삼았던 것이다.[21]

---

20) 스칼라피노·이정식 공저, 한홍구 옮김, 『한국공산주의운동사1』(돌베개,
    1986) p.41 ; 金承化 著, 鄭泰秀 編譯, 앞의 책, p.86.
21) 金俊燁·金昌順, 「볼셰비키革命과 러시아의 韓人」『亞細亞硏究』25호
    (亞細亞問題硏究所, 1967) pp.14~16. 金俊燁·金昌順은 이 글에서 "당시
    의 시베리아 사정과 볼셰비키의 초기 한인정책을 등한히 하는 학자들은
    한인의 초기 공산주의운동의 발생을 단지 한국민족운동의 방황인 것으로
    만 다루고 있으나 그것은 확실히 잘못이다"고 하고, "민족운동의 방황으
    로서의 소위 '민족공산주의'라는 것은 적어도 3·1운동 및 독립청원운동
    의 실패에 환멸을 느낀 후에 나타난 현상이라고 보아야 옳다"고 주장하

또한 이 회의는 볼셰비키 당원이자 극동 소비에트 인민위원인 알렉산드라 페트로브나 김[22]과 이동휘의 주도적 노력에 힘입은 것이기도 하였다. 이 회의는 사실상 『한인신보』그룹이 극동 소비에트의 후원 아래 일본군의 시베리아 출병을 계기로 조선인들의 행동대책을 논의

고 있다. 이는 초기 공산주의운동 발생의 기본 원인에 대한 선구적인 문제제기로서 아직 학계에서 충분히 검토되고 있지 못하다. 앞으로 보다 활발한 연구가 있어야 할 것이다.

22) 그녀는 1885년 2월 우스리스크 부근 마을에서 태어났다. 아버지 김두서는 동북철도 건설의 중국어 통역관으로 만주에 파견되었으나, 그곳에서 사망하여 그녀는 아버지의 러시아 친구인 스탄케비치의 보호를 받으며 블라디보스톡에서 성장하였다. 스탄케비치의 아들과 결혼했으나 실패하고, 우랄지방으로 가서 중국인 노무자들의 통역관으로 활동하였다. 그 이유는 우랄지방의 회사들에 당시 수천명의 노동자들이 있었기 때문이었다. 여기서 그녀는 러시아 사회민주노동당 에카테린부르크위원회 지도하에 한인을 연합시켰던 우랄노동자연맹을 창설하였다. 그 당시 알렉산드라 페트로브나 김은 러시아 사회민주노동당 에카테린부르크위원회와 밀접한 관계를 맺고 볼셰비키당에 입당하였다. 1917년 여름 러시아 사회민주노동당 에카테린브르크위원회는 그녀를 한인사회에서 활동하도록 극동으로 파견하였다. 그녀는 10월 블라디보스톡에서 열린 제2차 볼셰비키회의에 참석하였고, 이어서 12월 하바로브스크에서 열린 제3차 극동지방 소비에트 대회에도 적극적으로 참가하여, 하바로브스크 지방 소비에트 집행위원회 위원으로 선출되었다. 이후 그녀는 하바로브스크 볼셰비키 조직의 서기가 되었고, 그뒤 극동인민위원회 외무위원이 되었다. 뛰어난 여성혁명가로 볼셰비키의 두터운 신임 뿐만아니라 한인 근로자들사이에도 큰 인기를 얻었던 그녀는 이동휘를 비롯하여 급진적인 비귀화 한인망명가들을 볼셰비키들에게 소개하여, 우리나라 최초의 사회주의 정당인 한인사회당이 창당되게 한 인물이었다(『이동휘전기』, p.48 ; H M, 「朝鮮의 女流主義者 故金쓰딴께비츠女史略傳」『開闢』 통권 57호 (1925년 3월호) pp.25~26, 30 ; 朱燉植,「在蘇韓人의 어제와 오늘」『月刊朝鮮』 (1989년 12월호) p.474).

  이 조선인 여성은 오늘날까지 중앙아시아의 한인들 사이에서 '고려인의 어머니'로 추앙받는 인물이다. 한인 볼셰비키 1호인 그녀는 이동휘 등 연해주를 무대로 활동한 사회주의계열 독립운동가들의 이론적·실천적 지도자 노릇도 하여 일제하 사회주의계열 독립운동의 모태가 되었다(알렉산드라 페트로브나 김의 전기 1·2부, 『시사저널』 1993년 12월 16, 23일자).

하기 위한 모임이었다.23) 볼셰비키들이 주최한 이 한인혁명가회의에
는 이동휘를 비롯하여 양기탁·유동열·이동녕·김 립·박 애·이한
영·전 일·안공근·안정근·윤 해·김하구·알렉산드라 페트로브나
김·오성묵·오하묵·이인섭·유 스테판·오 와실리·임 호 등 수십
명의 민족운동가들과 시베리아·극동·만주에서 대표들이 참석하였
다.24)

　이 회의에서 논의된 사항은 볼셰비키혁명과 당면상황에 있어서 노
령 극동 한인들의 역할과 한국에서의 혁명운동에 대한 장래 과제였
다. 또 이 회의에서 일본군의 시베리아 출병이 임박한 현 정세 하에
서는 러시아 극동지역과 남·북만주의 조선인 군사역량을 조직하여
항일무장투쟁을 전개하는 것이 필요하다는 점에서 대체로 의견일치에
도달한 듯하다. 그런데 이 회의 참석하였던 이들은 러시아 볼셰비키
혁명과 항일독립운동과의 관계설정을 둘러싸고 두개의 그룹으로 나뉘
어 졌다.

　하나는 볼셰비키로부터 도움을 받기는 하되 볼셰비키혁명에는 참

---

23) 張道政,「高麗共産黨の沿革」(1921년 말) p.1. 이 글은 초기 한인공산주의
　　운동의 주요 지도자 가운데 한 사람인 장도정이 작성한 것으로 17페이지
　　에 달하는 일본어로 된 필기체 문서이다. 이것은 러시아에서의 한인 공산
　　주의운동의 발생과 발전, 한인 공산주의자들의 내분, 자유시사변의 경위
　　와 성격 등에 관하여 상해파 고려공산당의 입장을 대변하고 있는 귀중한
　　문서이다. 필자는 이 문서를 구할 수 없었기 때문에 부득이, 유일하게 이
　　것을 소개하고 있는 林京錫의 논문에서 재인용한다. 林京錫, 앞의 글,
　　p.41 참조.
24) 김세일,『홍범도』3 (제3문학사, 1989) pp.121~122 ; 십월혁명십주년원동
　　기념준비위원회 편,『십월혁명십주년과 쏘베트고려민족』(1927) p.46. 이
　　한인혁명가회의의 준비위원회 회장은 이동휘, 서기는 김 립이 맡았는데,
　　고성삼(치타 국민회 대표)·리원해·한자문(흑하지역 대표)·김용한·심
　　백원(옴스크지역 대표)·김학우(연해주 한인신보 주필)·장기영·최태열
　　등 10인(수청 사범학교 대표)·김규면(중국 혼춘지역 신민단 대표)·홍범
　　도·김성무(밀산지역 대표) 등도 참석하였다(『이동휘전기』, pp.49~51).

가하지 말고 항일독립운동을 독자적으로 하자는 입장이었고, 다른 하나는 항일독립운동의 유일한 길은 러시아 사회주의혁명의 승리와 러시아 노동계급과의 밀접한 연계에 있다고 생각하고, 볼셰비키혁명을 찬동하면서 볼셰비키적 노선에 따라 항일독립운동을 추진하자는 그룹이었다.25)

이러한 의견대립의 결과 회의는 결렬되었고 전자의 그룹은 회의에서 탈퇴하였다. 볼셰비키를 지지했던 후자의 그룹은 이동휘를 비롯하여 알렉산드라 페트로브나 김·유동열·박 애·이한영·김 립·오성묵·오하묵·이인섭·유 스테판·오 와실리·임 호·전 일 등 비귀화 망명세력과 귀화 한인 2세들이 주축을 이루었다.26)

이와 같이 일제의 시베리아 출병과 관련하여 이동휘가 러시아혁명의 옹호야말로 조선독립의 길이라는 것을 명확히 해가는 것은 이동휘의 어떠한 인식과 관련되었던 것일까. 그것은 다름 아닌 볼셰비키의 지원에 의한 독립전쟁론의 새로운 구현이었다. 즉 이동휘가 이 당시 볼셰비키와 손을 잡으려 한 것은 일차적으로 볼셰비키와 연합, 그들의 지원을 받아 일제와의 전면전쟁을 일으키려 한 데 있었다. 이동휘

---

25) 김세일, 앞의 책, p.122.
26) 십월혁명십주년원동기념준비위원회 편, 앞의 책, p.46. 이동휘 등이 전로한족회중앙총회에서 분립하여 한인사회당의 창당으로 나아가게 되는 것은 그의 노선 변화와 관련하여 그동안 그것이 가지는 중요성이 언급되어 왔다. 金俊燁·金昌順은 "이동휘당의 결성이 '전로한족회중앙총회'의 중립선언과 때를 같이 하여 한인사회당을 창당했다는 것은 매우 주목할 만한 사실이다"라고 하면서, "민족운동의 동지들이 아직은 방향을 정하지 못하고 한인의 정치적 중립을 선언하고 있을 때 그는 볼셰비키와 손을 잡았다"고 하여 그 의미에 주목한 바 있다(金俊燁·金昌順, 앞의 글, pp.14~15). 姜德相 또한 "당시의 시베리아는 볼셰비키와 세미요노파와의 격투가 한창인 때였고, 혁명후 재조직했던 전로한인총회도 표면상 유리한 쪽으로 붙을 기회를 엿보고 있었던 때라는 것을 생각한다면 이동휘의 先見性은 충분히 평가되어야 할 것"이라고 언급한 바 있다(姜德相,『朝鮮獨立運動の群像』(青木書店, 1984) p.38).

는 후에 볼셰비키혁명에 찬동한 이유를 그의 동료 중 한 사람에게 말
한 바 있는데, 여기에서는 이러한 이동휘의 인식이 비교적 명확히 표
현되어 있다.

> 러시아혁명이 일어난 후 볼셰비키는 시베리아와 몽고지역으로
> 점차로 이동해 왔다. 나는 오랫동안 시베리아 지역에서 살았고 러
> 시아인들을 많이 알고 있다. 나는 그들로부터 협력을 얻어내고 싶
> 다…국제연맹에 한국독립문제를 제출하는 것도 한가지 방법이다.
> 그러나 그것에 실패할지라도 우리는 계속 노력해야만 한다……우리
> 는 중국 남부의 손문그룹과 약간의 관계를 맺고 있기는 하지만 그
> 렇게 커다란 도움을 기대할 수 없다. 프랑스나 영국에게서도 마찬
> 가지이다. 미국은 국제연맹에 참가하지도 않았다. 따라서 러시아
> 의 볼셰비키와 손을 잡는 것이 유일한 방법이다.[27]

볼셰비키들이 주최한 한인혁명가회의에 참석하였던 이동휘는 당시
볼셰비키혁명 정권인 극동인민위원회에서 외교인민위원장이란 직책
을 맡아 활동하던 알렉산드라 페트로브나 김의 소개로 1918년 4월 극
동인민위원회 의장인 크라스노 시체코프를 만났다. 그는 이동휘에게
만약에 한인들이 극동지역에서 볼셰비키혁명에 적극 참여한다면 항일
독립운동을 지원하여 주고 한인들에게 보다 나은 사회적·경제적 조
건들을 제공해 주겠다고 약속하였다.
   한편 이동휘는 한인혁명가회의 이후 1918년 초에 "러시아 볼셰비키
당을 모방하여 조선혁명당을 창건하는 것을 찬성·지지하거나 동정하
는 자들"[28]이 중심이 된 한인협회[29]를 기초로 이른바 '한인협회 표현

---

27) 이정식 지음, 김성환 옮김, 『조선노동당약사』(이론과 실천, 1986) p.19 ;
    林賴三郎, 『朝鮮獨立運動に關する調査報告書』(1920) pp.17~18.
28) 김세일, 앞의 책, p.122.
29) 金奎冕, 「誠齋 略傳에 관한 回想記」『문화일보』1995년 8월 18일자. 김규

운동'30)을 벌이게 되고, 이 과정에서 1918년 4월 28일(서력 5월 10일)
韓人社會黨31)을 창당하기에 이른다. 창당은 이동휘의 주도 아래 金
立·柳東說·李仁燮·李漢榮·全 一·吳成默 등 비귀화 망명세력과
알렉산드라 페트로브나 김·朴 愛·吳夏默·유 스테판·오 와실리·
박 봉·임 호 등 귀화 한인 세력이 중심이 되었다.32)

창당 주도인물 중 알렉산드라 페트로브나 김은 볼셰비키혁명 이전
우랄지방의 공장지대에서 노동운동에 종사하고 있었는데, 이 지방 목
재채벌공장에 노동자로 와서 무기구입 자금을 벌고 있었던 간도의 나
자구 무관학교 학생들과 접촉하였다. 이 무관학교는 이동휘·이종호
·김 립 등이 세운 학교로 독립군양성소이었다. 또 유 스테판은 이동
휘가 독일첩보원 혐의로 1917년 초 러시아당국에 체포되었을 때 볼셰
비키들과의 주선으로 이동휘가 석방되는데 결정적 역할을 하였다. 이
와 같이 한인사회당의 핵심세력들은 러시아혁명 이전부터 상호 연결
되어 있었고 이것을 기반으로 이후 결합되었던 것이다.

한인사회당의 결성은 조선 민족해방운동의 역사속에서 최초로 공
산주의 단체가 출현했음을 의미한다. 한인사회당은 출현과정에서 민
족해방운동의 내부로부터 최초의 사회주의자들이 분립·형성되었음
을 보여주며, 또한 조선혁명의 전략·전술을 둘러싼 구신민회의 좌·
우 분열 속에서 조선인 최초의 공산주의 단체가 조직되었고, 이들은
종래의 민족주의자들과 구체적인 전술문제에서의 치열한 내부투쟁을

면에 의하면 "한인협회의 과업은 10월혁명의 의의를 선전하며 원동의 소
비에트 정권수립을 위하여 적극 분투하도록 고려인 군중을 동원"시키는
것이었다고 한다. 이동휘는 한인협회의 총회장이었다.
30) 金奎冕,「誠齋 略傳에 관한 回想記」『문화일보』1995년 8월 18일자.
31) 한인사회당의 러시아어 이름은 '한인사회주의자동맹'이었다.
32) 姜德相 編, 『現代史資料(29)』朝鮮(五) 共産主義運動(一) (みすず書房,
1972) p.453 ; 劉孝鐘, 앞의 글, p.33.

거치는 과정에서 조직화 되었음을 보여주었다.[33]

　이동휘는 중앙위원회 위원장이 되었으며, 중앙위원으로는 이동휘·
오　와실리(부위원장)·유동열(군사부장)·김　립(선전부장)·알렉산드
라 페트로브나 김 등이 선임되었다. 이후에는 부위원장에 박 애, 선전
부장에 전 일, 비서부장에 박진순, 정치부장에 이한영, 교통부장(연락
책)에 김 립, 섭외부장에 알렉산드라 페트로브나 김, 재정부장에 최
근 등이 선임되었다.[34] 한인사회당은 중앙위원회 내에 3개의 집행부
서, 즉 조직부·선전부·군사부를 설치하였다.[35] 한인사회당의 활동
영역은 이와 같은 부서의 배치에서도 알 수 있듯이 러시아내 조선인
이주민 사이에서 조직·선전활동에 종사하고 무장부대를 양성하는데
있었다. 즉 한인사회당은 "사업으로는 선전과 조직을 하였고, 한편으
로 적군을 조직하여 일본 제국주의 군대에 대항"[36]하려 했던 것이다.

　한인사회당은 창당대회에서 약법을 채택하여 "사회주의 국가를 조
직"할 것을 목적으로 삼았으며, "일체의 계급을 타파"하고 "토지 및
일체의 생산시설을 국유화할 것"[37]을 표방하였다. 비록 명칭은 '한인

---

33) 林京錫, 앞의 글, pp.50~51.
34) 金俊燁·金昌順, 『韓國共産主義運動史』 第一卷 (高麗大 亞細亞問題研究
　　所, 1967) p.179 ; 스칼라피노·이정식 공저, 한홍구 옮김, 앞의 책, pp.41
　　~42 ; 서대숙 저, 현대사연구회 역, 『한국공산주의운동사연구』 (화다출판
　　사, 1985) p.22 ; 金正明 編, 『朝鮮獨立運動』 5 (原書房, 1967) p.317 ; 姜德
　　相　編, 『現代史資料(29)』 朝鮮(五) 共産主義運動(一) (みすず書房, 1972)
　　p.453.　위원장에 이동휘, 부위원장에 오 와실리, 군사부장에 유동열, 당
　　중앙 기관지 주필 및 선전부장에 김 립을 선임하였다는 기록도 있다(김
　　세일, 앞의 책, p124). 또한 『이동휘전기』, p.53에는 위원장에 이동휘, 부
　　위원장에 김규면, 러시아 서기에 오 와실리, 한문서기에 김 립, 군사부장
　　에 유동열, 재무부장에 이인섭 등으로 되어 있다.
35) 金承化 著, 鄭泰秀 編譯, 앞의 책, p.88.
36) 張道政, 앞의 글, p.1 ; 林京錫, 앞의 글, p.51.
37) 姜德相 編, 『現代史資料(27)』 朝鮮(三) 獨立運動(一) (みすず書房, 1970)
　　p.279.

사회당'이었지만 명백히 공산사회의 실현을 궁극적인 목표로 삼는 것
이었다. 이에 따라 당원의 자격은 "본당의 주의하에 생명 · 재산 · 명
예를 희생할 자"로 규정되었다.[38] 한인사회당의 당면과업은 볼셰비키
주의 선전 · 지부조직 · 적위군 모집편성 · 소비에트 러시아의 주권화
에 노력하는 것이었으며, 이는 한민족의 혁명운동을 사회주의 혁명운
동 내용에 접근시키는 것을 목적으로 한 것이었다.[39]

한인사회당이 활동을 집중하였던 것 중의 하나는 무장부대 편성사
업이었다. 군사부장 유동열의 주관 아래 추진된 무장부대 편성사업은
조선인 사관학교를 설립하는 것으로부터 시작되었다. 한인사회당은
유동열을 책임자로 하는 사관학교를 극동 소비에트 당국의 지원하에
하바로브스크에 설립하였다. 당시 남만주 유하현의 산골에 설치된 소
규모 독립군 사관학교에 재적중이던 학생들을 이동시켜 이에 편입시
킬 방침을 세웠다. 또한 홍범도가 이끌던 의병부대도 하바로브스크로
이동하기로 내정되었다. 이러한 일련의 노력 끝에 "1918년 6월말에
이미 100명의 보병으로 이루어진 제1 한인적위병 부대가 형성"되었
다.[40]

또한 지부조직이 확대됨에 따라 발기 당시 13명에 불과하였던 당원
은 두 배로 불어났고,[41] 하바로브스크 볼셰비키의 지원으로 전극동지
역의 조선인 사이에 영향력을 확대시켜 나가기 시작하였으며, 흑룡 ·
연해주 · 아무르 지방에 8개의 지부를 설치하여 당세 확장에 주력하였
다.[42] 그러나 한인사회당의 주요 지도자들은 비귀화 정치적 망명가들

---

38) 위와 같음.
39) 金奎冕,「誠齋 略傳에 관한 回想記」『문화일보』1995년 8월 18일자.
40) 林京錫, 앞의 글, p.52.
41) 玄圭煥,『韓國流移民史』(上) (語文閣, 1967) p.905.
42) 姜德相 編,『現代史資料(29)』朝鮮(五) 共産主義運動(一) (みすず書房,
    1972) p.453.

이었기 때문에 이 지역 살고 있던 농민들과의 연계가 상대적으로 부족한 점이 취약점으로 나타났다.43)

군중을 동원하고 이들과 연계를 갖기 위해서는 먼저 볼셰비키혁명을 한인들에게 계몽하는 선전사업의 중요성을 인식하게 되었다. 그리하여 김 립과 이한영의 발기로 출판사인 보문사가 설립되었는데, 여기에서 유동열 · 김 립은 한글 번역을, 김진보 · 오 와실리는 러시아어 번역을 책임맡아 출판활동을 전개하였다.44) 특히 보문사에서는 한인사회당의 기관지인 『자유종』을 발행하였으며,45) 우리나라 역사와 지리 등 교과서를 간행하여 한인들을 계몽하는데 일정한 기여를 하였다.46) 이렇게 한인사회당이 볼셰비키 선전사업을 전개하자, 당시 볼셰비키 극동인민위원회 위원장이었던 크라스노 시체코프는 한인사회당의 출판활동을 지원하고자 석판기계 1대와 인쇄비용 5천루불, 1천루불 이상에 해당하는 용지를 기부하였다.47)

선전활동에 이어 한인사회당의 또 다른 주요활동은 반볼셰비키 혁명군인 백위파와 시베리아 제국주의 간섭군에 대항하기 위한 적군의 모집활동 및 적위대를 조직하는 일 이었다. 이동휘 · 유동열 · 김 립 · 이한영 등은 전로한족회중앙총회 의장인 문창범과 지방 한인회 의장인 김 보 등과 접촉을 갖고 하바로브스크 볼셰비키당의 지지아래 일본군과 싸우기로 결의하였다.

이들은 이러한 목적을 달성키 위하여 이동휘는 북만주와 중러 국경

43) 金承化 著, 鄭泰秀 編譯, 앞의 책, p.88.
44) 뒤바보, 「俄領實記」十一 七.敎育, 『獨立新聞』(上海版) 1920년 4월 3일자.
45) 공산주의 선전의 최초 출판물인 『자유종』은 1918년 5월 1일 창간호가 나왔다(『이동휘전기』, p.54.)
46) 玄圭煥, 앞의 책, p.905.
47) 뒤바보, 「俄領實記」十一 七.敎育, 『獨立新聞』(上海版) 1920년 4월 3일자.

지방으로, 김 보는 이만 지방으로, 이한영과 김 립은 하바로브스크 지방으로 가서 적군 모집활동을 전개하였다. 그러나 시베리아에 출병한 일제를 비롯한 제국주의 간섭군에 의하여 징모사업은 잘 이루어지지 않았다. 다만 한인사회당의 근거지이었던 하바로브스크를 중심으로 한인적위대가 조직되었는데, 그 인원은 약 200명 정도이었다.[48] 이 한인적위대는 볼셰비키 제1국제연대에 속하여 우수리 전선에서 약 2달 동안 전투를 전개하였으나, 제국주의 간섭군의 압도적인 힘에 의하여 아무르 지방으로 후퇴하였다.

또한 한인사회당은 방계단체를 조직하는 데도 적극적인 활동을 전개하였다. 이동휘가 블라디보스톡에서 발기하여 조직한 대한인노동회와 알렉산드라 페트로브나 김이 에카테린부르크에 가서 조응순 등이 조직한 국민회를 개조하여 만든 노동회가 그 대표적인 경우였다. 이 외에도 진보적 단체들이 한인사회당의 간부들의 노력으로 여러지방에 조직되었다.[49]

이상에서 살펴본 것처럼 이동휘는 한인 최초의 사회주의 단체인 한인사회당을 조직함으로써 사회주의로 전환한 자신의 사상을 담을 수 있는 구체적인 그릇을 마련하게 되었으며, 이를 매개로 한 실천을 통하여 그가 가지고 있는 독립전쟁론을 사회주의활동을 통해 구현시켜 가게 되었다. 이후 이동휘는 점차 투쟁의 과정을 통해 사회주의와 민족주의를 긴밀히 통일한 지도자로 전환해 갔던 것이다.[50]

---

48) 한인적위대는 최초 남만독립단에서 파견한 사관학교 학생 55명을 중심으로 조직되었으며, 총지휘관은 한인사회당 간부회의 결정에 의하여 최방덕이 담당하였다(『이동휘전기』, p.55).
49) 뒤바보, 「俄領實記」(九), 『獨立新聞』(上海版) 1920년 3월 30일자. 특히 알렉산드라 페트로브나 김은 러시아 사람·조선 사람·중국 사람·웽그리야 사람·쎄르비야 사람으로 이루어진 합동민족부대까지 조직하였다(김세일, 앞의 책, p.137).
50) 姜德相은 이동휘의 이러한 전환에 대한 부정적인 인식과 평가에 기초하

한편 1918년 1월 통합 전로한족회중앙총회의 성립 당시『청구신보』 그룹과『한인신보』그룹간에 약속된 대로 5개월 뒤에 전로한족회중앙 총회 헌장회의가 열렸다. 헌장회의는 러시아 극동지역에서 볼셰비키 가 집권한 이후의 정세에서 열렸다. 그러나 극동 소비에트 정부의 지 위는 불안정했으며, 일본 제국주의의 시베리아 출병과 그에 따른 백 위파의 대두로 인해 정세는 극히 불투명하였다. 따라서 극동지역에서 의 복잡한 정세를 검토하고, 이에 대한 러시아 거주 조선인들의 태도 를 확정하는 문제가 이 회의에서 가장 중요한 문제가 되었다.51)

이 회의는 각 지방의 인구에 따라 선출된 지방대표와 각 단체 대표 들 130여명이 참석한 가운데 니콜리스크에서 1918년 6월 13일부터~6 월 24일까지 열렸다. 이 회의의 중요성에 비추어 러시아 극동인민위 원회에서도 유 스테판을 특파하였고, 니코리스크 적위대에서도 파견 원이 출석하였다. 동년 4월 한인사회당을 창당하고 친볼셰비키적인 입장을 견지하였던 이동휘·박 애·이한영 김 립 등 한인사회당 주 도세력들은 이 회의에 참석하여 소비에트 권력만이 토지문제를 해결 할 수 있으며, 조선인 노동자들의 합법적 지위를 개선할 수 있으므로 레닌을 수반으로 하는 소비에트 정부의 지지와 승인을 얻을 것을 내 용으로 하는 결의안을 제출하였다. 또한 이동휘를 비롯한 한인사회당 대표들은 전로한족회중앙총회 중앙집행위원회를 개선하고 중앙총회 를 볼셰비키 세력의 중심지인 하바로브스크로 이전하여 볼셰비키 세

여 이를 '교묘한' '변신'의 과정으로 파악하였다. 그러나 이러한 파악은 이동휘에 대한 일관된 사상적·실천적 흐름에 기초한 사실적 파악에서 제기된 것은 아니다(姜德相,『朝鮮獨立運動の群像』(靑木書店, 1984) p.39)
51) 姜德相 編,『現代史資料(26)』三·一運動(二) (みすず書房, 1967) p.229 ; 『現代史資料(27)』朝鮮(三) 獨立運動(一) (みすず書房, 1970) p.256 ; 뒤바 보,「俄領實記」(十) ,『獨立新聞』(上海版) 1920년 4월 1일자 ; 玄圭煥, 앞 의 책, p.905 ; 스칼라피노·이정식 공저, 한홍구 옮김, 앞의 책, p.43 ; W. 코라르즈, 李碩崑 譯, 앞의 글, p.27.

력과 제휴·협력관계를 강화하여 한인사회당의 영향력을 증대시키려
하였다.

그리고 이 회의에는 볼셰비키 극동집행위원장인 크라스노 시체코
프가 참석하여 공산주의운동에의 참여야 말로 조선해방을 지원하는
가장 효과적인 방법임을 강조하는 한편, 모스크바 외교문제 인민위원
회에 한인대표를 둘 것을 약속했으며, 소수민족의 자치와 평등권을
약속한 소비에트 공약을 환기시키면서 소비에트 정권에 대한 지지를
호소하였다.[52] 그러나 이동휘·김 립 등 한인사회당 주도세력들의 기
도는 볼셰비키 세력의 지원에도 불구하고, 이 회의의 다수를 점하고
있는 귀화 한인들이 시베리아자치회의 지지를 받을 것을 주장함으로
써 실패하고 말았다.[53] 이에 사회주의적 입장에 선 대표자들은 모두
회의 석상에서 퇴장하였다. 결국 귀화 조선인과 비귀화 조선인 사이
에 조성된 이해관계의 차이가 러시아내 조선인 사회의 정치적·사상
적 분화를 가져왔으며, 이 모순이 1918년 6월의 전로한족회중앙총회
헌장회의를 또 다시 결렬상태에 빠뜨린 것이었다.

이에 더하여 한인사회당의 존립 자체를 위협하는 정세가 조성되었
다. 러시아혁명의 파급을 막으려고 시베리아에 출병한 제국주의 열강
이 군사행동을 실행에 옮기기 시작한 것이다. 제2차 전로한족회중앙
총회가 끝난 직후인 6월 29일 블라디보스톡에서 체코군이 반볼셰비키
봉기를 일으킴으로써 극동지역의 정세는 크게 바뀌었다. 블라디보스
톡의 체코군의 봉기는 무력개입의 명분을 기다리고 있던 일본 등의
제국주의 열강에게 절호의 기회를 제공하였다. 마침내 블라디보스톡
에서 체코군의 봉기가 성공하자, 일제를 비롯한 영국·프랑스·미국
등 제국주의 열강들은 기다렸다는 듯이 블라디보스톡을 다국적지역으

52) 스칼라피노·이정식 공저, 한홍구 옮김, 앞의 책, p.43.
53) 金正柱 編, 『朝鮮統治史料』 第七卷 (韓國史料研究所, 1971) pp.194~195.

로 선포하고, 8월 초에는 체코군을 구원한다는 명분하에 대규모의 간
섭군을 파견하였다. 특히 일본군은 체코군·백위파군과 협력하여 연
해주·흑룡주·자바이칼주의 극동 3주를 유린하며 볼셰비키 권력을
붕괴시켜 나갔다.

일본군·체코군·백위파군 등에 의한 연합적 공세는 볼셰비키 세
력과 한인사회당 세력에게 큰 타격을 주었다. 그리하여 볼셰비키 극
동인민위원회는 빨치산 체제로의 전환 결정을 내리고, 이에 따라 일
본군과 백위파군이 하바로브스크 진입 직전에 하바로브스크를 철수하
기로 결정하였다. 따라서 한인사회당의 활동은 중단상태에 빠지고 이
동휘·유동열·김 립·이한영 등 주도인물들은 일본군의 하바로브스
크 점령을 전후하여 중국령 요하현 방면으로 근거지를 옮기지 않을
수 없었다. 이동휘 등은 이곳에서 길림의 鄭安立이 주도하는 韓族生
計會의 지부를 목능역 부근에 설치하고, 동중철도연선지역의 한인과
노령의 한인독립운동가들을 규합하여 황무지의 개간, 학교·교회의
설립 등 항일독립운동기지 건설을 주력하면서 정세의 변화를 엿보고
있었다.

이 때 한인사회당에서 볼셰비키당 사업에 주력하던 알렉산드라 페
트로브나 김이 볼셰비키들과 함께 도피하던 중 흑룡강 배위에서 백위
파군에 체포되어 처형되는 일이 발생하였다.[54] 따라서 창당 초기 적
극적인 활동을 전개하던 한인사회당은 일본군·백위파군·체코군·
제국주의 열강들의 간섭군 등 연합군에 의한 공세와 볼셰비키에 영향
력을 행사하던 알렉산드라 페트로브나 김의 처형 등으로 타격을 받게
되고, 중국령으로 피신한 이동휘를 비롯한 한인사회당 간부들은 후일

---

54) 알렉산드라 페트로브나 김의 전기 1부, 『시사저널』(1993년 12월 16일자)
　　p.73 ; 뒤바보, 「金알렉산드라傳」『獨立新聞』(上海版) 1920년 4월 22일자
　　; 스칼라피노·이정식 공저, 한홍구 옮김, 앞의 책, p.44.

을 기약하게 되었다.55)

3. 상해 임시정부의 참여와 사회주의활동

1) 3·1운동의 발발과 한인사회당

일제를 비롯한 제국주의 열강들의 시베리아 출병으로 인하여 이들의 지원을 받은 백위파정권이 득세함에 따라서 노령 연해주지방의 항일독립운동은 막대한 타격을 받게되었다. 그러나 1918년 11월 제1차 세계대전의 종결과 파리강화회의의 개최로 인한 세계정세의 변화로 항일독립운동은 점차로 활기를 띠게 되었다. 그리하여 전로한족회중앙총회를 중심으로 문창범·윤 해 등 노령 연해주지방의 한인 지도자들은 1919년 1월 니코리스크에서 비밀회합을 갖고, 파리강화회의에 한인대표를 파견할 것을 논의하였다. 파견대표로 노령대표에 이동휘, 동중철도 연선지역대표에 백 순, 귀화한인대표에 최재형, 국내대표에 이 용 등을 내정하고, 이동휘·백 순·간도 총 대표 1명이 상해로 가서 이 용과 합류하여 파리로 출발키로 하였다.56)

전로한족회중앙총회의 이러한 계획은 니코리스크 회합에 이어 블

---

55) 이동휘는 하바로브스크에서 목선을 타고 탈출하여 중국 요하현 토산재촌에 은신하였으며, 이한영은 아물주로 적위군 모집을 갔다가 그곳에 남았고 유동열은 중국으로 망명하였다. 특히 김 립은 일제에 체포되어 압송도중 탈출하여 요하현에 은신하였고, 이인섭은 제정러시아군에 체포되었다가 중국노동자로 변장하여 탈출 소왕령에 도착한 후 정국송의 집에 은신해 있었다(『이동휘전기』, p.62).

56) 金正明 編, 『朝鮮獨立運動』 2 (原書房, 1967) p.759,767,897 ; 『朝鮮獨立運動』 3 (原書房, 1967) p.3,33 ; 姜德相 編, 『現代史資料(26)』 三·一運動編 (二) (みすず書房, 1967) pp.82~83.

라디보스톡 신한촌 회합을 거쳐 당초 파견대표로 내정되었던 이동휘
·백 순·최재형·이 용 등은 尹 海·高昌一 2명으로 교체 결정되었
다.57) 윤 해·고창일은 조선인 총 대표의 자격으로 1919년 2월 5일
니코리스크를 출발하였는데, 이들의 파견비용은 文昌範·金致甫·金
亨郁·吳聖文·金鍾喆·金信一여사 등 독지가들의 기부에 의하여 마
련되었다.58)

　제1차 세계대전의 종결과 파리강화회의의 개최로 인한 세계정세의
변화에 고무받은 전로한족회중앙총회는 1919년 2월 25일 노령·간도
·국내의 대표들을 소집하여 全露國內朝鮮人會議를 개최하였다.59) 중
대한 시국의 변화가 있을 때마다 노령의 한인들은 대회합을 개최하여
의견과 행동의 통일을 꾀하여 왔는데, 이 회의는 새로운 국제정세에
대응하여 한인의 의사를 집약하기 위한 회합이었다. 전로국내조선인
회의는 먼저 새로운 시대에 부응하여 항일독립운동을 추진할 주체로
서 전로한족회중앙총회를 확대·개편하는 형식으로 大韓國民議會를
조직하였다.60)

　대한국민의회의 조직을 발기한 주요인물은 전로한족회중앙총회 회
장인 문창범을 비롯하여 김치보·김 진·김하석·장기영 등 이었
다.61) 전로국내조선인회의는 연해주를 비롯한 노령 각지의 대표는 물
론 서간도·북간도 및 국내의 대표들이 참가한 회합이었기 때문에 대

57) 潘炳律,「大韓國民議會의 성립과 조직」『韓國學報』46 (一志社, 1987)
　　p.144.
58) 김신일여사는 어려운 생활 가운데서도 수년동안 모은 돈 1천원을 誠納하
　　여 모두 김여사의 지성에 감격하였다(독립운동사편찬위원회,『독립운동
　　사자료집』제6집 (독립유공자 사업기금운용위원회, 1973) p.242).
59) 姜德相 編,『現代史資料(27)』朝鮮(三) 獨立運動(一) (みすず書房, 1970)
　　pp.30~31.
60) 대한국민의회는 1919년 3월 17일 그 성립이 대내외적으로 선포되었다.
61) 독립운동사편찬위원회, 앞의 책, p.242.

한국민의회의 대표성은 그 전신인 전로한족회중앙총회 보다 훨씬 강화된 것이었다.

대한국민의회는 소비에트제를 채용하고 있었기 때문에 단순한 의회기능 뿐만 아니라 사법·행정의 기능까지도 통일적으로 공유한 조직의 성격을 지녔다. 또한 대한국민의회는 총회기능을 대행하는 30명으로 구성된 상설의회와 집행부서로서 선전부(군부, 뒤에 군무부로 개칭)·재무부·외교부를 두었으며, 주요간부로서는 의장·부의장·서기를 두었다. 지방조직으로는 노령 각지의 한족회와 간도·혼춘지역에 지부를 두고 있었으며, 국내의 경성에도 대한국민의회 조직이 있었다.

전로국내조선인회의는 대한국민의회 의장에 문창범, 부의장에 金哲勳, 서기에 吳昌煥을 선출하였다.[62] 이동휘는 선전부장을 담당하였는데, 선전부는 주로 장정모집·군사훈련 등 독립군을 조직하는데 주력하였다.[63] 선전부는 전로국내조선인회의에서 결의한 3단계 독립운동계획 중 제2운동인 무력시위운동에 중점을 두었다. 그리고 항일무장투쟁운동을 전개할 담당부서로서 나자구에 군사교육부를 설치하고 독립군의 군사훈련을 맡게 되었다. 또 집행위원회를 조직하여 지휘관에 이 용, 接濟員에 崔丙俊·黃元伍, 군자금 모집에 吳周爀·朴君天, 主計에 김 립·이중집 등을 선임하였다.

이리하여 나자구의 사관학교 출신생도, 홍범도부대, 혼춘지역에서 黃丙吉·李明淳·崔敬天 등이 데리고 온 군인들을 중심으로 독립군이 구성되었다.[64] 이와 같이 대한국민의회의 집행부서로서 특히 선전부

---

62) 姜德相 編, 『現代史資料(26)』 三·一運動編(二) (みすず書房, 1967) pp.44
    ~45.
63) 姜德相 編, 『現代史資料(27)』 朝鮮(三) 獨立運動(一) (みすず書房, 1970)
    p.171, 177. 이동휘는 의금모집을 위하여 국내에 밀사 김권준을 파견하기
    도 하였다.

의 활동은 눈에 두드러지는데, 여기에는 항상 대일무력투쟁의 노선을 견지한 이동휘의 영향력이 컸던 것으로 보인다.

한편 1차 세계대전의 종결, 파리강화회의의 소집 등과 같이 급변하는 국제정세에 뒤이어 발발한 국내에서의 3·1운동은 러시아내 조선인들에게 심대한 충동을 주었다. 블라디보스톡에서 이 3·1운동 소식을 들은 이동휘는 기사회생의 호기가 왔다고 판단하였다. 이동휘를 비롯한 한인사회당 세력은 국내에서 대규모 군중봉기가 발생한 새로운 조건에 대응하고, 연해주 일대에서 고조되고 있는 조선인의 민족운동에 대한 태도를 확정하는 한편, 조선혁명의 전략·전술의 확정과 자체 조직정비를 위해 새로운 전열을 가다듬을 필요를 느끼게 되었다.

이에 따라 이동휘는 이 문제들을 논의하기 위해 1919년 4월 25일 블라디보스톡에서 비밀리에 한인사회당 제2차 대회를 개최하였다.[65] 이 대회에는 이동휘·김규면·김 립·박진순 등 한인사회당 세력과 新民團 대표 49명이 참석하였다.[66] 신민단은 일제강점 전후에 존재한 신민회를 계승한 단체로 3·1운동 이후 군사행동에 중점을 두었는데, 기독교의 성리교도(침례교)를 중심으로 수 만명의 단원을 거느리고 있었다. 특히 단장 김규면은 1919년 블라디보스톡 신한촌에서 단원증가운동을 전개하였는데, 한인사회당 소속의 김 립이 많은 도움을 주어서 호의적인 관계이었고, 대한국민의회 문창범 등과는 관계가 좋지 않았다. 이와 같이 한인사회당과 신민단은 사전에 벌써 통합이 예

---

64) 뒤바보,「俄領實記」十二,『獨立新聞』(上海版) 1920년 4월 8일자 ; 蔡根植,『武裝獨立運動秘史』(大韓民國公報處, 1946) p.44 ; 姜德相 編,『現代史資料(26)』三·一運動 (二) (みすず書房, 1967) p.93.

65) 姜德相 編,『現代史資料(29)』朝鮮(五) 共産主義運動(一) (みすず書房, 1972) p.454.

66) 金奎冕,「誠齋 略傳에 관한 回想記」『문화일보』1995년 8월 18일자.

견되어 왔었다.[67] 이 대회에는 신민단 외에도 창해소년단·독립단·
군비단·동경서울만세폭동청년당·사회혁명당 대표들이 참석하였다.
대회에서는 시국문제 토론과 독립운동 방향 설정, 빨치산운동 참가문
제 및 혁명적 총노선 설정, 그리고 레닌정부에 대한 대표파견 문제
등이 중요하게 논의되었다.[68]

한인사회당은 조선 국외에서 군중운동의 고조에 의해 초래된 새로
운 정세에 대응하여 러시아내 이주민 사회에서 군사·선전활동에 중
점을 두던 것으로부터 조선혁명 전체를 조감하는 방향으로 활동의 축
을 변화시켰다. 바로 이러한 필요에 따라 대회 참가자들은 먼저 조선
혁명의 기본성격과 자신의 임무를 규정하는 구체적인 강령 및 전술문
제들을 결정하였다.[69] 대회에서 채택된 강령의 요지는 다음과 같았다.

1. 조선인 근로대중의 정신상·육체상의 정상적인 발전을 보장하기
   위해서는 일본 제국주의의 압제 및 자본주의적 착취로부터 조선
   을 해방하는 것이 불가피하다.
2. 일본 및 조선의 근로대중의 이해가 서로 연관을 갖고 있으며, 일
   본 제국주의와 자본의 압제가 그들에게 동일하게 고통을 주는 점
   을 고려한다면, 양국의 혁명단체들간의 긴밀한 연관은 불가피하
   다.
3. 조선이 자본주의적 단계에 들어섰기 때문에 당은 프롤레타리아
   트와 고농을 조직하고, 그들을 혁명적 마르크스주의의 정신으로
   교양하여, 그들의 자본에 대한 일상투쟁을 지도해야 한다.
4. 1890년대에 농민봉기 형태로 나타난 우리의 고유한 혁명의 경험

---

67) 신민단 단장 김규면은 본부를 블라디보스톡으로 옮기는데 있어서 경리국
   장 이존수를 시켜 회무를 처리케 하였으며, 의사부장 이춘범에게는 이동
   휘일파와 함께 나자구 지방으로 가서 무관학교를 설립할 것을 지시하였
   다(姜德相 編, 『現代史資料(26)』 三·一運動(二) (みすず書房, 1967) p.209).
68) 金奎冕, 「誠齋 略傳에 관한 回想記」 『문화일보』 1995년 8월 18일자.
69) 林京錫, 앞의 글, p.65.

은 물론이고, 전세계의 혁명운동의 경험은 다음을 보여준다. 평
등과 공정의 승리를 위한 첨예한 계급충돌의 시기에는 수탈자에
대한 피수탈자의 강압이 불가피하다는 것을. 따라서 (우리)당은
소비에트 권력을 가장 합목적적인 권력형태로 간주한다.[70]

　이상의 요지를 통해 우리는 이 시기 한인사회당의 전략노선을 파악
할 수 있다. 여기에서 알 수 있듯이 이동휘와 한인사회당은 먼저 일
본 제국주의의 압제와 자본주의의 착취로부터의 해방을 전략적인 과
제로 설정하여 이 두 과제의 동시적 해결을 최우선 목표로 설정하고
있다. 동시에 조선과 일본의 혁명운동이 갖는 밀접한 관련을 강조하
고, 이 두개의 운동을 연결시킬 것을 시도하고 있다. 이동휘와 한인사
회당은 또 앞으로 세울 권력의 성격을 프롤레타리아 독재정권으로 규
정함으로써 그들의 전략적 목표가 공산주의 사회의 실현에 있다는 것
을 분명히 하였다. 그리고 조선이 자본주의 단계에 들어선 것으로 파
악하고 자본에 대한 '일상적 투쟁'을 전개할 것을 아울러 강조하고 있
다. 이상에서 본다면 이 당시 한인사회당이 설정한 혁명노선은 일제
로부터의 해방과 동시에 자본주의를 타도하는 사회주의 혁명론에 입
각한 것 이었다고 할 수 있다.

　또한 이 대회에서는 당의 최우선 과제인 민족해방을 달성하기 위한
최선의 방법은 오직 중앙소비에트정부 및 코민테른으로부터 지원을
받는 것이라고 규정하였다. 그리하여 코민테른에 가입할 것을 결정함
과 동시에 레닌정부에게 대표를 파견하기로 결의하였다.[71] 또 국제주
의에 입각한 극동의 진보세력과 연합하기 위하여 일본·중국 등에도

---

70) 姜德相 編, 『現代史資料(26)』 三·一運動編(二) (みすず書房, 1967), pp.208
　　~209 ; 林京錫, 앞의글, p.65.
71) 姜德相 編, 『現代史資料(29)』 朝鮮(五) 共産主義運動(一) (みすず書房,
　　1972) pp.453~454.

대표단을 파견하였다. 중국에는 1919년 7월 이동휘가 파견되어 광동
에서 손문과 면담하였다.[72) 이와 동시에 이 대회는 당시 한인사회당
도 참여하고 있었던 대한국민의회가 파리강화회의에 조선인 대표를
파견한 데 대하여 반대의 입장을 분명히 하였다. 따라서 당대회 참가
자들은 파리강화회의 및 국제연맹으로부터 조선대표를 소환하기 위해
대중속에서의 선전·선동을 강화할 것을 아울러 규정하였다.

한편 당대회에서는 민족운동에 참여하고 있는 민족주의자들에 대
한 태도를 결정하였다. 여기에서는 조선의 '애국주의적 양반', 즉 민
족주의 세력을 적대시하고 있는 점이 엿 보인다. 부르조아 민족주의
에 대한 이러한 적대적 태도는 대한국민의회에 대한 정책에 반영되어
나타났다. "이 대회는 부르조아 민족주의자들을 강하게 비판하고 소
위 '대한국민의회'에 대한 거부 결의를 채택"하였다.[73) 즉 대회 참가
자들은 대한국민의회가 예전처럼 한인사회당의 정책과 모순되는 정책
을 수행할 경우 당원으로 하여금 대한국민의회의 책임있는 직위에서
물러나도록 한다는 것을 결의했던 것이다. 하지만 이러한 결의가 즉
각적으로 대한국민의회와 한인사회당의 결렬을 가져온 것은 아니었
다.

---

72) 이동휘는 손문과의 면담에서 다음과 같이 말하였다.
"1911년 중국의 10월혁명은 천황설 주권을 전복하고 중화민국을 창건하였
으며, 1917년 러시아의 10월혁명은 짜르정권을 박멸하고 뒤이어 부르조
아정권을 전복하고서 사회주의 소비에트 국가를 건설하였다. 러시아혁명
은 마지막 계단까지 철저하게 성공하였으나 중국의 혁명은 아직도 두계
단이 성공하지 못했다. 조선은 청일전쟁에서 조건부로 명의상 독립이었
으나 러일전쟁 후에는 무조건으로 병합되었다. 이제 조선의 해방은 일본
제국주의의 박멸과 함께 동시에 대만의 해방도 남화태의 해방도 가능할
것이다. 그러니 조선의 해방운동은 고립이 아니라 중화민국과 소비에트
국가의 찬동·지지를 가지고 있다." 金奎冕, 「誠齋 略傳에 관한 回想記」
『문화일보』 1995년 8월 18일자.
73) 林京錫, 앞의 글, p.68에서 재인용.

다음으로 이 당대회에서는 상해에서 입안되고 있던 정부수립운동에 대해 어떤 입장을 취하였던가. 이 대회에서는 '민족운동 단체들 내에서의 한인사회당의 영향력을 강화하기 위한 대책'을 수립했던 것으로 보인다. 그래서 이를 위해 "대한국민의회와 신민단 내에서의 당의 영향력을 강화"하며, 또한 정부적 지위를 주장하는 각 단체의 통합을 추진하기로 결정했던 것이다. 즉 "3·1운동 이후 각기 정부적 지위를 주장하며, 상호분립하고 있었던 대한국민의회·상해 임시정부·길림 군정부(군정사)간의 통합을 위한 국민대회를 개회"하기로 했다고 한다.74) 이를 통해 보면 당시 블라디보스톡 당대회에서는 민족혁명을 이끄는 최고기관이 설립될 경우 한인사회당이 참여할 수 있다는 여지를 마련해 두고 있었다고 할 수 있다.

요컨대 1919년 4월의 당대회에서는 전략적인 목표와 전술적인 대응방식에 일정한 모순을 내포하면서도 보다 더 현실을 고려 내지 중시하는 노선을 설정하였음을 볼 수 있다. 이는 당시에 조성된 독립운동의 고양에 대한 현실주의적인 판단에서 연유한 것으로 생각된다. 이어서 대회 참가자들은 연해주에서 전개되고 있는 조선인들의 무장투쟁을 적극 지도하기로 결정했다. 이를 위해 "만주 및 조선에서의 조선인 독립군 부대들과의 관계를 수립하고 러시아 극동의 수찬·따반·이만·슬라뱐까·라즈돌리니 지역들에서 작전 중인 조선인 독립군 부대들을 결집시키고 그들을 단일 지휘체제로 통합하는 것에 대한 결의"75)를 채택하였다.

이상에서 본 것처럼 이동휘는 한인사회당과 신민단을 통합하고 당

---

74) 潘炳律, 「露領地域 韓人政黨의 結成과 變遷 : 한인사회당과 상해·일크츠
   크파 고려공산당을 중심으로」『獨立運動의 理念과 政黨』(독립기념관 개
   관 4주년 기념 제5회 독립운동사 학술심포지움 발표문) (독립기념관 부설
   한국독립운동사연구소, 1991) p.102.
75) 金承化 著, 鄭泰秀 編譯, 앞의 책, p.91.

대회에서 3·1운동 이후 조성된 유리한 정세를 계기로 민족해방운동과 조선혁명에 대한 전략적 노선을 설정하고, 이를 실천하기 위한 다각적인 방안을 모색해 나갔다. 여기에서 이동휘는 민족독립과 사회주의의 실현을 동시에 추구해 나가는 것을 자신의 전략적 노선으로 설정하였다. 이는 민족해방에 사회주의활동을 밀접히 결합시킨 것으로서, 이의 본질적 성격은 민족해방을 위한 독립전쟁론의 수행에 사회주의 이념과 사회주의 소련의 지원을 상정한 데에서 결과된 것이었다. 그의 이러한 현실주의 노선은 무엇보다도 이후 임시정부의 통합운동과 이에 참여하는 과정에서 보여준 이동휘의 사상과 행동에서 잘 증명된다.

2) 임시정부 통합운동과 참여

1919년 3·1운동의 영향으로 동년 4월 13일 상해 임시정부가 수립되자, 대한국민의회는 4월 29일 간부회의를 열어 상해 임시정부를 가승인하는 한편 깊은 관심을 표명하고, 통합을 제의하였다.[76] 대한국민의회는 통합된 단일항일전선을 형성하되 정부의 위치는 상해가 아닌 노령으로 하고자 하였다.[77] 왜냐하면 노령은 지리적으로 국내와 가깝고 만주·노령에 흩어져 있는 독립군을 통제하는 데 용이하였기 때문이었다.[78]

---

76) 1919년 4월 15일 대한국민의회는 대표 원세훈을 통하여 대한국민의회와 상해 임시의정원을 통합하자고 제의하였다(金正明 編, 『朝鮮獨立運動』 2 (原書房, 1967) p.191). 원세훈은 1919년 5월 7일 상해에 도착하였다(『朝鮮民族運動史(未定稿)』 第一卷 (高麗書林, 1989) pp.281~282).
77) 姜德相 編, 앞의 책, p.152 ; 金正明 編, 『朝鮮獨立運動』 3 (原書房, 1967) p.437.
78) 姜德相 編, 앞의 책, p.236.

1919년 6월 말 기대를 모았던 파리강화회의가 실망속에 종결되자 국내외 독립운동의 분위기는 일시적인 침체현상을 보였으며, 임시정부적 기관을 자처하며 고립분산적으로 운동을 전개하던 상해 임시정부·대한국민의회를 비롯한 제독립운동세력의 통일을 요구하는 내외의 여론이 고조되어 갔다. 이에 따라 3·1운동 이후 상해 임시정부와 통합에 적극적이었던 대한국민의회는 8월 30일 의원총회를 개최하여, 상해 임시정부와 통합을 선언함과 동시에 한성정부를 봉대하기로 결정하고 해산을 선포하였다.[79] 이에는 상해 임시정부·대한국민의회와 대립되는 친러시아적 노선을 견지하면서도 대한국민의회 군무부의 부장으로 있던 이동휘의 영향력이 크게 작용하였다. 이러한 사실은 대한국민의회의 해산경위를 전해주고 있는 당시 회의의 참석자 이 강의 회고담에서 잘 알 수 있다.

> 국민의회가 열리는 날 나도 그 의원의 한 사람으로 두 분(현 순·김성겸)과 같이 갔더니, 현 순목사와 이동휘씨는 전부터 아는 사이라 손목을 잡고 서로 운단 말이요. 그들이 한참 우는 광경을 보고 모두들 감동하였다. 그리고 의사가 진행되었는데 어떻게 된 것인지 그날 저녁으로 국민의회가 취소되었다. 조건은 국민의회 의원의 5분의 4가 상해 임시의정원으로 들어오라는 것인데, 이에 대하여 이동휘씨가 찬성하니까 만장일치로 국민의회가 취소되었다.[80]

대한국민의회가 해산을 결의하게 된 배경은 상해 임시정부 대표로

---

79) 朱耀翰,『安島山全書』(三中堂, 1963) p.214 ; 김원용,『재미한인오십년사』
(1959) pp.457~458 ; 大韓民國國會圖書館 編,『韓國民族運動史料』 3·1
運動篇 (1977) pp.743~745.
80) 朱耀翰, 앞의 책, pp.214~215.

현 순·김성겸이 가져온 협상안을 수락하였기 때문이었다. 이 협상안
은 대한국민의회와 상해 임시정부 임시의정원을 일체 취소하고 한성
정부를 봉대하여 새로운 국회가 소집된다는 것이었다.[81] 따라서 대한
국민의회 주도인물들은 상해 임시정부와 대등한 통합이 이루어질 것
으로 판단하고 상해로 출발하였다. 먼저 이동휘가 국무총리로 취임하
기 위하여 자기를 추종하는 김 립·남공선·오영선 등 한인사회당 세
력을 이끌고 1919년 8월 30일 블라디보스톡을 출발하여 9월 18일 상
해에 도착하였다.[82] 이어서 문창범·최재형·박은식 등이 상해에 속
속 도착하였다.[83] 그러나 이들이 상해에 와서 보니 협상안과는 정반
대로 임시의정원은 해산이 안되어 있고 오히려 임시헌법개정안·임시
헌법개조안을 가결·통과시켜 상해 임시정부의 개조작업을 완료하고
있었다.[84] 이에 이들은 상해 임시정부측이 대한국민의회측을 기만하
여 "한성정부를 승인 또는 봉대하자 하고 그 실은 개조를 하였다"고
비판하였다.

---

81) 姜德相 編,『現代史資料(27)』 朝鮮(三) 獨立運動(一) (みすず書房, 1970)
    pp.13~14.
82) 『獨立新聞』(上海版) 1919년 9월 20일자 ; 姜德相 編,『現代史資料(27)』
    朝鮮(三) 獨立運動(一) (みすず書房, 1970) pp.177~178. 국무총리 이동휘
    는 임시정부 특사 현 순 및 김 남과 함께 상해에 도착하였다. 도착 후 이
    동휘는 동포들의 환영회에서 연설을 행하였는데, 여기에서 그는 일본 제
    국주의에 반대하고 조선 인민의 자유와 완전한 독립을 지지하는 민족해
    방투쟁의 전면적 확대를 호소하였다. 그리고 상해 임시정부를 완전한 혁
    명세력으로 이루어진 혁명집행위원회로 생각하자고 제안하였다. 특히 대
    한이라는 낡은 이름을 버리고 조선이라는 이름을 사용하자고 제안하였
    고, 국기를 푸른 천에 세 개의 붉은 별이 있는 것으로 대체하자고 주장하
    였다(金奎冕,「誠齋 略傳에 관한 回想記」『문화일보』1995년 8월 25일자
    ; 마뜨베이 찌모피예비치 김 지음, 이준형 옮김,『일제하 극동시베리아의
    한인 사회주의자들』(역사비평사, 1990) p.106).
83) 독립운동사편찬위원회, 앞의 책, p.235.
84) 國史編纂委員會 編,『韓國獨立運動史資料』2 臨政篇II (1971) pp.412~413.

　　대한국민의회와 상해 임시정부 사이에 승인·개조분쟁이 야기되자,
국무총리에 선임된 이동휘는 9월 18일 상해에 도착하였으나 곧바로
취임치 않고 위임통치 청원문제를 거론, 李承晚을 독립정신이 불철저
한 자로 공격하며 이승만 밑에서 국무총리가 될 수 없다고 주장하였
다.85) 여기에 대한국민의회 해산선언 후 상해로 온 문창범·최재형
등 대한국민의회 주도인물들은 "民意에 부합되지 않는 정부의 각원에
列됨은 본의가 아니다"라고 교통·재무총장에의 취임을 거부함86)과
동시에 노령으로 되돌아 가 버렸다.87) 즉 상해 임시정부의 참여를 거
부하였던 것이다.

　　이와 같이 승인·개조의 분쟁이 야기되는 가운데서 대한국민의회
주도인물들은 상해 임시정부의 참여를 거부하였는데 반해 이동휘는
참여를 결정하였다. 이동휘가 상해 임시정부에 참여하기로 결정한 이
유는 과연 무엇이었는가. 이에 대한 해답은 우선 대한민국 임시정부
의 소비에트 러시아 파견 전권위원인 한형권이 1920년 코민테른 기관
지 『공산주의 인터내셔널』에 기고한 글에서 찾아볼 수 있다. 그는 이
글에서,

　　　　만일 우리가 임시정부에 참여하기를 거부하고 4월 대회(1919년
　　　4월 한인사회당 블라디보스톡 대회 : 인용자)에 따르지 않았다면
　　　광범한 인민대중은 우리 한인사회당에게 어떠한 태도를 취했을까?
　　　만일 우리 당이 대회 결의에 따르지 않았다면, 단지 원칙적 고려

---

85) 朱耀翰, 『安島山傳』 (三中堂, 1975) pp.157~158. 이동휘는 스스로 한성정
　　부의 집정관임을 자처하여 상해 의정원에서 제정한 헌법을 무시하였으
　　며, 대통령제를 비난하고 임시정부의 시베리아 이전을 제의하였다(金正
　　明 編, 『朝鮮獨立運動』 2 (原書房, 1967) p.407 ; 金正柱 編, 『朝鮮統治史
　　料』 第七卷 (韓國史料研究所, 1971) p.411).
86) 國史編纂委員會 編, 『韓國獨立運動史』 3 (1967) p.399.
87) 金正明 編, 『朝鮮獨立運動』 3 (原書房, 1967) p.442.

하에서 정부내의 사회주의적 소수파는 존재할 수 없다고 예단하면
서 대내적으로 사회주의 혁명노선을 실행했을 것이다.(중략) 그러
나 대중들은 우리의 행동을 이해하지 못했을 것이며, 우리를 대한
국민의회의 복구를 꾀하는 음모자들과 동일시 했을 것이다. 대중
들은 우리를 떠났을 것이다. 우리 당은 마치 군사없는 장군과 같
은 처지가 되었을 것이다.[88]

이상에서 이동휘와 한인사회당이 임시정부에 참가한 것은 1919년 4
월 당대회의 결의에 따른 것임을 알 수 있으며, 광범한 대중들의 이
해를 고려한 조치임을 시사하고 있다. 즉 이동휘가 임시정부에 참여
한 것은 우선적으로 통합 임시정부에 집중된 대중들의 기대를 저버릴
수 없었기 때문이며, 이는 동시에 한인사회당의 입지 강화와 연결되
는 것이었다. 한인사회당의 주장에 따르면, 통합 임시정부는 조선 국
내에서는 "오직 친일파들 즉 대지주들로부터 만 지원을 받지 못하였
으며, (해외) 이주민 사회에서는 단지 대한국민의회의 지지자들로부터
만 지원을 받지 못했다"는 것이다.[89]

임시정부에 참여하는 이동휘의 논리는 그가 1919년 11월 27일 '간
도한족독립운동간부'에게 보낸 편지에도 잘 나타나 있다. "그간 노령
국민의회가 주장하는 '한성정부를 승인해야 한다'는 것과 상해 의정
원이 주장하는 '한성정부를 개조해야 한다'는 것의 여하를 불구하고
나는 몸을 굽혀 2천만을 위하여 盡忠하고자 합니다"라는 말로 시작되
는 이 편지에서 이동휘는 다음과 같이 임시정부에 참여하는 자신의
심정을 토로하였다.

88) 「동아시아의 상황」 (1920). 林京錫, 앞의 글, pp.77~78에서 재인용.
89) 「동아시아의 상황」 (1920). 林京錫, 앞의 글, p.78에서 재인용.

이에 대하여 同志界에서는 혹 오해하여 말하기를 '이동휘가 개
조된 정부에 취임하는 것은 동지계에서 주장하는 승인에 대모순
된다'고 하나 나는 2천만을 彼我의 구분없이 생각하는 양심에 의
거하여 그 양심의 고통을 참으면서까지 동지간의 偏論에 설 수 없
습니다. 왜놈은 우리들 사이에 틈이 벌어지는 것을 일대 奇貨로
삼습니다. 금일 나는 차마 노령 주장을 고집하며 상해 당국 여러
분과 政戰을 벌일 수 없습니다. 광복을 목적으로 하고 독립을 요
구하는 데에는 매한가지인데, '승인'에 의하여 달리 일의 성공하는
바 없고 '개조'에 의해 일의 불성공이 없는 바에는 차라리 우리 동
지간의 의견충돌을 양보하는 이동휘는 될지언정 나의 의견을 극단
으로까지 주장하여 대국을 파괴하는 이동휘가 되는 것은 일층 불
능한 문제입니다. 동지 여러분, 나의 고충을 헤아리시고 나의 誠忠
을 아신다면 나를 도와 나의 책임으로 전담하고 있는 민국정부를
옹대해 주십시오. 나는 2천만의 부활을 위하여 동지에게 그것을
바라며 나는 우리의 대업 성공을 위해 동지에게 이 말을 올립니
다.[90]

　이에서 보듯이 이동휘는 우선 일제가 독립운동의 분열을 바란다는
것을 경고하고, '승인'이나 '개조' 그 어느 한편에 의해서 독립달성의
관건이 걸려 있는 것이 아니기 때문에 '대국적'인 입장에서 임시정부
참여 결정을 내렸다고 밝히고 있다. 여기에서 이동휘는 자신의 의견
을 극단으로까지 주장하여 대국을 파괴하지 않겠다는 현실주의적인
입장을 강조하고 있다. 이러한 견해는 그가 자신의 사상이나 중대한
실천상의 전환점에 섰을 때 취해 온 입장으로 그의 성격적 특성이 잘
반영된 사례라고 할 수 있다.
　또한 이동휘가 통합 임시정부에 참여한 것은 그의 독립전쟁론의 실

---

90) 金正明 編,『朝鮮獨立運動』3 (原書房, 1967) p.116 ; 姜德相 編,『現代史
資料(27)』朝鮮(三) 獨立運動(一) (みすず書房, 1970) p.190.

현과 사회주의 소련 및 코민테른과의 관계 문제가 가로 놓여져 있었
다. 이동휘의 일관된 독립운동 방략은 일제와의 전면적인 독립전쟁이
었는데, 이동휘는 독립전쟁은 러시아가 지원해 줄 때 비로소 가능하
다고 믿고 있었다. 따라서 러시아의 지원을 받으려면 임시정부라는
정권적 기관이 필요하였다. 이는 그가 임시정부에의 참여조건으로 공
산주의 선동과 선전을 위한 출판활동을 상해 임시정부측에 요구하였
던 사실에서도 잘 드러난다.91) 이 외에도 이동휘가 임시정부에 참여
한 것은 국권회복운동기에 같이 활동하였던 안창호 등과의 동지의
식92)과 당시 노령지방에서 공산당이 공개적으로 활동하기에 어려운
조건이 조성된 것 등이 부수적으로 작용하였다고 보여진다.

　이동휘가 대한국민의회의 입장과는 달리 상해 임시정부에 참여하
자 노령지방의 한인들은 이동휘를 賣名分子·변절자·배신자로 성토
하였다.93) 또 대한국민의회는 군무부 책임자인 이동휘·김 립이 "無
主張·無政見·無信義"하게 상해 임시정부에 참여94)하였다고 성토하

---

91) 서대숙 저, 현대사연구회 역, 앞의 책, p.26. 이동휘는 상해에 도착한 후
　　『독립신문』을 인쇄하는 인쇄소를 이용하여 『효종』이라는 잡지를 발행하
　　였는데, 이 잡지는 한인사회당에서 발행하였던 『자유종』을 대신한 잡지
　　이었다. 홍 도가 주필을 맡았는데 맑스·레닌주의에 관한 글들이 많았다
　　고 한다(『이동휘전기』, p.81).
92) 일제강점 이전부터 이동휘와 안창호는 신민회·서북학회 등에서 국권회
　　복운동을 전개하였다. 그리하여 안창호는 대한국민의회와 상해 임시정부
　　통합대표로 연해주에 파견되었던 현 순·김성겸·이 강 등에게 "해삼위
　　에 있는 정부성질을 가진 국민의회를 될 수 있는 대로 취소하고 상해 임
　　시정부에 합류하게 하라. 만일 국민의회가 해소되지 않더라도 이동휘 만
　　은 꼭 배를 태워 이리로 보내라"고 편지를 썼다(朱耀翰, 『安島山全書』
　　(三中堂, 1963) p.214).
93) 金俊燁·金昌順, 『韓國共産主義運動史』 第一卷 (高麗大 亞細亞問題研究
　　所, 1967) p.283 ; 姜德相 編, 『現代史資料(27)』 朝鮮(三) 獨立運動(一) (み
　　すず書房, 1970) p.177.
94) 이동휘의 측근인 김 립은 1919년 11월 11일자로 최창식을 대신하여 국무
　　원 비서장에 취임하였다(『獨立新聞』 (上海版) 1919년 11월11일자).

였다. 이리하여 이동휘는 이것을 계기로 대한국민의회와 심히 반목하
게 되었다. 이후 문창범·최재형 등은 대한국민의회를 재건하고 상해
임시정부와 대립하게 되었는데, 이러한 분쟁의 시작은 초기 한인 공
산주의운동에 있어서 상해파 고려공산당과 일크츠크파 고려공산당의
파벌투쟁을 일으키는 단서가 되었다.

이동휘는 상해 임시정부에 참여한 것을 계기로 하여 이 시기에 대
략 세가지 방향에서 자신의 독립운동 방략을 실천에 옮겼다. 첫째는
대러시아정부 및 코민테른 외교활동이며(1), 둘째는 만주 독립운동단
체와의 제휴를 모색한 것이다(2). 그리고 세번째는 한인사회당의 한인
공산당으로의 개편 및 고려공산당의 창설이다.95) 이하에서는 각각의
활동에 대해 검토하기로 한다.

(1) 상해 임시정부의 참여를 결정한 이동휘는 1919년 10월 28일 안
창호·여운형·이동녕·이시영·신규식 등 각부 총장들 및 임시정부
요인들과 최초로 시국문제 해결을 위한 회합을 가졌다.96) 이때 이동
휘가 레닌정부에 원조를 요청하자고 하자,97) 안창호·이시영·신익희
등이 강경하게 반대하였다. 이들은 미국에서 차관을 얻어야 한다고
주장하였다.98) 이동휘는 미국에서 차관을 구하면 조선의 이권을 저당

95) 이 문제는 절을 달리하여 서술하고자 한다.
96) 『獨立新聞』(上海版) 1919년 11월 1일자. 국무총리 이동휘는 1919년 11월
   3일 내무총장 이동녕, 법무총장 신규식, 재무총장 이시영 등 3부 총장들
   과 같이 취임식을 갖고 11월 4일 최초의 국무회의를 주재하였다(『獨立新
   聞』(上海版) 1919년 11월 4일자).
97) 무력사용을 주장하는 친러과격파로는 이동휘를 비롯하여 김 립·원세훈
   ·이한영·장건상·김재희·김두봉·김 덕·노무녕·김만겸·조성화·
   김세준·박건봉 등이었으며, 북경에 있는 박용만과 신채호는 이에 동의
   하고 있었다(金正明 編, 『朝鮮獨立運動』 2 (原書房, 1967) p.136, 144).
98) 김철수, 「김철수 친필유고」『역사비평』(1989년 여름호) p.351. 정부개조
   를 주장하는 친미온건파로는 이승만을 비롯하여 안창호·이희경·이광수
   ·최창식·왕삼덕·홍만희·옥관빈·김 구·이 탁·손정도·김정묵·김

잡혀야 하지만 러시아 혁명정부는 조건없이 지원을 해준다는 논리를 폈다. 이에 대해 안창호는 러시아 혁명정부는 부도덕한 정권이며, 레닌정부는 제정러시아가 진 빚을 모두 무효화 하였다고 반박하였다. 이동휘는 제정러시아가 진 빚은 왕이 호사·사치하는데 쓴 돈이기 때문에 인민정부가 들어선 지금에는 오히려 안갚는 것이 당연하다고 하였다.99) 이러한 대립에도 불구하고 임시정부는 레닌정부에 한국독립의 원조를 교섭하기 위하여 여운형·안공근·한형권 등 3인의 사절단을 파견하기로 결정하였다.100)

한편 전술했듯이 이동휘가 상해로 오기 전인 1919년 4월 25일 한인사회당이 대표자대회를 개최하여 중앙소비에트 정부 및 코민테른과 관계를 가지기 위하여 대표단을 파견한다는 결의안에 따라 한인사회당 대표로 모스크바에 파견되었던 박진순·박 애·이한영 등 3인의 대표단 가운데, 박 애는 병으로, 이한영은 개인적인 사정으로 인하여 가지 못하고 박진순만이 1919년 중반경 모스크바에 도착하였다.101) 모스크바에 도착한 박진순은 한인사회당의 조직배경과 당대회 결과 보고서 및 당원명부를 국제공산당집행위원회에 제출하였으며,102) 한

인전 등 이었다(金正明 編, 앞의 책, p.136,144).

99) 이균영,「김철수 연구」『역사비평』 (1988년 겨울호) p.250.

100) 金正明 編, 앞의 책, pp.244~245.

101) 예까쩨린부르크에서 박 애가 병이 나자 박진순은 혼자서 계속 길을 가야만 했다. 지독한 고통을 겪으면서도 박진순은 당시의 복잡한 조건속에서 마침내 모스크바에 이르렀다(마뜨베이 찌모피예비치 김 지음, 이준형 옮김, 앞의 책, p.130). 박 애와 이한영은 박진순과 함께 가지는 못하였지만 이후 모스바에 도착하여 활동하였다(姜德相 編,『現代史資料(27)』朝鮮(三) 獨立運動(一) (みすず書房, 1970) p.73). 또한 박 애·이한영이 장질부사(열병)에 걸려서 옴스크 붉은군대 제5호 야전병원에 입원하여 박진순만이 모스크바로 출발하였다(『이동휘전기』, p.78 ; 김세일,『홍범도』4 (제3문학사, 1990) p.90).

102) 姜德相 編,『現代史資料(29)』 朝鮮(五) 共産主義運動(一) (みすず書房, 1972) p.454.

인사회당의 국제공산당 가입 사실은 러시아정부의 성명을 통하여 대
외에 알려졌다. 이 때 그가 코민테른에서 행한 보고 중의 하나가 『공
산주의 인터내셔날』(1919년 7·8월호)에 게재된 논문 「한국에서의 사
회주의운동」이었다.[103] 박진순은 또한 1920년 코민테른 2차 대회(7.
19~8. 6)에 한인사회당 대표로 참석하여 민족·식민지위원회에 참가
하는 등 활발한 활동을 전개하였다.

한형권은 전술하였듯이 이동휘가 상해 임시정부 국무총리로 참여
하여 안창호·여운형·이동녕·이시영·신규식 등 각부 총장 및 요인
들과 회합, 레닌정부로부터 원조를 얻기 위하여 러시아에 파견하기로
했던 3인의 대표단 중의 한명으로 이동휘의 측근이었다. 그런데 이동
휘가 3인의 대표단 중 한형권만을 독단으로 파견한 것은 안창호·이
시영·신익희 등 임시정부 요인들이 러시아에 대표단을 파견하는 것
을 결사적으로 반대하여 파견비용을 지출하지 않았기 때문이었다.[104]

한형권은 장가구·고륜을 지나 웨르흐네우진스크에 도착하였다. 그
의 모스크바 방문에 비상한 관심을 보인 레닌정부는 이곳에서 한인군

---

103) 權熙英, 「고려공산당 이론가 박진순의 생애와 사상」 『역사비평』 (1989년
   봄호) p.287 ; 박진순은 이 논문에서 한인사회당의 성립이 1911년 초 북
   간도에서 조직된 항일비밀결사조직이었던 광복단의 이념적·조직적 분화
   과정의 산물임을 밝힘으로써, 한국사회주의운동의 발생을 한말이후 1910
   년대 해외민족운동에 접목시키고 있다. 또 3·1운동 당시 파리강화회의
   와 미국의 영향력에 기대하고 있었던 민족주의적 다수세력과 달리 소수
   적 좌파의 입장에 있었던 한인사회당의 정세인식과 당대회의 결의 내용
   을 밝히고 있다(반병률, 「노령에서의 독립운동사 연구」 『한국독립운동의
   이해와 평가』 (독립기념관 한국독립운동사연구소, 1995) p.458).
104) 당시 임정의 재무총장은 이시영이었는데, 천원 이상의 비용지출에는 재
   무총장의 결재가 필요했지만 그 이하의 돈은 차장선에서 지출결재가 가
   능하였다. 그래서 임정의 4인조라고 불리었던 김 립, 재무차장 윤현진, 교
   통차장 김 철, 내무차장 이규홍이 합의하여 비밀리에 윤현진이 5백원씩
   네번을 지출하는 형식으로 2천원을 마련하여 한형권에 지급 그를 러시아
   로 파견하였다(이균영, 앞의 글, p.251).

인 200명을 동원하여 태극기를 흔들며 한형권을 대대적으로 환영하였
고, 일크츠크부터는 국빈대접으로 호위병 2명을 배정하고 관용기차
한량을 전용으로 배당하였다.105) 그리고 그가 가는 역마다 각 지방의
장관들이 그를 맞기 위하여 역으로 나왔고, 모스크바에 도착했을 때
는 외무차관인 카라한을 포함한 고위관리들이 마중을 나왔다.

한형권은 모스크바 도착 후 카라한과 외무상인 지체린을 여러번 만
났고 드디어 레닌과도 만났다. 한형권은 레닌에게 다음의 4가지 조건
을 제시하였다.106)

1. 노농로서아 정부는 대한민국 임시정부를 승인할 것.
2. 우리 한국독립군의 장비를 적위군과 一樣으로 충실하게 하여 줄
   것.
3. 우리는 독립군을 크게 양성하여야 할 터인데 지휘사관이 부족하
   니 시베리아 지정장소에 사관학교를 설치하여 줄 것.
4. 우리 상해 임시정부에 독립운동자금을 거액으로 원조하여 줄 것.

이어서 한형권은 한국과 소련이 악수하여 공동의 적인 일본을 타도
하자고 하였다. 레닌은 처음부터 한형권을 호의적으로 맞이하였다. 그
리고 한형권의 4가지 조건제시에 대하여 다음과 같이 응답하였다.107)

제국주의·군국주의 일본을 타도함이 없이는 아시아 제민족의
자유와 행복이 없을 것을 잘 안다. 그리고 조선에는 무산계급적
사회혁명이 필요한 것이 아니라 이 때는 오직 민족해방운동 즉,

---

105) 레닌은 한형권을 대사대우로 공관을 내주고 일체의 경비를 부담해 주었
    다고 한다(金弘壹,「自由市事變 前後」『思想界』(1965년 4월호) p.219).
106) 스칼라피노·이정식 공저, 한홍구 옮김, 앞의 책, p.55.
107) 한형권,「혁명가의 회상록 : 레닌과 담판, 독립자금 20억원 획득」『삼천
    리』6 (1948년 10월호) p.10.

독립운동만이 필요한 것이다. 그러기에 한국의 독립운동에 전력으로 찬성하며 원조하겠노라.

이렇게 말한 후 레닌은 한형권이 제시한 4개조를 전적으로 수락하였다. 그리고 제4조항과 관련하여 한국의 독립을 지원하기 위한 보조금으로 200만 루불을 원조하기로 약속하였다. 한형권은 레닌이 원조하기로 한 200만 루불 가운데 먼저 60만 루불을 받았다. 한형권은 금화 20부대씩 7상자로 나누어 수령한 60만 루불 중 20만 루불은 레닌정부 외무부에 맡기고 운반 가능한 40만 루불만 휴대하여 귀환길에 올랐다.[108]

그 후 레닌정부와 한국임시정부 사이에 협정이 체결되었다고 하는 설이 나돌았는데 그 내용은 다음과 같다.[109]

1. 한국정부는 공산주의를 채택하고 그 목적을 수행하기 위한 선전 활동을 전개한다.
2. 소련정부는 아시아에 있어서 평화를 수립하기 위하여 한국의 독립활동을 지원한다.
3. 시베리아에 있어서 한국군의 훈련과 결집은 허용될 것이며 필요한 군사보급이 소련정부에 의하여 제공된다.
4. 시베리아의 한국군은 소련정부에 의하여 지정된 러시아군사령부에 예속될 것이며 시베리아에 주둔하고 있는 일본군에 대한 장차의 작전에 있어서 소련정부와 공동행동을 취한다.
5. 韓露共同局이 이상의 사무를 관리하기 위하여 설치된다. 동국 요원은 양국정부에 의하여 임명한다.

---

108) 『朝鮮民族運動史(未定稿)』 第一卷 (高麗書林, 1989) p.465 ; 한형권, 앞의 글, p.10.
109) 스칼라피노·李庭植, 『韓國共産主義運動의 起源』 (韓國硏究圖書館, 1961) pp.15~16.

6. 한국정부에 의하여 수취되는 군사보급과 기타 원조는 장차 적당
   한 시기에 보상된다.

이와 같이 일제와의 독립전쟁 수행을 목적으로 임시정부에 참여하
여 소련의 지원을 기대하였던 이동휘의 계획은 성공적으로 진행되었
다. 한형권은 성공적인 대소외교활동을 전개하는 한편 1920년 6월 28
일에 개최된 제3차 全露中國勞動者大會에 참가하였으며, 『코뮤니스트
인터내셔날』 1920년 7∼8월호에 「동아시아의 상황」이란 논문도 발표
하였다.110) 한형권의 전로중국노동자대회 참가는 한국민족해방의 문
제를 중국과 일본의 문제와 밀접하게 결합시키려 했던 것으로 보인
다.

(2) 1919년 11월 3일 내무총장 이동녕·법무총장 신규식·재무총장
이시영·노동국총판 안창호 등과 함께 상해 임시정부 국무총리로 취
임한 이동휘는111) 만주지역 독립운동단체에 대한 공산주의 선전을 정
력적으로 전개하면서 그들과 연계를 가지려고 노력하였다. 먼저 이동
휘는 유동열을 간도에 파견하여 각 독립운동단체의 유력자를 모아 놓
고 임시정부의 방침을 설명케 하였는데 그 내용은 다음과 같다.112)

상해 임시정부는 露國 볼셰비키 및 歐美의 사회주의자들과 서

---

110) 金弘壹, 앞의 글, p.220 ; 한형권은 이 논문에서 한국·중국·일본의 정
    치적 상황과 혁명운동에 대한 분석과 평가를 바탕으로 한국의 민족운동
    문제를 전체 동아시아의 맥락에서 살피고 있으며, 특히 3·1운동 이후 블
    라디보스톡과 상해에서 수립된 대한국민의회와 상해 임시정부의 전체운
    동선상에서의 주도권 장악을 위한 권력투쟁을 비판하는 등 민족주의 세
    력들과 한인사회당의 차별적 노선을 강조하고 있다(반병률, 「노령에서의
    독립운동사 연구」 『한국독립운동의 이해와 평가』(독립기념관 한국독립
    운동사연구소, 1995) p.458).
111) 『獨立新聞』(上海版) 1919년 11월 4일자 「總理及三總長就任」.
112) 金正柱 編, 『韓國統治史料』 第八卷 (韓國史料硏究所, 1971) pp.234∼235.

로 연락하고 있으며, 중국 노동자들에 대해 볼셰비키 사상을 선전
하고 있는데, 한인과 일인들에 대해서도 선전을 계획하고 있다. 선
전의 주요사항은 재산의 균등분배, 8시간 노동제, 남녀의 자유결
합, 노령 남녀에 대한 공공기관에서의 보호 등인 바 금년 3월에
러국 과격파 대표도 임시정부를 방문하여 의논한 결과 일크츠크·
블라디보스톡·상해·동경·경성·길림에 동방선전부를 설립했다.
현재 한인 15만명, 중국인 2만명, 일인 3천명이 볼셰비키 사상을
갖게 되었으며, 孫逸仙도 같은 사상이며 우리 임시정부가 발표한
헌장 제3조에도 대한국 인민은 남녀 귀천 빈부의 계급없이 일절
평등이라고 명기되어 있다.

이동휘는 이와 같이 공산주의 사상을 전파하면서 또한, 1919년 3·
1운동 이후 국내진입전을 전개하여 성과를 올렸던 홍범도의 대한독립
군 부대와도 타협을 이루어 무기를 공급하기로 하고[113] 상해 임시정
부의 봉대를 이끌어 냈다.[114] 여기에 서간도의 여러 독립운동단체들
도 상해 임시정부에 윤기섭을 파견하고 타협안을 제출, 협의하여 임
시정부 통치하에 들어왔다.[115]

또 이동휘는 이 용을 상해 임시정부 북로군사령관으로 임명하여 간
도로 파견하였다. 1920년 말 일본군의 대토벌에 의하여 간도의 독립
군이 밀산을 거쳐 시베리아 이만으로 이동할 때 이동휘는 긴급구호금
2만원을 보내어 이들을 위로하기도 하였다.[116] 이동휘는 자신의 오랜
세력기반이며 독립군에 의한 국내진입전의 근거지였던 북간도 대한국
민회 회장 구춘선 앞으로 서신을 보낸 바 있었는데, 그 서신에는 볼

113) 金正明 編, 『朝鮮獨立運動』 2 (原書房, 1967) p.63.
114) 姜德相 編, 『現代史資料(27)』 朝鮮(三) 獨立運動 (一) (みすず書房, 1970)
    p.10.
115) 金正明 編, 앞의 책, p.210.
116) 金俊燁·金昌順, 앞의 책, p.253.

셰비키인 레닌정부와 밀접한 제휴로 항일독립운동을 추진하자는 이동
휘의 생각이 담겨져 있다. 그 내용의 일부분을 소개하면 다음과 같
다.117)

> 우리 민족이 독립을 선포하고 血戰을 주장한 이래 현재까지 간
> 도의 무력 발전을 제외하고는 실제로 거의 이루어진 것이 없다.
> 일제의 탄압이 가중되고 있는 현 시점에서 국민회 대표회의 결과
> 4만원의 군사훈련비를 책정했으며, 주진일을 비롯한 수명을 러시
> 아에 파견하였다는 소식을 들었다. 하지만 동서각국의 성원이 원
> 만한 것은 더 말할 것 없고 우리 독립에 대하야 처음부터 乃終까
> 지 가장 밀접 관계된 레닌정부 그 정부에 이미 파견한 박진순군은
> 그 외교위원부에 가입하였고, 그 다음 한형권군도 불원간 모스크
> 바에 도달할 듯 하오며, 그나마 상해·천진 등 각처에 내왕한 중
> 요인물 곧 러시아 외교원과의 비밀적 약속도 이미 牢定한 바가 있
> 다. 또한 상해 임시정부 대표 이 용이 북간도에 도착하면 대한국
> 민회는 그가 가지고 간 10만원 상당의 공채표 중에서 4만원을 그
> 에게 대여하기를 바란다. 나중에 상세한 소식을 주겠지만 레닌정
> 부측 파견인물과 직접 약속이 있는 바 일크츠크 이북지방을 근거
> 지로 삼고, 사관양성에 착수하는 동시에 비행기·대포 등 무기를
> 준비하여 볼셰비키군과 제휴하여 최후작전할 계획이다.

이상에서 이동휘는 만주의 무장항일 독립군에 대한 지대한 관심 속
에서 소련의 원조를 바탕으로 독립전쟁을 수행할 준비를 구체적으로
갖춰 나갔음을 파악할 수 있다. 이동휘에게 레닌의 볼셰비키정부는

---

117) 大韓民國國會圖書館 編,『韓國民族運動史料』 中國篇 (1974) p.180. 이 편
    지는 1920년 5월 11일자로 국무총리 이동휘, 국무원 비서실장 김 립, 간
    도 출신 임시의정원 의원 계봉우 등 3인이 서명하였다(金正柱 編, 앞의
    책, pp.236~240 ; 스칼라피노·이정식 공저, 한홍구 옮김, 앞의 책, pp.51
    ~52).

사회주의 이념에 앞서 일차적으로 독립전쟁에서 원조를 얻을 수 있는 유일한 대안으로서 현실적인 후원자였던 것이다.

이와 같이 이동휘와 그가 이끄는 한인사회당의 임시정부 참여로 인해 상해 임시정부는 통합정부로서의 권위와 독립운동 최고기관으로서의 지위를 어느 정도 확보하기에 이르렀다. 이것은 이동휘가 추진하였던 독립전쟁론에 바탕한 소련과의 외교와 만주 독립운동단체 및 무장세력과의 연계에 힘입은 바 컸다. 이동휘 및 한인사회당의 임시정부 참여는 국제연맹과 미국에게 조선독립의 기대를 걸었던 외교론의 기치를 내리게 하고 '독립전쟁론'을 전면에 내세우게 하는 견인차가 되었다. 실제로 1920년초 벽두에 대한민국 임시정부는 독립전쟁의 필요성을 고창하며, 만주의 조선인 사회에 징병령을 발포하고, 연해주·북간도·서간도를 각각 동로·북로·서로의 3대 군관구로 설정하여 사령관을 임명하는 등 독립전쟁론에 기초한 일대 정책전환을 단행하게 되었던 것이다.[118]

3) 상해파 고려공산당의 결성과 활동

상해 임시정부 국무총리 취임 후 박진순·한형권 등을 코민테른·

---

[118] 임시정부 내에서 한인사회당의 주장이 점차 강화되어 가는 상황은, 임시정부의 소비에트 러시아 파견 전권대사였던 한형권의 다음 설명에 잘 나타나 있다. "여기에 임시정부가 자신의 부르조아성에도 불구하고 국경을 향해 붉은 군대가 진군해 오는 것을 초조하게 기다리는 이유가 있는 것이다. 조선의 자유주의자들이 정부와 의정원에서 다수를 차지하고 있음에도 불구하고, 한인사회당원만이 러시아 노농혁명정부의 대표들과 상호 이해에 이를 수 있다고 생각하며, 우리 사회주의자들을 소비에트 러시아에 전권대표로 파견하는 것이 필요하다고 생각했던 이유도 여기에 있는 것이다. 그들 자신은 10여년의 반일 혁명투쟁의 경험으로부터 근로계급이 주도하지 않고서는 '조선독립'은 불가능하다는 점에 설득되고 있는 것이다". 林京錫, 앞의 글, pp.134~135에서 재인용.

레닌정부에 파견하여 대소외교에 치중하였던 이동휘는 1920년 2월부
터 이승만 퇴진운동을 전개하였다. 이동휘는 이승만의 친미외교독립
노선을 비판하고, 소비에트 러시아와의 관계강화에 의한 무장투쟁론
에 근거하여 임시정부의 시베리아 이전과 전면적인 개편을 주장하였
다. 이 퇴진운동은 윤현진·김 립 등의 임시정부 차장급과 정인과·
김희선·이규홍·김 철 등 비서장 등이 동조하여 동년 5월 이승만 불
신임안을 제출하기에 이르렀다. 하지만 이동녕·신규식·이시영·안
창호 등 친이승만 기호파들에 의하여 거부됨으로써, 이동휘는 동년 6
월 전격적으로 국무총리직을 사임하였다.[119] 그러나 김 립이 이동휘
에게 보낸 편지가 안창호에 발각되어 문제가 제기되자, 이동휘는 사
태를 수습코자 동년 7월 말 다시 국무총리직에 복귀하였다.[120]

이와 같은 상황속에서 박진순·한형권 등의 대소외교 성과가 金萬
謙·李漢榮 두사람을 통하여 상해의 이동휘를 비롯한 한인사회당 지
도부에 전달되었다. 먼저 김만겸은 노령 대한국민의회 부의장이었는
데, 1920년 4월 일제의 블라디보스톡 소탕전인 4월 참변을 피하여 시
베리아를 배회하다가 姜漢澤과 함께 코민테른 선전원으로 선임되었
다. 김만겸은 소련정부 선전원인 朴君八로부터 소련정부가 상해 임시
정부와 조선국민에게 보내는 두통의 편지를 전달받았다.

한통은 소련정부가 상해 임시정부에 다대한 동정을 보내며 충분히

---

119) 金正明 編, 『朝鮮獨立運動』 2 (原書房, 1967) pp.427~428, 447 ; 大韓民
　　國國會圖書館 編, 『韓國民族運動史料』 中國篇 (1974) p.325.
120) 金正明 編, 앞의 책, pp.239~243. 이동휘는 '한국을 일시 미국의 위임통
　　치령으로 할 것'을 제의했다는 이승만의 망언을 규탄하면서, 이승만이
　　대통령으로 되어있는 정부에서는 일할 수 없다고 하여 사임하였는데, 이
　　것은 미주파를 밀어내고 이동휘일파가 임정을 독점하려는 계략에서 나온
　　것이며, 이 계략은 김 립이 꾸몄다는 것이다. 이것이 발로가 되어 김 립
　　은 국무원 비서장에서 면직되고, 이동휘는 국무총리에 돌아올 것을 說服
　　받아 재취임했다는 것이다.

원조하고 승인할 것 임을 약속하는 내용이었고, 또 한통은 소련정부
가 한인을 동정할 것이며 한인들도 볼셰비키 사상을 선전하여야 한다
는 것이었다. 이와 같은 결과는 한형권의 대소외교 활동의 성과로 보
인다. 어쨌든 김만겸은 코민테른 선전원 자격으로 코민테른 극동국
책임자로 선임된 보이틴스키와 함께 1920년 5월 초 상해로 왔다.[121]
이 때 김만겸은 공산주의 선전자금 4만을 휴대하고 있었으며 강한택
도 동행하였다.[122]

　김만겸은 상해 도착후 두통의 소련정부 공식서한을 상해 임시정부
에 전달하였고, 공산당 조직과 선전활동 등 자신의 임무에 나섰다. 그
는 먼저 이동휘·김 립 등 한인사회당 간부들에게 8천원의 돈을 지원
하여 『신대한독립보』를 발간케 하였으며,[123] 자신은 최창식 등과 『공
산』이라는 간행물을 발행하는 한편, 『공산당 선언』을 번역하여 발간
하는 등 공산주의 선전에 주력하였다.[124] 또한 상해지역 독립운동가
유력자회의를 개최하여 보이틴스키와 여운형의 회담을 성사시켜 여운
형이 이동휘 등의 한인사회당 그룹에 가담하는데 일정한 역할을 하였
다.[125]

　한편 이한영은 1919년 4월 25일 한인사회당이 대표자대회를 개최하
고 모스크바에 대표단을 파견하기로 결정하였을 때 선발되었던 3인의

121) 姜德相 編, 『現代史資料(27)』 朝鮮(三) 獨立運動(一) (みすず書房, 1970)
　　p.291 ; 마뜨베이 찌모피예비치 김 지음, 이준형 옮김, 앞의 책, p.172.
122) 『朝鮮民族運動史(未定稿)』 第六卷 (高麗書林, 1989) p.8 ; 金正柱 編, 『朝
　　鮮統治史料』 第七卷 (韓國史料硏究所, 1971) p.402.
123) 『대한독립보』는 시베리아 방면에 배포되었는데, 정간되고 다시 『신생
　　활』을 발간하여 배포하였다. 金正明 編, 『朝鮮獨立運動』 2 (原書房, 1967)
　　p.430.
124) 『朝鮮民族運動史(未定稿)』 第六卷, p.10 ; 金正柱 編, 앞의 책, pp.402~
　　403.
125) 金俊燁·金昌順, 『韓國共産主義運動史』 資料篇 I (高麗大 亞細亞問題硏
　　究所, 1979) p.248.

대표 중 한사람이었다. 박진순·박 애·이한영 등 3인 대표단 중 박
애는 병으로, 이한영은 개인적인 사정으로 인하여 모스크바에 가지
못하고 박진순만이 모스크바에 파견되었다. 이 후 이한영은 박 애와
함께 모스크바에 도착하였다. 이들은 당시 모스크바에서 활약하고 있
던 박진순·한형권 등을 만난 것으로 보인다.

이한영은 1920년 4월 중순 모스크바를 출발하여[126] 상해로 오는 도
중 일크츠크에 들러 동년 7월 7일부터 15일까지 개최된 고려공산단체
대표자대회에 한인사회당의 대표로 참석하였다. 이한영은 발언권과
결의권을 갖는 12인의 정식대표자의 일원으로 이 대회에 참석하여 일
크츠크 공산당과의 통합문제를 논의하였다.

1920년 8월 초 이한영이 상해에 도착하자 이동휘는 이한영·김 립
·김만겸 등 한인사회당 간부들과 협의하여 한인사회당의 명칭을 韓
人共産黨으로 개칭하였다.[127] 동시에 여운형을 비롯한 조완구·신채
호·안병찬·이춘숙·조동호·최창식·양 헌·선우혁·윤기섭·김두
봉 등 민족진영 일부 인사들을 규합하는데 성공하여[128] 자파세력 확
대·강화에 주력하였다. 그리고 개편된 한인공산당의 중앙위원들을
새로 선출하였는데, 그 조직은 다음과 같다.[129]

중앙위원: 이동휘(책임)·김 립·이한영·김만겸·안병찬
번역부위원: 여운형
출판부위원: 조동호

---

126) 金正明 編,『朝鮮獨立運動』 5 (原書房, 1967) p.97.
127) 金正柱 編, 앞의 책, p.165.
128) 金俊燁·金昌順, 앞의 책, p.248 ;『朝鮮民族運動史(未定稿)』第一卷 (高
麗書林, 1989) p.463.
129)『朝鮮民族運動史(未定稿)』第一卷, p.464.

이와 같은 상해 한인공산당으로의 개편과정은 한인사회당의 지위를 국지적 수준의 공산주의 단체로부터 벗어나 전국적 규모의 공산주의 정당으로 확대·발전시키기 위한 계획의 일환이었다. 이 대회에서는 정치문제에 대한 결정을 채택하였는데, 부르조아적 독립운동자들이 국제연맹 등에 의뢰하는 양상을 보이는 것을 비판하고, 조선의 민족해방운동을 국제사회주의운동의 일환으로 재규정하는 것이었다. 그들은 "세계적 혁명적 무산계급과 일치 협력"하며, 일본의 무산계급과 제휴할 것을 주장하였다.130) 그리고 한인사회당에서와 마찬가지로 반제국주의·반자본주의의 프롤레타리아 독재정권의 수립을 전략적 목표로 삼고 있었다.131)

상해 한인공산당의 주된 활동목표는 공산주의 조직을 확대·강화하고 유세와 출판을 통하여 마르크스주의를 선전하며 독립전쟁을 위한 무력준비 등 이었다. 한편 상해 한인공산당은 민족혁명단체에 대해 통일전선 정책을 취할 것을 명시하였다. 한인공산당은 "자본가적 민주주의 지식계급의 가공적 독립운동의 오류를 교정"하는 동시에 "대한민국 임시정부 및 기타 혁명단체를 찬조하며 가급적 본당의 주의를 관철하도록 노력할 것"을 명시하였다.

먼저 마르크스주의 선전을 위하여 중앙위원회 산하에 선동출판부와 문화계몽부를 설치하였다. 출판부는 『공산당 선언』(2만부), 『거미와 하루살이』(5천부) 등의 팜플렛을 발간했으며, 신문 『신생활』, 잡지 『공산』을 5천부씩 발행하였다. 또 출판부는 상해 이외 지역에 대한 선전사업을 위하여 5인의 선전선동원을 파견하였는데 조선·일본에 각 1인, 중국령에 3인이 파견되었다. 문화계몽부는 자그만한 공산주의 도서관을 운영하면서 당원과 후보자들 그리고 노동자들의 출입을 허

---

130) 『朝鮮民族運動史(未定稿)』 第一卷, pp.40~41.
131) 위의 책, p.39.

용하였다.

또한 상해 한인공산당은 일크츠크 공산당과의 통합문제를 협의를 담당할 대표로 김 립·계봉우·이한영 등을 선정하였는데,[132) 이들은 일크츠크 공산당과의 통합문제 이외에도 코민테른에 당조직을 보고하는 임무도 있었다.

이와 같이 1920년 8월경에 개편된 재상해 한인공산당은 '全韓共産黨' 창립대회 성립 이전까지 임시로 중앙기관의 역할을 자임했다. 재상해 한인공산당은 '전한공산당' 창립준비를 극동국 한인부에 위임했다. 그 이유는 초창기 조선인 공산주의 단체의 대다수가 러시아를 활동무대로 하여 발전했기 때문에 당 창립대회를 준비하는데 상해는 부적당했기 때문이었다.[133) 치따의 극동부 한인부에게 '전한공산당' 창립대회 준비를 위임했던 상해파 공산주의자들은 1921년 5월 16일에 폐막된 일크츠크의 고려공산당 창립대회를 승인하지 않았다. 그들의 견해에 의하면 일크츠크대회는 강압적 조건에서 진행된 것으로서 진정한 공산당 창립대회로 볼 수 없다는 것이었다.

상해파 공산주의자들은 그 근거로서 4월말 극동부 한인부를 해산시킴과 동시에 "한인공산당의 유력자로서 대한국민의회와 경쟁한 사람은 모두 체포"한 점, "원동에서 온 대표 10인을 정강이나 방침을 토론하기 전에 자본주의자·반혁명이라고 운운하면서 결국 불참"시킨 점 등을 들었다.[134) 이에 따라 상해파 공산주의자들은 일크츠크의 고려

---

132) 金俊燁·金昌順, 앞의 책, p.9 ; 계봉우는 1920년 4월 상해에서 김 립의 권유로 한인사회당에 입당하였는데, 기관지『自由鐘』의 주필도 맡았다고 한다 (趙東杰,「北愚 桂奉瑀의 생애와 저술활동」『北愚 桂奉瑀 資料集』 韓國獨立運動史 資料叢書 第10輯 (독립기념관 한국독립운동사연구소, 1996) p.7).

133) 林京錫, 앞의 글, p.266.

134) 張道政, 앞의 글, pp.13~14 ; 林京錫, 앞의 글, p.272.

공산당 창립대회를 적대시하였다.

　상해파 공산주의자들은 당대회를 준비하면서 義烈團과의 제휴를 시도한 것으로 보인다. 상해파를 비판하는 한 공산주의자는 "조선에는 '의열단'이 있는데, 이 당은 음모적으로 조직된 것으로 민족주의 사상의 이데올로기다. 김 립은 예상되는 고려공산당대회를 위해 이 당을 이용하려 하고 있다"고 비난하였다.[135]

　상해파 공산주의자들이 소집한 '고려공산당대표회'는 상해 프랑스 조계 내에서 1921년 5월 20일부터~5월 23일까지 개최되었다. 참가자들 중에는 러시아지역 공산단체 대표자들은 포함되어 있지 않았으며, 주로 조선국내·중국·일본 등지의 한인공산단체를 대표하는 사람들이 모였다. 대표자의 총수는 정확히 알 수 없지만 약 30명 안팎이었을 것으로 보인다. 대회 참가자들은 전한의 공산주의운동을 지도할 최고기관인 고려공산당이 성립되었음을 선포하고 그 중앙집행기관을 조직했다. 이동휘가 위원장으로 선출되었으며, 중앙위원으로는 총 13명이 선임되었다. 당시의 당 간부진을 살펴보면 다음과 같다.[136]

　　위원장: 이동휘
　　비서부장: 김 립
　　중앙위원: 김철수(재무담당)·최팔용·이봉수·장덕수·홍 도·주
　　　　　　 종건·김하구·박진순·한형권·김규면·이 용·이증림
　　내지간부: 김명식·윤자영·유진희·한위건·정노식: 겸임(장덕수
　　　　　　 ·최팔용·이봉수·이증림)
　　기관지 담당: 주종건·유진희·김명식·윤자영
　　군사부: 김동한·박 일리아·박 그레고리·이 용·김규면

---

135) 林京錫, 앞의 글, p.273에서 재인용.
136) 김철수, 앞의 글, p.351.

이와 같이 고려공산당을 조직한 이동휘는 활발한 공산주의 선전활동에 종사하였다. 이동휘는 주로 간도·만주방면을 대상으로 공산주의 선전활동을 전개하였다.

먼저 『공산당 선언』을 번역하고 러시아 정치강령과 러시아 헌법을 『신세계가 된다면』·『직접행동』의 표제를 붙여서 각각 5천부, 3천부 이상 인쇄·배포하였다. 그리고 『勞農新報』·『自由報』·『新世界』·『赤旗』·『群聲』·『大韓獨立』·『曙光』·『曉鐘』·『鬪報』등 신문·잡지도 발행하여137) 공산주의 선전운동에 진력하였다. 특히 「공산」·「물팔이」·「공산당 선언」·「노동조합 이야기」·「우리 무산계급의 진로」·「새세상이 되면」·「노서아 공산당의 정강」·「레닌」등 한인들이 쉽게 받아볼 수 있는 수십종의 팜플렛을 만들어 배포함으로써138) 간도·만주지역 사회주의 확대에 주력하였다.

이와 같이 만주지역은 상해파 고려공산당 사회주의 선전활동의 결과로 당원들이 증가되어 갔는데, 1921년부터 1922년까지의 조직상황을 보면 다음과 같다.139)

> *북간도 지방회; 9개 군회설치[본부: 돈화현, 1921년: 당원 1,300명, 1922년: 당원 1,721명, 후보당원 829명, 용정: 공산청년회(회원, 46명), 국민회: 12명의 간부 중 8명이 당원]
> *서간도 지방회; 6개 군회설치[본부: 길림, 당원 153명, 후보당원 65명]

---

137) 金正柱 編, 『韓國統治史料』第七卷 (韓國史料研究所, 1971) pp.198~206.
138) 金正明 編, 『朝鮮獨立運動』5 (原書房, 1967) pp.105~106. 「공산」과 「신생활」은 각각 5,000부가 발행되고 제3호까지 발간되었으며, 「러시아 공산당 강령」과 「공산당 선언」·「러시아 공화국 헌법」은 각각 3,000부가 발행되었다(「코민테른 제3차 대회에서의 고려공산당의 보고」 『역사비평』(1989년 가을호) p.367).
139) 金正柱 編, 앞의 책, p.190.

*요하현 지방회; 5개 구역회 직할운영[본부: 요하, 당원 275명, 후보당원 87명, 공산청년회 (회원, 20명)]

이 당의 역량이 최고조에 달했을 때인 1922년 말경에는 1,250명의 당원과 3,220명의 후보당원, 1,500명의 청년조직당원, 800명의 청년후보당원, 42명의 비밀당원 등 총 6,812명의 당원이 40개 지역의 지부에 흩어져서 활동하였다.[140] 특히 일본 정보문서는 약간 과장되었지만 1921년 가을까지 만주와 시베리아에 있는 한인 중 약 15만명이 볼세비키 선전에 감염되었다고 추정할 정도였다.[141]

이러한 점을 볼 때 어쨌든 이동휘가 이끄는 상해파 고려공산당이 만주와 시베리아 지역의 사회주의를 선전하고 전파시키는데 있어서 매우 중요한 역할을 수행한 것은 명백한 사실이라 하겠다. 특히 만주 지역의 어린이들이 공산가[142]를 즐겨 불렀다는 사실은 이 지역의 사회주의사상이 어느 정도로 전파되었는 지를 시사해 준다고 하겠다.

한편 상해파 공산주의자들은 일크츠크 당대회에 대항하는 독자적인 고려공산당(상해파)을 조직했을 뿐만 아니라 일본 및 중국 공산주의자들과 결합하여 동아시아 공산주의운동을 통일적으로 지도할 것을 목적으로 '東洋總局'이라는 기관을 조직하였다. 상해파 공산주의자들이 이 동양총국을 조직한 것은 코민테른 극동지도부의 권위에 대항하기 위한 것으로 보인다. 당시 코민테른 극동지도부는 일크츠크파에

---

140) 서대숙 저, 현대사연구회 역, 앞의 책, p.33.
141) 이정식 지음, 김성환 옮김, 『조선노동당약사』(이론과 실천, 1986) p.22.
142) 공산가 노래 내용은 다음과 같다.
  우리들이 고국 산천을 멀리 떠나/ 이 이국땅에 방황함은 웬일인가/ 이는 일본의 자본적 제국주의가/ 조국을 병탄한 때문이로다/ 하루 속히 자본가를 타도하세/ 자유의 천지로 나아가세/ 국권을 회복할 때는 기필코 가까우리. 金正明 編, 『朝鮮獨立運動』 5 (原書房, 1967) p.233.

대한 편파적인 지원으로 상해파의 원성을 크게 산 바가 있었는데, 이
동휘 등 상해파 공산주의자들은 독자의 조직으로써 이러한 권위에 대
해 저항하고 공산주의활동의 새로운 방식을 모색한 것으로 보인다.
상해파 공산주의자들이 이러한 국제적 기관을 조직할 수 있었던 데에
는 그들이 관장하고 있던 모스크바 자금 40만 루불 중 일부를 동양총
국 조직에 할당한 데 힘입은 바가 컸다.

   일본과 최초의 접촉은 이동휘 추종자이며 한때 임시정부 군무차장
을 지낸 일본 중앙대 졸업생 李春塾이 공산주의를 전파할 목적으로
1920년 6월 상해에서 동경으로 옴으로 이루어 졌다. 이춘숙은 명치대
학생인 李增林과 빈번하게 회합을 갖는 가운데 일본의 저명한 무정부
주의자 大杉榮(오오스기 사까에)과 협조하여 선전기관의 설치 가능성
에 대하여 토의하였다.[143]

   이춘숙은 동년 8월 상해로 돌아갔으며, 대삼영은 상해파 고려공산
당의 초청으로 동년 10월(12월이라고도 함) 상해로 갔다. 그는 여기에
서 이동휘 · 여운형 등 많은 한인 공산주의자들을 비롯하여 중국의 공
산주의자인 陳獨秀를 만났고, 코민테른 상해 책임자인 보이틴스키 하
고도 만났다.[144] 결국 그는 약간의 자금(5,000엔)을 받았고 일본에 돌
아온 후 무정부주의 기관지 『勞動運動』을 재발간 하는데 상해에서 받
은 자금을 사용하였다. 대삼영은 계속 무정부주의자로 남았고, 오히려
점차 레닌정부를 공격하기 시작했으며 1922년에 들어서는 그 공격이
고조되었다.

   1920년 이동휘와 이춘숙으로부터 수천엔의 자금을 받았던 이증림

---

143)   스칼라피노 · 李庭植, 『韓國共産主義運動의 起源』 (韓國硏究圖書館,
      1961) p.27 ; 朴慶植 編, 『在日朝鮮人關係資料集成』 第一卷 (三一書房,
      1975).
144)   大杉榮,「日本脫出記」『日本文學全集』 39卷 (改造社, 1930) pp.536~592

은 대삼영과의 접촉이 실패로 돌아가자, 일본의 노련한 사회주의자인 山川均(야마가와 히도시)과 堺利彦(사까이 도시히꼬)에게로 관심을 돌렸다. 그러나 이들은 상해로 가려하지 않았다. 그러자 이증림은 최근 미국에서 돌아온 학생으로 뉴욕에서 공산주의에 심취하게 된 近藤榮藏(콘도오 에이조)에게 접근하였다. 근등영장은 1921년 4월 상해로 와서 13명으로 된 집단을 만났는데, 그들 대부분은 이동휘·김철수 등 한국인들이었고 한사람은 중국인 黃 覺이었다.[145]

근등영장은 이 집단에게 일본공산당을 창당 운영하기 위해서는 매월 2만원의 경비가 든다고 하였다. 그러자 이동휘·김철수 등은 그의 요청을 모스크바에 전해 주겠다고 약속하였다. 그리고 동시에 6,500엔(5,000엔은 달러, 나머지는 엔)이 즉시 지급되었다.[146] 6,500엔의 돈 중 공산주의 운동비로 5,000엔, 근등영장의 개인비용으로 1,000엔, 그리고 대삼영에 대한 증여금 및 치료비로 500엔이 할당되었다. 일본으로 돌아온 근등영장은 이 돈으로 1921년 8월 동경에서 曉民共産黨(일명: 동경공산당)이라는 비밀단체의 결성을 후원하였다. 이 단체의 핵심은 早稻田(와세다)대학의 급진적 학생단체인 효민회였다. 효민공산당은 가지각색의 포스터와 삐라를 인쇄했고 동경지구에서 추계군사훈련이 실시되고 있는 동안에 사병들에게 反軍삐라를 살포할 특별계획을 세웠다.

이동휘는 일본에 이어 중국 공산주의운동에도 자금을 지원하였다. 먼저 이동휘는 북경대학 교수인 진독수를 만나서 무정부주의 보다 공산주의로 전환해 가지고 공산혁명운동을 힘써 보자고 설득하였다.[147] 이에 진독수는 승낙하고 바로 동지들을 규합하였다. 또한 이동휘는

---

145) 近藤榮藏, 『コミンテルンの密使 』(1949) pp.128~129.
146) 近藤榮藏, 앞의 책, pp.132~133 ; 朴慶植 編, 앞의 책, p.125.
147) 김철수, 「김철수 친필유고」 『역사비평』(1989년 여름호) p.350.

황 각 일파를 만나서 설득하니 호응하였다. 황 각은 일본 한인 유학생인 김철수·장덕수 등과 新亞同盟團을 조직하여,[148] 일본 제국주의 구축을 위하여 중국·조선·대만의 동지들이 연대투쟁을 벌일 것을 선언하였던 인물이었다.

이 별도의 2단체를 이동휘가 설득하여, 서로 통합케 하고 레닌정부의 자금을 지원해 줌으로서 중국공산당은 탄생하였다. 이동휘 일파가 중국 공산주의운동에 지원한 자금은 만천엔(혹은 2만엔) 이었으며, 이 때에 일본의 근등영장이 상해에 와 있어서 김철수를 비롯 근등영장·황 각 등은 상해에 모인 것을 기회로 東亞共産黨聯盟을 조직하였다.[149] 또한 이동휘 일파는 김철수 등과 신아동맹단에서 활약한 대만인 彭革榮의 중개로 대만 공산당과도 접촉하였다.

이상에서 살펴본 바와 같이 이동휘는 한인사회당을 한인공산당으로, 또 한인공산당을 전국적인 통일지도기관으로서의 고려공산당으로 개편하면서 활발한 공산주의 선전 및 조직활동을 전개하였다. 이러한 고려공산당의 조직은 동시에 일크츠크 고려공산당과의 분립을 수반하면서 이루어진 것이었다. 그런데 이동휘는 이 과정에서 상해 임시정부에서 탈퇴하는 또 다른 전환을 하였다. 그러면 이동휘가 상해 임시정부에서 탈퇴한 것은 과연 어떤 이유에서 였는가. 이 점이 또한 해명되지 않으면 안될 과제이다.

이동휘는 두 차례에 걸쳐 임시정부로부터의 이탈을 꾀했는데, 그 중 첫번째는 1920년 6월이었다. 당시 이동휘는 국무총리직 사임을 선언한 뒤, "이승만의 위임통치를 성토하고 衛海威에 退去"[150]했었다.

---

148) 김철수, 앞의 글, p.349.
149) 김철수, 앞의 글, p.351.
150) 金俊燁·金昌順, 『韓國共産主義運動史』 資料篇II (高麗大 亞細亞問題硏究所, 1980) p.9.

그러나 그 사임은 곧 번복되었다. 두번째 시도는 결국 양자의 결렬로
귀결되었는데, 그것은 1921년 1월에 이루어졌다. 이동휘는 1921년 1월
24일 국무총리직 사임에 대한 「선포문」을 발표하여 자신의 입장을 표
명했다. 그에 따르면 "자신의 刷新 議案을 정무회의에 제출했는데 한
마디의 심의도 없이 묵살하는 고로 자신의 실력으로는 이 난관을 헤
쳐 나가기 어렵다"는 것이 그 이유였다.

또한 이동휘의 사임배경에는 임시정부 소재지 이전 문제도 포함되
어 있었다. 즉 "此間 이동휘는 또한 임시정부를 시베리아로 옮길 것
을 제의하였으나, 그 역시 이승만 등의 반대에 부딪혀 일마다 자기에
게 불리한 결과를 낳게 되자 이동휘는 결국 단연 사표를 제출"[151])했
던 것이다. 또다른 일본 관헌문서는 이 충돌을 "이승만·안창호 등의
온화파와 이동휘 일파의 급진파간의 주의적 충돌을 원인으로 하고 露
國 과격파와의 연락에 관해 可否 兩說에 갈리는 등의 近因에 의해"
초래된 것으로 해석하였다.[152])

이상에서 언급한 세가지 사항은 모두 긴밀히 연관된 것으로서 일차
적으로는 주의, 즉 사상의 차이문제가 내재되어 있었고,[153]) 둘째 이

---

151) 金正明 編,『朝鮮獨立運動』 2 (原書房, 1966), p.447. 평소 이동휘는 상해
  임시정부를 실제 독립운동의 최고 지휘기관으로 만들기 위해서는 모든
  임시정부 요인들이 그들의 힘을 가장 크게 발휘할 수 있는 있는 곳에서
  독립운동을 전개해야 한다고 생각하였다. 즉, 김규식은 외교원으로서 모
  스크바에 주재하면서 대소외교를 전담하고, 이동녕과 이시영은 만주에서,
  이동휘 자신은 노령에서 무장항일투쟁을 전개하고, 안창호·이승만은 북
  미·하와이 지역에서 대미외교에 의한 독립운동을 추진해야 한다고 생각
  하였다. 그리고 중국 중심부인 북경에서는 신채호가 역사편찬 작업을 하
  고, 남형우·노백린은 중국의 지원을 받아 무관학교를 건립하여 독립군
  을 양성해야 된다고 생각하였다(김철수, 앞의 글, p.352).
152) 金正明, 앞의 책, p.130.
153) 이동휘는 대한이라는 낡은 이름을 버리고 朝鮮이라는 이름을 사용하자
  고 제안한 바 있으며, 또한 국기를 푸른 천에 세 개의 붉은 별이 있는 것
  으로 대체하자고 주장한 바 있다(마뜨베이 찌모피예비치 김 지음, 이준형

사상과 관련된 것으로서 소련과의 관계를 어떻게 설정하는가 하는 문제이며, 셋째 임시정부의 시베리아 이전과 같은 독립운동 방략에 대한 것이었다. 이동휘는 앞에서 설명한 바와 같이 임시정부에 참여하면서 일제와 전면적인 독립전쟁의 수행을 당면한 최고목표로 설정하고, 이를 위해 소련과의 외교에 힘을 쏟으면서 한편으로 만주의 독립운동단체 및 무장부대와의 연계에 역량을 집중하였다. 이는 이동휘가 상해 임시정부에 참여한 이유를 그 어느 문서보다도 선명하게 보여주는 것이었다.

이에 따라 이동휘는 상해 임시정부의 조직과 운영방식을 개혁하여 이와 같은 독립전쟁에 적합한 기구로 변화시키려고 시도하였다. 그는 1921년 국무회의 석상에서 "당면 문제들 즉, 임시정부 운영방법에 대해서 토론하여 보자"고 하면서, "행정·사법토대 없이 (임정이) 공중누각처럼 상해 법조계안에 있어 가지고는 빈 이름뿐이지 실지 운동에 상관없이 되는 것이다. 정부체계에 연관되는 지방기관을 조직할 수 없으니 행정처분할 도리가 없다. 참의부니, 정의부니, 통의부니, 독군부니, 총군부니, 의군부니, 총군영이니, 군정사니, 군정서니, 국민회니, 한인회니, 모두다 각자 행동으로 통일이 없다"고 강하게 비판하였다. 이에 따라 그는 "통일적 행동 없이는 독립운동의 성공이 불가능하"기 때문에, "불합리한 조직들을 취소하고 조직적 통일운동에 적합한 단일제 기관명칭을 사용(단일제 기관을 수립: 인용자)하자"고 역설하였다. 이는 그가 독립전쟁의 전면적 수행을 위해서는 반드시 통일적인 기관 아래 통일적인 행동이 필요함을 강조한 것이었다. 여기에서 이동휘가 제시한 방안은 임시정부를 革命委員會로 개편하자는 것이었다. 그는 "통일적 강령 규칙" 아래 혁명위원회가 '동작'할 때에만 위

옮김, 앞의 책, p.106).

신도 있고 독립운동의 성공도 가능하다고 보았던 것이다.[154]

이와 같이 이동휘는 일제와 전면적인 독립전쟁 수행에 적합하게 임시정부을 개편하려고 시도하였지만 끝내 이 시도는 실패하고 말았다. 이에 그는 임시정부에 대해 그의 입장 관철이 더이상 무망하다고 인식하고 사퇴를 선언했던 것이다.[155]

그러나 이동휘와 상해파 고려공산당의 임시정부 탈퇴가 그들이 견지하였던 민족통일전선의 취소를 의미하는 것은 아니었다. 그것은 민족주의 내의 반공파·대미의존파인 외교론에 대한 결별을 의미하는 것이었으며, 또한 상해 임시정부가 민족통일전선 기관으로는 더이상 적합하지 않다는 판단에서 비롯된 행동이었다. 상해파가 임시정부와 결렬한 직후인 1921년 3월부터 다음해 4월까지의 활동상을 기록한 한 문서는 이것을 뒷받침 해주고 있다.

이 문서에 의하면 당시 상해파 고려공산당의 사업기조 가운데 하나는 "민족혁명운동의 각 단체를 후원하고 그 혁명사업을 촉진"하는데 있었다. 이 사업기조에 의거하여 상해파 고려공산당은 각자의 민족혁명단체들과 긴밀한 관련을 맺으며 활동하였다. 예를 들면 중국 관내에서는 "북경에서 신 숙 및 박용만 등의 손으로 조직된" '군사통일회', "상해·북경에서 김원상 및 이호반 등의 손으로 조직된 결사단체"인 '모험단' 등이 그 제휴대상이었다.[156] 그리고 만주에서는 북간

---

154) 金奎冕, 「誠齋 略傳에 관한 回想記」 『문화일보』 1995년 8월 21일자.
155) 이동휘는 정부개혁안을 국무회의에서 표결에 부쳐 처리하고자 했으나 결국 부결되었다. 이 때 이동휘는 "입에는 꿀이 있고 뱃속에는 칼이 있다는 말과 한가지로 입으로는 찬성하는 체하고 손으로 반대하는 음모술책은 독립운동혁명자의 본의가 아니고 망국운동자의 반복행동이다. 우리 혁명운동자는 이런 망국운동정부에서는 탈락한다"고 선언하였다. 金奎冕, 「誠齋 略傳에 관한 回想記」 『문화일보』 95년 8월 21일자. 임시정부 국무위원의 태도에 대한 이동휘의 철저한 실망감을 볼 수 있다.
156) 金正明, 앞의 책, p.425.

도 국민회가 상해파 고려공산당과 제휴하여 활동하였다.

4. 고려공산당의 분립과 통합운동

1) 상해파·일크츠크파 고려공산당의 분립

1920년 11월 제정러시아군을 어느정도 전멸시켰던 레닌정부는 치타에 極東共和國을 수립하였다. 이 정부는 외관상 독립국가를 표방하였지만 대외정책을 통하여 일본군의 철수 및 외국정부의 원조를 시도하는 등 실은 레닌정부의 러시아혁명을 수행하고 있었다.157) 따라서 극동공화국 대통령은 레닌의 신임이 두텁고 노령지방 온건파 볼셰비키의 대표적 인물인 크라스노 시체코프가 맡았다. 특히 크라스노 시체코프는 극동공화국 창설의 창안자이었다.

이동휘는 박 애·계봉우·장도정·권화순·조응순·김 진·박창은 등을 치타에 파견하여 극동공화국 원동부의 한인부 장악에 적극적으로 나섰다.158) 전술 하였듯이 이동휘의 대소외교 노선에 의하여 코민테른에서는 박진순이 레닌정부에서는 한형권이 각각 대단한 외교성과를 거두었는데, 이들의 활약은 한인사회당 대표로 박진순과 함께 모스크바에 파견되었다가 병과 개인적인 사정으로 나중에 모스크바에 도착한 이한영·박 애 등에 알려졌고, 이한영에 의하여 상해에 전달되어 그 결과 고려공산당이 조직되었다.159)

---

157) 佐佐木春隆,『韓國獨立運動の硏究』(國書刊行會, 1985) p.572.
158) 金俊燁·金昌順,『韓國共産主義運動史』資料篇I (高麗大 亞細亞問題硏究
       所, 1979) p.10 ; 金弘壹,「自由市慘變 前後」『思想界』(1965년 2월호)
       p.220.

상해의 고려공산당에서는 당 조직의 결과를 코민테른에 보고하기 위하여 김 립·계봉우를 대표단으로 선출하여 모스크바에 파견하였는데, 이들이 치타에 도착하였을때 대소외교성과로 레닌정부의 자금 40만 루불을 갖고 상해로 오던 한형권·박진순·박 애를 만났다. 여기에 모인 한인사회당의 간부들은 한형권·박진순·김 립·박 애·계봉우·장도정·권화순·조용순·김 진·박창은 등 이었다.

이들은 회의를 진행하여 한형권은 나머지 레닌정부의 자금을 가지러 모스크바로 돌아가고, 레닌정부의 자금 40만 루불은 박진순과 김 립이 상해로 운반하며 박 애·계봉우 등 나머지 인원은 극동공화국에 파견되어 동아총국을 조직, 중국·일본·한국에 공산주의를 선전하고 한국독립운동을 지원하기로 하였다.160)

그러나 이들의 활동계획은 극동공화국내 원동부의 활동범위를 넘는다고 거부되었다. 그리하여 원동부내의 한인부161)로 들어가게 되었다. 한인부를 장악한 박 애는 상해 임시정부 극동공화국 주재 영사의 직함과 극동공화국 대통령으로 한인사회당 창당시 舊面의 동지인 크라스노 시체코프의 후원으로 자파 세력확장에 몰두하였다.162) 한인부의 목적은 재러한인에게 공산주의를 선전하여 장차 무산혁명을 인도하려는데 두었다.

이러한 상황하에서 1921년 1월 국제공산당 동양비서부가 극동공화국 영외 지역인 일크츠크에 설립되었다. 동양비서부는 코민테른 기관

---

159) 金俊燁·金昌順, 앞의 책, pp.248~249 ;『朝鮮民族運動史(未定稿)』第一卷 (高麗書林, 1989) p.464.

160) 金正明 編,『朝鮮獨立運動』5 (原書房, 1967) p.293.

161) 한인부는 박 애·계봉우·김 진·장도정·박창은 등 오두제 간부로 구성되어 있었는데, 이들은 모두가 이동휘계 인물들이었다(金俊燁·金昌順, 앞의 책, p.8). 특히 계봉우는 한인부의 기관지『새바람』의 주필을 맡아 활약하였다(趙東杰, 앞의 글, p.8).

162) 金俊燁·金昌順, 앞의 책, p.10.

으로 러시아혁명의 동점에 따라 시베리아의 이민족 문제를 관할하기
위하여 설치되었다. 1919년 1월 귀화 한인에 의하여 조직되어 상해파
고려공산당과 대립관계를 유지하면서 1919년 9월 전러한인공산당을
조직하고 1920년 7월 전러고려공산당으로 개칭하였던 일크츠크파 고
려공산당은163) 동양비서부가 설립되자 그 산하 고려부로 흡수되었
다.164) 대한국민의회는 이 당시 간부들이 공산당에 입당하여 실질적
으로 일크츠크파가 장악하였다.

특히 동양비서부의 책임자인 보리스 스미야스키는 일크츠크파 창
당시부터 밀접한 관계를 가져온 인물로 러시아공산당중앙위 원동부
위원과 극동공화국 수상, 시베리아 제5군 군사혁명위원회 위원을 역
임하였다. 그는 일크츠크파 고려공산당의 후원자이었으나 상해파 고
려공산당이 지지한 크라스노 시체코프의 극동공화국 창설에는 반대한
강경파 볼세비키의 대표적 인물이었다.165)

동양비서부는 극동공화국 원동부의 역할을 인수함과 동시에 양파
의 통합과 단결을 촉구하고 시베리아 한인무장세력의 지휘체계를 단
일화하는데 그 중점을 두었다. 그리하여 맨처음 양파의 통합문제가
제기되었다.166) 양파는 통합대회 개최일을 똑같이 1921년 3월 1일로
정하였다.167) 상해파 한인부의 박 애·장도정·계봉우·김 진 등은

163) 高峻石,「日本の侵略と民族解放鬪爭」『朝鮮革命運動史』第一卷 (社會評
    論社, 1983) pp.28~29.
164) 金正明 編, 앞의 책, p.104.
165) 보리스 스미야스키는 1922년 소련대사 및 통상대표로 페르시아에 파견
    될 때까지 시베리아에서 절대적인 영향력을 행사하였다(이정식 지음, 김
    성환 옮김, 앞의 책, p.25).
166) 이 협상은 1920년 12월 17일 치타에서 개최되었다. 상해파에서는 박 애
    ·장도정·김 진·박창은·최의수 등이, 일크츠크파에서는 이 성·김철
    훈·박승만·채성룡 등이 참석하였다. 이들은 쌍방이 함께 연합하여 대
    표회를 소집하는데 합의하였다(林京錫, 앞의 글, p.201).
167) 金俊燁·金昌順, 앞의 책, p.18.

통합대회의 개최장소를 치타로 정하여 놓고 극동공화국 대통령인 크라스노 시체코프의 후원과 재정 지원을 받아 1921년 1월 이후 통합대회를 추진하였다. 일크츠크파 고려부도 동양비서부의 책임자인 보리스 스미야스키의 후원과[168] 막대한 자금지원으로 남만춘·김철훈 등이 통합대회를 준비하였다.

사태가 이와 같이 되자 양파는 원만한 시국수습을 위하여 특별당원회의를 소집키로 하였는데, 상해파 한인부에서는 박 애·박밀양·최성우, 일크츠크파 고려부에서는 이 성·김철훈 등이 참가하였다. 이들은 회의를 거듭하여 다음과 같은 두가지 사항을 합의하였다. 첫째 동양비서부와 한인부 양측의 타협에 의한 단일대회의 추진, 둘째 한인군대의 단일지휘체계 확립 등이었다.[169] 합의사항에 의거하여 박 애·김하석·최고려 등 양파 핵심 간부들은 한인무장부대에 관한 문제를 교섭하기 위하여 극동공화국 정부에 출두하였다. 이 문제에 대하여 극동공화국 군무총장은 다음과 같이 답변하였다.[170]

의회정부 중앙 명령에 대한 원조상 제반대책과 지휘는 국제공산당에서 직접 관계하게 되어 국제공산당 지부로 설립된 동양비서부가 일크츠크에 있는 바 고려군대에 대하여서도 당 비서부에 인도하게 되었음으로 본 군부에서는 처리와 인도할 권리가 없다.

따라서 한인군대들에 대한 지원·지도권이 극동공화국 원동부에서

---

168) "그는 원래 일크츠크 동양부와 수년간 관계가 있는 인물로서 곧 일크츠크의 한인공산당원과 대한국민의회와 손을 잡음과 동시에 그들의 무고에 따라 원동공산당을 압박하는 태도에 나섰다"고 하였다. 林京錫, 앞의 글, p.209에서 재인용.
169) 金俊燁·金昌順, 앞의 책, p.19.
170) 金俊燁·金昌順, 『韓國共産主義運動史』第一卷 (高麗大 亞細亞問題研究所, 1967) p.309에서 재인용.

동양비서부로 이관되었다는 사실은 당시의 상황을 급변시켰다. 통합대회는 3월에서 5월로 연기되었고, 보리스 스미야스키의 일방적 후원을 등에 업은 일크츠크파는 1921년 5월 통합대회 준비위원회를 자파일색으로 조직함과 동시에 참가 대표들에 대한 자격심사권을 확보함으로써 상해파의 대회참가 여지를 박탈하였다.171)

그리고 통합대회에서 주도권을 장악하기 위하여 상해파 핵심 인물들에 대한 체포작업에 들어가 1921년 4월 상해파 대회소집 책임자들인 박 애·계봉우·장도정·김 진 등을 반혁명적 반당분자로 몰아 체포하여 일크츠크로 압송하였다.172) 이들은 1921년 5월 말 일크츠크 조선특별군사혁명법원에서 유죄판결을 받았다.173)

또한 군권문제에 있어서도 일크츠크파는 동양비서부와 협의하여 한인군대들을 지휘할 정식의 고려군정회의는 5월에 개최될 통합대회에서 조직하기로 하고, 일크츠크파 일색의 임시고려군정회의를 조직함으로써 자유시로 집결하고 있는 한인군대들에 대한 군권장악의 제도적 장치를 확보하였다. 또 군권장악의 수단으로 1921년 5월 15일 흑하지방에 있던 김규면·이 용·박 일리아·박 그레고리·한용운 등 상해파 군사지도자들에 대한 체포를 기도하기도 하였다.174)

이렇게 볼때 1921년 3월 이후 지금까지 자금·조직력·교섭력에서 우위에 있던 상해파가 일크츠크파와의 헤게모니 쟁탈전에서 치명적인 타격을 받게 됨을 알 수 있는데, 이것은 이 시기를 전후하여 보리스 스미야스키를 중심으로 하는 강경파 볼셰비키들이 크라스노 시체코프

---

171) 佐佐木春隆, 앞의 책, p.580.
172) 金俊燁·金昌順,『韓國共産主義運動史』資料編 I (高麗大 亞細亞問題研究所, 1979) p.54.
173) 박 애·장도정에게는 징역형이 나머지 사람들에게는 구류처분이 내려졌다.
174) 위의 책, p.24.

를 중심으로 하는 온건파 볼셰비키들을 압도하고 있는 결과로 보여진다.

양파의 통합대회 준비과정에서부터 상해파의 참가를 철저히 배제한 일크츠크파는 1921년 5월 4일부터 17일까지 일크츠크에서 각지 64명의 대표들이 참가한 가운데 제1차 고려공산당대표대회를 개최하였다. 대회에서는 중앙간부로 남만춘·한명세·김철훈·김만겸·서 초·장건상·이 성·채성룡 등을 선출하고 의장은 윤번제로 하였으며 사회주의혁명을 당면목표로 한 정강을 채택하였다.175)

그리고 6월 22일부터 7월 12일까지 모스크바에서 개최되는 코민테른 제3차 대회에 참가할 대표로 남만춘·한명세·서 초·장건상·안병찬 등을 선출하여 대소외교에 주력함과 동시에 코민테른의 승인을 얻기 위하여 외교적 역량을 총동원 하였다.176) 또한 대회 다음날인 5월 18일에는 고려혁명군정회의를 조직하여 총사령관에 러시아인으로서 빨찌산의 영웅인 갈란다라시빌리를 임명하고 군정위원에 유동열·최고려를 선임하여 동양비서부의 승인을 받아 한인부대의 군권장악에 대비하였다.177)

특히 이 대회에는 상해로부터 김만겸·안병찬 등이 참석하였는데, 이들은 레닌정부의 모스크바 자금문제로 이동휘·김 립 등의 한인사회당에 반대하고 있었다. 전술하였듯이 김만겸은 대한국민의회 부의장을 역임하고 코민테른 선전원 자격으로 4만원 자금을 가지고 1920년 5월 초 상해로 왔다. 그는 이동휘·김 립 등 한인사회당 세력들과 여운형을 비롯한 민족주의자들을 중심으로 고려공산당을 조직하고 공

---

175) 林京錫, 앞의 글, pp.252~253 ; 潘炳律,「초기 한인 공산주의운동의 올바른 이해를 위하여」『일제하 극동시베리아의 한인 사회주의자들』(역사비평사, 1990) pp.34~35.
176) 임영태 편,『植民地時代 韓國社會와 運動』(사계절, 1985) pp.322~326.
177) 金俊燁·金昌順, 앞의 책, p.21.

산주의 활동과 출판사업을 후원하는 일에 착수하였다.

1920년 말경 김 립·박진순 등이 40만 루불의 레닌정부 자금을 상해로 가져왔을 때 김만겸의 돈은 이미 바닥이 나 있는 상태이었다. 이러한 상황에서 한인사회당 세력들을 제외한 김만겸·여운형 등은 레닌정부 자금을 할당받는 데에서 의도적으로 무시되었다. 여기에 국내자금의 할당에 있어서 김만겸 자신이 생각하였던 인물에게 자금 지급이 안되자, 김만겸을 비롯한 여운형·안병찬 등은 이동휘에게 레닌정부의 자금 사용용도를 요구하였다.178) 그러나 자금에 대한 회계보고를 요청받은 이동휘는 이를 거부함과 동시에 김 립 등 자신의 동료를 두둔하였다.

그리하여 김만겸·여운형·안병찬 등은 이때부터 결정적으로 일크츠크파에 가담하게 되었다.179) 김만겸·안병찬 등은 1921년 5월 4일부터 17일까지 일크츠크에서 개최된 제 1차 고려공산당대표대회에 참석한 후 상해로 귀환하여 일크츠크파 상해지부 및 고려공산청년회를 조직하고 반이동휘전선을 규합하여 반이동휘 투쟁에 앞장섰다.180)

일크츠크파 상해지부의 위원은 김만겸·여운형·조동우이었고, 당원은 박헌영·임원근·김단야·최창식·김원경·양 헌·안공근 등이었으며 책임비서는 김만겸이 선임되었다. 그리고 하부조직인 고려공산청년회의 중앙위원은 박헌영·김단야·임원근이었는데, 책임비서는 박헌영이 맡았다.181)

이들은 코민테른 상해 원동국 책임자인 보이틴스키로부터 매달 선전비 100원을 지급받아182) 『공산주의 A·B·C』 5백부, 『공산당 선

---

178) 金正柱 編, 『朝鮮統治史料』 第七卷 (韓國史料硏究所, 1971) p.166.
179) 金俊燁·金昌順, 앞의 책, p.303.
180) 金正柱 編, 앞의 책, pp.166~167 ; 佐佐木春隆, 앞의 책, pp.373~575.
181) 金俊燁·金昌順, 앞의 책, p.250.
182) 宋相燾, 『騎驢隨筆』 韓國史料叢書 第二 (國史編纂委員會, 1955) p.245.

언』 1천부,『직접행동』 1천부,『공산주의 독본』5백부를 여운형 등
이 조선문으로 번역하여 만주 및 서울의 김시현 앞으로 송부하였
다.[183] 고려공산청년회는 사회주의연구소라는 위장간판을 걸고 활동
하였다.

특히 국무원 비서장 자리에 있다 김 립에게 자리를 빼앗긴 최창식
과 김만겸은 원동공산당의 실정을 조사하기 위하여 코민테른 파견원
이 북경에 머물고 있다는 소문을 듣고 소주에서 회견하여 이동휘와
김 립의 결점을 지적하고 악평을 가하였다.[184] 동시에 이들은 그들의
의견을 코민테른 파견원에게 전하였고, 이 파견원은 이들의 의견을
레닌정부에 그대로 보고하였다. 이 보고로 레닌정부는 이동휘 등의
상해파를 불신하게 되었고, 약속된 200만 루불의 원조자금 중 나머지
140만 루불의 지출을 중지하였다.[185]

이와 같이 상해파 고려공산당과 일크츠크파 고려공산당은 통일에
실패하게 되었는데, 여기에는 자금문제와 같은 것이 적지 않게 작용
하였지만, 한편으로 민족운동에 대한 기본 입장의 차이와 같은 정치
사상적인 측면이 또한 개재되어 있었다. 이것은 당시 일크츠크파 고
려공산당이 상해파 고려공산당을 어떻게 인식하고 있었는가를 통해
살펴볼 수 있다.

1921년 5월 4일부터~5월 15일까지 12일 동안 일크츠크에서 개최된
고려공산당 대회에서 북경공산주의단체의 대표자(장건상으로 추정됨

---

183) 金俊燁・金昌順, 앞의 책, p.251.
184) 金正柱 編, 앞의 책, p.166.
185) 『朝鮮民族運動史(未定稿)』第六卷 (高麗書林, 1989) p.10. 상해 임시정부
    에서는 레닌이 약속한 2백만 루불 중에서 나머지 140만 루불을 얻어오고
    자 뒤늦게 이희경・안공근・김규식 등을 모스크바에 파견하였으나 뜻을
    이루지 못한 채 5개월간이나 고생하다가 되돌아왔다고 한다(趙擎韓 編著,
    『大韓民國臨時政府史』(大韓民國臨時政府記念事業會, 1991) p.252).

: 일크츠크파)는 상해파 공산주의자들을 지칭하여 "공산주의와 아무런 공통점도 갖지 않으며 모험주의자들"이라고 규정하였다. 또다른 발언자는 상해파를 '공산주의 그룹'이 아니라 '사회주의 그룹'이라고 명명하였다. 일부 발언자는 상해파가 언론·출판의 자유와 같은 부르조아 민주주의적 권리를 옹호함으로써 자신들이 공산주의 이념과는 거리가 멀다는 것을 드러냈다고 말하였다.[186]

이와 같은 비판 속에서 일크츠크파 공산주의자들은 「결의문」을 채택하여 상해파에 대한 자신의 입장을 밝혔다. 즉 「결의문」은 먼저 그들의 조직동기가 "물질적 지원을 얻을 목적으로 코민테른의 참여권을 주장"하는데 있다고 주장하였다. 이어서 상해파 간부들을 가리켜 "종교단체들과 쁘띠부르조아 조직들의 지도자들로 구성된 모험주의적인 비혁명적인 분자들"이라고 지칭한 뒤, 그들이 지닌 이데올로기로 보나 그들의 사회적 지위로 보거나 간에 결국 부르조아지 진영에 속하는 자들이라고 규정하였다.[187]

이로써 보건대 파벌의 한 당사자로부터 제기된 악의가 없지 않은 비판이지만, 이동휘를 위시한 상해파 간부들의 민족운동에 대한 입장은 일크츠크파 간부들의 그것과는 상당한 차이가 개재되어 있음을 간취할 수 있다. 그리고 이러한 차이가 자금문제와 더불어 초기 한인 공산주의운동의 통합을 저해하였던 근본적인 이유의 하나였음을 알 수 있다.

한편, 1920년 말경 일제는 만주지방의 독립군부대에 대한 대토벌작전을 전개하여 이 지역 독립군들은 노령지방으로 이동하였다. 독립군 부대들은 1921년 봄 부대가 재편성되고 통합되어 36개의 상이한 조직이 참가한 가운데 대한독립군단이 창설되었다.[188] 이들은 레닌정

---

186) 林京錫, 앞의 글, p.262.
187) 林京錫, 앞의 글, p.262.

부의 지원을 받아 일제와 독립전쟁을 결행하려 하였다. 상해 임시정
부 국무총리 재임시 만주지역 독립군들과 연계를 갖고 지원하였던 이
동휘는 이들로부터 전폭적인 지지를 받았다.

　당시 상해파 고려공산당에 비하여 군사력이 열세이었던 일크츠크
파는 1921년 5월 18일 고려혁명군정회의를 조직하여 한인부대의 군권
장악에 대비하여 왔는데, 대한독립군단이 노령 알렉세예프스크(일명
자유시)에 주둔하자, 시베리아의 모든 한인부대는 고려혁명군정회의
의 지휘하에 통합되어야 한다고 주장하였다.[189] 대한독립군단은 일크
츠크파가 독립을 위해 싸우는 것이 아니라 한인부대의 지배권을 장악
하여 볼셰비키군과 통합시키려는 음모를 꾸미고 있다고 하면서 일크
츠크파의 주장을 거부하였다. 그러자 일크츠크파는 대한독립군단이
민족주의에만 집착하는 반혁명집단이라고 비난하였다.

　이러한 상황속에서 1921년 6월 27일 일크츠크파와 러시아 혁명군은
알렉세예프스크에 주둔하고 있는 대한독립군단을 포위하고 무장해제
할 것을 요구하였다.[190] 이에 대한독립군단은 자신들의 유일한 목적
이 항일무장투쟁을 통하여 한국독립을 획득하는데 있다고 생각하고
무력충돌을 자제하고 반격을 하지 않음으로써 약 40명 이상이 사망하
고 450명 이상이 행방불명되고 900여명이 포로가 되는 대참변이 발생
하였다.[191] 이것이 일명 자유시참변이다. 자유시참변으로 이동휘는 일
크츠크파와의 헤게모니 쟁탈전에서 치명적인 타격을 입은데 이어 군
사력에서도 그 우위를 상실하였다. 또한 이 사건은 양파가 이후 통합
운동을 진행하는데 지속적인 장애요인으로 등장하였다.

---

188) 스칼라피노·이정식 공저, 한홍구 옮김, 앞의 책, p.71.
189) 스칼라피노·이정식 공저, 한홍구 옮김, 앞의 책, p.72.
190) 金弘壹, 앞의 글, pp.222~224. 이에 대한 자세한 상황 설명은 林京錫, 앞
　　의 글, pp.310~335가 좋은 참고가 된다.
191) 서대숙 저, 현대사연구회 역, 앞의 책, p.41.

한편 이 당시 1920년 말경 상해 임시정부의 재정은 극도로 열악하여 직원들의 급료도 지급치 못하는 형편이었으며, 경비를 절감하기 위하여 국무원 청사내의 각부를 축소해야 할 상황이었다. 그리하여 일반적으로 독립운동가들의 생활이 어려워져, 이러한 경제적 궁핍이 이들로 하여금 사회주의와 가까워지게 하였다.[192]

이러한 때 레닌정부의 모스크바 자금 40만 루불이 상해에 도착하자, 임시정부 민족주의자들은 레닌정부의 자금을 임시정부 재건을 위해 사용할 것을 요구하였다. 그러나 이동휘는 레닌정부의 자금은 공산주의운동을 위해 부여된 것이지 임시정부를 위한 것이 아니라고 거부하였다. 이에 임시정부 요인들은 이동휘가 레닌정부의 자금을 횡령하였다고 코민테른에 고소하였다.[193]

그런데 문제는 이동휘의 측근인 김 립·박진순이 거액의 자금을 착복했다는 소문에 휩싸여 더 한층 복잡하게 되었다. 그 소문은 박진순과 김 립이 40만 루불의 레닌정부 자금을 상해로 운반할 때 각각 20만 루불씩 나누어 가져 박진순은 그 돈의 일부를 북경에 있는 러시아인 아내에게 맡겼으며, 김 립은 그 돈의 일부를 횡령하여 북간도에 농장을 마련하고 상해로 와서는 중국인 첩과 호화로운 주택에서 호의호식하고 있다는 것이었다.[194]

그러나 레닌정부 자금에 대한 재정을 담당하였던 김철수에 의하면[195] 상기 사실은 하나의 소문에 불과하지 사실이 아니라고 하였다.

---

192) 權熙英,「고려공산당연구(1921～1922)」『韓國史學』13 (韓國精神文化研究院, 1993) p.217.

193) 서대숙 저, 현대사연구회 역, 앞의 책, p.32.

194) 金 九,『金九自敍傳 白凡逸志』(白凡金九先生紀念事業會, 1971) pp.280～291.

195) 한형권·박진순이 레닌정부의 자금을 치타까지 운반하였고, 이후 김 립·이태준·조응순 등이 상해로 운반하였기 때문에 김 립이 자금을 도중에 유용할 가능성이 없다는 것 이었다(김철수,「김철수 친필유고」『역사

하여간 임시정부의 회계보고 요청이 있자, 김 립은 허위보고를 하였
는데 그 내용은 다음과 같다. 즉 1920년 5월 고려공산당을 조직하고
코민테른의 승인을 얻기 위하여 계봉우와 함께 모스크바로 출발하였
는데, 치타에 이르러 그곳 극동공화국 대통령인 크라스노 시체코프와
회담하게 되어 모스크바까지 갈 필요가 없게 되었다. 크라스노 시체
코프로부터 1만원을 교부받아 도중에 여비로 3천원을 소비하고 잔금
7천원을 소지하였는데, 이 돈은 임시정부에 교부할 필요가 없어서 고
려공산당에서 사용하였다는 것이었다.[196] 이러한 소문과 허위보고 때
문에 상해 임시정부는 1921년 1월 23일 이동휘와 김 립이 정부의 자
금을 횡령하였다고 고발하는 포고를 내렸다. 그리고 김 립은 1922년
2월 8일 오후 1시 상해에서 암살되었다.[197]

　이와 같이 일크츠크파의 파벌투쟁에서 아주 불리한 위치에 있었던
이동휘는 1920년 말 레닌정부의 모스크바 자금이 도착하자, 그 자금
을 가지고 당사업과 자파세력을 확대하고자 하였다. 그리하여 이동휘
는 1921년 1월 24일 임시정부 국무총리직을 사임하고[198] 동년 5월 23
일 한인사회당 세력, 국내의 사회혁명당 세력을 중심으로 먼저 조직

　　비평』(1989년 여름호) pp.351~352).

196)『朝鮮民族運動史(未定稿)』第一卷 (高麗書林, 1989) p.466. 김 립은 크라
　　스노 시체코프 한테 돈을 빌렸다고 하면서 당비 1만원을 인출하여 번역
　　출판의 사업을 하였다(金俊燁·金昌順,『韓國共産主義運動史』資料篇I
　　(高麗大 亞細亞問題硏究所, 1979) p.249, 303).

197) 金正明 編,『朝鮮獨立運動』5 (原書房, 1967) p.301. 장건상은 김 립 때문
　　에 이동휘가 독립운동가들 중에서 존경을 받지 못하였고 신세를 망쳤다
　　고 혹평하였다(李庭植면담, 金學俊편집·해설,『혁명가들의 항일회상 : 金
　　星淑·張建相·鄭華岩·李康勳의 독립투쟁』(民音社, 1988) p.191). 김 립
　　은 상해 압묵보 산로에서 피살되었다고 한다(金奎冕,「誠齋 略傳에 관한
　　回想記」『문화일보』1995년 8월 21일자).

198)『獨立新聞』(上海版) 1921년 1월 27일자 ; 金正明 編,『朝鮮獨立運動』2
　　(原書房, 1967) p.130.

된 일크츠크파 공산당에 대항하여 상해파 고려공산당을 결성하였
다.[199]

이후 양파는 모스크바 코민테른의 승인을 얻기 위하여 각자의 외교
적 역량을 총동원하여 경쟁적으로 활동하였다. 먼저 일크츠크파는 상
해파에 앞서 1921년 6월 22일부터 7월 12일까지 개최된 제3차 코민테
른 대회에 남만춘·한명세·서 초·장건상·안병찬 등 5인을 파견하
였다. 이 대회에서 남만춘은 한인대표로 연설하였으며, 이들의 후원자
인 보리스 스미야스키의 도움으로 레닌과도 만났다.

한편 상해파 고려공산당에서는 코민테른에 파견할 대표로 이동휘
·박진순·홍 도를 선출하였다.[200] 이동휘의 모스크바행은 일크츠크
통합대회의 불법·무효를 탄원하고, 시베리아에 있어서 이동휘 일파
의 군사부대를 일크츠크파가 압박한 것(자유시참변)에 대한 문제를
코민테른 및 레닌정부에 호소하기 위한 것이었다. 그리고 이동휘의
최대목적은 일크츠크파를 배제하고 상해파 고려공산당을 조선 유일의
전위당으로 코민테른으로부터 승인받는 것이었다. 이리하여 이동휘는
1921년 6월 박진순과 통역 이극로를 대동하고 상해를 출발 모스크바
로 향하였다.[201]

이 시기에 양파의 관계는 극히 악화되었기 때문에 어떤 형태로든
우호적인 접촉은 불가능하였다. 어느 한쪽파의 소개장을 가지고 가는
여행자들은 다른파의 사람들에게 이 소개장을 가로채일 경우 목숨조
차 위태로왔다. 양파간에는 폭력이 사용되기 시작하였고 결국에는 암
살이라는 방식까지 등장하였다.[202] 그래서 상해파 사람들은 러시아로

---

199) 金正明 編,『朝鮮獨立運動』 5 (原書房, 1967) p.319.
200) 위의 책, p.294 ;『이동휘전기』, p.93.
201) 李克魯,『苦鬪四十年』 (乙酉文化社, 1947) p.28.
202) 스칼라피노·이정식 공저, 한홍구 옮김, 앞의 책, p.77 ; 서대숙 저, 현대
    사연구회 역, 앞의 책, p.46.

갈 때 일크츠크파의 지역을 피하기 위하여 멀리 우회해서 가야만 하였다.

상해파 고려공산당 코민테른 파견대표로 선발된 이동휘는 박진순과 통역 이극로를 대동하고 일크츠크파 지역을 피하기 위하여 해로를 택하여 1921년 6월 말 상해를 출발하였는데,203) 이들은 우여곡절 끝에 인도양·이탈리아·독일을 거쳐 11월 모스크바에 도착하였다.204) 또 한명의 대표인 홍 도는 자유시참변을 조사하기 위하여 하얼빈·치타를 거쳐 모스크바로 와서 이동휘 등과 합류하였다.205)

이동휘는 모스크바 도착 후 코민테른 관계자 및 유력 볼셰비키들과 접촉을 갖는206) 등 외교적인 역량을 총동원하여 레닌과의 회담을 추진하였다. 그 결과 1921년 11월 28일 이동휘를 비롯한 상해파 고려공산당 대표들은 레닌과 회담하게 되었다.207) 레닌과 회담한 고려공산

---

203) 일설에는 이동휘가 6월 20일 마르세이유 행 프랑스 여객선으로 출발하였다고 하였고(金正明 編, 『朝鮮獨立運動』 5. (原書房, 1967) p.279), 여운형은 이동휘가 7월 20일 중국인 요작빈과 박진순을 데리고 모스크바에 갔다가 1922년 여름 상해로 돌아왔다고 하였다(夢陽呂運亨先生全集發刊委員會 編, 『夢陽呂運亨全集』 1 (한울, 1991) p.534).

204) 李克魯, 앞의 책, pp.28~31.

205) 이동휘는 홍 도의 보고를 받고서 비로소 자유시참변을 믿었다고 한다(김철수, 앞의 글, p.354).

206) 이동휘는 국제공산당 집행위원회 위원장 지노비예프와 총비서 사하로프를 만났다. 먼저 이동휘는 일크츠크에 조선공산당이 새로 조직되었는데, 이 공산당이 파당싸움을 일으키는 것은 잘못된 것이고, 국제공산당 극동비서부에서 무정부주의자 그루지야 사람을 사령관으로 임명하였는데, 이 사령관이 고려혁명군을 만들어 가지고 일제와 싸울 생각은 안하고 무고한 군인을 죽인 동족상쟁은 큰 죄행이라고 신랄하게 비난하였다. 이어서 상해 고려공산당을 조직할때는 국제공산당 극동비서부에서 보이틴스키가 참석하고 일크츠크 고려공산당을 조직할때는 스미야스키가 참석했으니 어떻게 이해해야 옳은가 질문하였다. 이에 지노비예프와 사하로프는 국제공산당 집행위원회는 상해 고려공산당만을 인정하고 지지 하겠다고 하였다(김세일, 『홍범도』 4 (제3문학사, 1990) pp.224~225).

207) 『선봉』 1935년 2월 2일자 ; 『東亞日報』 1935년 2월 15일자.

당 대표는 이동휘·박진순를 비롯하여 자유시참변을 조사하고 육로로
모스크바에 온 홍 도, 그리고 통역으로 김 아파나시(A.A 김) 등 이었
다.208)

　이동휘와 레닌과의 회담내용을 서기 및 통역으로 참여한 김 아파나
시가 회고담으로 정리했는데, 그 내용은 다음과 같다.

　　레닌동무는 조선에서 일본침략주의가 식민지에서 실시하는 야
　수적인 정책을 주의하여 들으시었다. 상에 놓여있는 지도를 펼쳐
　놓고 우리는 일리이츠에게 우리나라 교통선을 표시하는 동시에 일
　본 자본가들은 전차를 설치하여 공장들을 건축한다는 사실을 이야
　기 하였다. 레닌께서는 철도부설원들과 전차부설공들이 앞으로 혁
　명운동선에서 그들의 중요역할과 제국 자본주의를 반항하는 운동
　에서 선봉대가 되어 있다고 절실히 말씀하시었다.
　　일리이츠께서는 조직된지 오래되지 않은 우리 공산당 내정을
　알려고 하였다. 우리 공산당의 총 당원 수와 당원들의 계급출신과
　사회상 신분조직체를 알려고 하시었다. 또는 우리들이 설명하는
　조선에서 봉기되었던 3월 1일 운동이 실패한 원인을 자세히 들으
　시었다. 다음 일리이츠께서는 이동휘에게 어떠한 환경에서 조선혁

───────────────

　이동휘는 레닌과의 회담시 일크크크 공산당의 조직과 자유시참변에 대
해서도 이야기를 하였다고 한다. 레닌은 이 사건에 대해 이미 알고 있고
또 신중히 취급하려고 하였기 때문에 이동휘가 하는 말을 주의 깊게 듣
고 나서 우선 유배살이 하는 사람들, 징역살이 하는 사람들, 강제노동하
는 군인들을 석방할 것을 약속하였다(김세일, 앞의 책, p.225). 하지만 이
동휘의 건의는 받아들이지 않은 것 같다. 왜냐하면 이동휘는 코민테른 자
금의 사용을 방조한 사건때문에 구속여부가 고려되었으나, 한국의 가장
유명한 공산당 지도자인 이동휘가 구속된다면 한국인들이 코민테른을 원
망할 것이고 전체적인 운동이 위협받는다고 레닌이 저지하였기 때문이
다.(金俊燁·金昌順,『韓國共産主義運動史』第一卷 (高麗大 亞細亞問題研
究所, 1967) p.376 ; 스칼라피노·이정식 공저, 한홍구 옮김, 앞의 책,
p.92).
208) 마뜨베이 찌모피예비치 김 지음, 이준형 옮김, 앞의 책, p.141.

명자들이 활동하는지 실정을 이야기하여 달라고 하시었다. 일리이
츠께서는 말씀하기를 "우리들은 구라파 문화중앙지대에서 활동·
투쟁하였지만 원동혁명자들은 망명시에 산중과 수풀속에서 잠을
자며 숨어 다닌다"고 매우 동정하시었다. 그리고 "그들을 위하여
국제적 도움이 있어야 되겠다"고 말씀하시었다.[209]

또한 이동휘는 레닌과 회담하였던 상황을 1925년 1월 레닌서거 1주
년을 맞이하여 추모의 글을 발표하였는데, 그 내용은 다음과 같다.

　　레닌동무는 3·1운동 이야기를 하는데 먼저 조선지도를 친히
펼치고 철도 교통선을 가리키면서 이러한 교통을 이용하여 고려민
족운동을 일으켰다고 하시었습니다. 레닌은 자본가들은 노동자들
을 착취하려고 이런 교통을 시설하였지만 우리 무산계급 혁명자들
은 도리어 이것을 이용하였다고 말씀하였습니다.
　　그리고 고려민족운동 선상에서 일본사람들은 다 원수가 아닌
것 만치 일본 무산계급과 연락을 취할 것을 절실하게 설명하시었
습니다. 레닌동무는 신경제정책에 대하여 많이 설명하시었는데,
그 요지는 정치는 초월할지라도 경제는 초월치 못하니 계단을 밟
아야 된다고 하시었습니다. 고려에는 아직 산업은 발달되지 못하
였지만 정치운동은 초월하게 할수 있다고 다시 말씀하시었습니다.
　　혁명을 성공함에는 직접행동으로 폭동 혹은 암살 등 일을 하는
것은 혁명도정에 많은 지장을 주므로 조직적으로 선전사업과 문화
운동을 겸하여 대중의 각성을 얻게 하는 것이 제일 필요하다고 하
시었습니다. 구라파 혁명자들은 외국에 망명할 때에 다소 곤란이
있었지만 원동 혁명자들은 외국에 망명할 때에 산속에서 목침을
베고 잠을 잔다는 소식을 들었다고 매우 동정하였습니다.[210]

209) 金奎冕,「誠齋 略傳에 관한 回想記」『문화일보』 1995년 8월 21일자 ;
　　『이동휘전기』, pp.105~109 ; 이영일,「上海臨政 국무총리 李東輝 傳記」
　　『東亞日報』 1991년 6월 19일자 ; 마뜨베이 찌모피예비치 김 지음, 이준형
　　옮김, 앞의 책, pp.107~109 및 p.141.

레닌과의 회담은 이동휘를 고무시켰고, 조선의 독립은 소비에트 러시아의 지지·후원에 의해서만 이루어질 수 있다는 확신을 갖게 하였다. 하지만 이동휘가 상해를 출발하기 전 세워 두었던 레닌과의 회담 목적은 이루어지지 않은 것으로 보인다. 단지 레닌을 만났다는데 만족하지 않았나 생각된다.

2) 임시연합간부의 설치

각각의 당대회에서 별도의 고려공산당을 조직한 양파는 이후 모스크바에서 전개한 외교활동 과정에서 상대파를 공격·비판하면서 자파의 정당성 만을 주장하였다. 먼저 일크츠크파 대표로 제3차 코민테른 대회에 파견된 남만춘은 그 대회의 연설에서 다음과 같이 상해파를 비난하였다.

> 조선의 근로대중은 그것을 지지하는 것이 자신의 이익에 적합한 사회적인 세계혁명에 모든 희망을 걸고 있다. 혁명운동이 새로운 국면에 들어간 현재 누가 이 혁명을 지도할 것인가? 민족주의자는 이 2년 사이에 혁명투쟁의 지도자가 될 능력이 없음을 나타내고 파산했다. 고로 이 물음에 대해서는 오직 하나의 답밖에 있을 수 없다. 즉 공산주의 인터내쇼날에 지도되는 공산주의자와 모든 나라의 프롤레타리아의 지지를 받으며 1921년 5월 일크츠크의 창립집회에서 결성된 젊은 공산당이다.[211]

---

210) 『선봉』 1925년 1월 25일자 ; 『이동휘전기』, pp.95~98 ; 이영일, 「上海臨政 국무총리 李東輝 傳記」 『東亞日報』 1991년 6월 19일자.
211) 水野直樹, 「コミンテルンと朝鮮」 『朝鮮民族運動史研究』 第1號 (青丘文庫, 1984) p.85.

이 연설은 민족주의자들로 구성된 이동휘 등의 상해파 고려공산당
에 대한 부정적 평가와 함께 그것을 비난하면서 일크츠크파의 입장을
강하게 내세우고 있다. 여기에 이동휘가 상해를 출발하여 모스크바로
갔다는 소식이 들리자 보리스 스미야스키는 1921년 9월 김철훈·한
안드레이 등 일크츠크파 간부들을 대동하고 이동휘 보다 먼저 모스크
바로 갔다. 이들은 코민테른 당국에 "이동휘 등의 상해파 고려공산당
은 조선독립에만 전념하고 공산주의 선전은 단지 편의상 가면으로만
삼고 있으니 본래의 공산주의운동에는 百害無一利하다"212)고 비방하
였다. 그리고 일크츠크파 자신들의 정강이 사회주의 혁명을 내걸고
있음을 내세우고 상해파의 정강은 애국주의적 민족주의자들의 것이라
고 공격하였다. 또한 이들은 이동휘가 레닌정부로부터 받은 40만 루
불의 자금을 부정하게 사용하였다고 코민테른에 고발하였다.213)

이에 대하여 상해파는 식민지 재분할을 목적으로 한 파리강화회의
와 국제연맹에 기대를 걸고 활동했던 대한국민의회 중심인물들이 일
크츠크파에 가담한 것을 비판하였다. 그리고 일크츠크파가 노령지방
의 한인들로만 조직된 것을 지적하고 국내에 대한 선전 소홀을 비판
하였다.214) 그러면서 상해파는 국내의 대중을 거느리고 있으며, 이 단
계에서는 일본 제국주의 민주혁명이라는 정강이 정당하다고 주장하고
일크츠크파의 사회주의 혁명 정강은 좌경이라고215) 공격하였다. 특히
자유시참변에서 수백명의 대한독립군단 독립군을 살육하고 시베리아

---

212) 金俊燁·金昌順, 『韓國共産主義運動史』 第一卷 (高麗大 亞細亞問題研究
    所, 1967) p.379에서 재인용.
213) 高峻石, 「日本の侵略と民族解放鬪爭」 『朝鮮革命運動史』 第一卷 (社會評
    論社, 1983) pp.31~32.
214) 潘炳律, 「露領地域 韓人政黨의 結成과 變遷」 『獨立運動의 理念과 政黨』
    (독립기념관 개관 4주년 기념 제5회 독립운동사 학술심포지움 발표문)
    (독립기념관 부설 한국독립운동사연구소, 1991) pp.135~136.
215) 김철수, 앞의 글, pp.354~355.

로 추방한 것을 비판하면서 이동휘는 코민테른과 레닌정부에 투옥된
자파 인사들의 석방과 보리스 스미야스키의 파면 및 자유시참변 책임
자 처벌을 강력히 요구하였다.[216]

이와 같이 상해·일크츠크 양파가 서로 고려공산당의 대표임을 주
장하고, 상대파가 범한 잘못을 비판하면서 헤게모니 쟁탈전을 전개하
자, 양파 분쟁문제를 다룰 검사위원회가 코민테른 중앙집행위원회 간
부회의 지명을 받아 결성되었다. 검사위원으로는 벨라쿤·쿠시넨·사
하로프 등 3명의 집행위원이 선임되었다. 이들은 일련의 조사작업에
착수한 결과 1921년 11월 15일 5개항으로 된 다음과 같은 제1차 조선
문제결정서를 발표하였다.

 1. 동일한 명칭하에 현존하는 두개의 고려공산당은 두개의 조선
    민족혁명단체 그 자체에서 생겨난 것이니, 즉 대한국민의회와
    상해 임시정부가 그것이다. 상해측의 전사회당, 즉 공산당은 일
    크츠크 공산당보다 앞서 조직된 것으로 1919년에 이미 박 애·
    박진순 등을 모스크바에 파견하여 코민테른과 연락하였다. 대한
    국민의회와 관계를 맺고 있는 다른 일파는 그 보다 약간 뒤인
    1920년 6월경에 비로소 공산주의 무대에 출현하였다. 양측이 서
    로 애국주의라든가 혹은 국제연맹에 접근했다든가 하는 구실로
    상호 비난하는 것은 단지 양당의 충돌이 격렬하게 된 결과에
    불과할 뿐이다. 양당은 모두 다 조선혁명분자의 대표임을 특별
    히 표방할 수 없다. 따라서 양당은 다만 상호 연합하여야 비로
    소 안전한 결과를 얻을 수 있다. 국제공산당 극동비서부가 편파
    적으로 일크츠크파만을 원조한 것은 물론 이 충돌을 더욱 심화
    시킨 것으로 인정하지 않을 수 없다.[217]

---

216) 이균영, 앞의 글, p.265 ; 서대숙 저, 현대사연구회 역, 앞의 책, p.44.
217) 극동비서부가 일크츠크파를 편파적으로 지원한 것을 인정한 것은 상해
    파의 거센 항의를 수용한 것으로 보인다. 이후 극동비서부 책임자 보리스

2. 양당의 충돌이 격화되어 그 극에 달한 원인은 실로 흑룡주사건 (자유시참변)에 있다. 이 사건이 야기된 원인은 대한의용군측에 도 있고, 고려혁명군정의회측에도 있다. 대한의용군측의 과오는 혈전을 피할 수 없다고 예상하면서도 군대통일에 대해 갈라란 다시빌리와 맺은 약속을 이행하지 않은데 있으며, 그 책임은 지 휘관인 그리고리예프와 박 일리야가 져야 한다. 고려혁명군정의 회측의 과오는 대한의용군측으로부터 불신임을 받은 인사들을 군정위원으로 선임하는 부당한 행위를 한데 있다.

3. 조선특별군사혁명법원의 판결(1921. 5. 31)은 단지 어느 당의 검 사위원의 평의에 불과한 것을 판결한 것으로 박 애를 8년 징역 형에 처하고 국제공산당원동비서부에 구금된 것은 부당하므로 박 애에 부과한 8년 징역형을 취소하고 즉시 석방시킬 것을 요 구한다. (박 애의 죄명은 다음과 같다. 첫째, 러시아 공산당 원 동부에 한인부를 설치한 것. 둘째, 일크츠크 공산당 대표원을 원동으로 출장 보낼 때 방해한 일. 셋째, 국제공산당위원 보리 스 스미야스키가 한인부를 일크츠크로 옮기라고 명령하였을 때 따르지 않은 것. 네째, 김민선·박 일리야를 사할린 의용대의 지휘관으로 임명한 것. 다섯째, 군대의 직무를 박창부에게 맡긴 것. 여섯째, 보리스 스미야스키의 임명에 반항하여 구후시나야 스구에서 의용병 대의회를 소집한 것. 일곱째, 의용대를 선동하 여 일크츠크에 반대한 것. 여덟째, 일크츠크에서 조직한 한인군 정의회의 일을 원동공화국사령부에 보고한 것.)

4. 이상 서술된 사실에 의거하여 검사위원회는 러시아 공산당 중 앙간부, 당기관 및 의회정부의 사업과 관계가 있는 흑룡주사건 을 조사할 유력한 검사위원을 선임할 필요를 인정하며 동시에 박 애를 석방하여 모스크바에 파견할 것을 요청한다. 또한 흑룡 주사건으로 투옥된 80여명 중 검사위원이 필요하다고 인정하는 자는 즉시 석방할 것을 요구한다.

스미야스키가 페르시아 주재 러시아 대사로 임명된 것만 보아도 이러한 사실을 입증하고 있다.

5. 상호 충돌하는 상해파와 일크츠크파는 서로 연락함은 물론 조
   선 내지 및 해외 여러 단체의 대표들로 대의회가 소집될 때까
   지 양당이 상호 연합하여 양당으로부터 동수의 인원으로 임시
   연합간부를 조직해야 하며 코민테른 극동비서부에게는 이것을
   준행할 책임을 부여한다.[218]

위의 제1차 조선문제결정서를 볼때 코민테른 당국은 양파를 공산주
의자 그룹 정도로 인식하였지 지부로는 승인하지 않았음을 알 수 있
다. 그리고 극동비서부가 일크츠크파의 정치적 후원자임을 인정한 것
과 자유시참변으로 투옥된 상해파 일부 지도자들이 석방된 것은 상해
파의 입지가 강화되었고 이동휘의 일정한 외교성과로 판단된다.

코민테른 검사위원회가 채택한 제1차 조선문제결정서 5항에 의거
하여 고려공산당 임시연합간부가 1921년 11월 조직되었다. 이 임시연
합간부는 양파 각 4인씩 8명의 위원으로 구성되었다. 8명의 위원 중 4
명의 이름만이 알려졌는데 그들은 상해파 이동휘·홍 도, 일크츠크파
안병찬·한명세이었다.[219]

임시연합간부의 주된 임무는 조선공산주의운동의 통일을 위한 대
의회를 소집하는 것이었다. 그런데 8명의 위원 중 상해파 이동휘·홍
도 만이 모스크바에 체재중이었다. 이동휘와 홍 도는 다른 위원들이
모스크바에 도착하기를 기다리면서 임시연합간부의 임무에 착수하였
다. 먼저 임시연합간부의 소재지를 모스크바에 두기로 결정하고, 사무
를 집행하기 위하여 장기영·도용호 등 상해파 인물을 부서장에 임명

---

218) 村田陽一 編譯, 『コミンテルン資料集』 2 (大月書店, 1979) pp.75~77 ; 姜
   德相 編, 『現代史資料(29)』 朝鮮(五) 共産主義(一) (みすず書房, 1972)
   pp.461~462 ; 金正柱 編, 『朝鮮統治史料』 第七卷 (韓國史料硏究所, 1971)
   pp.194~198.
219) 金俊燁·金昌順, 『韓國共産主義運動史』 第一卷 (高麗大 亞細亞問題硏究
   所, 1967) p.381.

하였다.220) 그리고 일크츠크에 있는 한인무장부대를 상해파에 흡수하려고 12월 장기영·도용호와 함께 일크츠크로 향하였다.

이동휘와 홍 도는 자유시참변으로 상실하였던 군권장악 노력에 착수하여 고려혁명군정의회에 의해 조직된 고려혁명군 내부에 친상해파 그룹의 결성을 시도하였다.221) 동시에 고려혁명군의 해산을 추진하여 상해파를 지지하는 대한의용군 및 전한군사위원회(자유시참변을 피하여 이만시에 집결해 있었음)에 편입시키려고 하였다. 하지만 이러한 계획들은 일크츠크파의 저항으로 이루어지지는 않았다.

임시연합간부가 설치된 뒤에도 양파의 분쟁은 계속되었다. 양파의 임시연합간부들은 서로 자파의 이익을 옹호하기 위해 노력했으며 사사건건 대립을 일으켰다. 상해파 위원들은 일크츠크파에 대해 박 애를 비롯한 자유시참변시 투옥된 80여명의 상해파 인물들을 석방·복권시킬 것을 요구하였다. 일크츠크파 위원들은 상해파에 대해 레닌정부 지원자금에 대한 지출명세서와 그 유용 여부를 추궁했다.

이와 같이 임시연합간부의 활동이 고려공산당의 통일보다는 통일을 실현 불가능하게 할 정도로 심각한 대립 양상만을 초래하자, 코민테른은 제1차 조선문제결정서가 양파의 내분을 종결지을 수 있을 정도로 충분한 것이 아니었음을 인식하고 다시 이 문제를 재론하게 되었다.

3) 극동피압박인민대회와 웨르흐네우진스크의 통합대회

미국에 의해서 소집된 워싱톤회의(1921. 11. 12~1922. 2. 6)가 미국

---

220) 金俊燁·金昌順,『韓國共産主義運動史』資料篇 II (高麗大 亞細亞問題研
    究所, 1980) p.46.
221) 위의 책, pp.48~49.

이 극동에서 일본과의 헤게모니 쟁탈전에서 외교적 수단으로 일본의
세력을 약화시킬 의도이었다는 것을 파악한 레닌정부는 미국과 일본
의 마찰을 이용하려고 이 회의에 극동공화국의 대표를 워싱톤에 파견
하였다. 동시에 워싱톤회의에 대항하고 극동에서 반제국주의 운동을
전개하여 동맹세력을 형성하려고 하였다. 이와 같이 레닌정부는 이중
적인 정책을 견지하였는데, 극동피압박인민대회는 후자의 목표에 의
하여 코민테른에 의해 개최되었다.222)

　극동피압박인민대회는 원래 워싱톤회의에 대항하는 차원에서 같은
시기인 1921년 11월 일크츠크에서 개최하기로 예정되어 있었는데, 예
기치 않은 상황으로 다소 늦어져 1922년 1월 21일 모스크바에서 개최
되었다.223) 동년 2월 2일까지 계속된 이 대회는 마지막 회의를 페트로
그라드에서 개최하였다.224)

　코민테른 극동비서부가 이 대회를 조직하는 역할을 맡았는데, 주도
권은 빌렌스키・片山潛(가다야마 센)・張泰雷 등이 잡았고, 서기는 보
리스 스미야스키가 맡았다.225) 이 대회에는 한국・일본・몽고・인도
등 극동의 여러나라들이 대표단을 파견하였는데, 한국대표단은 144명
의 공식대표 중 3분의 1이 넘는 54명이나 되었다.226) 한국대표단은 거

222) 權熙英,「제1차 극동노력자대회 및 극동혁명청년대회에서의 한국혁명의
　　문제」『정신문화연구』13권 3호 (통권 40호) (한국정신문화연구원, 1990)
　　p.90.
223) 朝鮮總督府 高等法院 檢事局 思想部,『思想月報』第二卷 第二號 (1932.
　　5. 15) pp.7～30.
224) コミンテルン 編, 高屋定國・辻野功 譯,『極東勤勞者大會』(合同出版,
　　1970) p.8.
225) 權熙英, 앞의 글, p.91.
226) 원래 조선인 대표단은 52명이었는데, 동양노동자공산주의대학에 재학중
　　인 조선인 학생 2명에게도 대표권을 주어서 총 54명으로 되었다(コミ
　　ンテルン 編, 高屋定國・辻野功 譯, 앞의 책, p.4). 여운형은 전부 30명 정
　　도 참석하였다고 하였다(夢陽呂運亨先生全集發刊委員會 編,『夢陽呂運亨

의 공산주의자들이었으며, 일크츠크파가 많은 대표를 파견하였다. 지금까지의 연구성과227)에 의하여 밝혀진 참가 인물은 36명228)이다.

이동휘를 비롯한 상해파 고려공산당의 핵심인물인 박진순·박 애·홍 도·장기영·도용호 등은 극동피압박인민대회에 참여하지 않은 것으로 보인다.229) 1921년 11월 28일 레닌과 회담하였던 이동휘 등은 이 대회가 개최되었을때 모스크바에 체재 중이었다. 하지만 이들의 관심은 보리스 스미야스키와 일크츠크파 고려공산당에 의하여 주도되고 있는 피압박인민대회의 참여가 아니라 자유시참변으로 인하여 치명적인 타격을 입은 상해파 고려공산당의 세력만회에 모든 역량이 집중되었다.230)

그리하여 상해파 고려공산당은 극동피압박인민대회가 개최되는 시기에 모스크바에서 레닌정부에 대한 외교활동에 치중하였고, 일크츠

全集』 1 (한울, 1991) p.413).
227) 金俊燁·金昌順,『韓國共産主義運動史』第一卷 (高麗大 亞細亞問題硏究所, 1967) pp.388~389 ; 스칼라피노·이정식 공저, 한홍구 옮김, 앞의 책, p.79 ; 서대숙 저, 현대사연구회 역, 앞의 책, pp.47~48 ; 金丹冶,「레닌會見 印象記 그의 逝去 一周年에(一)~(十一)」『朝鮮日報』(1925. 1. 22~2. 2) ; 夢陽呂運亨先生全集發刊委員會 編, 앞의 책, p.413 ; 金正明 編,『朝鮮獨立運動』5 (原書房, 1967) pp.284~285.
228) 김만겸·안병찬·여운형·조동우·박희권·김상덕·김시현·최창식·김철훈·김 철·최고려·장건상·나용균·최성우·한명세(일크츠크파), 박헌영·임원근·김단야(김 주)·조 훈·윤기섭·고 한·정해리·원세훈·민종영(민종용)(고려공산청년회), 김원경·권애라(애국부인회), 백남진(백남신)·박희권·장덕진(대한광복군총영), 김영진·유진현(유건혁)(대한청년단연합회), 정광호(재상해유일학생회), 마뜨베이 찌모피예비치 김(재모스크바 한인학생대표), 김규식(신한청년당), 현 순·홍범도(고려혁명군).
229) 이동휘가 극동피압박인민대회에 참석하였다고도 하나(金俊燁·金昌順, 앞의 책, p.388 ; 스칼라피노·이정식 공저, 한홍구 옮김, 앞의 책, p.79), 통역으로 따라갔던 이극로는 이동휘의 불참을 확증하고 있다(李克魯,『苦鬪四十年』(乙酉文化社, 1947)).
230) 金俊燁·金昌順,『韓國共産主義運動史』資料篇II (高麗大 亞細亞問題硏究所, 1980) pp.46~49.

크에 압송되어 구금되어 있는 당간부들과 한인군인들의 석방에 진력
하였다. 또한 흑룡주·연해주 등지에서 상해파 군사력을 재건하기 위
하여 최선을 다하고 있는 이 용·김규면·박 일리아 등을 지원하였
다.[231]

더우기 여운형·김규식·박헌영이 16명으로 구성된 대회 의장단에
선출되어[232] 이들의 활약이 두드러지고, 보리스 스미야스키와 일크츠
크파가 자파의 정당성을 선전하기 위해 이 대회를 적극적으로 활용하
자, 이동휘는 이 대회의 참가는 들러리에 불과한 것으로 인식하였다.
그리하여 이동휘는 극동피압박인민대회「선언서」에 대한 서명을 거부
하였는데, 레닌이 이를 알고 이동휘는 동아시아 전역에 명망이 높은
혁명가이므로 서명을 받아야 한다고 하였다. 이리하여 대회요원이 다
시 서명을 요청하였는데 이동휘가 또다시 거절하자, 대회요원이 "서
명하는 것은 공산당원의 의무"라고 말하였을 때 이동휘는 "만일 그것
이 공산당으로부터 성문된 명령이라면 서명하겠다"고 반박하였다.[233]

극동피압박인민대회의 중요의제는 대회의장 지노비예프에 의하여
제시되었다.[234] 그는 첫째로 공산주의의 완전한 승리는 '세계혁명'을
통해서만 얻어질 수 있는데, 지금까지는 유럽중심이었다. 하지만 세계
1차대전 후 유럽이 문제가 아니라 아시아·극동문제가 점점 절박하게
정면에 나서고 있다고 하면서 아시아 제일주의를 주창하였다. 둘째로
미국에 의해서 개최된 워싱톤회의에서 1921년 12월 10일 체결된 4국

---

231) 金弘壹,「쏘滿의 韓國義勇軍」『思想界』 (1965년 4월호) p.272. 특히 이
    용은 대한의용군사회의 사령관으로 활약하였다(金正明 編,『朝鮮獨立運
    動』2 (原書房, 1967) p.286).
232) 夢陽呂運亨先生全集發刊委員會 編, 앞의 책, p.413.
233) 스칼라피노·李庭植,『韓國共産主義運動의 起源』(韓國硏究圖書館, 1961)
    p.55.
234) 지노비예프는 1922년 1월 22일(개회사), 23일 두번에 걸쳐서 연설하였다
    (コミンテルン 編, 高屋定國·辻野功 譯, 앞의 책, pp.23~27, 48~70).

정부(미·영·프·일)의 조약은 네마리 흡혈귀의 동맹으로 아시아 인민의 독립에 대한 열망을 거부하였다고 맹렬히 비난하였다. 셋째로 일본 프롤레타리아트는 극동문제 해결에 열쇠를 쥐고 있다. 즉 일본의 프롤레타리아트와 조선·중국의 피압박 인민들이 결합하여 일본 부르조아지를 패퇴시키는 것이 일본혁명의 최종적 승리라고 하였다. 즉 그는 극동의 국제정세를 해석하고 대회 참가자들의 임무를 밝혔던 것이다.

지노비예프에 이어 상임간부회의 일원이었던 사하로프는 상해파와 일크츠크파가 임시연합간부에 의한 통합이 실패로 돌아가자, 이 대회를 통하여 양파에게 통합을 요구하는 지침을 전달하였다. 그의 한국 상황에 관한 연설은 다음과 같다.

한국의 피압박 대중이 당면하고 있는 문제들은 보다 단순합니다. 중국에서와 마찬가지로 우리는 제국주의와의 어떠한 타협도 거부하면서 민족해방의 목표를 향해 부단히 전진할 준비가 되어 있는 모든 민족혁명운동을 지원할 것입니다. 우리는 이같은 조직들 가운데 농민단체나 종교적 파벌, 기타 여러 단체들까지 포함되어 있다는 사실 때문에 혼란을 일으키거나 주저하지는 않을 것입니다.

우리는 이러한 운동이 부르조아 민족주의운동이라는 사실을 충분히 알고 있지만 민족해방을 위한 모든 민족운동을 지원해 온 것처럼 이 운동 역시 지지할 것입니다. 왜냐하면 이 운동은 제국주의를 반대하고 있고 국제무산계급의 이해와 일치하고 있기 때문입니다. 우리는 또한 이 점을 한국 노동자들에게 요구합니다. 한국의 귀족정치를 붕괴시킨 것은 제국주의 세력인 일본입니다. 따라서 한국에서 민족통일전선을 논하는 것은 지극히 당연합니다. 그러나 이와 동시에 우리는 한국의 해방을 타협과 평화주의에 의해 이룩하려는 모든 기도를 가차없이 폭로하지 않으면 안 됩니다.[235]

사하로프의 연설은 한국 공산주의자들이 따라가야 할 정책방향을 충분히 밝혀주었다. 그것은 바로 광범위한 민족연합, 즉 공산주의와 민족주의 세력의 동맹이라는 레닌주의의 정책이었다. 따라서 현실적으로 극동피압박인민대회는 상해파·일크츠크파 양파에게 통합을 요구하였다고 볼 수 있다. 하지만 양파의 관계가 대단히 악화되어서 통합은 그리 쉬운 일이 아니었다.

코민테른은 일크츠크파 안병찬에게 타협방안을 주어 양파를 통합시키려 하였다. 안병찬은 1922년 2월 상해파 이동휘·김철수와 일크츠크파 한명세 등과 회합을 갖고 통합방안을 모색하였으나[236] 통합이 이루어지지 않았다. 1922년 3월 16일 코민테른 집행위원회 간부회는 한명세와 김동산이 참석한 가운데 조선 공산주의운동의 내분을 재검토하였다.

1922년 4월 4일에 다시 간부회를 열었던 코민테른 집행위원회는 이 회의에서 고려공산당의 통일을 위한 구체적 지침을 작성하기 위하여 사하로프·쿠시넨·브란들러 3인으로 구성되는 조선문제위원회를 설치하기로 하였다.[237] 조선문제위원회는 일련의 조사를 마친 후 6개항의 결정서를 1922년 4월 22일 발표했는데 이것이 제2차 조선문제결정서이다. 제2차 조선문제결정서는 제1차 조선문제결정서가 해결하지 못한 양파간의 쟁점을 매듭짓고자 하였는데 그 내용은 다음과 같다.

---

235) 사하로프는 1922년 1월 26일 '민족·식민지문제와 그것에 대한 공산주의자의 태도'라는 주제로 연설하였다(コミンテルン 編, 高屋定國·辻野功 譯, 앞의 책, pp.213~235 ; 村田陽一 編譯, 앞의 책, pp.142~145).

236) 金俊燁·金昌順, 『韓國共産主義運動史』 資料篇 Ⅰ (高麗大 亞細亞問題研究所, 1979) p.104.

237) 水野直樹, 앞의 글, p.89.

1. 일크츠크당 대의회 및 동 중앙간부로부터 퇴당 명령을 받은 당
   원은 전부 그 자격을 복구한다.
2. 박진순·박 애·최고려·김규극(김규식?:인용자) 등 4인의 동지
   는 고려공산당이 연합할 때까지 당무에 직접 관계함을 허락치
   않는다.
3. 고려공산당 중앙간부에게 양당을 사실상 연합하기 위해 3개월
   의 기한을 부여한다.
4. 당은 이 기간 내에는 제3국제공산당(코민테른)으로부터 하등 금
   전상의 원조를 받을 수 없다. 또한 조선문제에 대한 제3국제 공
   산당 집행부의 위원인 얀손 동지는 양파의 재정문제를 해결함
   과 동시에 상해의 김 립 손에 있는 잔금 전부는 제3국제공산당
   에 반납케 하여야 한다. 외무성에서의 20만 루불에 대한 결제서
   는 당사자인 한형권이 모스크바에 와서 직접 외무성에 제출할
   책임을 진다.
5. 중앙간부는 그 위치를 치타에 정하고 동시에 내지에 한국내 지
   부를 설치할 책임을 부여한다.
6. 중앙간부는 지금의 정치적 활동에 대한 정확한 정강을 제정하
   고 또 내지, 원동정부 및 의회정부내에 거주하는 이주민에 대한
   시급한 사업에 관한 적당한 표방어를 정하여 제3국제공산당 집
   행부에 제출한다.[238]

코민테른 집행위원회 간부회는 제2차 조선문제결정서를 1922년 5
월 17일자로 승인하였다. 따라서 제2차 조선문제결정서는 동년 5월
중순부터 효력을 발생하였는데, 이 결정서 이후에 양파는 통합을 하
지 않으면 안되었다.[239] 그리하여 양파 통합을 위한 임시연합간부회
의가 1922년 5월 치타에서 소집되었다. 이 회의에는 상해파 대표로

---

238) 村田陽一 編譯, 앞의 책, p.209 ; 姜德相 編, 앞의 책, p.462.
239) 코민테른 집행위원회의 제2차 조선문제결정서는 이동휘 등 상해파의 패
    배를 의미하고 있다. 하지만 이동휘는 이 결정서에 따르는 것 밖에는 별
    다른 선택의 여지가 없었던 것으로 보인다.

이동휘·이봉수·김동한·김철수 등 4명이 참석하였고, 일크츠크파
대표로 韓明世·李 誠·金應燮·張健相 등 4명이 참석하였다.[240] 또
한 통합을 지도하기 위하여 코민테른 집행위원회는 꾸뱌끄를 포함한
3인의 러시아 공산주의자를 지도원 자격으로 파견하였다.

그러나 이 통합 회의는 고려혁명군에 관한 이동휘와 한명세의 첨예
한 논쟁과 자파의 견해만을 고집하여 무위로 끝나고 말았다. 이후 양
파는 1922년 6월 블라고베센스크에서 다시 회합을 가졌다. 이 회합에
서는 군사최고기관인 高麗中央政廳을 조직하고 통합 당대회를 개최하
기로 하였다. 고려중앙정청의 간부는 다음과 같다.

> 의장: 최고려
> 고문: 이동휘·문창범
> 위원: 오하묵·박 일리야·박 그레고리
> 징집위원회 의장: 오하묵
> 징집위원회 위원: 최진동·홍범도·허 근·안 무[241]

고려중앙정청은 양파 통합 당대회를 1922년 9월 1일 개최키로 하였
으며, 상해 임시정부를 러시아령으로 옮기고 시베리아에서 일본군이
철수하면 본부를 블라디보스톡으로 옮기려 하였다. 그리고 다음과 같
은 사항이 결정되었다.

  1. 한인무장부대를 시베리아의 중요지점에 집중시키고 군사훈련을
     실시한다.
  2. 한국과 만주에 선전원을 파견하여 공산주의를 선전한다.
  3. 선전원을 보호하기 위하여 수시 때때로 무장부대를 간도의 동서

---

240) 김철수, 앞의 글, p.355.
241) 金正明 編, 『朝鮮獨立運動』 5 (原書房, 1967) p.120.

로 보내고 한국 국경을 공격함으로써 주민들을 선동한다.[242]

한편 1922년 9월 개최키로 했던 고려공산당 양파 통합 당대회는 대표자의 참석이 이루어지지 않고 일본군이 시베리아에서 철수 후 열리는 것이 좋다고 하여 연기되다가 동년 10월 15일 웨르흐네우진스크에서 개최되었다. 이 대회에는 상해파 대표 20명, 일크츠크파 대표 25명, 국내 대표 15명, 간도 대표 20명, 연해주 대표 25명, 아무르지역 대표 17명 등 약 120명 정도가 참석하였다.[243]

그리고 이 대회는 코민테른 제2차 조선문제결정서에 의거하여 소집되었기 때문에 코민테른 파견원인 쿠이베크·뽀스트셉·스모로전 등이 참석하여 대회의 진행을 지도·감독하였다. 특히 쿠이베크는 극동공화국 수반으로서 상해파가 유리하도록 작용해 주었으며, 많이 도와주었다. 대회는 매일 8시간씩 강행군으로 진행되었고 대회의 원만한 진행을 위하여 집행부를 두었는데 일크츠크파는 김일성·장건상이, 상해파는 이동휘·윤자영·김철수 등이 선임되었다.[244]

대회는 윤자영의 사회와 이동휘의 개회사로 시작되었다. 그러나 대회는 처음부터 대표자의 심사문제를 둘러싸고 양파가 첨예한 의견대립을 나타내었다. 대회는 먼저 출석 대표자들이 갖고 있는 위임장의 진위를 심사하고 대표자의 발언 및 결의권의 유무를 사정하기 위하여

---

242) 위의 책, p.121.
243) 金正柱 編, 『朝鮮統治史料』 第七卷 (韓國史料研究所, 1971) p.286. 대회에 참가한 대표자들을 열거하면 다음과 같다(『朝鮮民族運動史(未定稿)』 第六卷 (高麗書林, 1989) pp.174~175). 상해파 대표 : 이동휘·김철수·현정건·김 아파나시·계봉우·장기영·홍 도·김 진·이 용·김창숙·문세환·김하구·윤자영·유예균·장덕수·최팔용. 일크츠파 대표 : 남만춘·한명세·문창범·김만겸·박승만·조 훈·장건상·강경선·오하묵·이성·서천민·김철훈·임 호·김응섭·이청천. 국내 대표 : 정재달·조봉암·정태신. 간도 대표 : 이홍래·박영대·김한병.
244) 김철수, 앞의 글, p.357.

8인으로 구성된 위임장 심사부를 설치하였다.[245] 8인의 위임장 심사부에 상해파는 윤자영·김창숙·홍 도·김 아파나시가 참여하였고, 일크츠크파는 김철훈·김하석·김응섭·서천민이 참여하였다. 그리고 러시아측 대표로 러시아아인 크소세요프와 웨르흐네우진스크 시장이 참여하였다.[246]

여기서 상해파의 이동휘는 러시아 국적을 가진 한인은 조선공산당에 포함시킬 수가 없다고 하였으며 따라서 발언권은 인정한다 하더라도 결의권은 가지지 못한다고 주장하였다. 이에 대하여 일크츠크파는 국적 여하에 상관없이 민족적으로 국제공산당의 일 단체가 되어야 한다고 주장하였다.[247] 상해파의 의도는 일크츠크파 대표자의 대다수가 러시아 귀화인으로서 러시아 국적을 갖고 있음을 감안하고 그들의 결의권을 삭감하여 상해파가 대회에서 다수파를 점하기 위해서였다.

코민테른에서 전권을 위임받고 파견된 쿠이베크는 이동휘의 주장에 찬성하고 일크츠크파의 의견은 무시하였다. 즉 국적주의를 채택한 것이다. 일크츠크파는 반대하였지만 대회를 감독하는 러시아인의 명령을 듣지 않을 수 없었다.[248] 그 결과 일크츠크파 가운데 정식대표의 자격을 가진자는 13명에 불과하고 상해파는 모두가 대표가 되었다.[249]

245) 『朝鮮獨立運動史(未定稿)』 第六卷 (高麗書林, 1989) p.175.
246) 위의 책, p.176.
247) 위의 책, p.168.
248) 코민테른에서 파견된 쿠이베크가 상해파 이동휘 등의 주장을 수용하고 일크츠크파 남만춘 등의 의견을 무시한 것은 모스크바로부터 극동으로 파견된지 두달 밖에 되지 않아서 실정이 어두웠고, 모스크바에 있을 때부터 상해파를 원조·동정하였기 때문이었다(위의 책, p.172).
249) 위의 책, pp.176~177. 대표자격문제로 회의가 6일 정도 지연되었다고 한다(金俊燁·金昌順, 『韓國共産主義運動史』資料篇 Ⅰ (高麗大 亞細亞問題研究所, 1979) p.114).

이와 같이 통합대회에서 상해파가 다수를 점하게 되자 일크츠크파
는 반격을 시작하였다. 일크츠크파는 먼저 상해파 이동휘 등에게 코
민테른 선전사업비 40만 루불의 낭비사건 전말과 이동휘가 일크츠크
시에 있는 조선인 군대의 해산을 코민테른에 청원한 이유가 무엇인가
를 요구하였다.[250] 이에 대하여 이동휘는 이 문제가 비밀에 속한 사
항이므로 공개하기 곤란하며 차후 코민테른에 자세히 보고하겠다고
답변하였다.

그러나 일크츠크파가 답변에 반발하자, 이동휘는 이 문제를 분과심
사부에 넘겨 심사 처리할 것을 제의하였다. 이에 대해 다수파인 상해
파가 의결, 통과시키니 일크츠크파는 크게 분개하여 이러한 불공평한
통합대회는 참석하지 않겠다고 탈퇴를 선언하였다.[251] 일크츠크파가
탈퇴를 선언하자, 이동휘를 비롯한 상해파는 코민테른 파견원인 쿠이
베크 등과 협의한 후 일크츠크파의 행동을 통합대회 진행을 방해하는
반혁명적 행동으로 규정하고 책임간부 김철훈·서천민·신기영 등을
체포함과 동시에 일크츠크파 간부에게 보고서류를 통합대회 집행부에
인도할 것을 요구하였다.[252] 그러나 일크츠크파는 상해파의 요구를
거절하였고, 간부이하 60여명이 치타로 돌아갔기 때문에 통합대회는
결렬되었다.

통합대회가 결렬된 후 회의장에 잔류하였던 상해파는 대회의 전후
사정을 코민테른 파견원에게 보고하였다. 보고에 접한 쿠이베크는
"일크츠크파 대표가 한사람이라도 남아있으면 통합대회의 명의로 회
의를 진행하라. 그러면 나는 이 대회를 통합대회로 인정하고 따라서
코민테른도 이를 승인하겠다."[253]는 내용의 회신을 보내왔다. 이 소식

---

250) 위의 책, p.177.
251) 위의 책, pp.177~178.
252) 위의 책, p.179.

을 들은 이동휘는 대단히 기뻐하고, 일크츠크파의 연소한 대표 2인을 매수하여 통합대회의 이름으로 대회를 계속 진행시켰다. 이 대회에서는 다음과 같은 사항이 의결되었다.

1. 최고기관부를 노령 연해주에 두고 간부중에 일부 인원을 조선내에 상치하여 각 도·군면에는 도회·군회·면회를 배설할 것.

중앙간부(연해주)   제1비서부 북간도
            제2비서부 서간도
            제3비서부 조선내

2. 치타에 공산선전학교를 건설하여 학생을 모집하고 8개월간 공산학교에 입학시킨 후 선전자로 조선내에 파견한다.

3. 노농정부의 원조를 받아 하바로브스크시에 선인의 적색사관학교를 세우고 공산주의 장교를 양성한다.

4. 서북간도 및 노령에 있는 공산당원 및 독립군을 초모하여 공산적색군의 기본대를 편성하고, 점차 이를 확장하여 서북간도 및 노령에 약 3만명의 적색정규군을 양성한다.

5. 독립단과 연락하여 통일전선을 이루어 우리당이 독립군의 선봉으로서 그들을 지도한다.

6. 공산지식이 있는 다수 청년을 선내에 보내어 주로 노동자 및 소작인에게 공산주의를 선전하여 무산자 동지를 모집하고 또 학생계에 혼입하여 선전을 한다.

7. 일본의 군벌·관료·자본계급에 대하여 적대행위를 취하고 그들을 박멸할 것을 노력한다(적대행동이라고 하는 것은 일본 및 조선에 있는 요로의 대관 및 부호를 암살하는 것을 의미한다).

8. 일본공산당·사회주의단체 및 노동단체와 협동작전하여 일본내지에 있는 10여만인의 조선인 노동자로서 직접 일본의 노동운동에 가입하게 한다.

9. 경제문제를 해결하기 위하여 노농정부로부터 서백리 연해주에

---

253) 위의 책, p.179.

    광산산림의 채벌권을 얻어서 또는 일대 농지를 불하받아서 이를
    경제적으로 경영한다.

10. 연해주에 거주하는 일반선인에 대하여 민치권(자치권)을 얻는
    다.

11. 신중앙간부는 특별검사부를 설치하여 일크츠크파의 통합대회
    진행방해죄, 작년 흑하사변책임죄, 상해파 당원 김 진·계봉우·
    박 애·채 영 등 무죄한 자 수백명을 반혁명죄 죄명으로 일크츠
    크 감옥에 투옥시킨 책임죄, 이상 3대죄를 심사하여 진정한 책임
    자를 엄중히 처벌한다.

12. 당칙 및 금회 통합대회의 회록을 제작하여 각 당원에 분여한
    다.[254]

그리고 대회는 신중앙간부를 선정하였는데 신간부는 다음과 같다.

    중앙간부: 이동휘·윤자영·김창숙·홍 각·김 진·김 아파나시
    제1비서부: 장기영·계봉우·유예균·김하구·이 용
    제2비서부: 왕삼덕·김규면·허 영·이근화·김일봉
    제3비서부: 문세환·서영환·김원하·장덕수·최팔용[255]

    상해파 자파만으로 웨르흐네우진스크의 통합대회를 마친 이동휘는
1922년 11월 9일 코민테른 집행위원회 총비서 꾸시넨 앞으로 대회상
황에 관한 자신의 견해를 발송하였다. 여기서 이동휘는 "대회에서는
아무런 분열도 일어나지 않았다. 조선·간도·일본의 대표자들에게만
의결권이 부여되었고, 이 결정에는 대회 의장인 쿠이베크가 동의하였
다. 내빈자격으로 대회에 참여한 일크츠크 그룹의 이주민 지도자들이
대회사업을 공동화하려고 기도한 때문에 대회에서 약간의 말썽이 일

---

254) 위의 책, pp.180~183.
255) 위의 책, pp.183~184.

어났다. 그러나 조선에서 온 일크츠크파 계열의 대표자들은 대회의 완결에 직접 적극적으로 참여하였다"[256]고 하였다. 결국 이동휘는 상해파 자파의 통합대회와 거기서 선출된 중앙위원회를 완전한 통일 고려공산당으로 자임했으며, 그러한 자신의 입장을 관철시키기 위하여 코민테른에 대표단을 파견하였다.

한편 웨르흐네우진스크의 통합대회를 탈퇴하고 치타로 갔던 일크츠크파 간부 및 60여명의 대표자들은 치타에서 따로 통합대회 명의로 대회를 개최하였다.[257] 이들은 장건상을 의장으로 하고 김하석·김만겸·한명세·이 성·박승만을 위원으로 하여 치타 한족회관에서 3일간 대회를 진행하였다. 이들은 독자적으로 각종 의안을 심의·결의했으며 자체의 중앙기관을 선출했는데, 이 때에 결의된 사항은 다음과 같다.

1. 우리당은 금후 상해당에 대하여 당쟁적 행동을 중지하고, 전력을 다하여 당의 실력 충실을 계획한다.
2. 우리당은 세계의 대세를 보아 코민테른의 지도를 받고 다음과 같은 정책을 정한다.
   1) 우리당은 경제적으로 독립하기 위하여 노농정부로부터 시베리아의 광산산림·농작지 등의 경영특권을 얻어 이를 당의 경영사업으로 하고, 가능하면 한국내의 자본가와 이윤을 나누는 합동경영을 하여 경제기초를 세운다.
   2) 우리당은 앞으로 조선의 독립운동 및 무산혁명운동에 대하여 맹동하지 않고, 침묵하여 기십년이라도 실력을 양성한 후 전세계에 혁명이 일어나거나 혹은 전동양에 혁명이 일어날 시에 그의 일 분자로서 적극적으로 용감히 일어선다.

256) 이동휘가 「코민테른 집행위원회 총비서 꾸시넨에게 보내는 전보」 1922. 11. 9. 林京錫, 앞의 글, pp.407~408에서 재인용.
257) 『朝鮮獨立運動史(未定稿)』 第六卷 (高麗書林, 1989) p.185.

3. 우리당은 금후 전력을 다하여 조선내 및 만주 소작인 계급에 공산주의를 선전하여, 그들의 단결을 강고히 하고 동시에 다수의 선량한 동지를 모은다.
4. 목하 우르간 금광에 재한 대한독립연대를 기본대로 하여 러시아·중국 양령에 혁명군을 둔전병제하에 양성한다.
5. 하바로브스크시에 적색사관학교 및 공산선전학교를 세우고 인재를 양성한다.
6. 노령·만주·조선으로부터 다수의 학생을 모집하여 모스크바공산대학에 보내고, 또 각 전문학교에 입학시켜 유물적으로 각 과학을 연구·습득시킨다.
7. 일본·중국의 공산당과 연락하여 협동전선을 이루고 또한 일본 내지에 있는 선인 노동자간에 선전지도자를 특파하여, 그들의 방향을 잡고 그들로서 일본 노동혁명운동에 가맹하게 한다
8. 실력없는 목하의 독립군이 중령 및 북선지방에 있어서 소극적으로 출몰활동하여 일본·중국 양국간에 문제를 야기시키는 것에 반하여 자기들의 운동 및 활동범위를 축소하지 않으면 가급적 그들 독립주의자의 급진주의를 완화시켜 우리당의 정책과 서로 일치하여 전진하는 것을 유도한다.258)

그리고 일크츠크파의 수뇌인물 및 분담사무는 다음과 같다.

　　당수뇌: 남만춘·최고려·김하석
　　상해지부 수뇌: 조 훈
　　동양비서부장: 김철훈
　　조선사무: 이 성
　　남북만주: 유동혁
　　연해주지방: 김겸석
　　일본내지: 문상욱

---

258) 金正柱 編,『朝鮮統治史料』第七卷 (韓國史料硏究所, 1971) pp.287~288.

일반선전사무: 이두진259)

치타에서 자파만의 통합대회를 마친 일크츠크파는 고려공산당 통합대회의 결렬 이유 및 상해파의 횡포, 그리고 코민테른 파견원인 쿠이베크의 불공평한 조치를 코민테른에 타전하였다.260) 동시에 남만춘을 통하여 코민테른에 청원서를 제출하였는데, 그 내용은 다음과 같다.

1. 금회의 양 통합대회를 승인하지 않을 것.
2. 금후 양당에 대하여 절대 선전사업비를 지급하지 말고 각자 자력으로 활동하게 할 것.
3. 1~2년후 양당의 성적여하에 의해 완전한 당으로서 인정하는 동시에 코민테른에 가입하게 할 것.261)

또한 일크츠크파는 코민테른에 대회의 경과를 보고하기 위하여 김만겸·한명세·조 훈을 대표자로 선정하여 모스크바에 파견하였다.262)

상해파·일크츠크파 등 양파의 보고에 접한 코민테른은 각파의 통합대회를 인정하지 않았다. 이러한 가운데 국내대표로 웨르흐네우진스크 통합대회에 참석하였던 정재달은 동 대회가 결렬되자 다음과 같은 내용의 장문전보를 코민테른 당국에 보냈다.

나는 국내에서 갓 入露한 개인자격의 대표로서 이 통합대회에 참석한 자이다. 이 대회의 상황을 보건대 상해·일크츠크파의 통

---

259) 『朝鮮獨立運動史(未定稿)』 第六卷 (高麗書林, 1989) pp.195~196.
260) 위의 책, p.185.
261) 위의 책, pp.189~190.
262) 위의 책, p.190.

합대회임에도 불구하고 통합의 정신은 무시되고 일치단결의 빛은
조금도 보이지 않으며, 각기 자파의 세력부식에만 급급하는 파쟁
만을 일삼기 때문에 대회는 분열되고 말았다. 나는 어느 파에도
가담할 수가 없다. 따라서 나는 개인으로서 이 대회를 탈퇴하는
바이지만 만일 이 대회의 상황을 참고로 알기 위하여 나에게 물어
볼 필요가 있다면 불러달라.[263]

　정재달에 의한 전보보고가 있은지 5~6일 후 코민테른은 상해파의
이동휘·윤자영, 일크츠크파의 한명세·김만겸, 무소속의 정재달·정
태신 등 6인을 지명하여 모스크바에 출두하라고 전보를 보냈다.[264]
이들은 1922년 12월 중순경 모스크바에 도착하였다. 모스크바에 호출
된 양파 및 무소속 대표들은 코민테른 집행부에 출두하여 각자의 주
장을 피력하였다.[265]

　각파의 대표들은 자기들만이 한국공산주의운동을 수행하기에 적합
한 집단임을 주장하고 상대방의 죄상을 열거하였다. 이에 코민테른
집행부의 부하린은 "당신들은 양자가 똑같소. 당신들 중의 누구도 사
회주의와 공산주의에 관한 진정한 사실들을 알고 있지 않소. 당신들
은 사실상 다만 독립운동에 종사하고 있을 뿐이요. 그러므로 당신들
의 개인적 차이점을 조정하여 다시 통합하도록 하시요"[266]라고 하였
다. 즉 코민테른은 양파의 해체를 지시하면서 새로운 통일 고려공산
당의 조직을 지령하였다. 이리하여 코민테른 제4차대회가 열리기 전

---

263) 金俊燁·金昌順, 『韓國共産主義運動史』資料篇Ⅰ (高麗大 亞細亞問題硏究
　　所, 1989) pp.198~199.
264) 朝鮮總督府 法務局, 『朝鮮獨立運動思想の變遷』 (1931) p.47.
265) 高峻石, 「日本の侵略と民族解放鬪爭」 『朝鮮革命運動史』 第一卷 (社會評
　　論社, 1983) pp.33~34.
266) 스칼라피노·李庭植, 『韓國共産主義運動의 起源』 (韓國硏究圖書館, 196
　　1) p.58.

까지 통일 당대회를 소집하여 새로이 조직된 고려공산당을 코민테른
지부로 승인하려 했던 코민테른 집행부의 계획은 실패로 돌아갔다.

4) 꼬르뷰로(고려국) 및 오르그뷰로(조직국)의 설치

1918년 6월 체코군의 봉기와 미·영·프·일 등의 시베리아 출병으
로 시작된 시베리아 내전은 1920년 이후 홀로 철병치 않았던 일본군
이 마지막으로 블라디보스톡을 떠나고, 완충국으로 존속해 오던 극동
공화국이 1922년 11월 15일 소비에트 정권에 통합됨으로써 종결되었
다. 소비에트 정권은 일본의 위협이 줄어들자 시베리아에 있는 한국
독립군과 고려공산당에 대한 열의가 식어버렸다.[267]

소비에트 정권은 연해주지방의 치안확보와 일본과 외교적 마찰의
소지를 없애기 위하여 그동안 독자적 활동을 허용해 주던 빨치산부
대, 마적단과 함께 고려혁명군부대에 대한 무장해제를 단행하기 시작
하였다. 이것은 고려혁명군이 러시아 볼셰비키세력의 지원으로 조선
국경으로 진입할 것을 우려한 일본의 외교적 항의 영향이기도 하였으
나 기본적으로는 백위파의 제거, 국경의 안전확보, 외국인의 규제, 내
전으로부터의 복구 등 시베리아지역에서의 소비에트 권력 공고화 과
정의 일환이었다.[268]

이러한 상황에서 소비에트 정권과 코민테른은 한국 고려공산당이
상해파·일크츠크파로 나뉘어서 헤게모니 쟁탈을 위한 파벌투쟁을 일
삼자, 양파가 1922년 10월 웨르흐네우진스크의 통합대회를 통하여 통
합 고려공산당을 결성하면 이 당을 코민테른 지부로 승인하려 하였

---

267) 스칼라피노·이정식 공저, 한홍구 옮김, 앞의 책, p.96.
268) 潘炳律, 「초기 한인 공산주의운동의 올바른 이해를 위하여」『일제하 극
동시베리아의 한인 사회주의자들』(역사비평사, 1990) pp.46~47.

다. 하지만 코민테른의 이러한 계획은 실패로 돌아갔다. 왜냐하면 코민테른 4차대회(1922. 11. 5~12. 5)에 고려공산당 대표로 한 사람이 초청되었는데, 네 사람의 대표가 나타났기 때문이었다.[269]

즉, 코민테른 4차대회 개회전에 고려공산당 대표가 도착하였으나, 코민테른은 고려공산당이 아직 통일되어 있지 않은 것을 확인하고, 대회 개최 후에는 내빈자격으로 출석하는 것을 인정했던 것이다. 제4차 코민테른 대회에 고려공산당 대표로 상해파에서는 이동휘·윤자영이, 일크츠크파에서는 한명세·김만겸이, 국내파에서는 정재달·정태신 등 6명이 참석하였다.[270] 그러나 이들 가운데 어느 누구도 고려공산당의 유일한 대표로 인정되지는 않았다.

코민테른 제4차대회는 상해파·일크츠크파로 분열된 고려공산당의 통일방안을 논의하기 위하여 8인의 위원으로 구성된 조선문제위원회를 결성하였다. 위원은 펠릭스 콘(우크라이나)·편산잠(일본)·진독수(중국)·만네르(핀란드)·프루후닉(폴란드)·쿠시넨(코민테른 서기)·보이틴스키(극동부)·체토린(청년 인터내셔널) 등 8명이었다. 8인의 위원회는 고려공산당 통일방안을 논의하였으나 대회 개회중에 결론을 내지 못하고 폐회일인 제33회 회의에서 문제의 해결을 코민테른 확대집행위원회에 위임하였다.[271]

1922년 12월 코민테른 집행위원회는 상해파·일크츠크파 양파의

---

[269] 코민테른 4차대회의 자격심사위원회에서 활약한 독일공산당원인 에버린은 "조선공산당은 한 사람의 대표가 초청되었으나, 네 사람의 대표가 나타났다. 조선공산당의 당내투쟁은 매우 격렬하여 본래의 공산당 대표가 누구인지, 그가 어떤 그룹을 대표하고 있는지 확인할 수 없어 두 사람의 동지는 내빈으로 승인되고 두 사람의 대표는 거부되었다"고 하였다 (水野直樹, 앞의 글, p.90).
[270] 金俊燁·金昌順,『韓國共産主義運動史』資料篇I (高麗大 亞細亞問題研究所, 1979) p.114.
[271] 水野直樹, 앞의 글, p.91.

해산을 명령하고 코민테른 극동국 산하에 꼬르뷰로(고려국)를 설치하여 그 지도하에 조선 공산주의운동의 통일을 실현하라고 지시하였다.272) 코민테른 극동국은 1921년 코민테른 민족부내에 설치되어 한국·일본·중국의 문제를 전문적으로 관할하는 기관이었다. 본부는 모스크바이고 블라디보스톡에는 출장소가 설치되었는데, 여기에 꼬르뷰로가 소속되어 있었다. 직원은 보이틴스키외 서기 2명이 상주하고 있었다.273)

꼬르뷰로는 1922년 12월 의장을 보이틴스키로 하고, 그 위원으로 상해파의 이동휘·윤자영, 일크츠크파의 한명세·장건상·김만겸 등을 임명함과 동시에 정재달을 국내사정에 정통하다 하여 고문으로 임명하였다.274) 꼬르뷰로는 1923년 2월부터 블라디보스톡 시내 일본영사관 근방에 사무소를 설치하고 주 1회씩 정례회의를 가지면서 사업에 착수하였다. 우선 착수한 사업은 한인당원의 당파적 감정을 청산하고 행동의 통일을 기하며 시베리아 한인 공산주의의 조직을 정리하는 일이었다.

이 사업은 재러한인으로서 노농러시아의 정치에 관계하고 있는 한인관리 중에 참다운 공산주의자도 있지만 신용만으로 채용된 자도 있었다. 따라서 정치상의 위해를 제거하자면 이것을 가려내어 순주의자만으로 관리를 채용해야 함으로 이에 대한 기초조사를 행한다는 것이었다.275) 이 사업은 동년 4월말까지 보이틴스키의 감독하에 이동휘·

---

272) 高峻石,「日本の侵略と民族解放鬪爭」『朝鮮革命運動史』第1卷 (社會評論史, 1983) pp.33~34 ; 朝鮮總督府法務局,『朝鮮獨立運動の變遷』(1931) p.46 ; 金俊燁·金昌順, 앞의 책, p.114,140,183.
273) 金俊燁·金昌順,『韓國共産主義運動史』第一卷 (高麗大 亞細亞問題硏究所, 1967) pp.420~421.
274) 高峻石, 앞의 책, pp.52~53 ; 金俊燁·金昌順, 앞의 책, p.421.
275) 金俊燁·金昌順, 앞의 책, p.423.

한명세·김만겸·정재달 등이 행하였는데, 약 30명 내외의 인원이 도태되고 새로운 요원이 충원되었다.[276]

그런데 1923년 경부터 조선에 대한 코민테른 방침이 변하기 시작하였다. 러시아혁명 방위를 위해 한인을 혁명운동측에 서게 하는 것을 주안으로 했던 당시까지의 방침에서 조선 국내에서의 혁명운동 전개에 중점을 두는 것이었다. 1922년 4월 레닌이 병때문에 물러남에 따라 정권을 잡은 스탈린은 10월 일본군의 시베리아 철수가 완료되자 극동공화국을 흡수하여 12월에 소련연방의 성립을 선언하였다.[277] 레닌이 한국독립운동을 적극적으로 지원하였다면, 이후 스탈린은 한국의 독립운동에 대해 소극적인 정책을 취하였다. 독립군부대는 적군에 편입하고 응하지 않는 부대는 무장을 해제하여 영외로 추방하였다. 한국인에 대한 동정은 없었고 국익만이 있었다.

당시의 소련은 전쟁과 혁명에 의하여 국력이 소모되어 힘의 축적을 위해서는 일본의 간섭을 피하고 우호적인 관계를 유지하지 않으면 안 되었다. 그 정책의 희생자가 적군을 도와서 일본군과 싸웠던 조선 공산주의자이었던 것이다.[278] 레닌정권이 러시아혁명 방위를 위해 조선인을 혁명운동측에 서게 하는 것이었다면, 스탈린정권은 조선국내 혁명운동에 중점을 두는 방침이었다. 따라서 꼬르뷰로의 임무는 조선국내와 소련·중국에 거주하는 조선인 공산주의 세력을 총집결하여 코민테른 지부로서 조선국내에 조선공산당을 조직하는 것이었다.

이러한 방침에 따라 꼬르뷰로는 1923년 4월 국내 사정에 밝은 정재달을 국내에 파견하였다. 동년 6월 서울에 도착한 정재달은 국내의

---

276) 순수주의자로서 300명의 한인관리가 충원되었다고 한다(金俊燁·金昌順, 『韓國共産主義運動史』 資料篇I (高麗大 亞細亞問題研究所, 1979) p.140).

277) 佐佐木春隆, 『韓國獨立運動の研究』 (國書刊行會, 1985) p.585.

278) 佐佐木春隆, 앞의 책, pp.585~586.

주요인물인 金若水·李鳳洙·李 英·申伯雨·鄭泰信 등과 접촉을 가
졌다.[279] 하지만 정재달에 대한 이들의 반응은 냉담하였다. 그 이유는
정재달이 서울에 파견된 이후 이동휘계 사람들이 정재달은 일크츠크
파의 앞잡이이며 스파이라는 악선전을 국내의 인사들에게 하였기 때
문이었다. 이리하여 정재달은 국내공작에 실패하고 10월 초 블라디보
스톡으로 귀환하였다. 귀환후 정재달은 "이동휘 일파의 악선전으로
사명을 완수할 수가 없었다. 다시금 회의를 열어 사업을 계속할 필요
성을 의결해야 한다"[280]고 한명세에게 보고하였다.

정재달의 의견을 청취한 일크츠크파의 한명세는 金在鳳·辛 鐵을
다시 국내에 파견하여 朝鮮共産黨을 창당하려고 하였다. 이에 이동휘
는 "자기가 만들어 놓은 조선국내의 조직적 기반을 일크츠크파 사람
들이 탈취하고 있다"[281]고 일크츠크파에 의한 김재봉·신 철의 조선
국내공작을 비판하였다. 하지만 한명세는 "꼬르뷰로에 이동휘 같은
자가 있는 한 조선국내에 순조롭게 진행되고 있는 조선공산당 조직의
거점까지도 파괴될까 두렵다"[282]고 이동휘를 배격하였다.

이와 같이 상해파·일크츠크파가 시종 반목과 논쟁을 일삼고 자파
세력확장에 몰두하자, 1924년 2월 코민테른은 꼬르뷰로의 해산을 명
하였다.[283] 꼬르뷰로가 해산됨에 따라 이동휘는 블라디보스톡 신한촌
의 당도서관장이라는 한직에 배치되었다.[284] 코민테른과 소련정부는
상해파보다도 일크츠크파가 자신들에게 충성을 다하고 있다고 판단하

279) 정재달은 고려국의 조선공산당 건설방침을 이들에게 전달하였다. 高峻
    石, 앞의 책, p.53 ; 金俊燁·金昌順, 앞의 책, p.424.
280) 金俊燁·金昌順, 앞의 책, pp.425~426.
281) 高峻石, 앞의 책, p.55.
282) 위와 같음.
283) 金俊燁·金昌順, 앞의 책, p.428.
284) 佐佐木春隆, 앞의 책, pp.586~587.

여 민족주의적 성격이 강한 이동휘 일파의 움직임은 경계하였던 것이
다. 이후 이동휘는 1925년 1월 「러일기본조약」이 체결되자 격분하여
블라디보스톡을 떠나 스찬 부근에 은거하였다.[285]

코민테른은 꼬르뷰로의 해체에 대체하고 조선공산당의 통일조직을
성취하기 위하여 새로운 기관을 조직하고자 하였다. 그리하여 1924년
3월 블라디보스톡에서 연해주 조선인 공산당원 책임자 연합대회를 개
최하였는데, 이 회의에 노령에서 20명 중국령에서 3명의 당원이 출석
하여 다음과 같은 사항을 결의하였다.

1. 종래의 고려공산당이 코민테른으로부터 해산명령을 받은 사항을
   한인사회에 주지시킨다.
2. 금후 양파의 분규는 지양한다.
3. 민족파에 대해서는 창조·개조파를 모두 부인한다.
4. 조직문제에 있어서는 당기관의 설치가 급무이지만 코민테른은
   국내의 공산주의자의 존재는 인정하나 당기관의 존재는 인정하
   지 않고 있으므로 완전한 당기관의 설치는 노령내의 한인당원을
   중심하여 실현하도록 진력할 것이다.
5. 당기관 설치에 관한 준비위원을 선임할 것.[286]

5항의 결의에 따라 준비위원을 선임하였는데 그 위원은, 코민테른
극동국 제3대 주재원인 인데르슨을 비롯하여 張道政·張建相, 노령대
표 南萬春·李亨建, 중국령대표 朴應七·金哲勳, 국내대표 金若水·
申伯雨·李鳳洙 등이었다.[287] 통일적인 전한인공산당을 조직하기 위

---

285) 여기에서 이동휘는 시베리아 조선인 사회의 장로 역할을 담당했다고 한
    다(伊藤亞人·大村益夫·梶村秀樹·武田幸男 監修,『朝鮮を知る事典』(平
    凡社, 1986) p.446).
286) 金俊燁·金昌順, 앞의 책, p.429.
287) 高峻石, 앞의 책, pp.56~57.

한 이 준비위원회를 오르그뷰로(조직국)라고 하였다. 그리고 이 오르
그뷰로의 사무국은 다음과 같다.

> 조사부: 崔高麗 · 崔伊洙 · 채 그레고리
> 선전부: 吳星默 · 김 미하일 · 金哲勳
> 조직부: 金夏錫 · 李永善 · 김 아파나시
> 경제부: 朴君八 · 朴 愛 · 金萬謙[288]

오르그뷰로의 사무국 요원을 보면 꼬르뷰로의 파쟁인물인 이동휘
· 한명세 · 김만겸 · 정재달은 빠져 있고 김철훈 · 김하석 · 최고려 등
일크츠크파 유력자들이 핵심요원임을 알 수 있다. 다만 상해파의 박
애는 파쟁청산의 상징적 존재로서 가담되어 있는 것 같다. 이후 오르
그뷰로는 1925년 1월 21일 「러일기본조약」이 체결되어 해체될 때까지
최고려 · 김철훈 · 남만춘 · 김만겸 · 장건상 등 일크츠크파에 의하여
주도되었고, 이들에 의하여 국내 조선공산당 창당작업이 진행되었
다.[289]

---

288) 高峻石, 앞의 책, p.57 ; 金俊燁 · 金昌順, 앞의 책, p.431.
289) 1924년 말 이들은 임시중앙집행위원회를 조직하고 조선공산당 창당에
    주도적인 역할을 하려고 하였는데 역원 명단은 다음과 같다. 정치부 위원
    김철훈, 비서부 위원 한명세, 조직부 위원 오병묵, 선전부 위원 김하석,
    재무부 위원 남만춘, 노동부 위원 박진순, 교양부 위원 오하묵, 보안부 위
    원 최고려, 검사부 위원 이형순 등 9명으로 구성되었다(姜德相 編,『現
    代史資料(29)』朝鮮(五) 共産主義運動(一) (みすず書房, 1972) p.472).

5. 1923년 이후의 활동

1) 적기단의 조직

전술했듯이 1923년경부터 소련정부 방침이 한인 무장독립군을 영외로 추방하거나 무장해제를 시키는 등 한인 독립운동을 막는 조치로 나오자, 이동휘는 항일독립운동을 전개하기 위한 새로운 방도를 강구하여야 만 하였다. 이동휘는 항일독립운동을 중단할 생각이 없었다. 그리하여 한인 독립운동을 막는 연해주지방보다는 한인이 다수 거주하면서 자생력을 갖고 있는 만주지역에 민족혁명과 사회혁명을 동시에 표방하는 항일독립운동단체를 조직하였는데, 그 단체가 바로 赤旗團이다.

적기단의 조직총회는 1923년 1월 10일 블라디보스톡 신한촌의 백산학교 강당에서 진행되었다.[290] 이 회의 참가자는 46명이었고 「선언서」와 행동강령[291]이 발표되었다. 적기단은 「선언서」에서 "조선민족해방운동을 사회주의 혁명운동과 결부하여 촉진시키는 것"을 기본목적으로 정하였다. 그리고 "조선공산당의 전초대"로서 광범한 민중속에서 공산주의를 선전하고 일본 제국주의 및 그 주구들을 반대하여 투쟁하며, 특히 '적화방지단'과 무자비한 투쟁을 전개하는 것을 당면

---

290) 김세일, 『홍범도』 5 (제3문학사, 1990) p.18.
291) 적기단의 행동강령은 다음과 같다.
　　1. 조선공산당 척후대의 임무를 수행하기 위하여 남만·북만·동만 등 3개 지역에 사령부를 설치한다. 2. 성공한 러시아혁명의 경험을 이용하여 일본 제국주의와 투쟁한다. 3. 조선민족해방운동에 있어서 장애물이 되는 반혁명적·당파적 행동을 배척한다. 4. 국제혁명자후원회의 사업을 도와준다(김세일, 앞의 책, p.19).

과업으로 설정하고 있다. 또한 적기단은 "혁명전선에서 희생된 전사들의 가족들을 후원하는" 국제혁명자후원회 사업을 원조하는 것도 자신의 활동내용에 포함시키고 있다.[292] 이 때 선임된 적기단의 간부진은 다음과 같았다.

> 최계립(단장)·홍 파(부단장)·마 건·이동무·김 철·최승관·박대영·최동욱·박 진, 비서: 이환수, 재무 : 전창순, 참모부 인원:이 용·장기영·마 진, 1)서만사령부장: 최계립(돈화·액목·서간도·하발령·길림 등지), 2)북만사령부장: 홍 파(동렬현·령안·밀산·중동선·송화강 연안·산성오운), 3)남만사령부장: 마 진(화룡·연길·왕청·훈춘)[293]

이들은 거의 상해파 고려공산당에 가맹해 있었으므로, 적기단은 상해파 고려공산당의 별동대적인 성격을 일정하게 가지고 있었다고 볼 수 있다. 이동휘는 1923년 2월 상해파 고려공산당 자파세력으로 구성된 적기단의 본부를 만주 영안현 영고탑에 설치하고[294] 「선포문」을 발표하였는데, 여기에서 우리는 이 시기 이동휘 생각의 일단을 알 수 있다. 따라서 장황하지만 인용하기로 한다.

> 본단의 취지는 명칭만 보더라도 혁명을 뜻함을 알 수 있다. 과거 결사대 혹은 맹호단의 명칭을 가지고 남북간도와 노령 또는 沿江一帶에서 적의 공관을 불사르고 鷹犬을 죽이고, 적의 재산과 생

---

292) 김세일, 앞의 책, pp.20~21.

293) 韓國精神文化硏究院,「赤旗團 略史」『韓國獨立運動史資料集 : 洪範圖篇』(1995) p.175.

294) 慶尙北道警察部,『高等警察要史』(1934) p.116 ; 金正柱 編,『朝鮮統治史料』第八卷 (韓國史料硏究所, 1971) p.120 ; 고준석 지음, 김영철 옮김,『조선공산당과 코민테른』(도서출판 공동체, 1989) p.97.

명을 빼앗고, 최후로 적의 教唆에 의하여 성립된 白黨까지도 토벌
한 것은 우리 당원의 활동이 그 반을 점한다고 해도 과언은 아닐
것이다. 우리들은 각 독립운동단체에 가입하여 그 단체들의 유지
를 위하여 노력했고 독립선언시에는 간도일대에서 선봉이 되어 적
의 心膽을 서늘케 한 것은 또한 사실이다.

과거 8년간 민족의 해방을 위하여 死刑·戰死·懲役 등 단원의
白骨은 四野에 헤쳐 있고 그 呻吟은 강산에 가득 찼다. 우리는 다
시 한 걸음 전진하는 것이다. 혁명의 길은 正路를 가지 않으면 안
된다. 즉 본단의 목적인 대세를 변하여 참다운 정의와 인도를 위
하여 세계무산계급의 혁명대열에 一致코자 하는 것이다. 동시에
붉은 혁명을 위하여 불완전한 사회제도를 타파하고 혁명에 장애되
는 자연인을 박멸코자 한다. 또 지금 제국주의 왜적을 멸하기 위
하여는 이중의 방침을 필요로 한다. 문화운동과 무장행동이 바로
그것이다. 무장투쟁을 하기 위하여는 1~2만으로서는 不及의 감이
없지 않다. 그러므로 最急告할 일은 능히 一當百할 의혈건아의 게
릴라전이 이 시기에 불가결의 要務라 인정한다. 즉 모험단체의 사
업이다. 우리들은 파괴만을 목적하는 것이 아니라 건설도 목적한
다. 사회에 돈이 궁핍했다면 鄙富의 금전을 탈취하여 충당할 것이
다. 선전이 필요하다면 산을 넘고 물을 건너서라도 전할 것이다.
야욕가의 제거가 필요하다면 그것도 하자. 이것이 우리가 생명을
바쳐 하고자 하는 바이다. 우리들은 민족혁명과 무산계급의 공산
혁명과 어느 것도 구애하지 않는다. 첫째로 한족의 해방이라면 하
는 것이다. 돕는 것이다. 우리의 건설은 조선·일본·간도·노령
각지에서 間斷없이 활약코자 하는 바이다. 疑惑하지 말라. 이에 예
고하고 선포하는 바이다. 동지여! 이천만 동지들이여! 壓迫받는 세
계 무산계급의 동지들이이여! 同聲相應을 바란다.

1923년 2월 1일 적기단[295]

---

295) 金俊燁·金昌順,『韓國共産主義運動史』第四卷 (高麗大 亞細亞問題研究
所, 1974) p.219.

이상 「선포문」에서 볼 수 있듯이 적기단은 중국 동북지방의 공산주의 단체로서는 처음으로 '민족혁명과 사회주의혁명의 동시수행'이란 슬로건을 내걸고 공산주의를 선전함과 동시에 무장행동을 목표로 하였음을 알 수 있다. 또 적기단은 일제 관공서 파괴와 조선인 친일분자 암살 등 직접행동을 목표로 한 테러리스트 단체이었다.296) 이것은 소련 일변도 의타적 독립운동에 대한 한인 최초의 자기 반성적 단체였다는 점에서 새로운 단계로의 의미가 있다.

또한 적기단이 일제에 대한 테러리즘을 추구했던 것은 항일독립운동을 재연해야 할 국내외 정세에 기인했을 것이다. 이 시기 이동휘는 앞서 살펴보았듯이 한편에서는 고려공산당의 통합운동에 종사하면서도 결코 그것에만 몰두하지 않고 한민족의 해방을 최우선 순위에 놓았으며, 민족혁명과 무산계급의 공산혁명 그 어느 것도 구애받지 않고 間斷없이 무장투쟁을 실천하는데 주력하고 있었던 것이다.

1923 · 1924년경에 있어서 적기단의 조직은 다음과 같다.

단장: 최계립, 부단장: 홍 파, 간부단원: 마 건 · 김 철 · 최승관 · 박태영 · 최동욱 · 박 건, 비서: 이환수, 재무: 전창순, 참모부 부장 : 이 용, 참모부 부원: 장기영 · 마 건, 서만사령부 부장: 최계립, 북만사령부 부장: 홍 파, 동만사령부 부장: 마 건297)

1923년 3월 3일 북만 영고탑 황지툰 손호준 집에서 적기단의 첫 간부회의가 소집되었다. 이 회의에는 간부들 이외에 30명의 단원이 참

---

296) 적기단이 지나치게 모험행동을 표방하자, 이동휘는 적기단에 박진순 · 김철산을 파견하여 모험적 행동을 자제하도록 하였다고 한다(김세일, 『홍범도』 5 (제3문학사, 1990) p.127).

297) 재정문제는 김윤승의 자원적 출자와 기타 기부금들 및 영안현 얼화의 벼농장에서 후원해 주어 해결되었다(김세일, 앞의 책, pp.19~20).

석하여 다음과 같은 4가지 사항을 결정하였다.

첫째, 둔병식 군대조직을 결정하였다. 둔병식 군대조직이란 대대장과 중대장을 선발해 놓으면 대대장과 중대장이 자기들의 관할지구에 가서 소대장을 선택하고 선택된 소대장이 소대 군인들을 모집하는 방법이었다. 이러한 둔병식 군대조직의 방법으로 각 사령부 부장이 대대장이 되고 중대장만 선발하게 되었다. 서만사령부 관할지역에는 4개 중대를 배치하기로 하고 중대장은 박태영·최완규·최영준·박춘산이 선정되었다. 동만사령부 관할지역에도 4개 중대를 배치하기로 하고 중대장은 라 일·강 철·최승관·전창순이 선정되었다. 북만사령부 관할지역에는 그 활동범위내에 일본군의 세력이 심대한 것을 고려하여 5개 중대를 배치하기로 하고 중대장은 리동무·김우범·마춘걸·김 철·손호준을 선정하였다. 그리고 송화강 연안·산성 오운 지방에는 특립중대를 두기로 하고 중대장으로 김병하를 선정하였다.[298]

둘째, 적기단 기관지로 『霹靂』을 발행하기로 결정하였다. 주필에는 박 우, 부주필에는 이하소가 선정되었다. 조속한 시일에 창간호를 발간할 것을 결정하였으며, 이 신문에는 특히 적기단 「선언서」와 적화방지단의 반혁명적 활동과 친일배족 행동을 폭로, 규탄하는 기사를 실을 것을 결정하였다.[299] 그리고 적기가[300]를 널리 전파하여 항일독립정신을 고취하였다.

셋째, 조선국내에 비밀공작원을 파견하기로 결정하였다. 조선국내의 중요한 공장과 중등학교에 비밀당 및 청년단체들을 조직하기 위하

---

298) 김세일, 앞의 책, pp.25~26.
299) 김세일, 앞의 책, pp.26~27.
300)   「적기가」
　　민중의 기 붉은 기는/ 전사의 시체를 싼다/ 시체가 식어서 굳기 전에/ 혈조는 깃발을 물들인다/ (후렴)높이 세워라 붉은 깃발을/ 그 기 아래서 굳게 맹세해/ 비겁한 자야 가려면 가라/ 우리들은 이 깃발을 지키련다

여 장 철(장해우)·김일수·이 용·황 돈 등을 파견하기로 하였다. 그리고 조선과 만주에 있는 비밀혁명단체들 간의 계통적인 연계를 취하기 위하여 김선희를 비밀 공작원으로 선정하였다.[301]

넷째, 당시 상해에서 진행되고 있는 대한국민대표회의에 대표를 파견하기로 결정하였다. 적기단의 대표로 박 건이 선정되었다.[302]

적기단의 둔병식 군대조직 결정으로 인하여 고려혁명군을 비롯한 여러 민족주의 단체출신들이 선전위원으로 활동하였다. 1923년 4월 하순 崔雄烈 등 십수명이 왕청현 나자구에 도착하여 단원을 모집하였는데 입단자가 130여명에 달했다고 한다.[303] 특히 5월 하순에는 단원모집을 위하여 연길현 방면으로 崔 玩(元高麗革命軍 第三軍 小隊長)·金若山(元高麗革命軍 第一軍 小隊長)·金弘國(元義軍團 中隊長) 등이 파견되었고, 화룡현 방면으로는 李 達(元高麗革命軍 小隊長)·姜根(元大韓軍政署 小隊長) 등이 파견되었다.[304]

특히 1923년 5월 중순에는 안도현 방면으로 지부설치를 위하여 金進·尹成漢 등 3명이 파견되었는데, 이들의 노력으로 8월에는 적기단의 세력범위가 동녕·목릉·밀안·액목·길림·돈화·안도·화룡·연길·왕청·혼춘 등 각 현에 이르렀다.[305]

적기단은 조직 후 세력이 확장되자 1923년 6월 2일 안도현 낭낭고에서 그 지방일대 항일독립운동단체를 초대하여 협의회를 개최하였다. 이 협의회에는 적기단에서 韓尙五·崔雄烈·吳成崙·崔用鵬·李 崗·李尙鎬 등 수 십명이 참석하였고, 군정서에서는 玄天默·金佐鎭

---

301) 김세일, 앞의 책, p.27.
302) 김세일, 앞의 책, p.29.
303) 姜德相 編, 『現代史資料(29)』 朝鮮(五) 共産主義運動(一) (みすず書房, 1972) pp.465~466.
304) 姜德相 編, 앞의 책, p.466.
305) 姜德相 編, 앞의 책, p.467.

·羅中昭 외 수 명이 참석하였다. 또 국민회에서는 馬 晋·南世極 외
수 명이 참석하였고, 의군단에서는 김홍국·최풍산 외 수 명이 참석
하였다. 그리고 블라디보스톡에서 고려공산당 간부 임 호 외 수명과
적기단 선전부원 수 명이 참석하였다.306)

이 협의회에서는 첫째 본회에 참석한 각 단체는 종래의 민족독립사
상을 포기하고 순공산주의를 신봉할 것, 둘째 주의선전 등에 대하여
재러고려공산당의 지도를 받을 것, 셋째 각단으로부터 모험청년을 선
출하여 적기단에 입단시키고 조선내와 간도방면으로 적화선전을 위해
파견할 것307) 등을 결의하였다. 동시에 러시아 이만지방으로부터 이
동휘 휘하의 무장한인들이 속속 들어와 각지에 조직된 적기단에 배치
되었는데 안도현 내두산 부근에 150명, 돈화·액목지방에 있는 적기
단 본부에 200명 가량이 배치되었다.308)

적기단은 1923년 6월 30일 돈화현 대교하에서 임시대회를 개최하고
앞으로의 방침에 대하여 협의함과 동시에 임원을 선거하였는데, 그
임원은 다음과 같다.309)

    간부: 具春先·馬 晋
    재정부장: 崔 漢
    외교부장: 金浩錫, 부원: 許永權·裵永鎭
    편찬부장: 金桂山
    통신부장: 金昌立, 지방통신국장 액목현: 馬容化, 안도현: 金正

306) 權熙英,「조선공산당의 성립과 코민테른(1923~25)」『韓國史學』13 (韓
    國精神文化研究院, 1993) pp.157~158 ; 金俊燁·金昌順, 앞의 책, pp.220
    ~221.
307) 金正明 編,『朝鮮獨立運動』5 (原書房, 1967) p.49,59,60 ; 金俊燁·金昌
    順, 앞의 책, p.220에서 재인용함.
308) 金正明 編, 앞의 책, p.262.
309) 姜德相 編, 앞의 책, pp.469~470.

化, 돈화현: 崔永山, 연길현: 馬文傑

이들은 무관학교를 건립하기로 하고 300명을 수용할 교사건물 신축
에 착수함과 동시에 교관으로는 李秋山과 蔡 英 등 수명을 추천하여
이동휘에 신청하였다. 또한 중국관헌의 지휘하에 保衛團 설치를 인가
받았는데, 이것은 義勇團으로 단장은 李春天이 맡고 160명 정원의 교
사를 신축하는 것이었다. 그런데 건물은 공사중이고 의용단에서 쓸
무기는 노령으로부터 이송되어 영안현에 도착되었다.[310]

또한 적기단은 1923년 12월 하순 공산주의 성향을 가진 高麗革命軍
·義烈團과 돈화현 황토요자에서 대표회의를 개최하고 연합행동을 하
기로 결정하였다. 먼저 연합회 간부로 적기단에서는 張道政·張 鐵,
의열단에서는 許承煥·金夏平, 고려혁명군에서는 羅學礁·金應烈이
선임되었다.[311] 이들은 연길현 춘양향 북하마탕 지방을 근원지로 하
여 2개의 무기운반대와 5개의 군자금 모연대를 편성하였다. 군자금
모연대의 총지휘는 李東愚가 맡았고 제1선 모연대장은 孔元俊, 제2선
모연대장은 黃鳳均, 제3선 모연대장은 金夏平, 제4선 모연대장은 羅亨
根, 제5선 모연대장은 金應烈이 맡았는데 모연대원은 6명 이었다.[312]

적기단은 1924년 1월 5일부터 8일까지 영안현 동경성에서 간부회의
를 개최하고 간도를 중심으로 인접 각현에 통신부를 설치하기로 결정
하였는데, 그 조직은 다음과 같다.

통신총부장: 趙昇峻
통신부장 연길: 玄雲若, 화룡: 馬龍河, 왕청: 金君載, 훈춘: 韓京

---

310) 姜德相 編, 앞의 책, p.469.
311) 姜德相 編, 앞의 책, p.467.
312) 姜德相 編, 앞의 책, pp.467~468.

瑞, 동녕: 金德載, 녕안: 具鳳瑞, 액목: 張文浩,
돈화: 金文玉, 안도: 韓相烈[313]

또 통신부와 더불어 적기단은 행동부대를 운용하였는데 행동부대
는 결사대(대장 金玉賢 이하 약 50명)·파괴대(대장 金德載 이하 약
50명)·별동대(대장 장문호 이하 약 20명)로 편성되어 결빙기에 함경
북도 무산 방면으로 침입할 계획을 수립하였다.[314] 이 무렵 용정과 국
자가의 적기단 조직에서는 일제의 간도총영사관 폭파계획을 진행시켰
는데, 1924년 7월 비밀이 탄로되어 연관자가 검거되는 사건이 발생하
였다.[315]

적기단은 북경·상해의 의열단과 제휴해서 1924년 이른 봄에 동경
에서 있을 일황태자의 결혼식전에 결사대를 보내 일제의 최고 요인들
을 한꺼번에 폭살하고 주요건물도 폭파하자는 계획이 수립되었다. 이
계획은 의열단 출신인 吳成崙의 역할이 컸는데, 의열단쪽에서 먼저
거사 준비차 자금을 위해 국내에 잠입했다가 행동대원들이 체포됨으
로써 실패로 돌아갔다. 미수에 그쳤지만 이 사건은 일제의 간담을 서
늘하게 하였던 사건이었음에 틀림없다.[316]

이렇듯 활발한 움직임을 보이던 적기단은 그 활동이 1925년까지 이
어진다. 1925년 4월 초 동청철도연선의 해림에서 최계립·장기영·장
해·백인민·김동식·김 철 외 10명이 참석한 적기단 간부회의가 개
최되었다.[317] 이 회의에서는 남북만주 한인에 대하여 공산주의 선전
을 계속하며 이에 필요한 선전비를 코민테른에서 3분의 2를, 적기단

---

313) 姜德相 編, 앞의 책, p.468.
314) 姜德相 編, 앞의 책, p.468.
315) 金正明 編, 앞의 책, p.262 ; 慶尙北道警察部, 앞의 책, p.116.
316) 慶尙北道警察部, 앞의 책, p.99, pp.276~280.
317) 權熙英, 앞의 글, p.159.

에서 3분의 1을 지출하기로 결정하였다. 또 적기단 안에 북만전위사를 조직하고 『전위』라는 잡지를 발간하며 공산청년학교를 설치하여 청년들에게 공산교육을 실시하기로 하였다. 이에 필요한 교육비는 주민들로부터 매호당 년간 2원씩 징수하고, 적기단 관구내 50호 이상의 촌락에는 청년회를 조직하여 예비단원을 양성하고자 하였다.[318]

적기단은 이와 같이 행동적인 독립운동에다 사회혁명을 결부시켜 선전함으로써 그 조직은 북만과 간도에 크게 뿌리를 내렸다. 특히 간도지방에서 적기단 조직이 활발했는데 이와 같은 현상은 이 지방이 일찍부터 항일독립운동의 근거지였으며 동시에 이동휘에 의한 공산주의 선전과 조직이 침투되어 있었던 것에 연유했을 것이다. 다시 말하면 이 지방이야말로 조국광복과 사회혁명을 아울러 쟁취코자 선전하는 적기단의 가장 적합한 조직기반이었던 것이다.

적기단은 1925년 이후 중국 동북지방에서 공산주의 선전과 항일무장투쟁을 활발히 전개하다가 1929년 본부를 액목현으로 옮겼는데, 당시 단장은 朴觀海가 맡았고 주요간부로는 楊 虎·崔東旭·李昌運·吳成崙 등이 활동하였다.[319] 그러나 이와 같이 중국 동북지방에서 막강한 조직력을 가지고 활동하였던 적기단도 1931년 일제의 만주사변에 의한 무력공격에 따라 해체되었다.

2) 국제혁명자후원회에서의 활동

전술했듯이 이동휘는 1924년 2월 꼬르뷰로가 해산된 후 블라디보스톡 신한촌의 당 도서관장이라는 한직에 배치되었다. 이후 이동휘는 조선 국내의 동포들이 해외 동포의 위문을 목적으로 보내준 조선백과

---

318) 權熙英, 앞의 글, pp. 159～160.
319) 國史編纂委員會, 『韓國獨立運動史』 5 (1969) p.715.

사전과 도시·농촌 등 각지에서 수집한 책들을 가지고 연해주지역 한인들의 문맹퇴치운동을 전개하였다. 동시에 협동조합을 조직하여 국내 함흥에서 과수와 뽕나무를 가져다가 연해주지역에서는 처음으로 과수재배와 잠업을 시작하였다.[320]

이동휘는 이러한 활동을 행하면서도 조선 국내와 남북만주에서 항일독립운동을 전개하고 있는 독립운동가들과 직·간접으로 연락을 취하였다. 이제는 자신이 항일독립운동의 전면에 나서는 것이 아니라 후면에서 지원하는 형태로의 전환이었다. 또한 이동휘는 '東亞日報를 通하야 사랑하는 內地同胞에게'라는 글[321]을 발표하여 국내와도 연결을 가지려고 노력하였다.

한편 일크츠크파 주도하에 있는 오르그뷰로에서 파견한 김재봉·김 찬·신 철 등에 의하여 제1차 조선공산당이 1925년 4월 17일 국내에서 결성되었다.[322] 이에 이동휘를 비롯한 김 미하일·金昌淳·桂奉瑀 등 구상해파는 국내의 상황을 알아보기 위하여 1926년 3월 朴應七을 서울에 비밀리 잠입시켰다.[323] 이동휘의 밀서를 가진 박응칠은 상해파 고려공산당원이었으며 당시 서울에서 활약하고 있던 김철수를

---

320) 『이동휘전기』, pp.141~142.
321) 이동휘, 「東亞日報를 通하야 사랑하는 內地 同胞에게 (一)-(五)」 『東亞日報』 1925년 1월 18일부터 22일까지 5회에 걸쳐서 연재됨.
322) 金俊燁·金昌順, 『韓國共産主義運動史』 第二卷 (高麗大 亞細亞問題研究所, 1969) p.285,293 ; 스칼라피노·이정식 공저, 한홍구 옮김, 앞의 책, pp.104~105 ; 서대숙 저, 현대사연구회 역, 앞의 책, pp.74~75. 다음 날인 4월 18일 김 찬의 집에서 제1차 중앙집행위원회를 개최하여 김재봉(책임비서)·조동우(조직부)·김 찬(선전부)·김약수(인사부)·정운해(노동부)·유진희(정치·경제부)·주종건(조사부) 등 6개 부서의 책임자를 선정하였다.
323) 스칼라피노·이정식 공저, 한홍구 옮김, 앞의 책, p.127. 서울에 잠입한 박응칠은 구상해파인 주종건을 만나서 이동휘 등과 상의하지 않고 제1차 조선공산당에 참여한 것을 추궁하였다.

만났다. 박응칠은 이동휘의 밀서를 김철수에게 건네주었는데, 그 내용은 다음과 같다.

> 국제당에서 연락이 왔오. 내지에서 화요파 중심으로 결성된 조선공산당이 국제공산당에 승인을 요청한 모양인데 국제당에서는 내가 찬성을 하면 승인을 한다고 하오. 이에 대해서 해외의 동지들은 반대할 것을 말하고 있는데 내지의 동지들 의견은 어떠한지 연락 바라오.324)

김철수는 이동휘의 편지를 보고 난 후에 박응칠에게 다음과 같이 말하였다.

> 나는 지금까지 조선공산당을 화요파당이라고 해서 반대하고 공격만 해왔오. 그러나 이제 우리는 결정할 때에 이르렀어요. 지금 다수 동지가 피검되고 1백명이 넘는 동지가 예심을 당하고 있지 않습니까. 차제에 제국주의와 투쟁하기 위해서는 지금의 공산당을 보존하고 그 세력을 확장시켜 나가야 해요. 이제 나와 이봉수는 정식으로 조공에 들어가겠오. 나와 이봉수에게 맡겨 주세요. 생명을 걸고 해보겠오.325)

박응칠에게 조선공산당에 입당할 의지를 밝힌 김철수는 이동휘에게도 자신의 뜻을 편지로 썼는데, 그 내용은 다음과 같다.

> 우리는 무엇보다 공산당을 살려 나가야겠습니다. 공산주의자라면 이제 파당을 초월해서 당을 지켜야 할 때입니다. 국제당에 승인을 찬성한다는 전보를 쳐주십시오. 내지에서의 일은 이봉수와

---

324) 이균영, 「김철수 연구」『역사비평』 (1988년 겨울호) pp.277∼278.
325) 이균영, 앞의 글, p.278.

제게 맡겨 주십시오.326)

金在鳳·金 燦·曺奉岩·金丹冶·朴憲永·林元根·홍증식 등 화요
회에 의하여 조직된 제1차 조선공산당은 반제반봉건 민족해방운동을
주장하고, '타도 일본제국주의'·'타도 일체봉건세력'·'조선민족해
방만세'·'국제공산당만세' 등의 슬로건을 제시하며 투쟁을 전개하
였다.327) 그런데 1925년 11월 22일 신의주사건으로 인하여 조선공산
당원 검거작업이 진행되어 조선공산당은 궤멸적 상태에 빠지게 되었
다.328)

경찰의 추적을 모면한 김재봉·김 찬·주종건 등 제1차 조선공산당
지도부는 조직을 보위하고 새로운 투쟁을 모색하기 위하여 1925년 12
월 15일 당중앙 책임비서에 강달영, 고려공산청년회 책임비서에 권오
설을 임명하여 제2차 조선공산당을 출범시켰다.329) 김철수와 이봉수
는 1925년 11월말~12월 초 제2차 조선공산당에 입당한 후330) 민족주
의 진영과 합동하여 민족협동전선을 결성하고 갈등관계에 있는 서울
청년회와 북풍회를 당내로 끌어들이는 것을 당의 주요한 사업목표로

---

326) 이균영, 앞의 글, p.278. 김철수의 편지를 받은 이동휘는 국제당에 제1차
    조선공산당을 찬성한다고 전보를 쳤다(김철수,「김철수 친필유고」『역사
    비평』(1989년 여름호) p.368).
327) 金俊燁·金昌順,『韓國共産主義運動史』資料編 Ⅰ (高麗大 亞細亞問題硏
    究所, 1979) p.71.
328) 金俊燁·金昌順,『韓國共産主義運動史』第二卷 (高麗大 亞細亞問題硏究
    所, 1969) pp.350~355 ; 朝鮮總督府 高等法院 檢事局 思想部,『思想月報』
    第一卷 七號 (1931.10.15)「司法から見た思想問題」.
329) 중앙집행위원은 강달영·이준태·이봉수·김철수·홍남표 등 5인이었
    고 조직은 종래 6부제를 폐지하고 비서부(책임비서 강달영)·조직부(김철
    수)·선전부(이봉수) 등 3부를 두었다(金俊燁·金昌順, 앞의 책, p.369 ;
    스칼라피노·이정식 공저, 한홍구 옮김, 앞의 책, p.120 ; 서대숙 저, 현대
    사연구회 역, 앞의 책, p.81).
330)『朝鮮日報』1931년 2월 7일자.

정하여 활발한 활동을 전개하였다.[331] 그런데 1926년 6·10만세운동
사건으로 인하여 동년 6월~8월에 책임비서 강달영을 비롯한 130여명
의 당원이 검거됨으로서 해산되었다.[332]

국내에서 100여명 이상의 공산당원이 검거되는 사건이 발생하자,
해삼위시 공산당 연해주위원회 선전부에서 활동하고 있던 이인섭은
이동휘를 찾아와서 군중대회를 소집하여 이 사건을 성토할 준비를 하
고 있다고 하였다. 이에 이동휘는 다음과 같이 말하였다.[333]

> 1911년 조선에서 일본경찰에 감금되었던 우리 105인은 참말 고
> 독하였소. 그러나 그 철망속에서 벗어나서 지금 공산당을 조직하
> 여 가지고 사업하는 동지들이 있습니다. 그런데 지금 조선에서 감
> 금된 공산당원들은 민족주의 혁명자들이 아니고 공산주의 혁명자
> 들인 만큼 고독하지 않습니다.
> 무산자의 조국인 소비에트 국가내에는 늙은 혁명자들이 조직하
> 고 활동하는 국제혁명자후원회가 조직되어 세계 각 자본국가 감옥
> 에서 고통받는 혁명자들을 후원하여 주고 있습니다. 나의 생각에
> 는 조선 서울에 갇힌 공산주의자들에게도 물론 후원이 있으리라고
> 생각합니다.
> 나는 지금 노년시기로 직접 이 혁명운동 전선에서 투쟁하는 전
> 사는 되지 못하여도 이 전선에서 용감히 투쟁하다가 희생이 된 세
> 계자본국가 감옥에서 고통받는 혁명자들을 위하여 이 국제혁명자

---

331) 姜德相 編, 『現代史資料(29)』 朝鮮(五) 共産主義運動(一) (みすず書房,
    1972) p.42.
332) 제2차 조선공산당의 주요사업 및 활동은 우선 중앙집행위원회 산하 6·
    10만세운동 투쟁지도 특별위원회가 주도한 6·10만세운동을 들 수 있다.
    6·10만세운동은 비록 실패하였으나 최초로 조선공산당의 조직적 지도로
    전개된 반일민족해방투쟁이었다(김인덕, 「조선공산당의 투쟁과 해산」
    『일제하 사회주의운동사』 (한길사, 1991) p.55).
333) 『이동휘전기』, pp.145~146 ; 이영일, 「上海臨政 국무총리 李東輝 傳記」
    『東亞日報』 1991년 6월 24일자.

후원회 사업에 열성적으로 참여하려고 결심하였습니다.

이후 해삼위시 신한촌에서 조선노력군중대회가 열리었다. 이 대회에서는 시당 선전부 부장 김 아파나시의 시국정세와 조선에서 발생한 공산당원 검거사건에 대한 보고가 있은 후, 조선에서 감금된 혁명자들을 후원하기 위하여 서울 서대문감옥을 세포로 맞고 국제혁명자후원회를 경유하여 조선혁명자들을 후원하기로 결정하였다.[334]

이동휘는 이 대회 연단에서 "일본 제국침략주의 정책에서 조성되는 그들의 금수적 악행과 비인간적 행정을 폭로 규탄하는 동시에 이 악물들을 박멸하는 투쟁에서 희생된 혁명자들을 후원하여 주기 위하여 우리는 모두 이 국제혁명자후원회에 대열에 들어서서 열성적으로 이 사업에 참가하여 활동하자"[335]고 역설하였다. 이 대회가 끝난 후 이동휘는 해삼위시 국제혁명자후원회 시간부 조직지도원[336]으로 임명되었다.

이동휘는 노년시기 직접 혁명운동 전선에서 투쟁하는 전사는 못되었지만 이 전선에서 맹렬히 투쟁하다가 희생이 된 혁명자들을 정신적·물질적으로 후원하여 주는 국제혁명자후원회에서 적극적으로 활동하였다. 그리하여 1927년부터 1929년까지 해삼위시 국제혁명자후원회 시간부로 활동하였고, 1930년부터 1935년까지는 邊强國際革命者後援會에서 활동하였다.[337]

이 당시 遠東 邊强 조선인들이 거주하는 도시나 농촌을 막론하고

---

334) 『이동휘전기』, p.147.
335) 『이동휘전기』, p.147 ; 이영일, 「上海臨政 국무총리 李東輝傳記」 『東亞日報』 1991년 6월 24일자.
336) 『이동휘전기』, p.148.
337) 朝鮮總督府 高等法院 檢事局 思想部, 『思想彙報』 第2號 (1935.3) p.119 ; 『이동휘전기』, p.148.

어장·탄광·목재소들에까지도 국제혁명자후원회 지회가 조직되었는데, 모든 사람들이 이 회에 가입하여 활동하였다. 또한 각 농촌 집단농장 밭에는 국제혁명자후원회 회원들이 국제혁명자후원회 이름으로 토지를 구입하여 공동으로 노력한 후 가을에는 이 밭에서 얻은 수확금을 국제혁명자후원회 간부에게 의연금으로 기부하였다. 뿐만 아니라 때때로 공동노동을 조직하여 수립되는 금전을 국제혁명자후원회 기본금으로 구역간부에게나 시간부에게 기부하였다.[338) 특히 이동휘는 1932년 10월 12일 원동변강국제혁명자후원회에서 활발한 활동을 전개하였다고 훈장을 받기도 하였다.[339)

3) 조선공산당재건운동

전술했듯이 1926년 6·10만세운동 사건에 의하여 강달영 책임비서 등 130여명의 당원이 검거됨으로써 제2차 조선공산당은 와해되었다. 이 때 검거를 피한 인물들은 조직부장으로 활약하던 김철수를 비롯하여 홍남표·具然欽·吳義善·申東晧·高光洙·辛容琪 등이었다.[340) 이들은 6·10만세운동 이후의 후속 조치들을 협의하는 가운데 당 차원의 재건활동을 시작하였다.

그 결과 1926년 9월 2일 동소문 밖 산속에서 김철수·오희선·원우관·신동호 등이 만나 당재건을 협의하고 9월 20일 김철수를 책임비서로 추대하였는데, 이것이 바로 제3차 조선공산당이다.[341) 일제의 탄

338) 『이동휘전기』, pp.148~150.
339) 『이동휘전기』, p.151.
340) 『東亞日報』 1927년 4월 4일자.
341) 金俊燁·金昌順, 『韓國共産主義運動史』 第三卷 (高麗大 亞細亞問題硏究所, 1973) pp.178~179. 고려공산청년회의 재건 책임자로는 고광수가 선임되었고, 조직원은 노상렬·전 해·조희찬·김월성·이인수 등이었다(방

압으로 인해 1·2차 조선공산당이 와해되어 제3차 조선공산당의 시급한 문제는 당원의 확보이었다. 책임비서 김철수의 입장은 제3차 조선공산당에는 파벌이 있어서는 안된다는 것이었다. 그러나 당원 확보작업은 1·2차 조선공산당 검거시 화요회파가 많이 검거되어 검거를 피한 서울청년회파와 일본에서 귀국한 일월회파를 중심으로 전개되었다.[342]

당원 확보작업은 서울청년회파 출신의 李 英·朴衡秉·이병의·金炳一·李仁洙·權泰錫·金俊淵 등을 입당시켰고, 일월회파의 安光泉·河弼源·梁 明 등을 포섭하는 성과를 거두었다.[343] 당원이 확보되고 당 조직이 정비되어 가자 김철수는 제3차 조선공산당 제2차 당대회를 1926년 12월 6일 서울 서대문 형무소 앞 천연동에서 개최하였다.[344] 이날 대회는 오후 5시부터 시작하여 다음날 새벽까지 열렸는데 참석자는 대회를 주도한 김철수를 비롯하여 오희선·권태석·이인수·강석봉·김병도·양 명·김 강·하필원 등 중앙조직의 간부와 전북대표로 참석한 林赫根을 비롯한 지방 대표자들이었다.[345]

조선공산당 제2차 당대회에서는 첫째 김철수 제의로 중앙간부의 개선이 있었다. 즉, 김철수는 책임비서직을 사퇴하고 당 승인을 위하여 모스크바로 출발한다는 방침이 의결되고, 후임 책임비서직에 안광천을 선임하는[346] 새로운 당 지도부를 승인하였다. 중앙간부는 선전부장 김준연 부원 韓偉健, 조직부장 하필원 부원 권태석을 임명하였다.

인후, 『북한 조선노동당의 형성과 발전』(고려대 아세아문제연구소, 1970) p.39).
342) 김철수, 앞의 글, pp.359~360.
343) 김인덕, 앞의 글, p.56.
344) 『朝鮮日報』 1931년 2월 7일자 ; 『東亞日報』 1931년 2월 5~11일자.
345) 이균영, 앞의 글, pp.281~282.
346) 스칼라피노·이정식 공저, 한홍구 옮김, 앞의 책, p.135.

그리고 지방조직의 책임자로 김병도를 임명하였다. 이러한 당 중앙조직의 개편은 일월회파가 제3차 조선공산당 내에서 구체적인 활동의 장을 마련하기 시작했다고 볼 수 있다. 둘째로 민족단일당에 관한 논의가 전개되었다. 1926년 후반기 민족주의자 내부에서 일제와의 타협주의자들이 나타나자 비타협적 민족주의자들과의 제휴문제가 제기되었는데 이것이 민족단일당 문제로 발전되었다. 이것은 코민테른의 통일전선 방침을 수용한 것으로 보이며 이후 이러한 논의의 성과로 1927년 신간회가 결성되었다.[347]

한편 김철수는 1926년 12월 17일을 전후한 어느 겨울날 통역인 김강과 함께 서울을 출발하여[348] 1927년 2~3월경에 모스크바에 도착하였다. 김철수는 코민테른 중앙집행위원회 동양부에 가서 당 재건과정을 보고하였다. 그런데 이 보고 장소에 제1차 조선공산당 화요회파 핵심 인물로 검거를 피한 김 찬·조동호·김단야 등이 나타나서 제3차 조선공산당의 승인을 정면 반대하였다.[349] 이들은 제3차 조선공산당이 당의 전통을 무시하고 재건되었으며, 서울청년회파가 많이 가담한 것을 비난하였다.

이러한 와중에서도 김철수는 일제의 무서운 검거 선풍속에서 어떻게 당을 정리하고 재건하였는 지를 코민테른에 자세히 보고하였다. 이에 코민테른은 1927년 봄(5~6월로 추정) 제3차 조선공산당을 승인하였다. 김철수가 코민테른으로부터 승인을 받고 한국에 돌아온 것은 동년 7월 경이었다.[350]

---

347) 이균영,『신간회연구』(한양대 박사학위논문, 1990) p.39.

348) 金俊燁·金昌順,『韓國共産主義運動史』第三卷 (高麗大 亞細亞問題研究所, 1973) p.183. 김철수가 서울을 출발하기 2~3일전 고려공산청년회 책임비서인 고광수도 양 명에게 직위를 인계하고 고려공산청년회의 승인을 얻기 위하여 모스크바로 출발하였다.

349) 김철수, 앞의 글, p.361.

김철수가 서울에 도착하였을 당시에 제3차 조선공산당은 일월회파
와 서울청년회파 간에 파벌대립문제가 심각하게 대두하고 있었다. 즉,
제3차 조선공산당에서 전혀 요직을 차지하지 못한 서울청년회파는 동
경에서 귀국한 유학생들이 한국사회의 현상에 대한 아무런 구체적 지
식도 갖지 못한 채 추상적인 이론만 숭배하는 거만한 학생들이라고
일월회파를 끊임없이 비난하였다. 이에 일월회파는 서울청년회파가
이론적인 면에서 마르크스-레닌주의를 전혀 이해하지 못하고 있으며
따라서 공산주의운동을 지도할 자질을 갖추지 못하고 있다고 비난하
였다.[351]

이러한 상황하에서 일월회파는 서울청년회파의 일부를 설득하여
'마르크스-레닌주의 동맹'이라는 이데올로기적 순수성을 신봉하는 집
단을 형성하였는데, 후일 이 단체는 마르크스·레닌의 영어 첫 머리
글자를 따서 ML파 공산당으로 불리어졌다.[352] 이 ML파가 주도권을
장악하면서 당의 파벌투쟁은 가열되었고 지도부에도 잦은 이동이 생
기게 되었다. 당 책임비서는 안광천에서 김준연으로 그리고 김세연으
로 교체되는 과정을 거치게 되었다.[353]

서울청년회파의 지도자 이 영은 마침내 1927년 12월 21일 서울 무
교동에 있는 춘경원이라는 음식점에서 서울청년회파 지방대표들을 소
집하여 당 회의를 개최하였다.[354] 이 회의에서 서울청년회파는 새로
운 조선공산당의 결성을 합의하였다(일명 春景園共産黨이라고도 불린
다). 이 영이 책임비서로 선출되었고 정치부·조직부·선전부·검사

---

350) 『朝鮮日報』 1931년 2월 7일~12일자.
351) 스칼라피노·이정식 공저, 한홍구 옮김, 앞의 책, p.136.
352) 水野直樹, 「コミンテルンと朝鮮」『朝鮮民族運動史研究』 第1號 (靑丘文
庫, 1984) p.97.
353) 李庭植 면담, 金學俊 편집·해설, 앞의 책, p.71.
354) 朝鮮總督府 法務局, 『朝鮮獨立運動思想の變遷』 (1931) pp.226~233.

부의 책임자가 각각 임명되었다. 그리고 블라디보스톡 연해주에 거주
하면서 국제혁명자후원회 시간부 조직지도원[355]으로 활동하고 있던
이동휘 등 구상해파와 연결을 가졌다. 또한 서울청년회파는 ML파 공
산당을 부인하고 코민테른으로부터 승인을 얻기 위하여 제6차 코민테
른 대회를 전후하여 이동휘·金圭烈(혹은 金榮萬)을 대표로 파견하였
다.[356]

이와 같이 서울청년회파 공산당의 출현으로 인해 파벌투쟁이 절정
에 달했을때 김철수가 서울에 도착하였다. 화요회파는 김철수에게 힘
을 합쳐서 ML파 공산당을 제거하자고 제의하였다. 이에 김철수는 화
요회파의 제의를 거부하고 파벌투쟁의 청산을 당원들에게 호소하였
다. 그러나 ML파 공산당은 김철수를 파쟁으로 몰았다. 일제의 검거
위험과 당내 ML파의 전횡에 실망한 김철수는 다시 러시아 극동지방
으로 탈출하였다.[357]

김철수는 모스크바로 갔다. 그는 코민테른 당국에 ML파 공산당의
전횡을 보고하고 당의 승인을 해체시켜 줄 것을 요청하였다. 승인을
받은 것도 자신인데 해체 요구를 한 것도 자신이니 괴로웠다. 하지만
김철수의 요청에 의하여 제3차 공산당은 코민테른으로부터 승인이 해
체되었다. 그 시기는 제6차 코민테른 대회가 열리기 직전인 1928년 6
월이었다.[358]

ML파 공산당과 서울청년회파 공산당과의 파벌투쟁은 1928년에 접

355) 『이동휘전기』, p.148 ; 이영일, 「上海臨政 국무총리 李東輝 傳記」 『東亞
    日報』 1991년 6월 24일자 ; 高等法院檢事局思想部, 『思想彙報』 제2호
    (1935. 2) p.119.
356) 朝鮮總督府 警務局, 『高等警察用語辭典』 (1933) p.327 ; 고준석 지음, 김
    영철 옮김, 『조선공산당과 코민테른』 (도서출판 공동체, 1989) p.155.
357) 이균영, 「김철수 연구」 『역사비평』 (1988년 겨울호) p.286.
358) 이균영, 앞의 글, pp.286~287.

어들어 상대방에 대한 정보를 경찰에 제공할 정도로 절정에 달하였
다. 그리하여 1928년 2월 김준연·김세연·하필원 등 30여명의 제3차
조선공산당 간부들이 검거되었다.359) 한위건 등 검거를 모면한 몇명
의 당원들은 1928년 2월 27일부터 28일까지 서울 교외에 있는 金炳煥
의 집에서 조선공산당 제3차 당대회를 개최하였다. 황해도를 대표한
李京鎬가 사회를 보고, 평안남도 대표 吳基周가 서기를 맡았는데, 참
석자는 국내 8도 대표와 일본·만주의 해외총국 대표 그리고 전 당중
앙간부 대표 등 12명의 대표가 참석하였다.360)

   이 회의에서는 먼저 '조선공산당 당칙'을 통과시키고 李廷允이 상
해에서 가져온 코민테른 결정서361)에 대해서 토론하였다. 코민테른
문서는 통일전선문제에 대해 서울청년회파의 이 영과 대립하고 있던
ML파의 입장을 인정하면서 한국공산주의자의 가장 중요한 임무는 여
러 파벌을 통합하고 신간회에서 헤게모니를 장악하는 것이라고 역설
하였다. 그리고 이를 달성하기 위해서 한국공산주의자는 대중속으로
들어가야 하며, 모든 인텔리겐차를 지도권에서 추방하고 그들을 노동
자와 농민으로 대체시켜야 한다고 하였다.362)

   이에 한위건은 회의 참석자들에게 신간회의 유력한 지도자인 洪命
熹·權泰錫·宋乃浩 등이 신간회 내에 공산주의 세포를 설치하기 위
하여 적극적으로 활동하고 있다고 설명하였다. 이어서 집행위원과 중

359) 『東亞日報』 1928년 2월 5일자.
360) 姜德相 編, 『現代史資料(29)』 朝鮮 (五) 共産主義運動(一) (みすず書房,
    1972) pp.79~80. 12명의 대표는 다음과 같다. 鄭栢(경기도대표)·李啓心
    (함경남도대표)·韓明燦(강원도대표)·金在明(전라남도대표)·尹澤根(경
    상남도대표)·李京鎬(황해도대표)·吳基周(평안남도대표)·李載夏(함경북
    도대표)·金漢卿(일본총국대표)·李仁洙(만주총국대표)·韓偉健(전국대회
    준비위원대표·전중앙검사위원대표)·李廷允(전간부대표).
361) 姜德相 編, 『現代史資料(29)』, pp.118~120.
362) 서대숙 저, 현대사연구회 역, 앞의 책, p.96.

앙심사위원을 선출하기 위하여 이경호·정 백·이정윤 등 3인을 전형위원으로 선정하였다.363) 이들은 곧바로 조직인선에 착수하였는데, 이것이 바로 제4차 조선공산당이다.

제4차 조선공산당의 책임비서는 車今奉이 지명되었고 정치부장에는 안광천, 조직부장에는 김한경, 검사위원장에는 한위건, 고려공산청년회 책임비서에는 김재명이 임명되었다. 이 밖에 양 명·한명찬·韓海·李星泰·윤택근 등이 중앙간부로 선출되었다.364) 이와 같이 조직이 정비되자 제4차 조선공산당은 1928년 2월 28일 양 명을 상해에 있는 코민테른 극동총국에 파견하였다. 이어서 한 해·金鄕植을 모스크바에서 개최되는 프로핀테른 제4회대회에 파견하였다. 그리고 3월 중앙위원회에서는 양 명과 한 해를 1928년 7월 1일부터 개최되는 코민테른 제6회대회에 조선공산당 대표로 파견할 것을 결정하였다.365)

제4차 조선공산당은 당 세칙을 제정하고 정치논강366)을 발표하였으며 만주·북경·상해·일본 등지에 해외조직을 설치하는 등 활발한 활동을 전개하였다. 그러나 1928년 6월 19일 당 기관지『조선지광』을 경영하던 중앙집행위원 이성태의 검거를 시작으로 7월 5일에는 한명찬과 몇명의 중앙집행위원이 검거되고 8월 22일부터 전국적인 검거를 단행하여 175명이 체포되었다. 검거를 모면한 사람은 10월 5일까지 전부 체포되어 제4차 조선공산당은 완전히 궤멸되었다.367)

이와 같은 상황하에서 코민테른 제6회대회(1928년 7월 1일~9월 1

363) 姜德相 編,『現代史資料(29)』, p.80.
364) 金俊燁·金昌順,『韓國共産主義運動史』第三卷, pp.259~261 ; 스칼라피노·이정식 공저, 한홍구 옮김, 앞의 책, pp.138~139 ; 서대숙 저, 현대사연구회 역, 앞의 책, p.97 ; 姜德相 編,『現代史資料(29)』, p.81.
365) 水野直樹, 앞의 글, p.98.
366) 姜德相 編,『現代史資料(29)』, pp.126~133.
367) 서대숙 저, 현대사연구회 역, 앞의 책, p.100.

일)가 모스크바에서 개최되었다. 전술했듯이 ML파 공산당을 계승하여 조직된 제4차 조선공산당은 이 대회에 양 명과 한해를 파견하기로 결정하였다. 그런데 상해 코민테른 극동총국에 파견되었던 양 명은 그 곳에 머무르고 있었고, 김향식과 함께 프로핀테른(적색노동조합 인터내셔날) 제4회대회(1928년 3·4월)에 참석하였던 한 해는 1928년 4월 일시 귀국한 후 다시 모스크바로 갔으나 제6회대회 개회중에는 도착하지 못하였다.[368]

한편 ML파 공산당에 대항하여 1927년 12월 독자적으로 일명 춘경원공산당을 조직하였던 이 영 등 서울청년회파 공산당은 블라디보스톡에 거주하고 있던 이동휘 등 구상해파와 연계를 가지면서 자파세력 확대에 주력하였다. 이들은 코민테른 제6회대회에서 ML파 공산당을 부인하고 서울청년회파의 공산당을 조선 유일의 공산당으로 승인받기 위하여 이동휘·김규열 같은 노련한 인물들을 대표로 파견하였다. 특히 ML파의 공격과 일제의 검거 위협으로 러시아 지역으로 피신하였던 김철수는 이들과 같이 활동하면서 ML파 공산당 부인에 앞장섰다.[369]

또 ML파 공산당이나 서울청년회파 공산당이 아닌 인물이 이 대회에 참가했는데 그 사람은 다름아닌 金丹冶였다. 1925년 4월 제1차 조선공산당 결성시 간부이었던 김단야는 일제의 검거를 피해 국외로 탈출한 후 1926년 4월 모스크바의 레닌학교에 입학하였고 코민테른 제6회대회 때에는 모스크바에 체재중이었다.[370]

코민테른 제6회대회에 ML파의 제4차 공산당은 양 명과 한 해의 파견을 결정했으나 이들은 참석하지 못하였고, 이 대회에는 서울청년회

---

368) 姜德相 編, 『現代史資料(29)』, p.89.
369) 이균영, 앞의 글, p.287.
370) 風間丈吉, 『モスコ- 共産大學の思ひ出』(三元社, 1949) p.150.

파와 상해파의 대표로 이동휘·김규열 그리고 화요회파 대표로 김단
야가 참석하였다. 코민테른은 두개의 조선대표가 참석하자 의결권과
평의권을 가진 공식적인 대표로 인정하지 않았다.[371] 단지 서울청년
회파의 이동휘·김규열만이 내빈의 자격으로 참가가 허락되었다.[372]
코민테른은 조선공산당의 내분을 이미 알고 있었기 때문에 서울청년
회파의 이동휘·김규열만 방청을 허용하는 선에서[373] 자격을 제한하
였다.

  조선공산당을 새로운 지부로 인정하는 결의를 채택하였던 코민테
른 제6회대회는 단일민족혁명당의 건설을 시도하는 대신 민족혁명조
직의 행동을 통일하기 위해 공동위원회를 조직하고 각종 단체로 하여
금 공산주의적 지도아래 명실상부한 혁명적 활동가들만의 조직으로
당을 구성할 것을 조선공산당에 지도하였다.

  그런데 대회의 제10회 회의(7월 26일)에서 일본대표 佐野學은 조선
의 혁명운동이 중국혁명과 일본제국주의의 붕괴에 있어서 중요하다는
것을 강조하고 다음과 같이 말하였다. "그럼에도 불구하고 조선 동지
들의 끝없는 파벌싸움은 조선의 통일된 공산당 창설을 방해하고 있
다. 고로 우리들은 코민테른이 조선에서 통일된 볼셰비키적 당을 건
설하기 위해 구체적 조치를 강구할 것을 권고한다."[374]

  코민테른은 일본대표 좌야학의 제의에 의거하여 조선공산당 조직
문제에 관한 결정을 집행위원회 동양서기국에 위임하였다. 위임에 따
라 동양서기국은 좌야학을 위원장으로 하고 瞿秋白(중국)·월터넨(이

371) 朝鮮總督府 高等法院 檢事局 思想部, 『思想月報』 第三卷 第二號 (1933.
    5) pp.17~20.
372) 姜德相 編, 『現代史資料(29)』, p.320.
373) 山邊健太郎, 『現代史資料(20)』 社會主義運動(七) (みすず書房, 1968) pp.
    267~268.
374) 水野直樹, 앞의 글, p.98.

탈리아)·미프(러시아) 등 3인을 위원으로 하는 조선문제위원회를 구성하였다.375) 조선문제위원회는 ML파와 서울청년회파 등 양파의 의견을 듣기 위하여 그 대표들을 불렀다. 서울청년회파에서는 이동휘·김규열이 응하였고, 화요회파에서는 김단야가 응했으며 제6회대회에 참석치 못하였던 ML파는 이후 양 명과 한 빈이 모스크바에 도착하여 응하였다.

조선문제위원회가 작성한 테제는 대회 폐회 3개월 후인 12월 10일에 열린 집행위원회 정치서기국 회의에서 동양서기국으로부터 제출되어 채택되었다. 이것이 바로 '조선문제에 관한 결의' 소위 '12월 테제'이다.376) 12월 테제는 1929년 2·3월의『인푸레콜』각국어판에 게재되었다. 12월 테제는 조선공산당의 승인이 취소되고 해체가 지시된 것을 전제로 하여 작성된 조선공산당 재건지침서이었다. 이제 조선공산주의자들에게 내려진 임무는 12월 테제를 기본지침으로 하여 노동자·농민의 대중적 기반위에서 조선공산당을 재건하는 것이었다.

코민테른은 12월 테제를 발표한 후 조선 공산주의자들에게 '一國一黨主義'377) 원칙에 의거하여 새로운 당조직의 건설보다 공산주의자 각 그룹이 자신들이 활동하는 현지에서 그 지역의 당조직에 들어가 지역의 혁명운동에 복무하도록 지시하였다. 12월 테제가 발표되었을 때 모스크바에 있었던 이동휘·김규열·양 명·한 빈·김단야 등은 각기 이 문건을 접수하여 1928년 12월 블라디보스톡으로 돌아왔다.378) 이후 12월 테제는 각 파벌을 통하여 국내의 공산주의자들에게

375) 山邊健太郎,『現代史資料(20)』, p.269 ; 姜德相 編,『現代史資料(29)』, p.218 ; 朝鮮總督府 高等法院 檢事局 思想部,『思想月報』第2號 (1931. 5) pp.69~72.
376) 高峻石,『朝鮮革命テ-ゼ』(拓植書房, 1979) pp.97~107 ; 朝鮮總督府警務局,『共産主義運動に關する文獻集』(1936) pp.576~584.
377) 村田陽一 編譯,『コミテルン資料集』3 (大月書店, 1980) pp.92~97.

널리 알려졌다.

코민테른의 12월 테제를 가지고 블라디보스톡에 돌아온 이동휘와 김
규열은 자파 세력들에게 코민테른의 견해를 설명한 후, 파벌을 초월하여
조선공산당을 조직할 것을 결의하였다. 그리하여 블라디보스톡에서 이
동휘·김철수·尹滋瑛·오산세·金一洙·崔東旭·趙德進(이상 상해파),
金圭烈(서울청년회파), 安相勳(화요회파), 金泳植(ML파) 등이 초당파
적으로 회합을 갖고 조선공산당 재건방도를 협의하였다.[379]

이들은 조선공산당이 국내에 재건되어야 한다는 데 일단 동의하였
다. 하지만 조선 국내는 일제의 탄압이 심하므로 우선 한국과 지리적
으로 가장 인접한 중국 동북지방 길림성 돈화현을 근거지로 설정하여
조선공산당재건운동을 전개하기로 결정하였다. 이들은 1929년 1월 코
민테른과 연락사무를 담당할 총지휘자로 이동휘만을 블라디보스톡에
남겨 놓고,[380] 김림성 돈화현 주 건의 집에 모여 조선공산당 재건준비
위원회를 조직하였다.[381] 그 조직은 다음과 같다.

    책임비서: 김철수   조직부장: 윤자영   선전부장: 김영만
    연락부장: 김규열   경리부장: 최동욱   정치부장: 김영식
    공청부장: 오산세

조선공산당 재건준비위원회는 기관지로 『볼세비키』를 발행하였는
데, 여기에 조선공산당 재조직문제·전략과 전술문제·토지혁명 등에

---

378) 방인후, 앞의 글, p.50.
379) 李起夏, 『韓國共産主義人物系譜圖 : 解放前 政黨·社會團體 研究參考
    資料』 (1980) pp.54～56.
380) 李起夏, 앞의 책, pp.54～56.
381) 朝鮮總督府 高等法院 檢事局 思想部, 『思想月報』第1卷 第6號 ((1931. 9)
    「朝鮮共産黨再建準備委員會の出現より解體まて」.

관한 기사를 실어 조선공산당 재건방침을 분명히 하였다.[382] 그리고
12월 테제와 조선공산당 재건준비위원회의 방침을 李駿烈·方漢旻이
이끄는 국내 14명의 공산주의 지도자들에게 전달하기 위하여 안상훈
·송무영 등의 요원을 파견하였으나 어떤 결실도 이루어지지 않고 체
포되었다.[383] 단지 홍달수만이 청진·함흥 등을 왕래하면서 세포를
조직하고 국외 동지들과의 연락을 맡았다.

  이러한 어려움을 본 책임비서 김철수는 1929년 8월 중앙집행위원회
에서 국내에 침투하려고 한 계획을 일시적으로 변경하고 만주에서 조
선공산당 재건준비위원회의 세력을 강화하기 위하여 주 건의 지도하
에 조선공산당 재건준비위원회 만주지부를 결성하였다.[384] 그 조직은
다음과 같다.

  책임비서: 주 건   조직부장: 송상하   선전부장: 김중환
  검사위원: 마 건   동만주책임자: 김진세   북만주책임자: 김용대
  남만주책임자: 장서권

  조선공산당 재건준비위원회 만주지부의 설치는 코민테른의 '일국일
당의 원칙'에 배치되는 것으로 비판을 받았다. 그래서 1930년 간도 5
·30봉기 직후 조선공산당 재건준비위원회는 만주지부를 해체하였으
며, 중국공산당에 입당하는 자와 조선 국내로 잠입하여 조선공산당을
재건하는 두파로 나누어졌다. 조선공산당 재건준비위원회의 실질적
책임자였던 김철수는 국내에 조선공산당을 재건하기 위하여 1930년 1

---

382) 고준석 지음, 김영철 옮김, 『조선공산당과 코민테른』 (도서출판 공동체,
    1989) p.155.
383) 서대숙 저, 현대사연구회 역, 앞의 책, p.116.
384) 서대숙 저, 현대사연구회 역, 앞의 책, p.117 ; 고준석 지음, 김영철 옮김,
    앞의 책, p.156.

월 입국하였고, 뒤를 이어 5월에는 김일수·윤자영·오산세 등도 입
국하였다.[385] 1930년 말까지 20여명의 재건준비위원회 소속 공산주의
자들이 국내에 들어왔는데,[386] 김철수·윤자영의 입국은 재건준비위
원회의 활동 무대가 국내로 옮겨졌음을 보여주었다. 김철수는 입국
후 동지들과 연락에 힘썼는데, 1930년 2월 친구 이규홍을 찾아 양산
에 갔다가 그곳에서 체포되었다.[387]

코민테른은 조선의 공산주의자들에게 12월 테제를 기본지침으로
하여 노동자·농민의 대중적 기반위에 조선공산당을 재건할 것을 지
시하였으나, 조선 국내에서는 1928년 7월 제4차 조선공산당의 당조직
이 파괴된 이후 당의 재건은 실현되지 않았다.

노년에 접어든 이동휘에게 있어서 코민테른 제6차대회 및 조선공산
당재건운동에 참가한 시기는 그의 정치활동에 있어서 마지막 시기이
었다. 1930년대 이후 그의 행적은 자세히 알려지고 있지 않으나 꾸준
히 조선혁명운동을 지원하였다.[388] 1935년 1월 이동휘는 수청지방에
서 국제혁명자후원회 세포조직을 시찰하고 알촘탄광으로 나오다가 무
인지경에서 눈보라를 만났다. 알촘탄광에서 고향친구이며 의사인 이
시엽의 집에 당도한 이동휘는 독감에 걸리게 되었다.

친구 이시엽이 진심으로 치료를 하였음에도 불구하고 병세의 호전
이 없어 블라디보스톡 신한촌 자택으로 옮겼으나 고령과 피로에 지친
이동휘의 병세는 악화되었다. 블라디보스톡의 의사들은 이동휘를 치
료하려고 최선을 다하였으나 1935년 1월 31일 오후 7시에 병사하였
다.[389] 2월 1일에 이동휘의 죽음이 『선봉』[390]에 부고되었고 2월 4일

---

385) 고준석 지음, 김영철 옮김, 앞의 책, p.157.
386) 李命英, 『在滿韓人共産主義運動硏究』(成均館大 出版部, 1975) p.51.
387) 이균영, 앞의 글, p.298.
388) 『이동휘전기』, pp.148~151 ; 이영일, 「上海臨政 국무총리 李東輝 傳記」
    『東亞日報』1991년 6월 24일자.

오후 4시에 장례식이 거행되었는데, 많은 한인들이 추도하였고 한인
대표로 박정훈이 추도사를 하였다. 이동휘의 묘소는 1935년 2월 4일
오후 5시경에 해삼항 피르바 야레츠카 공동묘지 한 모퉁이에 조성되
었다.[391)

389)『이동휘전기』, pp.152~156 ; 이영일,「上海臨政 국무총리 李東輝 傳記」
『東亞日報』 1991년 6월 26일자 ; 朝鮮總督府 高等法院 檢事局 思想部,
『思想彙報』 第2號 (1935. 3) p.119 ;『東亞日報』 1935년 2월 15일자. 일설
에는 이동휘가 1934년 12월 하바로브스크에서 개최한 시국강연회에 참석
하였다가 공산당원의 총탄을 맞고 치료중 1935년 1월에 사망하였다고 하
였다(劉錫仁,『愛國의 별들』 (教文社, 1965) p.203).
390)『선봉』 1935년 2월 2일자.
391)『이동휘전기』, p.157 ; 이영일,「上海臨政 국무총리 李東輝 傳記」『東亞
日報』 1991년 6월 26일자. 고송무교수는 이동휘의 묘소가 현재 블라디보
스톡으로부터 북쪽으로 약 50키로미터 떨어져 있는 끼바리소보라는 조그
만한 동네에 위치하고 있다고 주장하였다(고송무,『쏘련의 한인들』 (이론
과 실천, 1990) p.54).

제6장 결 론

이동휘는 한말 寒微한 하급관리 집안에서 태어나 고급무관을 거쳐 기독교인이 되었고, 국권피탈을 전후하여 계몽운동으로 자신의 사상을 형성하여 교육운동과 종교활동을 통해 국권회복운동을 전개하였다. 그는 또 계몽운동가로서는 드물게 의병투쟁에도 직접 가담하였다. 일제강점을 전후하여 그는 일제에 대한 철저한 대결인식에 기초하여 독립전쟁론으로 다시 방향을 전환하고, 북간도와 연해주지방으로 망명하여 직접 현실에서 독립전쟁을 실천하였다. 그는 또 1917년 러시아혁명 후에는 자신의 사상과 실천노선을 사회주의를 통한 독립운동으로 전환하여 일제와의 항전을 시도하였다. 이러한 이동휘의 민족운동 역정은 그대로 우리 민족이 걸어간 항일독립운동의 전과정을 압축적으로 표현하고 있으며, 이동휘는 자신의 사상과 실천노선을 민족운동의 변화에 맞춰 유연하게 변화시키면서 오로지 일제로부터의 독립을 위해 헌신하였다.

이하에서는 본 연구의 내용을 간략히 요약하고 본 연구의 한계와 앞으로의 과제를 제시함으로써 결론에 대신하고자 한다.

이동휘의 생애와 항일역정은 크게 다음과 같은 4단계로 나누어 살펴볼 수 있다.

첫번째 단계는 1873년부터 1905년까지의 시기로 이동휘의 초기사상 형성단계이다. 이동휘는 그가 태어난 단천군의 통인생활을 통하여 구체적으로 현실정치를 경험하게 되었다. 이 과정에서 이동휘는 봉건적인 정치체제의 모순을 느끼고 서울로 올라와 무관학교에 입학하여 근대적 기술과 함께 근대적 합리주의를 익히는 한편, 무관시절 당시 서울에서 벌이지고 있었던 개화운동을 목격할 수 있었다. 또한 그는 중인계급 출신으로서 양반이 갖기 쉬운 유교적인 명분론에 매일 필요가 없이 극히 현실주의적인 입장을 갖출 수 있었다. 이에는 아전출신으로 당시 봉건사회의 개혁을 열망하고 있던 그의 부 이승교의 역할이 크게 작용하였다. 이후 이동휘의 현실주의적인 입장은 그의 전 생애를 통하여 변함없이 지속되었다.

이 시기 이동휘는 무인신분으로 개혁당과 대한협동회 활동에 참가함으로써 자신의 개혁사상을 전진시켜가는데, 그가 봉건체제에 대한 모순을 절감하고 이에 대해 뚜렷한 인식을 정립하는 것은 윤철규 강화부윤 처리과정과 「을사늑약」을 계기로 한 그의 「항변유서」를 통해서 였다. 그는 이를 통하여 기존 봉건통치기구 말단에서 자행되는 학정에 대한 모순에서 더 나아가 국왕 고종에 대한 비판적 인식을 가지기에 이르렀고, 일본 제국주의에 대한 인식도 이 때에 이르러 명확히 확립되어 갔다. 즉 이동휘는 한말에서 일제의 식민지화로 이르는 과정에서 한민족의 중심과제였던 반봉건·반제국주의에 대한 자신의 과제를 이 시기에 설정할 수 있었던 것이다. 여기에 그의 현실주의적인 실천적 관점은 이동휘로 하여금 자신을 민족운동에 적극적으로 투신하게 하는 방향으로 작용하였다.

두번째 단계는 1905년부터 1913년에 이르는 시기로, 그가 기존 왕

조체제에 대한 실망과 좌절 속에서 당시 문명개화의 통로로 인식되던 기독교를 수용하여 계몽운동을 통해 국권회복운동에 참여하는 단계이다. 이동휘는 국권회복을 위한 실력양성의 한 방법으로 새로운 학문과 근대문명을 수용하는 것이 무엇보다도 중요하다고 생각하여 기독교에 입교한 후 근대학교를 통한 교육과 계몽에 역점을 두는 한편, 각종 계몽단체에 활발히 참여하여 민중계몽운동을 통한 국권회복운동에 혼신의 힘을 기울였다. 강화도를 기반으로 하여 보창학교를 설립하는 것을 시초로 그가 전개 한 학교설립운동은 당시의 교육구국운동을 대표할 만한 것이었으며, 그는 교육구국운동을 통하여 민중들에게 많은 영향을 줄 수 있었다. 그에게 있어 교육과 종교활동은 불가분의 관계에 있는 것으로서 항상 병존하고 병행하는 표리적 성격을 이루고 있었다. 이 당시 이동휘의 구국방략은 국민을 애국주의와 신지식으로 계몽하여 국권회복을 위한 민족간부로 육성하고 내부 실력을 기른 다음 독립을 쟁취한다는 교육구국운동이었다.

이와 함께 그는 당시의 대표적인 계몽단체였던 대한자강회·국민교육회·서우학회·한북흥학회·서북학회·신민회 등에 참여하여 적극적으로 활동하였으며 이를 통하여 구국방략을 새롭게 전진시켜 갈 수 있었다. 이동휘는 1907년 강화도 진위대의 의병봉기를 통하여 자신의 계몽사상을 한단계 발전시킨 독립전쟁론으로 전환시켜 갔다. 당시 독립전쟁론은 한말 민족운동이 도달한 최고 수준의 구국운동방략이었던 바, 이동휘가 이러한 독립운동방략을 정립한 것은 이 때까지의 그의 사상과 활동이 응결된 결과이었으며 신민회 활동에서 비롯된 바 컸던 것이었다. 그러나 이 시기에는 동시에 그가 국내에서 활동할 수 없는 제조건이 가해지고 이동휘 스스로도 두 번에 걸친 체포를 당하게 되었다. 따라서 그는 1913년 봄 자신의 활동 근거지를 북간도로 옮기게 되었다.

세번째 단계는 1913년부터 1916년까지의 시기로 그가 북간도와 연해주에서 그의 독립전쟁론을 구체적으로 실천에 옮기게 되는 시기이다. 이동휘는 1913년 초 북간도로 망명한 후 그의 독립운동방략이었던 독립전쟁론을 현실에서 구현하기 위해 일관된 노력을 보였다. 그는 국내에 있을 때부터 연계를 맺었던 북간도 한인사회를 기반으로 학교설립운동을 계속하는 한편, 1912년 연해주 블라디보스톡에서 신채호·이 갑 등이 주도한 광복회 북간도 지부를 조직하여 무장투쟁을 위한 인재양성에 주력하였다. 그리고 이에서 더 나아가 동림무관학교와 밀산무관학교를 세워 군사훈련과 군사기술 습득을 통해 장차의 독립전쟁에 대비하였다.

그러나 이동휘의 독립전쟁론이 더욱 구체적으로 시험된 것은 연해주에서의 활동을 통해서 였다. 그는 연해주에서 권업회·대한광복군정부·신한혁명당에 가담하면서 독립군을 양성하는 한편, 북간도지역 의병단과의 공동 대일항전을 결의하고 그 구체적인 실천을 모색해 갔던 것이다. 이 때 그는 신민회 시절부터 모색되고 있었던 열강과 일본의 대립 상황이 조성될 때 무장행동을 도모한다는 독립전쟁론의 계획을 실천에 옮겼는데 이는 당시 제1차 세계대전에 대한 정세판단에 기초를 둔 것이었다. 즉 그는 러·일간, 중·일간 및 독·일간의 대립을 상정하고 구체적인 실력행동에 돌입할 계획을 세워나갔다. 그러나 사태는 그의 예상과 다르게 진행되었고 열강과 일본간의 모순과 전쟁 발발을 이용하여 독립전쟁을 일으킨다는 그의 계획은 실패하고 말았다. 그의 독립전쟁론은 객관적인 정세판단에 오류가 있었고, 그는 이에서 커다란 역량의 한계를 느끼지 않을 수 없었다.

이후 그는 북빈의용단을 설립하여 독립군 양성에 주력하는 한편, 권업회의 후신으로 설립된 노병회의 지원을 받아 일련의 무장행동을 전개하였지만 이는 근본적인 역량의 한계 속에서 진행되는 것이었다.

이에 그의 독립전쟁론은 일단 좌절을 겪게 되었다. 더우기 그는 당시 일제의 압력에 의해 체포까지 당하게 되어 생사존망의 상황에까지 놓이게 됨으로써 당장의 미래도 기약할 수 없었다. 러시아혁명의 성공으로 인하여 극적으로 구출된 그는 이제 과감하고도 근본적인 전환의 필요성에 직면하였고, 식민지 해방을 약속하는 러시아혁명의 성공은 그로 하여금 다른 선택의 여지를 극히 좁혀 놓게 하였던 것이다.

　네번째 단계는 1917년부터 그가 사망하는 1935년까지의 시기로 사회주의를 통한 독립운동기이다. 1917년 러시아혁명 후 독립전쟁론 실현을 목적으로 사회주의를 수용하였던 이동휘는 한국인 최초의 사회주의 정당인 한인사회당을 조직하고, 상해 임시정부 초대 국무총리가 된 후 상해파 고려공산당을 창당하여 초기 공산주의운동을 주도하였다. 그는 1923년 이후에도 지속적으로 사회주의에 대한 공감에 기초하여 赤旗團, 국제혁명자후원회 활동, 조선공산당재건운동에 관여하였다.

　이동휘는 1919년 3·1운동 이후 한인사회당의 조직을 정비하고 전열을 가다듬기 위하여 4월 25일 블라디보스톡에서 한인사회당 제2차 대회를 개최하였다. 이동휘와 한인사회당은 일본 제국주의의 압제와 자본주의 착취로부터의 해방을 전략적 과제로 설정하고 이 두 과제의 동시적 해결을 최우선 목표로 하였다. 또한 당의 최우선 과제인 민족해방을 달성하기 위한 최선의 방법은 오직 중앙소비에트 및 코민테른으로부터 지원을 받는 것이라고 규정하였다. 그리하여 코민테른 및 레닌정부에 대한 대표파견을 결의하였다. 이러한 노선을 견지한 이동휘는 1919년 3·1운동 이후 상해 임시정부가 들어서자 임시정부에 참여하기로 결정하였다.

　이동휘가 상해 임시정부에 참여키로 결정한 이유는 다음과 같다. 첫째, 통합 임시정부에 집중된 대중들의 기대를 저버릴 수 없었기 때문이었다. 둘째, 임시정부 승인·개조 분쟁에서 대국적인 입장을 견지하였기 때문이었다. 셋째, 일제와의 전면적인 독립전쟁은 러시아의 지원이 있을 때 가능하고, 러시아의 지원을 받으려면 임시정부라는 정권적 기관이 필요하였다. 넷째, 임시정부에 참여한 안창호 등과의 동지의식 및 시베리아 출병에 의한 볼세비키들의 전세약화라는 부수적 요인 때문이었다.

상해 임시정부에 참여한 이동휘는 대략 세가지 방향에서 자신의 독립운동방략을 실천에 옮겼다. 첫째는 대러시아 정부 및 코민테른과의 외교활동이다. 여기서는 박진순·한형권 등을 파견하여 레닌정부와 협정을 맺고 독립운동자금을 지원받았다. 둘째는 만주 독립운동단체와의 제휴 모색이다. 북간도지역 구춘선·이 용 등과 밀접한 관계를 맺고 일제와 독립전쟁을 모색하였다. 셋째는 한인사회당의 한인공산당으로의 개편 및 고려공산당의 창설이다. 일본 중국 공산당에도 일정한 자금을 지원하였고 만주지역 공산주의 전파에도 성과를 올렸다. 이동휘는 자신의 이러한 독립운동방략을 임시정부를 혁명위원회로 개편하여 수행코자 하였으며 자신의 입장이 관철되지 않아서 국무총리직의 사퇴를 선언하였다. 이동휘의 사퇴는 임시정부의 민족주의·사회주의 통합정부의 붕괴를 의미하며, 나아가 안창호·이승만 등 대미 의존파와 결별을 의미하는 것이었다. 그러나 이동휘는 1921년 5월 이후 세력을 상실해 갔다. 그 배경으로서는 첫째, 1921년 초에 코민테른 동양비서부의 지령으로 개최된 일크츠크파와 통합대회에서 이동휘파가 패배하게 되었다. 둘째, 모스크바 자금지원의 용도를 공개하라는 여운형·김만겸의 요구를 거절하자 이들이 반이동휘 투쟁에 앞장섰다. 셋째, 1921년 자유시참변으로 이동휘는 군사적 기반을 상실하였다. 넷째, 일크츠크파는 이동휘가 모스크바 자금을 횡령하였다고 코민테른에 고발하였고, 또 상해 임시정부는 이동휘에게 자금의 회계보고

를 요청하였으나 이를 거절함으로써 정부자금을 횡령하였다는 포고를
내렸다.

이러한 상황에 처한 이동휘는 세력을 만회하기 위하여 박진순·이
극로를 대동하고 모스크바에 도착한 후 레닌과 회담하였으나 그의 제
안은 전부 배척되고 말았다. 오히려 일크츠크파의 중상으로 말미암아
코민테른은 이동휘의 구속문제를 고려하고 있었다. 이와 같이 상해파
·일크츠크파간의 헤게모니 장악을 위한 대립이 치열해지자 코민테른
은 양파가 통합할 것을 지령하였다. 하지만 통합은 파쟁으로 인하여
무산되었다. 이 같은 사태에 대하여 코민테른은 '일국일당원칙'에 의
하여 조선공산당을 조직할 것을 지시하였다. 이 지시에 의하여 1922
년 11월 코민테른 동양비서부 산하에 꼬르뷰로(고려국)가 설치되었다.
이동휘는 꼬르뷰로 집행위원으로 활동하였는데, 코민테른은 일크츠크
파를 중시하고 민족주의 성격이 농후한 이동휘파의 움직임을 경계하
였다.

1923년 경부터 러시아정부 방침이 무장독립군을 영외로 추방하거
나 무장해제를 시키는 등 한인독립운동을 막는 조치로 나오자, 이동
휘는 독립운동을 전개하기 위한 새로운 방도를 강구하여야만 하였다.
이동휘는 독립운동을 중단할 생각이 없었다. 이런 상황에서 이동휘는
1923년 상해파 고려공산당 인물들을 규합하여 적기단을 조직하고 그
본부를 중국령 영안현 영고탑에 설치하였다. 적기단은 사회주의 단체
로서는 처음으로 민족혁명과 사회주의혁명의 동시수행이라는 슬로건
을 내걸었는데, 이것은 소비에트 러시아 일변도의 의타적 독립운동에
대한 한인 최초의 자기 반성적 단체였다는 점에서 새로운 단계로의
의미가 있다.

이후 1928년 연해주 원동변강국제혁명자후원회 지도위원으로 활동
하던 이동휘는 만주총국 상해파의 승인을 받기 위하여 제6차 코민테

른대회에 김규열과 함께 참석하였다. 또 1929년에는 김철수 등과 함께 조선공산당재건결의회를 조직하고 총지휘자로 활약하였다.

이 시기에 있어서 이동휘의 독립운동에 대한 기본관점은 사회주의 이념 자체가 아니라 사회주의를 통하여 독립운동을 전개하는 것으로서 사회주의와 코민테른이 독립운동을 전개하는데 많은 역할과 원조를 할 수 있다는 것이었다. 이에 바탕하여 이동휘는 소련의 후원을 얻기 위한 다각적인 방법을 모색하였고, 이는 일정한 성과를 낳기도 하였다. 이 시기 이동휘의 독립운동방략에 있어서 기본성격은 일제와의 전면적인 독립전쟁을 벌이는 것을 최고 목표에 두면서 이를 위해 소련 및 코민테른과 연계를 맺는 한편, 만주의 독립운동단체 및 무장부대와 연합하는 것이었다. 그에게 있어 사회주의 이념은 이념 자체로서가 아니라 독립전쟁론에 결합되는 것이었으며, 이는 그의 실천을 통해서 지속적으로 견지되었다. 이러한 그의 독립운동방략이 가지는 기본적인 성격은 그가 독립운동 일선에서 한발 물러난 이후 전개하는 적기단 등의 활동에서도 여실히 드러난다. 그는 사회주의 이념에 일정하게 공감하면서도 이전부터 지녀오던 개인적 특성인 현실주의에 입각하여 당시 사회주의자 그룹의 일군을 이루었던 코민테른과 소련 공산당에의 일방적인 종속을 보여주지는 않았으며 적기단에서 보여지는 바와 같이 독립전쟁의 근거지였던 만주와 러시아를 아우르는 유연성을 보여주었다. 여기에 그가 가지는 '건강하고 열린 현실주의'의 독특한 성격이 있다. 요컨대 그의 독립운동방략이 가지는 이러한 독특한 성격은 그가 항상 어떠한 이념보다는 민족의 이익을 앞세웠고, 이론보다는 실천에 중점을 둔 그의 행동철학에서 연유한 것 이었다고 할 수 있다.

이상에서 살펴본 바와 같이 이동휘는 민족운동의 전역정에서 언제나 실천을 앞세우고 철저히 '건강하고 열린 현실주의적인 관점'에 입각하여 일생을 오로지 민족의 독립에 바친 민족혁명가였으며, 민족운동 전개의 매단계에서 자신의 사상과 실천노선을 민족운동의 변화에 능동적으로 대응시켜간 항일독립투쟁가였다. 이동휘의 생애에는 항일독립운동 자체의 변화가 농축되어 있으며 또한 민족운동 전체의 성과와 한계가 같이 자리하고 있다. 또한 이동휘는 역사에 있어서 하나의 독특한 인간의 전형을 보여주고 있기도 하다. 한 시대가 극단으로 흐를 때 그 시대의 가장 중요한 과제에 자신을 붙박고, 언제나 민족과 대중에 대한 애정에 기초하여 실천 중심의 생애를 살아간 그의 일생은 진정으로 '건강하고 열린 현실주의'가 얼마나 역사를 긍정적으로 바꿔놓는데 기여할 수 있는가를 웅변으로 보여준다.

본 연구의 부족점으로는 첫째, 한말에서 일제하에 이르는 정치상황과 민족운동의 객관적인 상황에 대한 보다 면밀한 분석이 미흡하다는 점이다. 이에 따라 이동휘의 사상과 활동이 갖는 민족운동사상의 위치와 역할에 대한 다면적인 분석과 검토가 미흡하였다. 둘째, 기독교도로서 이동휘가 갖는 특성에 대해 깊이 있게 논구하지 못함으로써 그의 사상 중에서 커다란 한 축을 형성하고 있는 부분에 대해 소홀하였다. 셋째, 이동휘의 임시정부 활동에 대해 입체적으로 분석하지 못함으로써 이동휘의 활동방식에 대한 평가에 충실하지 못하였다. 넷째, 사회주의운동에 대한 보다 자세한 분석이 뒤따르지 못함으로써 이동휘의 초기 사회주의운동을 충분히 밝히지 못하였다. 다섯째, 네번째 문제와 관련되는 것으로서 최근에 공개되고 있는 러시아측 자료를 활용하지 못함으로써 실증적인 분석에 일정한 한계를 노정하였다.

이러한 한계에 대한 파악에 기초하여 다음의 내용을 앞으로의 과제로 삼고자 한다. 첫째, 민족운동의 전반적인 상황에 대한 보다 엄밀한 파악에 기초하여 각 단계별 흐름과 성격의 변화과정에 대한 충분한 분석과 검토가 필요할 것이다. 둘째, 상해 임시정부에서의 활동과 연

관하여 상해 임시정부의 위치와 역할을 올바로 평가하고, 이동휘의
활동이 갖는 성격과 한계에 대한 명확한 분석이 뒤따라야 할 것이다.
이는 초기 사회주의운동에서의 이동휘의 활동에 대해서도 동일하게
적용될 것이다. 특히 파벌투쟁에서 이동휘의 활동이 갖는 객관적인
역할과 그 공과가 정확하게 평가되어야 할 것이다.

참 고 문 헌

1. 자 료

1) 국한문

『西友』 제1호~제17호

『西北學會月報』 제1호~제19호

『大韓自强會月報』 제1호~제8호

『大韓協會會報』 제1호~제12호

『皇城新聞』

『大韓每日申報』

『帝國新聞』

『舊韓國官報』

『大東共報』

『勸業新聞』

上海版 『獨立新聞』

『新韓民報』 1914년판

『신생활』

『신인간』

『세대』

『東亞日報』

『朝鮮日報』

李東輝,「東亞日報를 通하여 사랑하는 內地 同胞에게(一)~(五)」『東亞日報』(1925. 1. 18~22).

이영일,「上海臨政 국무총리 李東輝 傳記」『東亞日報』(1991년 6월 9·13·17·19·24·26일자).

석암 리영일,「리동휘 성재 선생」필사본 영인『한국학연구』5 별집 (仁荷大 韓國學硏究所, 1993. 7).

이동휘가 안창호에게 보낸 서신 3통, 獨立紀念館 韓國獨立運動史研究所,『島山安昌浩 資料集(2)』 韓國獨立運動史資料叢書 第5輯 (1991).

『機密書類綴』 政府記錄保存所 소장, 문서번호 警務 88-1, 필름번호 88-598, 1906~1907년에 실린 「이동휘문서」 復命書(1907. 8. 23 작성)·聽取書(1907. 8. 14 작성)·保證書(1907. 12. 2 작성), 遺疏·斬賣國公賊聲罪文·遺告二千萬同胞兄弟書·遺告縉紳疏廳書·遺告法官書·遺告各公館使節書·遺告林公使書·遺告長谷川大將書).

이동휘의 손녀 李 류드밀라 다위브나와의 면담, 1995년 8월 17일·18일 (타워호텔 345호실, 커피숖).

『李東輝·李 發·李義橓·李仁橓·鄭昌斌 공적사항』 (國家報勳處, 1995).

金丹冶,「레닌會見 印象記 그의 逝去 一週年에(一)~(十一)」『조선일보』(1925. 1. 22~2. 2).

金奎冕,「誠齋 略傳에 관한 回想記」『문화일보』1995년 8월 16·17·18·21·22일자.

李克魯,「放浪 20年 受難半生記」『間島流浪 40年』(조선일보사, 1989).

洪英基,「이동휘의 구국운동(1904~1907)에 관한 새로운 자료」『한국근현대사연구』제1집 (한울, 1994).

尹炳奭,「리동휘 성재선생 해제」『한국학연구』 5 별집 (仁荷大 韓國學研
    究所, 1993. 7)
알렉산드라 페트로브나 김의 전기 1・2부,『시사저널』 1993년 12월 16・
    23일자.
연해주 한인 빨치산 명세,『시사저널』 1993년 12월 30일자.
徐紘一・동암 편저,『間島史新論』 상・하 (우리들의편지 社, 1993).
십월혁명십주년원동기념준비위원회 편,『십월혁명십주년과 쏘베트고려
    민족』(1927).
獨立協會沿歷略,「獨立協會宣傳文」『創作과 批評』(1970년 봄호)
「安岳事件・新民會事件判決文」『韓國學報』第8輯 (一志社, 1977년 가을).
高　澤,「軍隊解散」『新東亞』(1970년 1월호).
李智澤,「北間島」『中央日報』(1972년 10월 12일～11월 21일).
＿＿＿,「시베리아의 3・1運動」『月刊中央』(1971년 3월호).
洪相杓,「北間島」『新東亞』(1965년 4월호).
金在俊,「歷史의 渦中을 살다간 晩雨선생」『新東亞』(1973년 12월호).
金弘壹,「自由市事變 前後」『思想界』(1965년 2월호).
＿＿＿,「쏘滿의 韓國義勇軍」『思想界』(1965년 4월호).
W.코라르즈, 李碩崑 譯,「在쏘련 韓國人들의 生態」『思想界』(1958년 3
    월호).
H.M,「朝鮮의 女流主義者 故金쓰딴께비츠女史略傳」『開闢』통권 57호
    (1925년 3월호).
朱燉植,「在蘇韓人의 어제와 오늘」『月刊 朝鮮』(1989년 12월호).
張幸勳,「한국 최초의 공산주의자 朴鎭淳의 생애」『新東亞』(1993년 4
    월).
呂運亨,「나의 回想記(一)～(五)」『中央』(1936년 3월～7월).
夢陽呂運亨先生全集發刊委員會 編,『夢陽呂運亨全集』1 (한울, 1991).
한형권,「혁명가의 회상록 : 레닌과 단판, 독립자금 20억원 획득」『삼천
    리』 6 (1948년 10월호).

김철수,「김철수 친필유고」『역사비평』(1989년 여름호).

李庭植면담, 金學俊편집 · 해설,『혁명가들의 항일회상 : 金星淑 · 張建相 · 鄭華岩 · 李康勳의 독립투쟁 』(民音社, 1988).

국사편찬위원회,『한국독립운동사』1~5 (1969).

_____,『일제침략하 한국삼십육년사』1 (1966).

_____,『한국독립운동사』자료편 임정편 1~4 (1970~1974).

_____,『한민족독립운동사자료집』1~15 (1986~1991).

대한민국국회도서관 편,『한국민족운동사료』중국편 (1974).

_____,『한국민족운동사료』3 · 1운동편 (1977).

독립운동사편찬위원회,『독립운동사자료집』3 · 7 (독립유공자사업기금 운용위원회, 1971 · 1973).

애국동지원호회 편,『한국독립운동사』(1956).

朴殷植,『韓國獨立運動之血史』(서울신문사 출판국, 1946).

_____,『韓國痛史』(1948).

蔡根植,『武裝獨立運動秘史』(大韓民國公報處, 1949).

崔衡宇,『海外朝鮮革命運動小史』1 · 2 (東方文化史, 1945).

李錫台,『社會科學大辭典』(文友印書館, 1948).

金秉祚,『獨立運動史略』(亞細亞文化社, 1977).

李相龍,『石洲遺稿』(고려대 출판부, 1973).

金承學,『獨立運動史』上 · 下 (統一問題研究所, 1972).

秋憲樹,『資料韓國獨立運動』(연세대 출판부, 1972).

玄圭煥,『韓國流移民史』上 · 下 (語文閣, 1967)

2) 일 문

『寺內朝鮮總督謀殺未遂被告事件』1912 (百五人事件資料集 第1卷) (高麗 書林 影印本, 1986).

國友尙謙,『不逞事件ニ依ツテ觀タル朝鮮人』1912 (百五人事件資料集 第2

卷) (高麗書林 影印本, 1986).

山縣五十雄, 『朝鮮陰謀事件』 1912 (百五人事件資料集 第3卷) (高麗書林
　　　　影印本, 1986).

有馬義隆, 『朝鮮總督暗殺陰謀事件』 1913 (百五人事件資料集 第4卷) (高
　　　　麗書林 影印本, 1986)

慶尙北道警察部, 『高等警察要史』 (1934).

靑柳鋼太郎, 『朝鮮獨立騷擾史論』 (朝鮮硏究會, 1921).

金正明 編, 『朝鮮獨立運動』 1~6 (原書房, 1967).

_____, 『日韓外交資料集成』 1~8 (巖南堂書店, 1966~1967).

姜德相·梶村秀樹 編, 『現代史資料』 25~30 (みすず書房, 1967~1972).

_____, 『現代史資料』 (社會主義運動) 14~19 (みすず書房,
　　　　1964~1967).

金正柱 編, 『朝鮮統治史料』 1~10 (韓國史料硏究所, 1970~1971).

朴慶植 編, 『朝鮮問題資料叢書』 1~11 (アシア問題硏究所, 1982~1984).

社會問題資料硏究會 編, 『思想政勢視察報告集』 1~10 (東洋文化社, 1977).

朝鮮駐劄憲兵隊司令部, 『圖們江對岸移住鮮人ノ狀態』

_____, 『鴨綠江對岸在住鮮人ノ 情況』

朝鮮情報委員會, 『朝鮮人の思想』 (1923).

朝鮮總督府 法務局, 『朝鮮獨立運動思想の變遷』 (1931).

朝鮮總督府 庶務部 調査課, 『朝鮮の獨立思想及運動』 (1924).

朝鮮總督府, 『朝鮮獨立運動ニ關スル調査報告』 (1924).

_____, 『秘文韓國人獨立鬪爭史』 (成進文化社, 1975).

朝鮮總督府 警務局, 『朝鮮の治安狀況』 昭和 2年版 (靑丘文庫, 1984).

_____, 『朝鮮の治安狀況』 昭和 5年版 (靑丘文庫, 1984).

_____, 『最近における朝鮮治安狀況』 昭和 8年 (巖南堂
　　　　書店, 1982).

_____, 『最近における朝鮮治安狀況』 昭和 11年 (1936).

_____, 『最近における朝鮮治安狀況』 昭和 13年 (巖南堂書

店, 1966).

_____,『在滿鮮人ト支那官憲』(1930).

_____,『國外ニ於ケル容疑 朝鮮人名簿』(1934).

_____,『共産主義運動に關する文獻集』(1936).

朝鮮總督府 高等法院 檢事局 思想部,『思想彙報』 제1호~25호 (1934~
1940).

_____,『思想月報』 제1권 1호~제4권 6호
(1931~1934)

_____,『朝鮮重大思想事件經過表』(1936).

高等法院 檢事 村田左文,『上海及南京方面ニ於ケル朝鮮人ノ思想狀況』
(1937).

朝鮮總督府 警務局 保安課,『高等警察報』 제1호~제6호 (1933).

_____,『高等外事月報』 제1호~14호 (1939~1940).

日本共産黨中央委員會レ-ニン選集編集委員會 編,『レ- ニン10卷選集』
1~10 (大月書店, 1970~1971).

村田陽一 編譯,『コミンテルン資料集』1~6 (大月書店, 1978~1983).

B.ラシッチ. M.M.トラチコウィチ 著, 勝部 元・飛田勘싴 譯,『コミンテ
ルン人名事典』(至誠堂, 1980).

コミンテルン編, 高屋定國・辻野功 譯,『極東勤勞者大會』(合同出版,
1970).

文國柱,『朝鮮社會運動史事典』(社會評論社, 1981).

『滿蒙の朝鮮人』(滿洲新民團, 1934).

滿洲國軍事顧問部,『滿洲共産匪の研究』(極東研究所出版會, 1937).

_____,『國內治安對策の研究』(極東研究所出版會, 1937).

伊藤亞人・大村益夫・尾村秀樹・武田幸男 監修,『朝鮮を知る事典』(平
凡社, 1986).

高峻石,『朝鮮革命テ-セ 』(拓植書房, 1979).

在上海日本總領事館警察部第二課, 『朝鮮民族運動年鑑』 (東文社書店,

1946).
社會思想社編,『社會科學大辭典』(改造社, 1930).

3) 중 문

楊昭全,『中朝關係史論文集』(世界知識出版社, 1988).
楊昭全 等編,『關內地區朝鮮人反日獨立運動資料匯編 : 1919~1945』上・
　　　下 冊 (遼寧民族出版社, 1987).
北京師範大學歷史系中國近現代史敎硏室 編,『簡明中國近現代史詞典』上
　　　・下 冊 (中國靑年出版社, 1985).
延邊歷史硏究所 編,『延邊歷史硏究』1~5 (延邊歷史硏究所, 1986~1988).
中央硏究院近代史硏究所,『國民政府與韓國獨立運動史料』(中華民國 77
　　　년).

4) 영 문

DAE-SOOK SHU, THE KOREAN NATIONALIST MOVEMENT(1918-
　　　1948), PRINCETON UNIVERSITY PRESS, 1967.
_____, THE WRITINGS OF HENRY CU KIM, UNIVERSITY OF
　　　HAWAII PRESS CENTER FOR KOREAN STUDIES
　　　UNIVERSITY OF HAWAII, 1987.
CHONG-SIK LEE, COUNTERINSURGENCY IN MANCHURIA: THE
　　　JAPANESE EXPERIENCE, 1931-1940, EMORANDUM M-501
　　　2-ARPA NUARY 1967.
SONG-MOO KHO, KOREANS IN SOVIET CENTRAL ASIA, HELSIN KI
　　　1987.
BRIAN PEARCE, MARCEL LIEBMAN LENINISM UNDER LENIN,

JONATHAN CAPE THIRTY BEDFORD SOUARE LONDO N,
FIRST PUBLISHED IN GREAT BRITAIN 1975.
JOHN PAXTON, COMPANION TO RUSSIAN HISTORY, FACTS ON
FILE PUBLICATIONS 460 PARK AVENUE SOUTH NEW
YORK, N.Y. 10016.

2. 연구성과

1) 국한문

金俊燁·金昌順, 『韓國共産主義運動史』 第一卷 (高麗大 亞細亞問題硏究
　　　　所, 1967).
스칼라피노·李庭植, 『韓國共産主義運動의 起源』 (韓國硏究圖書館,
　　　　1961).
스칼라피노·이정식 공저, 한홍구 옮김, 『한국공산주의운동사1』 (돌베개,
　　　　1986).
이정식 지음, 김성환 옮김, 『조선노동당약사』 (이론과 실천, 1986).
이정식, 『한국민족주의운동사』 (미래사, 1982).
서대숙 저, 현대사연구회 역, 『한국공산주의운동사연구』 (화다출판사,
　　　　1985).
李命英, 『在滿韓人共産主義運動硏究』 (成均館大 出版部, 1975).
李起夏, 『韓國共産主義運動史』 1 (國土統一院, 1976).
_____, 『韓國共産主義人物系譜圖 : 解放前 政黨·社會團體 硏究參考資
　　　　料』 (1980).
林京錫, 『高麗共産黨硏究』 (成均館大 博士學位論文, 1993).
趙擎韓 編著, 『大韓民國臨時政府史』 (大韓民國臨時政府記念事業會,
　　　　1991).

한국역사연구회·역사문제연구소 공편, 「민족해방운동사에서의 3·1운동」『3·1운동 70주년 기념논문집』(1989).

한국역사연구회 1930년대 연구반 지음, 『일제하 사회주의운동사』(한길사, 1991).

고송무, 『쏘련의 한인들』(이론과 실천, 1990).

김세일, 『홍범도』 1~5 (제3문학사, 1989~1990).

소련 아카데미 동방학 연구소, 『한국통사』하 (대야출판사, 1990)

님 웨일즈 지음, 조우화 옮김, 『아리랑』(동녘, 1984).

李克魯, 『苦鬪四十年』(乙酉文化史, 1947).

李萬珪, 『呂運亨鬪爭史』(民主文化社, 1946).

劉錫仁, 『愛國의 별들』(敎文社, 1965).

高麗大 民族文化硏究所, 『고려대학의 사람들』 1 이용익 (1986).

金 九, 『白凡逸志』(瑞文堂, 1979).

島山記念事業會 編, 『續篇 島山安昌浩』(三省文化社, 1954).

李光洙, 『島山安昌浩』(大成文化社, 1956).

陸軍士官學校 韓國軍事硏究室, 『韓國軍制史』(近世朝鮮後期篇) (陸軍本部, 1976).

崔璇·金炳隣 飜譯, 『國譯韓國誌』本文篇 (韓國精神文化硏究院, 1984).

李正熙, 『아버님 秋汀 李甲』(人物硏究所, 1981).

黃 玹, 『梅泉野錄』韓國史料叢書 第一 (國史編纂委員會, 1955).

宋相燾, 『騎驢隨筆』韓國史料叢書 第二 (國史編纂委員會, 1955).

鄭 喬, 『大韓季年史』上·下 韓國史料叢書 第五 (國史編纂委員會, 1957).

柳光烈, 『間島小史』(太華書館, 1933).

洪相杓, 『간도독립운동비화 : 역사의 소용돌이 속에서』(선경도서출판사, 1990).

端川郡誌編纂委員會, 『端川郡誌』(端川郡誌編纂委員會, 1971).

한국일보사 편, 『再發掘 韓國獨立運動史』 I~II (1987~1988).

한국일보사 편, 『獨立運動家列傳』(1989).

국사편찬위원회, 『한민족독립운동사』 1~11 (국사편찬위원회, 1987~
　　　1992).

윤건차, 심성보 역,『한국근대교육의 사상과 운동』(1987).

현룡순·리정문·허룡구 편저,『조선족백년사화』1~3 (료녕인민출판사,
　　　1985).

정협연변조선족자치위원회 문사자료연구위원회편,『연변문사자료』1~6
　　　(1981~1988).

김철수·김동화·리창혁·오기송 편저,『연변당사 사건과 인물』(연변인
　　　민출판사, 1988).

황룡국 주편,『조선혁명투쟁사』(료녕민족출판사, 1988).

박창욱 주편,『조선족혁명렬사전』1~2 (료녕인민출판사, 1983~1986).

조선족략사 편찬조,『조선족략사』(연변인민출판사, 1986).

이종현,『근대조선역사』(일송정, 1988).

사회과학원 역사연구소 편,『조선근대혁명운동사』(한마당, 1988).

金必子,『雩崗 梁起鐸의 民族運動』(地球文化社, 1988).

尹炳奭,『李相卨傳』(一潮閣, 1984).

崔明植,『安岳事件과 三·一運動과 나』(兢虛傳記編纂委員會, 1970).

柳子厚,『李儁先生傳』(東邦文化社, 1947).

李善俊,『一醒 李儁烈士』(世運文化社, 1973).

金錫營,『先驅者 李東寧 一代記』(乙酉文化社, 1979).

呂運弘,『夢陽 呂運亨』(靑廈閣, 1967).

李範奭,『우등불』(思想社, 1971).

李光洙,『나의 告白』(春秋社, 1948).

趙芝薰,「韓國民族運動史」『韓國文化史大系』 1 (高大民族文化硏究所,
　　　1964).

李勳求,『滿洲와 朝鮮人』(文信堂書店, 1932).

高承濟,『韓國移民史硏究』(章文閣, 1973).

李恩淑,『民族運動家 아내의 手記』(정음사, 1974).

李康勳,『武裝獨立運動史』(瑞文堂, 1975).

_____,『大韓民國臨時政府史』(瑞文堂, 1975).

金盛德 編,『咸北大觀』(正文社, 1967).

愼鏞廈,『獨立協會研究』(一潮閣, 1976).

李光麟,『韓國開化史研究』(一潮閣, 1969).

F.A.멕켄지, 李光麟 譯『韓國의 獨立運動』(一潮閣, 1969).

朴永錫,『韓民族獨立運動史研究』(一潮閣, 1982).

_____,『日帝下獨立運動史研究』(一潮閣, 1984).

_____,『在滿韓人獨立運動史研究)(一潮閣, 1988).

姜萬吉,『分斷時代의 歷史認識』(創作과 批評社, 1978).

_____,『韓國民族運動史論』(한길사, 1985).

李萬烈,『韓國基督敎와 歷史意識』(知識産業社, 1981).

姜東鎭,『日帝의 韓國侵略政策史』(한길사, 1980).

李炫熙,『大韓民國臨時政府』(韓國民族運動史研究會, 1991).

韓國史研究協議會,『韓露關係100年史』 (1984).

金承化 著, 鄭泰秀 編譯,『소련 韓族史』(大韓敎科書株式會社, 1989).

서대숙 엮음, 이서구 옮김,『소비에트 한인 백년사』(도서출판 태암,
      1989).

마뜨베이 찌모피예비치 김 지음, 이준형 옮김,『일제하 극동시베리아의
      한인 사회주의자들』(역사비평사, 1990).

임영태 편,『植民地時代 韓國社會와 運動』(사계절, 1985).

고준석 지음, 김영철 옮김,『조선공산당과 코민테른』(도서출판 공동체,
      1989).

車文燮,「舊韓末陸軍武官學校研究」『亞細亞研究』50 (高麗大 亞細亞問題
      研究所, 1973).

_____,「舊韓末 軍事制度의 變遷」『軍史』第5號 (國防部 戰史編纂委員
      會, 1982).

崔翠秀,「1910년 前後 江華地域 義兵運動의 性格」『한국민족운동사연

　　　　　　『究』2 (知識産業社, 1988).

劉智榮,「合一學校와 故崔尙鉉氏」『新東亞』(1935년 11월호).

朴贊勝,『日帝下 ‘實力養成運動論’ 研究』(서울대 박사학위논문, 1990).

_____,「일제하의 자치운동과 그 성격」『역사와 현실』제2호 (한울,
　　　　　1989).

_____,「韓末 自强運動論의 각 계열과 그 성격」『韓國史研究』68 (韓國
　　　　　史研究會, 1990).

尹慶老,『「105人事件」을 통해 본 新民會 研究』(高麗大 博士學位論文,
　　　　　1988).

_____,「105人事件에 연루된 商工業者의 活動」『韓國史研究』56 (韓國
　　　　　史研究會, 1987).

金度亨,『大韓帝國末期의 國權恢復運動과 그 思想』(연세대 박사학위논
　　　　　문, 1988).

_____,「韓末啓蒙運動의 政治論研究」『韓國史研究』54 (韓國史研究會,
　　　　　1986).

김숙자,「19세기말 韓露交涉에 관한 日研究」『韓國學報』26 (一志社,
　　　　　1982년 봄).

_____,「舊韓末(1896~1910) 民權運動에 대한 一考察」『韓國史研究』40
　　　　　(韓國史研究會, 1983).

李松姬,「韓末 西友學會의 愛國啓蒙運動과 思想」『韓國學報』26 (一志
　　　　　社, 1982년 봄).

_____,「韓末 西北學會의 愛國啓蒙運動」(上)·(下)『韓國學報』31·32
　　　　　(一志社, 1983).

_____,『大韓帝國末期 愛國啓蒙學會研究』(梨大 博士學位論文, 1985).

愼鏞廈,「韓末 愛國啓蒙思想과 運動」『韓國史學』1 (韓國精神文化研究
　　　　　院, 1980).

_____,「新民會의 獨立軍基地 創建運動」『韓國文化』4 (서울대 韓國文
　　　　　化研究所, 1983).

_____, 「新民會의 創建과 그 國權恢復運動」(上)・(下)『韓國學報』8・9 (一志社, 1977).

李載順, 「韓末 新民會에 관한 研究」『梨大史苑』14 (梨大, 1977).

_____, 「新民會와 寺內總督暗殺陰謀事件」『현상과 인식』2권 3호 (한국 인문사회과학원, 1978).

韓相俊, 「西友學會에 대하여」『歷史教育論集』1 (慶北大 師範大學 歷史 科, 1980).

李鉉淙, 「大韓自强會에 對하여」『震檀學報』29・30합집 (震檀學會, 1966).

_____, 「大韓協會에 관한 研究」『亞細亞研究』13~3 (高大亞細亞問題研 究所, 1970).

李萬烈, 「韓末 基督教人의 民族意識 形成過程」『韓國史論』1 (서울대 韓 國史學會, 1973).

_____, 「改新教의 宣教活動과 民族意識」『史學研究』36 (韓國史學會, 1983).

_____, 「基督教의 전래에 따른 韓國社會의 開化」『淑大史論』제7집 (숙 명여대 사학회, 1972).

李光麟, 「開化期 關西地方과 改新教」『論文集』5집 (崇田大學校, 1974).

尹炳奭, 「日本人의 荒蕪地開拓權 要求에 대하여 : 1904年 長森名儀의 委任契約企圖를 中心으로」『歷史學報』第22輯 (歷史學會, 1964).

_____, 「十三道 義軍의 編成」『史學研究』第36號 (韓國史學會, 198 3).

_____, 「1910년대 국외에서의 한국독립운동」『한민족독립운동사』3 (국 사편찬위원회, 1988).

_____, 「李東輝의 생애와 ≪李東輝 誠齋先生≫」『震檀學報』78 (震檀學 會, 1994).

_____, 「러시아에서의 抗日獨立運動 : 李相卨과 李東輝를 중심으로」 『韓國의 民族獨立運動과 光復50周年 : 光復50周年紀念 第8回

國際學術심포지움』((財)高麗學術文化財團, 1995).

박 환, 「러시아地域 韓人獨立運動 : 中央아시아에서 蒐集한 資料에 대한 조사보고」『韓國의 民族獨立運動과 光復50周年』『光復50周年紀念 第8回 國際學術심포지움』 ((財)高麗學術文化財團, 1995).

金成俊, 「三・一運動以前 北間島의 民族教育」『三・一運動50周年紀念論集』(東亞日報社, 1969).

徐紘一, 「北間島 基督教人들의 民族運動 研究(1906~1921) Ⅰ・Ⅱ・Ⅲ」『神學思想』32 (1981, 봄)・34(1981, 가을)・35 (1981, 겨울).

_____, 「1910年代 北間島의 民族主義 教育運動(Ⅰ・Ⅱ) : 基督教 學校의 教育을 中心으로」『白山學報』29號, 30・31合號 (1984~1985).

_____, 「일제하 북간도 한인들의 민족주의 교육운동」『한국교육의 재인식』(한신대학출판부, 1988).

_____, 「중국・만주의 3・1운동」『한민족독립운동사』3 (국사편찬위원회, 1988).

宋友惠, 「北間島 大韓國民會의 組織形態에 관한 研究」『한국민족운동사연구』1 (지식산업사, 1986).

_____, 「대한독립선언서(세칭 무오독립선언서)의 실체 : 발표시기의 규명과 내용분석」『역사비평』(1988년 여름호).

李明花, 「1920年代 滿洲地方에서의 民族教育運動」『한국독립운동사연구』제2집 (독립기념관 한국독립운동사연구소, 1988).

_____, 「露領地方에서의 韓人 民族教育運動」『한국독립운동사연구』제3집 (독립기념관 한국독립운동사연구소, 1989).

_____, 「北間島地方에서의 民族主義教育과 植民主義教育」『實學思想研究』創刊號 (毋岳實學會, 1990).

崔洪彬, 「20世紀初 中國東北地方에서의 反日民族運動」『國史館論叢』第15輯 (國史編纂委員會, 1990).

朴文一, 「1906-1919年期間 中國 東北朝鮮族人民들의 私立學校教育運動과

그의 歷史的 役割」『國史館論叢』 第15輯 (國史編纂委員會, 1990).

朴昌昱, 「國民會를 論함 : 1919~1920年 國民會의 歷史作用을 爲主로 하여」『國史館論叢』第15輯 (國史編纂委員會, 1990).

孫春日, 「上海臨時政府와 中國共産黨창건의 초기활동」『白山學報』第42號 (白山學會, 1993).

姜英心, 「新韓革命黨의 결성과 활동」『한국독립운동사연구』제2집 (독립기념관 한국독립운동사연구소, 1988).

金昌洙, 「高麗革命黨의 組織과 活動 : 1920年代 中國 東北地方의 獨立運動團體」『汕耘史學』第四輯 (汕耘學術文化財團, 1990).

이균영, 「김철수연구 : 초기 공산주의운동사는 다시 써야 한다」『역사비평』(1988년 겨울호).

_____, 「코민테른 제6회 대회와 식민지 조선의 민족문제」『역사와 현실』제7호 (역사비평사, 1992).

朴亨杓, 「三・一運動 當時 露領의 韓橋」『三・一運動50周年紀念論集』 (東亞日報社, 1969).

金昌順, 「三・一運動에 대한 蘇聯의 反響」『三・一運動50周年紀念論集』 (東亞日報社, 1969).

潘炳律, 「大韓國民議會의 성립과 조직」『韓國學報』46 (一志社, 1987).

_____, 「大韓國民議會와 上海臨時政府의 統合政府 수립운동」『한국민족운동사연구』2 (지식산업사, 1988).

_____, 「노령에서의 3・1운동」『한민족독립운동사』3 (3・1운동편) (국사편찬위원회, 1988).

_____, 「김알렉산드라 페트로브나(스탄케비치)의 생애와 활동 : 조선인 최초의 공산주의자 약전」『尹炳奭敎授華甲紀念韓國近代史論叢』(知識産業社, 1990).

_____, 「초기 한인 공산주의운동의 올바른 이해를 위하여」『일제하 극동시베리아의 한인 사회주의자들』(역사비평사, 1990).

_____, 「露領地域 韓人政黨의 結成과 變遷 : 한인사회당과 상해파·일
크츠크파 고려공산당을 중심으로」『獨立運動의 理念과 政黨』
(독립기념관 개관 4주년 기념 제5회 독립운동사 학술심포지
움 발표문) (독립기념관 부설 한국독립운동사연구소, 1991).

_____, 「한인사회당의 조직과 활동(1918~1920)」『한국학연구』 5 (仁荷
大 韓國學研究所, 1993).

_____, 「李東輝와 韓末 民族運動」『韓國史研究』 87 (韓國史研究會,
1994).

權熙英, 「코민테른의 민족·식민지논쟁과 한국의 민족해방운동」『역사
비평』 (1988년 가을호).

_____, 「고려공산당 이론가 박진순의 생애와 사상」『역사비평』 (1989년
봄호)

_____, 「제 1차 극동노력자대회 및 극동혁명청년대회에서의 한국혁명의
문제」『정신문화연구』 13권 3호 (통권 40호) (한국정신문화연
구원, 1990).

_____, 「한인사회당 연구(1918~1921)」『韓國史學』 11 (韓國精神文化研
究院, 1990).

_____, 「조선공산당 성립과 코민테른(1923~1925)」『韓國史學』 13 (韓國
精神文化研究院, 1993).

_____, 「고려공산당연구(1921~1922)」『韓國史學』 13 (韓國精神文化研究
院, 1993).

김창석, 「조선 공산주의운동의 선구자, 이동휘」『역사의 진실』 (도서출
판 녹두, 1990)

李泰俊, 「성재 이동휘 선생」『間島史新論』 상 (우리들의편지 社, 1993).

金 邦, 「李東輝의 愛國啓蒙運動에 관한 一考察」 (建國大 碩士學位論文,
1986).

_____, 「誠齋 李東輝」『한국일보』 1989년 3월 17일자.

_____, 「李東輝 研究」『國史館論叢』 第18輯 (國史編纂委員會, 1990).

_____, 「李東輝의 國權恢復運動(1905~1910)에 관한 一考察」『水邨 朴永錫教授華甲紀念 韓民族獨立運動史論叢』(探求堂, 1992).

_____, 「李東輝의 國外에서의 抗日鬪爭(1911~1916)에 관한 一考察」『建大史學』 제8집 (1993).

2) 일 문

姜在彦,『朝鮮近代史研究』(日本評論社, 1970).

_____,『近代朝鮮の變革思想』(日本評論社, 1973).

_____,『朝鮮の開化思想』(岩波書店, 1980).

_____,『日本による朝鮮支配の40年』(大阪書籍, 1982).

_____,『朝鮮近代史』(平凡社, 1985).

姜在彦・飯沼二郎,『近代朝鮮の社會と思想』(未來社, 1981).

_____,『植民地期 朝鮮の社會と抵抗』(未來社, 1982).

朴慶植,『日本帝國主義の朝鮮支配』上・下 (青木書店, 1973).

中塚明,『日淸戰爭の研究』(青木書店, 1968).

朴宗根,『日淸戰爭と朝鮮』(青木書店, 1982).

山邊健太郎,『日本の韓國倂合』(太平出版社, 1966).

黑龍會,『日韓合邦秘史』上・下 (原書房, 1966).

渡部學,『朝鮮近代史』(勁草書房, 1968).

田保橋潔,『近代日鮮關係の研究』上・下 (朝鮮總督府中樞院, 1940).

_____,『近代日支鮮關係の研究』(原書房, 1979).

森山茂德,『近代日韓關係史研究』(東京大學出版會, 1987).

中村哲・堀和生・安秉直・金泳鎬, 『朝鮮近代の歷史像』 (日本評論社, 1988).

金正柱・吳世昌,『間島問題』(韓國史料研究所, 1968).

森川哲郎,『朝鮮獨立運動暗殺史』(三一書房, 1976).

滿洲帝國協和會編,『滿洲帝國協和會組織沿革史』(不二出版, 1982).

坪江汕二, 『朝鮮民族獨立運動秘史』(巖南堂書店, 1966)

姜德相, 『朝鮮獨立運動の群像』(靑木書店, 1984).

佐佐木春隆, 『韓國獨立運動の研究』(國書刊行會, 1985).

高峻石, 「日本の侵略と民族解放鬪爭」『朝鮮革命運動史』 1 (社會評論社, 1983).

_____, 『在日朝鮮人革命運動史』(拓植書房, 1985).

尹健次, 『朝鮮近代敎育の思想と運動』(東京大學出版會, 1982).

淺田喬二, 『日本帝國主義と舊植民地 地主制』(御茶の水書房, 1968).

_____, 『日本帝國主義下の民族革命運動』(未來社, 1973).

_____, 『日本 知識人の植民地 認識』(校倉書房, 1985).

滿洲移民史研究會, 『日本帝國主義下の滿洲移民』(龍溪書舍, 1976).

淺田喬二・小林英夫, 『日本帝國主義の滿洲支配 』(時潮社, 1986).

西村成雄, 『中國近代東北地域史研究』(法律文化社, 1984).

金森襄作, 『1920年代 朝鮮の社會主義運動史』(未來社, 1985).

明石博隆・松浦總三 編, 『昭和特高彈壓史』 上・中・下 (大平出版社, 1975~1976).

中川利吉, 『朝鮮社會運動取締法要義』(帝國地方行政學會 朝鮮本部, 1933).

奧平康弘, 『治安維持法小史』(筑摩書房, 1977).

蘇峰德富猪一郎 監修・伊達源一郎 編輯, 『極東の露西亞』(民友社, 1915).

荒畑勝三, 『受難のロシア』(實業之世界史, 1925).

廣江澤次郎, 『韓國時代の西亞活躍史』(朝鮮公論社, 1932).

平野義太郎, 『アジアの民族解放』(理論社, 1954).

宮原兎一, 「日本帝國主義の形成と朝鮮問題」『朝鮮史研究會論文集』 1 (朝鮮史研究會, 1965).

吉田和起, 「日本帝國主義の朝鮮併合」『朝鮮史研究會論文集』 2 (朝鮮史研究會, 1966).

井上淸, 「日本の朝鮮侵略と帝國主義」『朝鮮史研究會論文集』 5 (朝鮮史研究會, 1969).

298 이동휘 연구

鶴本幸子,「所謂 寺內總督暗殺未遂事件について」『朝鮮史研究會論文集』
　　　　10 (朝鮮史研究會, 1973).

井上學,「日本帝國主義と間島問題」『朝鮮史研究會論文集』 10 (朝鮮史研
　　　　究會, 1973).

東尾和子,「琿春事件と間島出兵」『朝鮮史研究會論文集』 14 (朝鮮史研究
　　　　會, 1977).

田口容三,「愛國啓蒙運動期の時代認識」『朝鮮史研究會論文集』 15 (朝鮮
　　　　史研究會, 1978).

池明觀,「韓國近現代思想史におけるキリスト敎」『朝鮮史研究會論文集』
　　　　19 (朝鮮史研究會, 1982).

森山浩二,「朝鮮近代におけるキリスト敎受容についての一考察」『朝鮮史
　　　　研究會論文集』19 (朝鮮史研究會, 1982).

劉孝鐘,「極東ロシアにおける 朝鮮民族運動」『朝鮮史研究會論文集』 22
　　　　(朝鮮史研究會, 1985).

廣瀨貞三,「李容翊の政治活動(1904~1907)について」『朝鮮史研究會論文
　　　　集』25 (朝鮮史研究會, 1988).

月脚達彦,「愛國啓蒙運動の文明觀·日本觀」『朝鮮史研究會論文集』 26
　　　　(朝鮮史研究會, 1989).

姜在彦,「朝鮮獨立運動の根據地問題」『朝鮮民族運動史研究』 1 (靑丘文
　　　　庫, 1984).

水野直樹,「 コミンテルンと朝鮮」『朝鮮民族運動史研究』 1 (靑丘文庫,
　　　　1984).

＿＿＿＿,「コミンテルン 第7回大會と在滿朝鮮人の抗日鬪爭」『歷史評
　　　　論』423 (1985. 7).

姜德相,「李東輝の思想と行動」『三千里』9 (1977년 봄호).

＿＿＿,「上海時代の呂運亨」『三千里』38 (1984년 봄호).

＿＿＿,「呂運亨と極東民族大會」『三千里』(1986년 가을호).

＿＿＿,「海外における朝鮮獨立運動の發展」『朝鮮民族運動史研究』 2

(1985).

_____, 「朝鮮における國權回復運動について」『朝鮮史研究會論文集』 1
(朝鮮史研究會, 1965).

_____, 「日本帝國主義の朝鮮支配とロシア革命」『歷史學研究』 第329號
(靑木書店, 1967. 10).

原暉之, 「極東ロシアにおける朝鮮獨立運動と日本」『三千里』 17 (1979년
봄호).

_____, 「日本の極東ロシア軍事干涉の諸問題」『歷史學研究』第478號 (靑
木書店, 1980. 3).

西重信, 「ンヘリア出兵と朝鮮人 : 日本軍の朝鮮人對策を中心として」『三
千里』 37 (1984년 봄호).

伊藤秀一, 「十月革命後の數年間におけるソウエト・中國・朝鮮勤勞者の
國際主義的 連帶について(一)・(二)」『歷史評論』 162・163
(1964년 2・3월호).

藤本和貴夫, 「極東ロシアにおける初期ソウエト政權の成立 : 1917」『阪大
法學』116・117 (1981).

海野峯太郎, 「ウスリ- 地方朝鮮人移民史」『三千里』40 (1984년 겨울호).

澤正彦, 「開化思想とキリスト敎」『三千里』40 (1984년 겨울호).

長尾久, 「レ-ニンの四月テ-ゼ 」『歷史學研究』第302號 (靑木書店, 1965.
7).

村田陽一, 「コミンテルン文獻覺え書(1)」『歷史學研究』 第402號 (靑木書
店, 1973.11).

_____, 「コミンテルン文獻覺え書(2)」『歷史學研究』 第404號 (靑木書店,
1974. 1).

_____, 「コミンテルン文獻覺え書(3)」『歷史學研究』 第406號 (靑木書店,
1974. 3).

松元幸子, 「コミンテルン第6・7回大會における民族・植民地問題」『歷史
學研究』第402號 (靑木書店, 1973. 11).

岩村登志夫,「ソ連邦におけるコミンテルン硏究」『歷史學硏究』 第402號 (靑木書店, 1973. 11).

橫手愼二,「ロシア革命と戰爭の問題をめぐる一考察」『歷史學硏究』 第472號 (靑木書店, 1979. 9).

吉田裕,「日本帝國主義のシヘリア干涉戰爭」『歷史學硏究』第490號 (靑木書店, 1981. 3).

和田春樹,「ロシア革命に關する考察」『歷史學硏究』 第513號 (靑木書店, 1983. 2).

石井規衛,「ロシア革命からソウェト國家へ」『歷史學硏究』第515號 (靑木書店, 1983. 4).

이동휘 연보(1873~1935)

연 도	연 령	활 동 상 황 개 요
1873	1	6월 20일 함경남도 단천군 파도면 대성리에서 아전 출신 이승교의 아들로 태어남. 아명은 독립이었고, 본관 海濱 아호는 誠齋라 함.
1880	8	향리의 私塾인 大成齋에 들어가 한문을 익힘. 아전이던 아버지 이승교로부터 장차 아전이 되기 위한 예의·법도를 배움. 모친이 병사하여 부친의 영향하에 성장함.
1890	18	出任하여 단천군수의 시중드는 通人으로 발탁됨. 단천군수 홍종후가 폭정을 일삼자 의분을 못이겨 홍종후를 규탄하고 육군무관학교에 입학하기 위하여 상경함.
1896	24	당시 고향의 선배이며 고종의 절대적 신임을 받고 있던 이용익의 도움으로 육군무관학교에 입학함. 20대 중반의 만학도로서 신사상과 근대적 군사기술을 습득함. 독립협회 활동을 목격하고 민권사상의 중요성을 인식 함
1897	25	육군무관학교를 졸업하고 參尉(少尉)로 임관하여 궁전진위대 근위장교로 근무함.

1899	27	7월 원수부 군무국원에 임명됨. 11월 副尉(中尉)로 승진함.
1900	28	12월 正尉(大尉)로 승진함. 당시 원수부 회계총장 민영환에게 사숙하여 훈도를 받고 애국심을 고취하였으며, 일본 육군사관학교 출신인 이 갑·노백린·유동열 등과 교류를 가짐.
1901	29	參領(少領)으로 승진하여 경상도·충청도·전라도를 순찰·검사하는 삼남검사관으로 임명됨. 삼남검사관으로 6개월 간 근무하면서 삼남지방군수 14명을 파직케 하고, 50만량의 엽전을 압수하여 국왕에게 바침.
1902	30	安東營將을 역임 함. 민영환·이 준·이용익 등이 중심이 되어 비밀결사체인 개혁당을 조직하자, 이상재·이상설·박은식·이 갑·노백린·남궁억·양기탁·장지연·이도재 등과 함께 이 당에 가입하여 개혁정치를 도모하려 함.
1903	31	5월 강화도 진위대장으로 임명 됨. 전임 진위대장 윤철규의 30만냥 횡령 및 진위대 병사 요식비 착취 사실을 규명코자 함. 11월 강화도에서 미국인 선교사 벙커와 박능일 목사가 2~3명의 학생으로 岑茂義塾이라는 사숙을 운영하고 있음을 보고, 이것을 확대·발전시켜 강화도 최초의 근대적 사립학교인 합일학교를 설립함. 기독교가 서양 근대문명의 근본이라는 판단에서 문명개화를 위해서는 그 근본인 기독교를 수용해야 한다는 입장에서 기독교에 입교 함. 12월 5일 밤 윤철규가 러시아 간첩이라고 모함한 무고를 항의하기 위하여 4명의 부하를 이끌고 윤철규를 방문함.

| 1904 | 32 | 대한보안회의 후신으로 이 준이 개혁당 출신을 중심으로 조직한 대한협동회에 참여하여 일제의 토지침탈획책에 대한 반대투쟁을 전개함. 대한협동회는 회장: 이상설, 부회장: 이 준, 총무: 정운복, 평의장: 이상재, 편집부장: 이승만, 지방부장: 양기탁, 재무부장: 허 위, 서무부장: 이동휘 등이 활약하였는데, 조직강화 후 이동휘는 평의장이란 직책을 맡아 일제의 인권유린실태·국법침탈행위 등을 강력히 성토 함. 尹明三·劉景根 등과 함께 민족계 사학인 普昌學校를 설립 함. 12월 일진회를 박멸키 위해 결성된 共進會에 참여 함. |

| 1905 | 33 | 1월 초 재판결과 윤철규가 석방되고 부하 4명이 처벌되자 3월 3일자로 강화도 진위대장직을 사임 함. 11월 「을사늑약」에 의하여 조국이 반식민지화 되어가자, 「遺疏」·「斬賣國公賊聲罪文」 등을 국왕에 상소하여 매국노의 처단을 촉구하고, 「遺告二千萬同胞兄弟書」·「遺告法官諸公閣下書」·「遺告縉紳疏廳書」 등을 발표하여 민중·법관·고관들에게 반일 의식을 고취시킴. 그리고 「遺告林公使書」·「遺告長谷川大將書」 등의 글을 주한 일본공사 林權助와 주한 일본군사령관인 長谷川好道에게 보내어 「을사늑약」의 위법성을 지적하였는데, 이 글은 당시 전국 각지에서 일어난 의병투쟁의 사상적 기반이 됨. |

| 1906 | 34 | 4월 大韓自强會의 지부를 강화도에 유치하여 지부장을 맡음. 6월 신채호가 주도한 국문잡지 『가정잡지』 발행에 주시경·장지연·유창준·최광옥·안상호 등과 참여하여 언론인으로도 활동 함. 10월 박은식· |

김병희·신석하·장응량·정운복·이 갑·유동열·
노백린 등 평안도·황해도 출신 인사들을 중심으로
조직된 西友學會에 입회함과 동시에 강화도에 서우
학회 지회를 설치함. 그리고 전덕기·이원긍·유진호
·서상팔 등이 주축이 되어 조직한 國民敎育會에 이
갑·현 채·유 근·권정수 등과 가입하여 지방유학생
지원 및 국민계몽과 애국사상 고취에 주력함. 이 준
·이종호·오상규·유진호·소태희 등 함경도 출신
인사들을 중심으로 漢北興學會 결성에 참여하여 평의
장이란 직책을 맡음.

1907   35   3월 한북흥학회 부회장의 직책을 맡아 오상규 등과
지회설립을 독려하고 동시에 이종호와 함경도 각
지역을 돌아다니며 신교육의 중요성과 학교설립을
촉구 함. 보창학교 학생수가 수백명에 달하여 소학
·중학·고등 3과로 나누어서 가르치고, 교명을 育
英學校라 개명함. 이 갑·유동열 등과 비밀결사체인
新民會를 조직 함. 신민회의 창건위원을 역임하고
평의원 및 함경도 총감의 직책을 맡아 민중계몽운
동에 주력 함. 8월 군대해산령과 함께 서울 시위대
의 봉기소식이 전해지자, 이동휘의 영향을 받은 강
화도 진위대의 김동수·연기우·지홍윤·이기동·
유명규 등이 의병봉기 함. 이들과 전등사에서 밀의
하던 가운데 배후인물로 체포되어 경기도 인천 앞
바다 대무의도에 유배 됨. 12월 미국인 선교사 벙커
의 노력으로 석방 됨.

1908   36   1월 안창호·이 갑·유동열 등과 함께 서우학회와
한북흥학회를 통합하여 西北學會를 조직 함. 서북학

회 창립시 임시의장을 맡은 이동휘는 선거위원·평
양지회 총대를 역임하고 6월 모금위원으로 **활약** 함.
2월 보창학교의 소학교를 중학교로 개편하여 이 학
교를 모델로 전국각지에 자매학교를 설립 함(개성
보창학교·김천보창학교·장단보창학교·풍덕보창학
교·안악보창학교·호흥보창학교·함흥보창학교).

1909	37	봄 캐나다 선교사인 그리어슨 목사가 전도사업을 하는 전도사로 임명 함. 10월 安重根의 伊藤博文 살해 사건이 일어나자 일제는 이동휘·안창호·이 갑·유동열 등이 이 사건과 관련혐의가 있다 하여 체포하였는데 안창호는 개성헌병대에 이동휘는 이 갑·유동열과 함께 용산헌병대에 구금됨.
1910	38	1월 용산헌병대에서 석방된 후 그리어슨 목사와 함께 함경도지역을 돌아다니며 기독교를 통한 계몽운동을 전개함.
1911	39	7월 양기탁 등 보안법사건을 날조하여 만든 '105인 사건'에 연루되어 서간도에 무관학교를 설립하고 독립전쟁을 일으켜 국권을 회복하려고 하였다는 혐의로 인천 앞바다 대무의도에 유배됨. 그리어슨 목사의 도움으로 석방된 후 복음전파에만 열중하여 일제의 감시를 피하려 함.
1912	40	이동춘·정재면·박찬익 등과 함께 간민자치회의 북간도 한인대표로 선발되어 북경 혁명정부에 파견됨. 여원홍 총통을 만나 간민자치회의 승인과 협조를 요청하였으나, 자치라는 말은 삭제하고 간민회만을 승인받음. 3월 그리어슨 목사·김 립·윤 해·계봉우·정연호·장기영·고명수·오영선·유예균·마진

· 서상용 · 김하석 · 김하구 등 기독교인들과 연해주
· 북간도 · 함경도를 포괄하는 한 · 중 · 러 기독교
선교단(일명 : 삼국전도회)를 조직하여 총무로써 활
약 함. 연해주 블라디보스톡에서 신채호 · 이 갑 등
이 중심이 되어 조직한 광복회의 북간도 지회를 설
치함.

| 1913 | 41 | 2~3월경 일제의 추적을 피하여 북간도 연길현 용
정 명동촌으로 망명함. 재만한인을 위한 농업진흥책
을 강구하고, 광성학교 · 길성여학교 · 배영학교 · 종
명학교를 세워 학교설립을 통한 계몽운동을 전개함.
특히 부흥사경회를 인도하면서 여성교육을 역설하
여 명동학교내 명동여학교가 부설됨. 김 립 · 장기
영 · 이종호 · 오영선 · 김광은 · 김영학 등과 함께 왕
청현 수분대전자 태평구에 **東林武官學校(大甸武官
學校)**을 설립하여 무장투쟁을 통해 국권을 회복하
려 함. 김 립 · 오주혁과 함께 밀산의 산속에 **密山武
官學校**를 설립함. 9월 권업회의 초청으로 연해주 블
라디보스톡 신한촌에 도착함. 10월 남도파 · 북도파
등 지방색을 타파하기 위하여 각파 중요인물인 이
종호 · 이 갑 · 정재관 · 유동열 · 오주혁 · 홍범도 등
을 신한촌 강양호 집으로 초대하여 파벌청산을 결
의하게 함. 김도여 · 이종호 등이 권업회 의장으로
교체 선임되고 한형권 · 김 립 · 윤 해 등과 함께 총
무에 지명됨. 이범윤 · 홍범도 등과 의병대책을 협의
하여 북간도지역 의병과 공동 대일항전을 결의하고
권업회에 재정적인 지원을 요청함. 권업회의 각 지
역을 순회하면서 민중계몽 강연회를 개최하여 항일

애국심을 고취시킴.

1914   42   이상설·이종호·이동녕·정재관·이 강 등과 함
께 러일개전이 실행되면 러시아와 연합하여 일제
와 독립전쟁을 수행하고자 대한광복군정부를 조
직함. 대한광복군정부의 정통령에 이상설이 선임
되고 부통령에 지명됨. 7월 제1차 세계대전이 일
어나자 러시아는 전시정책 채택하고 일본·독일과
동맹국이 되어 한인 독립운동가들을 탄압하므로 12
월 이종호·김 립·장기영·김하석·오영선·한 홍
·김성남 등과 왕청현 수분대전자 태평구의 동림무
관학교로 이동하여 학교운영에 참여하면서 독립군
양성에 주력함.

1915   43   3월 21개조 문제로 중·일간에 긴장이 고조되자 북
간도지역 항일독립운동 세력을 규합하여 한·중연
합에 의한 대일무장투쟁을 계획함. 제1차 세계대전
이후   이상설·박은식·신규식·조성환·유동열·유
홍열·이춘일·성낙형 등은 중·일전쟁 혹은 독·
일전쟁을 예견하고 신한혁명당을 조직하여 한·중
·독의 연합군으로 일제와 대항하려 하였는데, 재정
·통신·연락 및 당원을 모집하는 장춘지부장에 선
임됨. 신한혁명당의 활동이 실패로 돌아가자 추종세
력들과 동녕현 삼분구에 北賓義勇團을 설립하고 왕
청현 나자구에 무관학교를 설립하여 독립군 양성에
주력함. 혼춘지역의 이봉우·윤 해 무장세력과 연해
주지역의 황병길 무장세력과 연계하여 거병을 기도
함. 김기룡·전 일 등이 조직한 노동회의 지원을 받
아 일련의 무장행동을 취함.

1916	44	일본 비밀첩보대는 이동휘가 중국 동부지역 철도를 파괴하려고 계획하고 있으며, 반러폭동을 기도하는 독일첩보원이라는 소문을 체계적으로 유포시킴. 12월 중국에서 간행되는 『만주리아 데일리 뉴스신문』 '동청철도 파괴공작' 기사 게재 주모자로 이동휘를 거론 함.
1917	45	1월 독일간첩험의로 체포 됨. 감옥에서 볼셰비키들과 접촉하면서 「공산당선언」과 레닌의 「유물론」·「경험비판론」 등을 탐독하고 원시적 초기 공산주의자로 육성되어감. 12월 자유시 지방의 러시아 육군 감옥에 투옥되어 있다가 유 스테판·최고려·박 이반·김기룡 등의 동지들과 나이바트·수카노프·우트킨 등 볼셰비키들의 노력으로 고곤도고프장군에 의하여 석방 됨.
1918	46	2월 볼셰비키 극동인민위원회 의장 크라스노 시체코프의 주최로 하바로브스크에서 개최된 한인혁명가 회의에 양기탁·유동열·이동녕·김 립·박 애·이한영·전 일·안공근·안정근·윤 해·김하구·알렉산드라 페트로브나 김·오성묵·오하묵·이인섭·유 스테판·오 와실리·임 호 등과 참석함. 극동인민위원회 외교인민위원장인 알렉산드라페트로브나 김의 소개로 극동인민위원회 의장 크라스노 시체코프를 만났는데, 볼셰비키혁명에 적극참여 한다면 항일독립운동을 지원해 주겠다고 함. 크라스노 시체코프의 주선으로 양기탁·오 와실리 등과 함께 독일 포로장교와 회견을 갖고 일제의 시베리아 출병에 대한 공동대책을 논의하고 항일독립운동에 협력하고 있던 길림장군 맹사원

과도 연락하여 대일 공동무력투쟁을 추진함. 4월 28
일 하바로브스크에서 김 립·유동열·이인섭·이한영
·전 일·오성묵 등 비귀화 망명세력과 알렉산드라
페트로브나 김·박 애·오하묵·유 스테판·오 와실
리·박 봉·임 호 등 귀화한인 세력을 중심으로 한인
사회당을 창당하고 위원장에 선출됨. 유동열·김 립
·이한영 등과 함께 전로한족회중앙총회 의장인 문창
범, 지방한인회 의장인 김 보 등과 접촉을 갖고 하바
로브스크 볼셰비키당 지지아래 일본군과 싸우기로 결
의함. 6월 13일부터 24일까지 개최된 전로한족회중앙
총회 제2차 회의에 한인사회당의 주도세력인 박 애·
이한영·김 립 등과 참석하여 레닌을 수반으로 하는
소비에트 정부만이 한인의 토지문제 및 노동자들의
지위를 향상시킬 수 있다고 레닌정부의 지지·승인
결의안을 제출함. 또한 전로한족회중앙총회 집행위원
회를 개선하고 하바로브스크로 이전하여 볼셰비키
세력과 제휴·협력하여 한인사회당의 영향력을 확
대 시키려 하였으나 실패하고 명예회장으로 추대 됨.
8월 일본군·체코군·백위파군 등에 의한 연합적
공세는 볼셰비키세력과 한인사회당 세력에게 큰 타
격을 주어서 유동열·김 립·이한영 등 한인사회 당
주도인물들과 중국령 요하현으로 이동함. 요하현에
서 길림의 정안립이 주도하는 韓族生計會의 지부 를
목능역 부근에 설치하고 중동철도연선지역의 한인
과 노령의 한인 독립운동가들을 규합하여 황무지 의
개간, 학교·교회의 설립 등 항일독립운동기지 건설
을 주력하면서 정세의 변화를 관망함.

| 1919 | 47 |

2월 25일 전로한족회중앙총회가 전로국내조선인회의를 개최하여 전로한족회중앙총회를 확대·개편하여 대한국민의회를 조직하였는데 선전부장으로 선출됨. 4월 25일 블라디보스톡 신한촌에서 한인사회당 대표자대회를 개최함. 5월 초순 연해주 니콜리스크 부근에서 당시 혼춘현에 본부를 두고 있던 항일무장단체 신민단의 단장 김규면과 회담하여 한인사회당과 신민단의 통합을 선언함. 중앙소비에트 정부 및 코민테른으로부터 지원을 받기 위하여 박진순·박 애·이한영을 파견하기로 결정하고, 국제주의에 입각하여 극동의 진보세력과 연합하기 위하여 일본·중국에도 대표단을 파견함. 8월 30일 김 립·남공선·오영선 등 한인사회당 추종세력을 이끌고 상해 임시정부 국무총리로 취임하기 위하여 블라디보스톡을 출발하여 9월 18일 상해에 도착 함. 10월 28일 안창호·이동녕·이시영·신규식 등 각부 총장들 및 임시정부 요인들과 최초로 시국문제에 관한 회합을 갖고, 여운형·안공근·한형권 등 3인을 임시정부 대표로 레닌정부에 파견하기로 결정 함. 11월 코민테른에는 공산주의 이론에 밝은 박진순을, 레닌정부에는 정치적 수완이 있는 한형권을 각각 파견하여 러시아의 신임과 원조를 확보하기 위하여 노력함. 11월 3일 내무총장 이동녕·법무총장 신규식·재무총장 이시영·노동국총판 안창호 등과 함께 상해 임시정부 국무총리로 취임함. 국무총리 취임 후 만주지역 독립운동단체에 대한 공산주의 선전 및 그들과의 연계를 갖기 위하여 유동열을 파견함.

이 용을 상해 임시정부 북로군사령관으로 임명하여
간도에 파견 함.

1920   48   2월 이승만의 친미외교독립노선을 비판하여 윤현진
· 김 립 · 정인과 · 김희선 · 이규홍 · 김 철 등 임시
정부 차장 및 비서장들과 함께 이승만 퇴진운동을
전개하고, 5월 이승만 불신임안을 제출함. 6월 이동
녕 · 신규식 · 이시영 · 안창호 등 친이승만파에 의하
여 불신임안이 거부되자, 전격적으로 국무총리직을
사임 함. 7월 말 김 립이 보낸 편지가 안창호에 의하
여 발각되어 문제가 제기되자, 사태를 수습코자 다
시 국무총리직에 복귀함. 8월 초 이한영 · 김 립 · 김
만겸 등 한인사회당 간부들과 협의하여 한인사회당
의 명칭을 고려공산당(한인공산당)으로 개칭하고 책
임 중앙위원으로 선출됨. 고려공산당에 여운형 · 조
완구 · 신채호 · 안병찬 · 이춘숙 · 조동호 · 최창식 · 양
헌 · 선우혁 · 윤기섭 · 김두봉 등 민족진영 일부인사들
을 규합하는데 성공함. 12월 일본군의 대토벌에 의하
여 만주지역 독립군이 밀산을 거쳐 시베리아 이만으
로 이동할 때 긴급구호금 2만원을 보내어 이들을 위
로함.

1921   49   1월 10일 박진순 · 김 립이 레닌정부로부터 가져온
40만 루불의 자금으로 구 한인사회당 대표자대회를
개최함. 1월 23일 김 립 등과 함께 정부의 자금을
횡령하였다고 상해 임시정부가 고발하는 포고를 내
림. 1월 24일 상해 임시정부 국무총리직을 사임함.
5월 20일 고려공산당 대표자회의에 한인사회당 대
표인 김 립 · 박진순 · 김하구 · 한형권 · 박 애 · 계봉

우·장도정·김 진·이 용 등과 조선국내 대표인
김철수·이봉수·주종건·김종철·도용호·김철수·
김달호·송무영 등 사회혁명당 당원과 시베리아 빨치
산 대표, 만주지역 독립운동 대표들과 함께 참석하여
중앙위원장으로 선출 됨. 5월 23일 당선언·강령·당
칙을 제정하여 상해파 고려공산당을 정식으로 출범시
킴. 또 레닌정부 자금으로 간도·만주방면을 대상으
로 공산주의 선전활동을 전개함. 레닌정부 자금으로
일본(6,500엔)·중국(만 천엔 혹은　2만엔)·국내(4
만 5천원 혹은 4만 8천원 또는 5만원)의 공산주의자
들에게 원조를 행함. 6월 박진순과 통역 이극로를 대
동하고 상해를 출발하여 모스크바로 감. 11월 28일
상해파 고려공산당의 대표인 박진순·홍 도·김 아파
나시(통역) 등과 함께 레닌과 회담함. 코민테른 지시
에 의하여 상해파·일크츠크파 고려공산당이 통합하
기 위하여 고려공산당 임시연합간부를 설치하였 는
데, 홍 도·안병찬·한명세 등 8명과 함께 위원으로
선출 됨.

1922　　50　　2월 상해파 김철수, 일크츠크파 안병찬·한명세 등
과 함께 회합을 갖고 양파 통합방안을 모색했으나
실패 함. 5월 치타에서 상해파·일크츠크파 양파의
통합을 위한 임시연합간부회의가 소집되었는데, 상
해파 이봉수·김동한·김철수, 일크츠크파 한명세
·이 성·김응섭·장건상 등과 함께 참석 함. 6월 양
파 블라고베센스크에서 다시 회합을 갖고 군사
최고기관인 고려중앙정청을 조직하고 통합당대회를
개최하기로 결정함. 고려중앙정청 고문으로 선출

됨. 10월 15일 양파 통합당대회가 웨르흐네우진스크에서 개최되어 120명의 각파 대표가 참석하였는데, 김철수·윤자영 등 20명과 함께 상해파 대표로 참석함. 일크츠크파 김일성·장건상, 상해파 윤자영·김철수 등과 함께 집행부에 선임됨. 11월 9일 코민테른 집행위원회 총비서 꾸시넨 앞으로 대회상황에 관한 견해를 발송 함. 12월 중순 코민테른의 출두명령으로 상해파 윤자영, 일크츠크파 한명세·김만겸, 무소속 정재달·정태신과 함께 모스크바에 도착함. 12월 코민테른 집행위원회가 상해파·일크츠크파 양파의 해산을 명하고 코민테른 극동국 산하에 꼬르뷰로(고려국)을 설치하여 그 지도하에 한국공산주의운동의 통일을 실현하라고 지시함에 따라 꼬르뷰로 의장에 보이틴스키 고문에 정재달이 임명되고 위원으로 상해파에서는 이동휘·윤자영이, 일크츠크파에서는 한명세·장건상·김만겸 등이 임명 됨.

1923	51	2월부터 4월까지 꼬르뷰로는 주1회씩 정례회의 가지면서 순수주의자만으로 관리 채용하는 한인공산주의 조직·정리작업을 행하였는 데, 이 사업을 한명세·김만겸·정재달 등과 행하여 30명의 인원을 도태시키고 새로운 요원으로 충원시킴. 2월 상해파 고려공산당의 자파세력으로 구성된 적기단의 본부를 만주 영안현 영고탑에 설치케 함.
1924	52	2월 꼬르뷰로가 해산됨에 따라 블라디보스톡 신한촌의 당 도서관장이라는 한직에 배치됨. 당 도서관장재직시 문맹퇴치운동을 전개함.
1925	53	1월 「일소기본조약」이 체결되자 격분하여 블라디보

스톡을 떠나 스챤부근에 은거함. 1월 18일부터 22일
까지 5회에 걸쳐서 『동아일보』에 '동아일보를 通하
야 사랑하는 內地同胞에게'라는 글을 발표 함. 1월
25일 '레닌서거 1주년을 맞이하여'라는 글을 『선
봉』에 발표 함. 11월 국내 공산당의 狀況을 알아 보
기 위하여 박웅칠을 비밀리에 서울에 파견하여 김철
수를 만나게 함.

1926   54   해삼위시 신한촌에서 열린 조선노력군중대회에 참
석하여 연설한 후 해삼위시 국제혁명자후원회 시간
부 조직지도원으로 임명됨.

1927   55   1927년부터 1929년까지 해삼위시 국제혁명자후원회
시간부로 활동 함.

1928   56   연해주 원동변강국제혁명운동자후원회에서 지도위
원으로 활동함. 7월 17일부터 9월 1일까지 열린 코
민테른 제6차 대회에 서울청년회파를 대표하여 김규
열과 함께 내빈자격으로 참가함. 코민테른 조선문제
위원회의 호출에 김규열·김단야(화요회파) 등과 함
께 응함. 12월 코민테른으로부터 「12월테제」가 발표
되자, 이 문건을 가지고 김규열과 함께 블라디보스
톡으로 돌아옴. 블라디보스톡에 돌아온 후 자파세력
들에게 코민테른의 견해를 설명하고 파벌을 초월하
여 조선공산당을 조직할 것을 결의한 후, 김철수·
윤자영·오산세·김일수·최동욱·조덕진(상해파),
김규열(서울청년회파), 안상훈(화요회파), 김영식(ML)
등과 회합을 갖고 조선공산당 재건방도를 협의함.

1929   57   조선공산당재건준비위원회에서 코민테른과 연락사
무를 담당하는 총지휘자로 선정됨.

1930	58	1930년부터 1935년까지 변강국제혁명자후원회에서 활동함.
1932	60	10월 12일 원동변강국제혁명자후원회에서 활발한 활동을 전개하였다고 훈장을 표창받음.
1935	63	1월 31일 블라디보스톡 신한촌 자택에서 '고령과 피로'로 지쳐서 사망함.

부 록

乙巳勒約 抗辯運動 資料

遺 疏

臣은 草野에 있는 몸으로 재주도 없고 學識도 적어 만에 하나라도 남들과 같은 것이 없었지만 후한 國恩을 입어 군대의 책임을 지고 친위대와 外鎭을 출입한지 8년이 지났습니다. 그러나 국방에 대한 대책은 하나도 세우지 못하고 공연히 俸祿만 축내고 있었으므로 금년 이후 本職의 해임을 간청하며 江都(강화도)로 내려가 교육에 종사하면서 이것으로 만분의 일 이라도 國恩에 보답하려고 하였습니다. 그러나 前月 중순에 禍가 우리 나라로 옮겨 온다는 소식을 듣고 평일처럼 시골에만 있을 수 없어 허겁지겁 漢城으로 들어와 當局諸臣들의 정중한 대응을 기대하고 있었습니다. 그후 몇일이 안되어 賊臣들의 나라 망치는 이런 지경에 이르러 陛下의 일이 이미 그르치게 되었으니 臣이 어찌 痛歎하지 않겠습니까? 臣이 어찌 분통해 하지 않을 수 있겠습니까?

아! 저------ 5賊들은 外寇와 호응하여 자신의 영화를 누리는 기화로 삼고, 先王의 강토를 남에게 맡기어 草芥처럼 여기고 있으니 이런 일을 할 수 있다면 무슨 일을 못하겠습니까? 이들을 용서해 주자고 말한 사람들은 "그들도 陛下의 臣子인데 어찌 賣國할 마음이 있겠는가?

당일의 情狀은 外寇兵士들의 협박에서 나온 것이다"라고 합니다. 참
으로 이 말과 같이 생각한다면 그 賊臣들을 위해 변명할 것도 없습니
다. 남의 신하가 된 사람은 國難을 임하여 위태로운 경지에 처하더라
도 죽을 힘을 다하여 그 뜻을 지켜야 할 것입니다. 이미 이와 같이 하
지 못한다면 그 죄를 어찌 면할 수 있겠습니까? 하물며 聖上의 뜻이
이미 정해져 있으므로 外寇들의 한없는 요구를 확고하게 물리치시어
심지어 君臣이 모두 殉國하자는 하명이 있었으나 이미 對揚을 하지
않았으니 그 죄를 어찌 피할 수 있겠습니까? 그렇게 생각하나 이렇게
생각하나 賊臣들의 흉두ㆍ逆腸은 이미 남김없이 탄로되었으므로 속히
邦刑으로 바로잡는 것이 마땅한 일입니다. 그러나 지금 陛下께서는
外寇들에게 견제되어 차마 그들에게 형벌을 가하지 못하고 계시므로
국가의 수치가 날로 심하고 公憤이 다시 격렬해지고 있으니 어찌하면
좋겠습니까? 가령 賊徒들이 조금이라도 신하다운 마음이 있다면 당연
히 이 곳을 물러나 자결로써 자신의 죄를 만분의 일이라도 속죄해야
할텐데 그들은 오히려 禁中에서 날뛰며 聖上의 이목을 擁蔽하고 외국
공관과 결탁하여 禍亂의 기반을 조성하고 있으니 이들의 凶謀는 매국
에만 그치지 않을 것입니다. 그들의 陰詐와 險毒은 어느 곳에 그 伏
線이 있는 줄도 모르겠습니다. 그러므로 臣은 그 분통스럽고 절박한
마음을 견딜 수 없어 감히 隻手로 그들을 죽이어 불이 처음 타오를
때 禍를 예방하려고 하옵니다. 그 凶賊들이 소탕되면 즉 大運이 만회
될 것입니다. 그것은 臣의 분수로는 맞지 않지만 단 오늘의 경우는
부득이한 일입니다. 그리고 이 일을 陛下와 지척의 거리에서 벌이고
있으니 臣의 정상도 큰죄를 스스로 부르고 있다는 것을 면치 못할 것
입니다. 이 한 몸이 죽기를 결심하여 국가의 체통을 보존하겠사오니
폐하께서는 죽은 후에 賊徒의 머리를 네거리에 걸어 天地의 神人에게
사죄하시고 또 용단을 내리시어 그들의 僞約을 취소하고 우리의 大權

을 되찾으신다면 신이 죽는 날은 살아나는 날이 될 것입니다. 신은 蒼黃하고 痛迫하여 피눈물을 흘리고 목이 메인 것을 감당할 수 없어 삼가 자결할 것을 아뢰옵니다.

光武　9년　12월　일　將死臣　李東暉　泣血上言

斬賣國公賊聲罪文

賣國公賊들아! 너희들의 죄는 神人이 共憤하고 있는데 아직도 천지 사이에 몸을 보존하고 있느냐? 賣國公賊들아! 너희들이 우리 宗社를 전복하고 아직도 그 凶腸으로 우리 至尊(임금)을 대하고 있느냐? 賣國公賊들아! 너희들이 우리 生靈(백성)을 멸하고 아직도 뻔뻔한 낯으로 우리 동포를 대하고 있느냐? 賣國公賊들아! 남이 너희들의 재산을 차지하고 너희들의 妻子를 노예로 삼는다면 너희들은 좋겠느냐? 반드시 좋아하지 않을 것이다. 그렇다면 너희들은 私有權을 향유하는 것과 윤리상 참아 할 수 없는 마음이 이성을 간직한 사람과 같은데 어찌 국가의 백성들을 생각하지 않느냐? 賣國公賊들아! 너희들이 감히 온 국토를 남에게 주고 너희 몸만 편하게 하려고 하지만 너희들도 따라서 죽을 것이며 너희들이 감히 온 국민을 남의 노예로 만들고 너희 가정만 즐겁게 살려고 하지만 너희들도 따라서 그들의 臣僕이 될 것이다. 하물며 너희들의 祖先들이 우리 祖宗의 厚意를 입고 너희들도 우리 聖上의 厚恩을 받았는데 평일에 그 은혜를 조금이라도 보답하지 못하고 또 어려운 때를 당하여는 敵愾心마저 없이 도리어 기회를 엿보아 禍亂을 빚어내고 있다. 그리고 그들의 마음과 입을 빌어 함부로 僞約을 체결하여 우리의 大權을 割讓하고 우리 聖上에게 협박을 가하고 있으며 너희들의 죄가 이미 큰데도 지척의 거리에서 도사리고 있으면서 諫諍할 길을 막고 忠良들을 모해하고 있다. 그 禍는 곧 불꽃처럼 타오르기 시작하여 어떻게 저지할 수도 없다. 너희들을 용서해 주자고 말한 사람들은 "너희들도 폐하의 臣子이니 어찌 매국할 마음이 있겠는가? 당일의 情跡은 外寇의 협박에서 나온 것이다"라고 한다. 참으로 이 말과 같다 하더라도 너희들은 어떻게 변명할 수도 없을 것이다. 남의 신하가 되었으면 난리를 당하여 아무리 위태로운 지경에 처하더라도 죽을 힘을 다하여 그 뜻을 지켜야 하는 것인데 이미 이와 같이 하지 못하였으니 너희들은 그 죄를 어찌 면할 수 잇겠느냐? 그리고 聖上의 뜻이 이미 정해져 있어 外寇들이 한없이 요구하더라도 확고히 물리치시고 심지어는 君臣이 일체 殉國을 하자는 하교까지 있었지만 이것마저 對揚하지 않았으니 너희들은 그 죄를 어찌 피할 수 있겠는가? 너희들의 죄가 하늘에 닿았으나 國法을 관장하는 사람이 아직도 너희들을 梟首하지 않고 있으니 국법을 관장하는 사람도 그 죄를 면치 못할 것이며 너희들의 죄가 하늘에 닿았지만 너희 조상들의 英靈이 아직도 너희들을 죽이지 않고 있으니 너희 선조들의 英靈도 그 죄를 면하지 못할 것이다. 그리고 너희들의 죄가 하늘에 닿았지만 너희들의 부모들도 아직 너희들을 죽이지 않고 있으니 너희 부모들도 그 죄를 면하지 못할 것이다.

아------ 애통하고 또 애통하다! 나는 너희들과 본래 아무런 은정과 원한이 없는 사이지만 너희들의 죄가 크고 또 너희들의 禍가 길어져 천지 사이에 용납할 수 없으므로 너희들의 머리를 베어 위로는 聖上의 근심을 덜고 아래로는 公憤을 해소하려고 하니 너희 賣國公賊들은 나의 칼을 받아라 나의 칼은 사적인 것이 아니라 2천만 동포들의 피가 모여 만들어진 것이다.

光武　9년　12월　일　　大韓帝國陸軍參領　李東暉

遺告二千萬同胞兄弟書

　우리는 이룩해야 할 도리를 다하지 못하여 이런 禍가 발생하였으니 우리 동포들은 자신이 지은 죄를 면할 수 없을 것입니다. 그렇다면 누구를 원망하고 누구를 잘못했다고 할 수 있겠습니까?

　아! 東暉는 천성이 駑鈍하고 학문도 이루지 못하여 동포들에게 아무런 도움도 없었으며 장년의 나이에는 군대의 책임을 맡고 있었으나 국방에 대한 아무런 대책도 세우지 못하고 있었으니 그 죄가 크다고 할 것입니다. 그러므로 금년 봄에 제 자신이 군직을 그만두고 江都의 시골에서 교육에 종사하여 이것으로 만분에 일이라도 국가에 보답하려고 하였습니다. 그러나 지난 달 중순에 禍亂이 우리 나라로 옮겨온다는 소식을 듣고 단신으로 한강을 건너 국가의 安危를 살피려고 하였습니다. 이때 겨우 城 밑에 도착하여 들은 바로 凶賊들이 나라를 그르치는 것이 이 지경까지 이르렀으니 하늘이여! 하늘이여! 어쩌다 참아 이런 지경에 이르게 되었습니까?

　東暉가 비록 지혜와 용맹은 없지만 더욱 피가 끓은 지는 10년이 되었으므로 저------ 凶賊들과 맹세코 한 하늘 아래서 살지 않고 단칼에 그들의 머리를 베어 하늘이 무너지고 땅이 꺼지는 慘禍를 막겠습니다. 그리고 東暉의 한 몸이 죽더라도 우리 2천만 동포들이 영원히 살아남을 수 있는 길을 마련하겠습니다. 아!------ 우리 동포들아! 한 마음으로 노력하여 망해가는 우리 宗社를 붙잡고 모욕을 당한 우리의 君父를 방어하라. 그리고 피폐한 우리 백성들을 구제하여 자신의 죄를 속죄하라. 내가 죽음에 인하여 할 말이 있습니다. 그것은 東暉가 일찍부터 종교를 믿었습니다. 내 자신이 생각할 때 이것이 아니면 서로 사랑하는 마음이 없었을 것이며 이것이 아니면 애국하는 마음도 없었을 것이며 이것이 아니면 독립할 마음도 없었을 것 입니다. 이렇 듯 자신을 닦고 강하게 하는 것은 모두 이것에 기인한 것이며 임금에 게 충성하고 나라를 사랑하는 것도 이것에 기인하고 독립과 단결을 외치는 것도 이것에 기인하고 학문과 교육도 이것에 기인하였습니다. 그러므로 아! 우리 동포들은 노력하고 믿으시기 바랍니다.

遺告縉紳疏廳書

동휘는 삼가 재배하고 피를 뿌리며 이 글을 縉紳들의 疏廳에 올립니 다.

아!------ 諸公閣下들이시어! 지금 국가가 망해가는 이때 日月같이 빛 나는 忠義와 江海같이 출렁이는 熱血로 疏章을 받들고 대궐 앞에서 외치어 장차 죽은 후에나 그만 두려하고 계십니다. 국가를 회복하는 기반이 바로 여기에서부터 시작된 것이라고 말할 수 있을 것입니다. 하물며 한 두 원로와 중신이 殉節을 하였으니 어찌 국가를 위하여 많 은 찬사를 보내지 않을 수 있겠습니까?

東暉는 본래 기질이 노둔하고 학문도 이루지 못하여 나라를 다스리 고 백성을 구제하는 일에는 참여하지 못하였습니다. 그러나 장년의 나이가 되면서부터 조금 兵書를 공부하고 군대의 책임을 맡아 親衛隊 와 外鎭을 출입한지 8년동안 국방에 대한 대책은 하나도 세우지 못 하고 공연히 祿俸만 축내고 있다가 금년 봄에 스스로 軍職을 사직하 고 江都로 내려가 교육에 종사하고 있었습니다. 그것은 늦게나마 그 공을 거두어 만분의 일이라도 국가의 은혜를 보답하고자 한 것입니 다.

 아! 우리 한국이 이렇게까지 疲弊하여 다리와 목에 병이 났는데도 치료할 수 없을 만큼 되었으니 어찌 애통하지 않겠습니까? 나라를 걱정하는 사람들은 西邦의 세력이 東方으로 들어오는 것이 염려스럽다고 하고 또 황인종과 백인종의 경쟁이 두렵다고 하면서 脣齒와 輔車의 형세로 隣邦을 의지하여 그들이 한결같이 보아주고 한결같이 사랑으로 대해 주기를 바라고 있습니다. 이에 弱肉强食하는 걱정이 도리어 같은 인종 사이에서 발생하여 인간의 도리가 없어지고 友誼가 쇠퇴되고 있으니 그것을 말한들 무슨 소용이 있겠습니까? 하물며 亂臣·賊子들이 한나라에서 화를 일으킨 후 함부로 僞約을 체결하여 우리의 大權을 그들에게 割讓하고 위태로운 말을 날조한 후 우리의 聖上을 협박하여 이 3천리 강토를 남에 맡기고 2천만의 生靈을 남의 노예로 삼고 있습니다. 그렇기 때문에 諸公閣下들께서 한결같이 울분을 터뜨리며 그들의 죄를 성토하고 그들의 僞約을 배척하고 있습니다.
 아! 이 東暉는 비록 지혜와 용맹이 없지만 더운 피가 끓은 지 10년이 되었습니다. 그러므로 前月 중순에 그 禍가 우리 나라로 옮겨 온다는 소식을 듣고 단신으로 한강을 건너 나라의 安危를 살피려고 하였습니다만 겨우 城 밑에 도달하였을 때 그 凶賊들이 나라를 그르쳤다는 말을 듣고 차라리 죽어 아무것도 모르는게 낫다고 생각하였습니다. 그러나 조용히 생각해 보니 그 凶徒들의 凶謀는 賣國에만 그치는 것이 아니라 그들의 목숨이 하루하루를 더 살아간다면 그 禍가 또 어디에서 발생할지 모를 일이므로 단칼에 그들의 머리를 베어 神人의 울분을 씻을 수만 있다면 동휘의 뜻은 이루어질 것입니다. 그러나 살아서 무엇을 하겠습니까? 아! 諸公閣下께서는 더욱 분발하시고 마땅히 함께 죽을 힘을 다하시어 기우러진 우리의 宗社를 붙잡으시고 쇠해가는 우리의 生靈을 보전해 주신다면 大韓이 매우 다행스러울 것이며 東亞가 매우 다행스러울 것입니다.

遺告法官諸公閣下書

東暉는 피를 뿌리며 삼가 우리 大韓帝國 法官諸公閣下에게 고합니다.

아! 관리라면 어떤 관리든 자상하고 신중하지 않아서야 되겠습니까만 법을 관장하는 관리처럼 자상하고 신중해야 할 관리는 없을 것입니다. 그리고 법을 집행하는 관리는 어느 때나 자상하고 신중하지 않아서야 되겠습니까만 시국이 어려울 때처럼 자상하고 신중해야 할 때는 없을 것입니다. 그런데 지금 국가의 수치와 君上의 모욕은 하루하루가 더욱 심해지고 있고 宗社의 顚覆과 生靈의 멸망은 朝夕에 달려 있습니다. 이것은 오로지 隣國의 침략에서 시작된 것이 아니라 그 원인은 亂臣・賊子들이 온 나라에서 禍를 일으키어 前古에 없던 奇禍를 조성하는데 있습니다. 그러나 諸公閣下들께서는 지금까지 편안하게 여기시어 그것을 평상시의 例로 보시고 國法으로 그들을 처형하지 않았으니 諸公들의 뜻이 과연 어디에 있는지 알 수가 없습니다. 이런 점으로 미루어 본다면 우리 國權이 쇠퇴하고 皇綱이 퇴폐해진 것은 오로지 賊臣들이 禍를 조성하는데 있는 것이 아니라 司法官들의 직무유기에서 그렇게 된 것이 아니겠습니까?

東暉는 비록 그 직책에 있지 않지만 저------ 凶賊들의 행위를 생각할 때 당연히 그들을 죽여야 합니다. 그리하여 至公無私한 칼로 그들의 머리를 베어 위로는 聖上의 근심을 해소하고 아래로는 公憤을 씻어야 합니다. 내가 어찌 殺身成仁한 사람이겠습니까? 부득이 하는 일입니다.

아! 법은 공연히 이행하는 것이 아니라 사람으로 인하여 시행하는

것이니 오직 **諸公閣下**들께서는 제각기 정신을 가다듬어 **氣節**을 고상
하게 하고 사람을 따라 그 법을 높게 적용하거나 낮게 적용하지 말고
마땅히 법으로써 그 사람을 조종하여 남의 신하된 사람들이 **凶賊**들의
행위를 본받지 않게 하시기 바랍니다. 다시 **東暉**와 같은 사람이 있으
면 **法官**을 장차 어디에 쓸 수 있겠습니까?

遺告林公使書

東暉는 피를 뿌리며 이 글을 **林公使 閣下**에게 올립니다.

조용히 생각할 때 **貴國**과 우리 나라가 수교한 이후 **閣下**가 폐방에
주재하고 있는지 이미 1년이 되었습니다. 그리하여 **兩家(兩國)**의 기쁜
일과 슬픈 일이 있으면 일찍 **和好**를 꾀하여 우의를 돈독하게 하지 않
는 적이 없었으므로 **東暉**가 비록 불민하지만 항시 **欽慕**하였습니다.
그리고 우리 한국은 열강 사이에 끼어 있어 자력으로 독립하기 어려
우므로 **脣齒**와 **輔車**의 형세로 **貴邦**을 의지하였습니다. 지난 날에도
日淸戰爭이 일어났을 때 우리에게 **扶植**할 기반을 얻었다고 말하고 **日
露戰爭**때에도 우리에게 발전할 기회를 잡았다고 말하였으므로 우리
나라 사람들은 **貴政府**에서 한결같은 시각과 사랑으로 대해 주기를 바
라고 있었습니다. 그후 **局勢**가 크게 변하여 **前日**에 말한 **扶植**은 침략
에 대한 책동 같았고 **前日**에 말한 한결같은 시각과 사랑은 **弱肉强食**
의 작태와 같았습니다. 이는 우리 한국의 바램이 너무 과하여 그러한
것입니까? 이로부터 여론이 변하고 우의가 점차 소원해진 것은 **貴公
使**도 잘 알고 계실 것입니다. 그리고 요즈음 말한 **新條約**은 그 뜻이
과연 어디에 있는지 알 수 없습니다. 모든 조약이 이익의 교환과 **意**

思의 자유를 본질로 하고 緩和와 平等을 체결하는 것으로 그 방식으로 삼고 있지만 지금 貴國에서 말한 조약이 과연 이런 취지에서 시작하여 이미 구체적인 案을 작성해 놓았습니까? 당일의 정상은 고사하고 이 가운데 우리 君臣上下가 어찌 용인할 수 있겠습니까? 이로부터 여론이 다시 변하여 友誼가 더욱 쇠퇴되고 있음은 貴公使도 잘 알고 계실 것입니다. 그리고 本朝의 당국자들이 貴使를 설득하여 그 실책을 보완하지 못하고 스스로 劍戟 사이에 정신을 잃어 결국 나라를 그르치는 지경에 이르렀으니 이것은 國賊이라 당연히 邦刑을 시행해야 할 것입니다. 그러나 聖上의 뜻은 修好를 혹 상할까 싶어 참아 그들을 처형하지 못하고 있으므로 이로부터 여론은 세번째 변하여 國交가 장차 끊길 위기에 놓여 있음은 貴公使도 잘 알고 계실 것입니다.

東暉는 본래 학문을 하지 않아 나라를 다스리고 백성을 구제하는 일에는 참여하지 않았습니다. 다만 천성이 慷慨하여 一片의 애국심을 기른지 10여 년이 되었습니다. 그리고 만일 凶賊으로 하여금 하루하루를 살게 놓아두면 우리 宗社가 곧 전복될 뿐만 아니라 그 害가 東亞一局에 미치므로 至公無私한 칼로 그들의 머리를 베어 그 禍가 불꽃처럼 번지기 시작할 때 예방을 해야합니다. 이것이 公憤이라는 것을 貴公使는 잘 알고 계실 것입니다.

아! 우리 大韓은 극히 피폐하였으며 貴邦도 國家大計를 위해 매우 고심하고 있습니다. 그렇다면 시험삼아 물어 보겠습니다. 貴邦의 大韓政策은 반듯이 "韓國은 自力으로 獨立하거나 自强으로 발전하지 못하므로 우리가 그 計策을 세우는 것은 自衛上 부득이한 데서 나온 것이다"라고 말하고 있습니다. 형세상 혹 그럴듯한 말입니다. 그러나 우리 韓國에서 보면 그 自衛라고 하는 것은 우리 國權을 해치고 있습니다. 그리고 貴公使는 일찍 "한국은 일본에게 신뢰를 얻지 못하고 있다"고 하였습니다. 그 말이 참으로 그럴듯 합니다. 그러나 어찌 국권을 잃은 처지에 신뢰에 강할 수 있겠습니까? 수년 이래 양국은 이미 갈등을 겪고 있어 밖으로는 7분의 交好를 누리고 있다 하더라도 안으로는 3분의 仇敵이 되고 있습니다. 그러므로 소위 東洋平和는 이로부터 결렬되어 漁夫가 거두는 功이 결국 누구의 손에 있을지 모르고 있으니 어찌 통탄하지 않을 수 있겠습니까?

아! 貴邦은 우리 東亞의 선진국이니 그 책임이 얼마나 크겠습니까? 그러므로 적은 일에 집착하여 큰 일을 잃지 말고 또 自國에만 후하고 他國을 박대하지 말기 바랍니다. 그리하여 그 光明正大한 의의와 한결같이 보고 다같이 사랑하는 정의로 扶植하고 維持하게 하여 그 人道를 존중하고 그 友誼를 소중하게 여기어 우리 兩國의 안전책을 도모한다면 天下가 매우 다행스러울 것입니다.

遺告長谷川大將書

東暉는 피를 뿌리며 이 글을 長谷川大將閣下께 올립니다.

조용히 생각할 때 만주전쟁이 발발한 이후 閣下가 폐방에 주재하고 있는지 이미 1년이 되었습니다. 그동안 국제관계에 있던 일은 일찍 숙의하여 확고한 대책을 갖고 계실 것이므로 이에 질문을 드리는 것이니 각하께서 유의하여 주시기 바랍니다.

한편 생각하면 우리 한국과 貴邦은 기쁜 일이 있거나 슬픈 일이 있을 때 서로 마음을 같이 하는 관계입니다. 지난날 日淸戰爭과 日露戰爭이 있을 때 우리에게 "扶植과 發展의 기회를 얻었다"고 말하였으므로 우리 나라는 上下를 막론하고 貴政府가 自國民처럼 한결같이 보아주고 자국민처럼 한결같이 사랑하는 정의로 대해 줄 것을 바라고 있었습니다. 그러나 그후 局勢가 大變하여 지난날 말한 扶植은 侵略策 같았고 前日 말한 한결같이 보아주고 사랑한다는 것은 弱肉强食의 작태와 같았습니다. 그것은 혹 우리 한국의 바램이 너무 과하여 그러한 것입니까? 이로부터 여론이 한번 변하여 國交가 소원해졌음을 각하는 잘 알고 계실 것입니다. 그리고 요즈음 말한 신조약은 과연 修好와 평화를 위하여 나온 것입니까? 古今天下에 어찌 兵隊로 협박하여 조약을 체결할 수 있겠습니까? 당일의 정상은 고사하고 이것이 과연 君臣上下가 모두 용인할 수 있는 일이겠습니까? 이로부터 여론이 두 번째 변하여 國交가 더욱 쇠퇴되었음을 각하도 잘 알고 계실 것입니다. 그리고 本朝의 당국자들이 貴公使와 閣下를 잘 설득하여 그 실책을 보완하지 못하고 스스로 劍戟 사이에 정신을 잃어 결국 나라를 그르치고 말았으니 이것은 國賊이라 당연히 邦刑으로 바로 잡아야 합니다. 그러나 우리 聖上은 友誼가 혹 상할까 싶어 차마 그들을 처형하지 못하고 계시므로 이로부터 여론은 세번째 변하여 國交가 장차 끊길 위기에 놓여 있음을 각하도 잘 알고 계실 것입니다.

東暉는 본래 학문을 하지 않아 나라를 다스리고 백성을 구제하는 일에는 참여하지 않았습니다. 다만 천성이 慷慨하여 一片 애국심을 길러온지 10여 년이 되었습니다.

한편 생각하면 저------ 凶賊들이 하루하루 더 살면 우리 宗社가 곧 전복될 뿐만 아니라 그 害가 장차 東亞一局에 까지 미칠 것이므로 至公無私한 칼로 그들의 머리를 베어 그 禍가 불꽃처럼 번지기 시작할 때 예방을 해야 합니다. 이것은 公憤이라는 것을 각하도 잘 알고 계실 것입니다.

아! 우리 한국은 극도로 피폐하고 貴邦도 국가정책을 수행하기 위해 매우 고심하고 있습니다. 그렇다면 시험삼아 한번 물어 보겠습니다. 貴邦의 對韓政策은 반드시 이것은 자위상 부득이 나온 것 이라고 합니다. 그 형세로 볼 때 혹 그럴듯한 말입니다. 그러나 우리 한국에서 보면 그 자위라는 것은 우리 국권을 해치는 것입니다. 그리고 貴政府에서는 일찍 "한국이 일본에게 신뢰를 얻지 못하고 있다"고 하였습니다. 그 말은 참으로 그럴듯한 말입니다. 그러나 어찌 국권을 잃은 처지에 억지로 신뢰를 얻을 수 있겠습니까? 한국이 비록 쇠퇴하였으나 4천년 동안 君主國家를 유지한 이후 이미 自治法이 있고 백성들도 아직 政治와 敎化에 젖어 있으며 신하들도 나라를 위해 순절할 뜻이 있으므로 이것은 貴國의 정책을 쉽게 시행할 수 없는 첫번째 요인이며 3백년 이후 불행히도 서로 仇敵으로 여기어 밖으로는 3분 사이가 좋은 것 같지만 안으로는 7분 서로 의심하고 있으므로 이것은 貴國의 정책이 쉽게 시행될 수 없는 두번째 요인이며 列邦과의 관계는 이것을 중심으로 하고 있어 어떤 利害가 한 나라에 돌아가지 않을 것이므로 이것은 貴國의 정책이 쉽게 시행되지 못한 세번째 요인입니다. 그렇다면 貴邦의 對韓政策은 과연 크게 잘못된 것이 아닙니까? 하물며 수년 이래 양국의 정황은 서로 갈등을 겪고 있어 소위 東洋平和가 결렬될 위기에 놓여 있으니 漁夫가 거둔 功이 결국 누구의 손으로 돌아갈지 모르겠습니다.

아! 貴邦은 東亞의 선진국이므로 그 책임이 과연 어떠 하겠습니까? 그러므로 적은 일에 집착하여 큰 일을 잃지 말고 自國만 후하게 하고 他國을 박대하지 않길 바랍니다. 그리하여 그 光明正大한 의의와 한결같이 보아주고 한결같이 사랑하는 정의로 우리나라를 扶植하고 維持하게 하여 그 人道를 존중하고 그 友誼를 소중하게 여기어 우리 양국의 안전책을 보존한다면 天下가 매우 다행스러울 것입니다.

索 引